時兆文化

耶ESUS穌

Name above All Names

我 們 唯 一 能 求 告 的 名

復臨教會先驅與暢銷作家
懷愛倫
ELLEN G. WHITE

我們祈禱——
直至所有人都呼求耶穌
那超乎萬名之上的名

| 前言 |

　一個人在閱讀懷愛倫的著作時，必定會無數次地與耶穌相遇。在她廣泛豐富的作品中，耶穌無處不在。她書中每個字裡行間對耶穌的驚鴻一瞥，無一不在提醒讀者她對救世主的深情厚愛，以及她對耶穌的殷切期盼。

　在這本靈修書中，你將會和懷愛倫所熟知的這位耶穌相遇。她對基督的大量描寫有別於以往或現在任何基督教作家。閱讀懷愛倫的證言會帶給人持久的感化力，因她過著以基督為中心的生活，就好像她活在主耶穌的面前一般。

　耶穌能成為懷愛倫生活和事工的中心，乃是其來有自的。在她年輕時，她害怕自己會「永遠忍受地獄的火焰」（《懷愛倫生平傳略》，原文第30、31頁），但是在母親的鼓勵下，她與接受米勒耳主義的衛理公會牧師利維・斯托克曼（Levi Stockman）進行了簡短的對話。斯托克曼當時所遇到的這位女子是一個苦苦掙扎、在靈裡孤獨的信徒，完全不確定自己能否得到救贖。懷愛倫後來寫道：「他確知我藉著耶穌的愛還是有希望的。」、「我對於上帝的大愛和溫慈的憐憫所得到的認識，比以往從一切講道與勸勉之中所領受的還多。」（《懷愛倫生平傳略》，原文第37頁）從那一刻起，籠罩在懷愛倫信仰之路上的黑暗消散了。當她見證基督時，她的屬靈生命發生了變化。

　懷愛倫對救主深厚的愛，可以從她已出版作品裡稱呼耶穌的奇妙之名中看出來──這些名字總共超過840個！礙於本書篇幅有限，無法羅列所有的名字，所以這裡精選了其中最好的365個。仔細研究懷愛倫作品的讀者們定能從中得出一個結論：懷愛倫所得到的信息是來自天上的啟示。

當你閱讀《耶穌：我們唯一能求告的名》，你也會與耶穌相遇，這是懷愛倫完成她獨特呼召的唯一倚靠。1892年，可能是因為她剛到澳大利亞時所面臨的挑戰，她稱耶穌為「試驗過的石頭」（賽 28：16）；而在她其餘的著作中，耶穌是阿拉法和俄梅戛，是天地的創造主，是美好全備賞賜的賜予者，也是擔負我們重擔的。她向我們中間那些心煩意亂的人指出了耶穌——那吸引人關注的偉大中心。對於那些因罪而破碎的人，她也提到了那位完全的救主，偉大的代求者，全能的中保和救恩的元帥。對於每一個人的需要，懷愛倫都有一位耶穌作為應答。

在這本靈修書中，每一篇文章結尾都提出供讀者深入思考的問題，有助於將當天收穫的信息應用在實際生活中。此外，過往在英文之中「男人」、「男人們」、「兄弟」、「他」、「他的」等詞被慣用為指稱全人類的通用表達，我們現今修改了措詞，使其更具包容性，同時盡可能地保留懷愛倫原來的意思和信息。

我們希望的是，如果你尚未遇見那位為你付出生命的主，這本靈修書將帶領你認識祂。如果你已經感受到救主慈愛的呼喚，我們確信每天的讀經將更進一步祝福你與耶穌的同行。分享耶穌，是懷愛倫的生活和事工中最重要的一部分。我們的祈禱是，這份寶貴的資產將通過你傳遞下去，直到所有人都呼求耶穌——那超乎萬名之上的名。

懷愛倫著作託管委員會 謹識

阿拉法和俄梅戛

「我是阿拉法,我是俄梅戛;我是首先的,我是末後的;
我是初,我是終。」

啟示錄 22:13

　　他(保羅)一開始接近外邦人的時候,並不是藉著高舉律法,而是藉著高舉基督,後來才表明律法的約束性要求。他向他們說明從髑髏地的十字架發出的光輝如何賦予整個猶太制度意義和榮耀。他改變自己的工作方式,總是依照他所在的地方因地制宜地塑造他的信息;然而,雖然他在耐心地工作後得到了很大的成效,但還是有許多人不願意信服。無論以什麼方法傳講真理,總有人不願意相信。雖然如此,為上帝作工的人應該仔細研究最好的方法,以避免引起不必要的偏見,激起聽眾心中好鬥的精神。

　　基督曾對門徒說:「我還有好些事要告訴你們,但你們現在擔當不了。」(約16:12) 由於門徒先前所接受的教導,使得他們對許多事的看法並不正確,他們當時並沒有準備好接受耶穌原本在他們預備好的情況下所要教導他們的。祂的教導會使他們大惑不解,那麼由此產生的疑問和不信也就很難消除了。

　　基督藉著顯示祂的愛來吸引聽眾的心歸向祂,然後按照他們的能力,逐步向他們解說天國的偉大真理。我們也要學會在工作時適應人們的狀況,設身處地與人接觸。雖然我們要將上帝律法的要求宣示於世界,但我們不可忘記只有愛——基督之愛——才是軟化人心、引人順從的能力。《聖經》的一切偉大真理都是以基督為中心;只要正確理解,它們都是引向基督的。應當宣揚基督就是偉大救贖計畫的**阿拉法與俄梅戛**,是始和終。要向人們講述這個題目,加強他們對上帝和《聖經》的信心,引導他們親自查考《聖經》的教訓。直到他們在研究《聖經》中步步前進時,他們就必有更好的準備,理解《聖經》寶貴真理的美與和諧。
——《評閱宣報》,1890年11月25日。

深入思考

耶穌在哪些方面藉著顯明祂對我的愛來吸引我的心?

真正背負重擔的那一位

「凡勞苦擔重擔的人可以到我這裡來，我就使你們得安息。」

馬太福音11：28

基督這句話是對每個人說的。不論世人有沒有這種感覺，他們都是勞苦擔重擔的；肩上都壓著一副唯有基督才能卸除的重擔。我們最沉重的擔子就是罪。若讓我們一直背負下去，勢必把我們壓垮。幸虧無罪的那位已經作了我們的替身。「耶和華使我們眾人的罪孽都歸在他身上。」（賽53：6）祂已挑起了我們的罪擔。祂必從我們疲勞的肩上卸去所有的重負，給我們安息。我們憂慮和悲傷的擔子，祂也替我們承擔。祂要我們把一切愁緒卸給祂，因為祂常把我們放在心上。

我們人類的長兄，現今坐在永生上帝的寶座旁。祂垂顧每一個轉臉仰望祂為救主的人。藉由自己的親身經歷，祂深知人類的弱點，了解我們的需要，也知道我們所受的試探來自何處；因為祂與我們一樣，也曾凡事受過試探，只是祂沒有犯罪。你這戰戰兢兢的上帝的兒女啊，祂正顧念著你！你受了試探嗎？祂必拯救你。你軟弱嗎？祂必加給你力量。你愚昧嗎？祂必開導你。你受了創傷嗎？祂必醫治你。上帝曾「數點星宿的數目」，但也「醫好傷心的人，裹好他們的傷處」（詩147：4，3）。祂的呼召是「到我這裡來」。不論你有什麼憂慮和試煉，盡可以將它擺在主面前。主必振奮你的精神，使你能堅持下去。祂必為你開路，使你得以脫離窘迫和艱難的處境。你越感到自己軟弱無能，就越能因主的力量而變為堅強有力。你的擔子越重，在你把它卸給**真正背負重擔的那一位**之後，所得的安息就越覺可貴。基督所賜的安息是有條件的，但這些條件祂都清楚說明了，而且是人人都能得到的。祂告訴了我們獲得祂安息的正確方法。

耶穌說：「你們當負我的軛。」軛是服務的工具。牛負軛是為了作工；牠也必須用軛，作工才有成效。基督用這比喻教導我們，我們在世上生存一天，上帝就要我們服務一天。——《歷代願望》，原文328、329頁。

深入思考

我所背負的哪些重擔，是耶穌正等著從我身上卸下的？

活葡萄樹

> 「我是葡萄樹，你們是枝子。常在我裡面的，我也常在他裡面，
> 這人就多結果子；因為離了我，你們就不能做什麼。」

約翰福音 15：5

我常蒙指示，得悉主的兒女們太疏忽祈禱，特別是私下的祈禱，以致許多人沒有照著他們被賦予的特權及義務去運用信心，而經常等待那唯有信心才能帶來的感覺。感覺不是信心；這兩者完全不同。信心是我們要運用的，但愉快的感覺和祝福卻是上帝要賜予的。上帝的恩典乃是以活潑的信心為途徑注入心靈的，而這樣的信心我們都有權運用。

真正的信心是在上帝所應許的福惠實現並感覺到之前，緊抓住上帝的應許並要求領受它。我們必須憑著信心將我們的禱告呈到第二層幔子（編註：指分隔聖所與至聖所的幔子）裡面，讓我們的信心把握住所應許的福氣，要把這些應許當作是自己的並要求領受它。隨後就要相信我們能領受這福，是因我們的信心已經握住它，並且根據《聖經》的話，這福已經是我們的了。「凡你們禱告祈求的，無論是什麼，只要信是得著的，就必得著。」（可 11：24）這就是信心，純潔的信心，相信在我們感受到福氣之前就已經得到它了。在我們體驗並享受到所應許的福氣時，信心就被吞沒了。但許多人以為他們在大量領受聖靈的時候就大有信心，並以為若沒有感覺到聖靈的能力就沒有信心。這樣的人是將信心和那因信心而來的福氣混為一談了。

我們需要運用信心的時候正是我們感覺缺乏聖靈的時候。當濃黑的烏雲似乎籠罩著我們的心靈時，那正是應該讓活潑的信心來穿透黑暗並驅散烏雲的時候。真實的信心以上帝話語裡面的應許為根據，唯有那些順從《聖經》教訓的人才能領受其榮美的應許……我們應該多作私下的祈禱。基督是葡萄樹，我們是枝子。如果我們要滋長而茂盛，就必須不斷地從那**「活葡萄樹」**吸取汁液和營養；因為我們離開了那「葡萄樹」就沒有能力。——懷愛倫，《懷愛倫的信仰旅程》（舊名：基督徒經驗談），原文126、127頁。

如果信心是感受到保證的管道，那我應當如何調整自己的生活，使我不再以感覺作出決定，而是基於相信上帝的應許？

深入思考

試驗過的石頭

看哪，我在錫安放一塊石頭作為根基，是試驗過的石頭，
是穩固根基，寶貴的房角石；信靠的人必不著急。

以賽亞書28：16

我們的救贖主是一塊「試驗過的石頭」。試驗已通過，大考驗已經歷並完全取得成功。上帝拯救這淪亡世界的旨意在祂裡面完全實現。從來沒有什麼根基像這塊「試驗過的石頭」一樣，曾經歷過如此嚴峻的試煉和考驗。主耶和華知道這塊基石能承擔什麼。全世界的罪孽都能堆在上面。主的選民要顯明出來。天國的門戶要向一切相信的人敞開。有說不盡的榮耀要賜給一切得勝的人。

基督是一塊「試驗過的石頭」，受過世人剛愎的試驗。我們的救主啊！祢已肩負重擔。祢賜下平安和安息。祢受過信徒的試驗。他們的試煉得到祢的同情，憂傷得到祢的安慰，創傷得到祢的醫治，軟弱得到祢的能力，空虛得到祢的豐富。從來沒有一個人因祢而失望。耶穌，我**試驗過的石頭**啊！我要來，時時刻刻前來。在祢面前我被提升超越痛苦。「我心裡發昏的時候，⋯⋯求你領我到那比我更高的磐石。」（詩61：2）

我們有權享受與上帝的甜蜜交往。在信徒的眼中，祂贖罪的寶血極其寶貴。祂使人稱義的義也極其寶貴。「所以，他在你們信的人就為寶貴。」（彼前2：7）

當我默想活潑能力的泉源可以任我們暢飲時，我便因這許多人不思念祂的良善所損失的喜樂而憂愁。我們要作上帝的兒女，在主裡面成為聖潔的靈宮。「不再作外邦人和客旅，是與聖徒同國，是上帝家裡的人了；並且被建造在使徒和先知的根基上，有基督耶穌自己為房角石。」（弗2：19、20）這是我們的特權。倘若每一塊石頭都能在合適的位置上，像一塊活石一樣散發光芒，使教會對世界產生莫大影響，那麼天庭又怎麼會對教會的現狀感到驚異呢？──《評閱宣報》，1895年3月19日。

在我眼中，耶穌是一塊經過考驗的石頭嗎？是我所能依靠的嗎？
在我經歷最痛苦的試煉時，是否能全心信靠耶穌呢？

深入思考

所有人的審判者

「因為被召的人多，選上的人少。」

馬太福音 22：14

家主到市場上去，發現那些未被雇用的人，就說：「你們為什麼整天在這裡閒站呢？」他們回答說：「因為沒有人僱我們。」那些後僱的人當天早上並不在場。他們沒有拒絕過呼召。凡先前拒絕而後來悔改的人固然是值得慶幸的；但疏忽第一次恩典的呼召畢竟是危險的……

上帝吩咐在祂的服事工作中要使用聖火。我們要把神聖家主的信息傳給我們的同胞。這信息會打動他們的心。那在主葡萄園中作工的男女，都要仔仔細細地查看自己的內心。如果他們想要抬高自己，貶低他人，那麼他們的心就需要被改變，直到他們不再將個人意見置於自己的工作和他人的工作之上。

我們需要愛，以及對上帝真正的信賴。當我們對真理的上帝有確鑿的信心時，就會曉得擔心和焦慮都是庸人自擾。我們不論做什麼，都是為基督做的。在世界有各式各樣的工作可以為上帝而做。一個不信的人會為了工錢機械化地工作。他不了解與主人合作的喜樂。那些為服務自己而工作的人沒有屬靈的生命。一般的動機、普通的激勵和世俗的目的使他渴望被世人視為智者。他希望主宰自己的人生。這樣的人會得到世人的讚揚，卻不會得到上帝的嘉許。那些真正與基督聯合的人不是為了工資而工作。他們與上帝同工，不會為高抬自己而努力。

在最後的大日所要作出的諸多決定會令許多人吃驚。人類的判斷在將要做出決定的事情中是無份的。基督將要、且能夠審判每一樁案件，因為父已將所有的審判權交給了祂。祂要按著世人看不見的標準來衡量他們的服務。那些最隱密的事情在祂無所不見的眼中是敞開的。祂是**所有人的審判者**，在祂的審判中，許多被世人放在首位的要放在最後，而許多被世人放在低位的卻要從萬民中提起並置於首位。——《評閱宣報》，1900年7月31日。

深入思考

我上一次聽到天國為那些無私的服務而歡呼是什麼時候？

大藝術家

「就是所羅門極榮華的時候，他所穿戴的，還不如這花一朵呢！」

馬太福音6：29

　　基督曾教導門徒，上帝對祂所造之眾生關懷的程度，是與其在受造物中的級別成正比的。就連外表上最不起眼的小小麻雀也蒙上帝的看顧。沒有一隻麻雀落在地上不引起我們天父的注意。田間的花朵、大地上的綠草，都蒙我們天父的眷顧。

　　基督說：「你們看那天上的飛鳥，也不種，也不收，也不積蓄在倉裡，你們的天父尚且養活牠。你們不比飛鳥貴重得多嗎？你們哪一個能用思慮使壽數多加一刻呢？何必為衣裳憂慮呢？你想野地裡的百合花怎麼長起來；它也不勞苦，也不紡線。然而我告訴你們，就是所羅門極榮華的時候，他所穿戴的，還不如這花一朵呢！」（太6：26-29）田間的百合花尚且得到那位**大藝術家**的眷顧和妝飾，比最偉大的國王所羅門的榮華更加美麗。祂把野地的青草變為漂亮的地毯。難道祂不會看顧按照祂自己的形像所創造的人類嗎？

　　上帝已經賜人理性，可以明瞭比自然美景更偉大的事物。祂把人提升至更高的真理體系，使之高而又高，向他們透露祂的心意。在上帝的生命冊中，我們各人都有一頁。這一頁記載著我們一生詳細的歷史，連頭髮也都數過了。上帝的兒女是絕不會被上帝所遺忘的。

　　罪惡雖然久已存在，竭力抵制上帝慈愛的洪流湧向人類，但上帝對於按祂自己形像所造之人類的仁愛與關懷卻沒有停止，反而越來越豐盛……祂將耶穌這無可估量的禮物賜下，乃是祂仁慈的最高表現。——《手稿》，卷十七，原文182、183頁。

深入思考

如果上帝這麼關心我，我何必要被這世界的憂慮所困擾？

9

我們的創造主

我們生活、動作、存留，都在乎他。

使徒行傳 17：28

從開墾田地以及預備和培育土壤的工作中，可以令人不斷地學到教訓。人在得到一塊荒地的時候，不可能期望馬上就有收穫。他必須認真勤奮、堅持不懈地開墾，作好撒種的準備工作。在人心中所進行的屬靈工作也是這樣。凡想從耕種田地的工作中獲得收益的人，出去的時候必須記住上帝的話。這樣，他們就必發現心靈的荒地已被聖靈溫柔感人的感化力開墾出來了。人若不在土壤上進行艱苦的勞動，就不會有收成。心靈的土壤也是這樣。上帝的靈必須對它作工，提煉和培育它，然後它才能結出果子來榮耀上帝。

出於一時衝動的工作不可能使田地獲得豐收。必須每天仔細地照料土壤，時常深耕，防止野草生長，因為野草會奪走撒出去的好種應該得到的營養。撒種的人就是這樣為收成作好準備。無論何人都不必站在田間失望悲嘆。

凡是這樣耕種田地、從自然界學習屬靈教訓的人，必然得到主的恩賜。工人在耕耘的時候，很難預料將會有什麼樣的財富展現在他眼前。他固然不可輕視有經驗之人的教訓和有學問之人的知識，但他還是要親自積累知識……耕種田地乃是心靈的一種教育。

我們的創造主，天上的君王使種子生長，並晝夜看顧，賜給它發芽生長的能力。祂對自己的兒女顯出更大的照顧和關懷。當人間的播種者在撒種維持我們肉身的生命時，那位神聖的播種者也要在人的心中撒下種子，好結出永生的果實。
──《基督比喻實訓》，原文88、89頁。

深入思考

我心中的土壤是否已經預備妥當，好讓那位神聖的播種者今天就按著祂的心意播下種子？

救主

我還有末了的話：你們要靠著主，倚賴他的大能大力作剛強的人。

以弗所書6：10

在與腐敗和反叛共處時，基督徒必須保持正直。懷著忠於上帝的心並因上帝的靈所感動的人們，在看到身邊都是違背誡命之人——這些人站在大叛徒的陣營，拋棄了對上帝的忠誠——的時候，便會為所見之事感到哀痛。正因不義之事比比皆是，基督徒更應當時時警醒、事事勤勉，忠心地侍奉主，這樣才能將耶穌基督的信仰正確地彰顯出來。

基督徒精兵在各方面都會聽到那些想將上帝律法歸於無效之人發出的反叛陰謀和不忠言論。這樣的事應當激起他更大的熱情去作忠於主的哨兵，他要盡一切努力將靈魂帶到那被以馬內利大君之鮮血染紅的旗幟下。道德的黑暗越是濃重，就應越努力與上帝同行，讓那來自上帝的亮光和能力反映在身處黑暗之中的人身上。不法的事情增多，並不會澆滅真基督徒的愛。隨著社會愈發腐敗，就像挪亞和羅得的日子一樣，基督徒會渴望贏得那些被欺騙、迷惑，正走向滅亡之罪人的靈魂，因他們為自己的最終命運所預備的，就和那些在洪水和所多瑪大火中滅亡的罪人一樣。

我們只有一點點的時間可以戰鬥；然後基督就要再來，這叛亂的一幕就結束了……現今必須以空前的力量來抵抗罪惡及黑暗的權勢。時日的短促，迫使信奉現代真理的人採取堅決而有力的行動。他們應當用言傳身教宣揚真理。我們如果覺得等候**救主**降臨的時間很長，覺得自己被痛苦所壓倒，因辛勞受折磨，就急不可待地想讓任務早日完成，好從戰場上光榮退役，那就讓我們牢牢記住，並以此杜絕一切怨言：上帝把我們留在世上應付風暴和鬥爭，是要完善我們的基督徒品格，使我們更加熟悉我們的父上帝及我們的長兄基督，好為主作工，拯救眾多生靈歸向基督。——《評閱宣報》，1881年10月25日。

在面對那些恨惡基督教的人時，他們的敵意是否激起了我傳福音的熱忱，使嘲笑者也有得救的機會？

深入思考

復活的創始者

耶穌對她說：「復活在我，生命也在我。
信我的人雖然死了，也必復活。」

約翰福音 11：25

　　耶穌鼓勵馬大要有信心，說：「你兄弟必然復活。」耶穌這話的意思並不是要給人一種改變能立即實現的希望。祂要使馬大的思想超越她兄弟現在的復活，而注意到將來義人的復活。祂這樣行，是要叫她看出，拉撒路的復活是一切死了的義人復活的保證，並且讓她知道救主確實有成就這事的大能。

　　馬大回答道：「我知道在末日復活的時候，他必復活。」

　　耶穌仍要指示她信仰的正確方向，就說：「復活在我，生命也在我。」在基督裡有生命，這生命是祂自己本來就有的，不是借的，也不是從別處獲得的。「人有了上帝的兒子就有生命。」（約壹 5：12）基督的神性，就是信徒得永生的保障，耶穌說：「信我的人，雖然死了，也必復活。凡活著信我的人必永遠不死，你信這話嗎？」在這裡基督展望到祂復臨時：死了的義人必復活，成為不朽壞的，活著的義人要變化升天，不嘗死味。基督將要行的使拉撒路復活的神蹟，就是用來表現一切死了的義人之復活的。祂在言語和作為上宣布自己是**復活的創始者**。祂自己雖然不久就要死在十字架上，但祂手裡卻拿著死亡的鑰匙，並要以勝過墳墓者的身分，行使祂賜人永生的權柄和能力。

　　耶穌問：「你信這話嗎？」馬大回答說：「主啊，是的，我信你是基督，是上帝的兒子，就是那要臨到世界的。」她雖然沒有完全領悟基督話裡的全部意思，但承認自己對祂的神性有信心，並且相信祂能成就祂所歡喜做的一切。——《歷代願望》，原文530頁。

當馬大聽到耶穌說出她從未聽過的話時，心都要碎了，更別指望她能完全理解其意。我對耶穌的信心在多大程度上取決於我所能理解之事？我對耶穌的不了解是否影響了我對祂的看法？

深入思考

愛子

但我斷不以別的誇口，只誇我們主耶穌基督的十字架；
因這十字架，就我而論，世界已經釘在十字架上；就世界而論，
我已經釘在十字架上。

加拉太書6：14

那些在基督教初期獻身，並將救恩的喜信傳給這行將淪亡之世界的信使，絕不容有高抬自己的心念，以致損害到他們所傳講的基督和祂的十字架。他們既不貪戀權勢，也不求地位。他們將自己藏在救主裡面，卻高舉救恩的偉大計畫，以及這計畫的創始成終者——耶穌基督的生平。他們教導的主旨乃是：基督——昨日、今日、直到永遠——都是一樣的。

今日教導上帝聖言的人，若將基督的十字架舉得高而又高，他們的傳道工作就必更有成效了。如果罪人能得蒙指導誠懇地仰望十字架，如果他們能完全看到釘十字架的救主，他們就必體會到上帝慈愛的深厚和罪惡的極端可憎。

基督的死證明上帝對人類的大愛。這就是我們得救的保證。從基督徒身上挪開十字架，就如同把太陽從天空挪去一般。十字架引導我們親近上帝，使我們與祂和好。耶和華本著父親慈愛的憐憫之心，垂看祂兒子為拯救人類脫離永死而忍受的痛苦，因此就在**愛子**裡悅納我們了。

人若沒有十字架就不能與天父聯合。我們一切的指望全在於此。十字架散發出救主愛的光輝；所以當罪人在十字架跟前仰望那位捨命救他的主時，他必有滿足的喜樂；因為他的罪已蒙赦免。他既憑信心跪在十字架前，就達到了人類所能至的最高處了。

我們從十字架得知天父以無限的慈愛愛我們。當保羅感嘆「我斷不以別的誇口，只誇我們主耶穌基督的十字架」（加6：14）之時，我們豈能困惑不解呢？——《使徒行述》，原文209、210頁。

如果我的盼望取決於耶穌在十字架上所成就的大工，那麼我應當如何殷勤感謝上帝的愛子作出的偉大犧牲？我又有多少次在生命的尖峰時刻屈膝跪在耶穌的十字架前？

深入思考

宣告凱旋之勝利者

「疲乏的，他賜能力；軟弱的，他加力量。」

以賽亞書40：29

撒但處心積慮地引人犯罪，然後把他們拋棄在不敢祈求赦免的無奈和顫慄之中。但我們為什麼要懼怕呢？上帝說過：「讓它持住我的能力，使它與我和好，願它與我和好。」（賽27：5）祂已經為我們的軟弱作好各種準備，也提供了各種勉勵的方法，使我們來到耶穌面前。

基督曾獻上自己受傷的身體，贖回了上帝的產業，給了人類又一次經歷考驗的機會。「凡靠著他進到上帝面前的人，他都能拯救到底；因為他是長遠活著，替他們祈求。」（來7：25）基督用祂無瑕疵的生活，祂的順從，以及祂在髑髏地十字架上的死為人類代求。那位救我們的元帥不僅以懇求者的身分為我們代求，更以**宣告凱旋之勝利者**的資格，要求得到祂凱旋歸來的成果。祂的犧牲是完全的。作為我們的中保，祂執行祂自己所定的工作，常在上帝面前拿著香爐，其中盛著祂無瑕疵的功勞，以及祂子民的祈求、認罪和感謝……這樣的奉獻完全蒙上帝所悅納。上帝就赦免了一切的過犯。

基督已經立約作我們的替身和保證人。祂不會忽略任何一個人。祂不忍看到人類永遠滅亡，甘願為他們將命傾倒以至於死。祂必以憐憫和慈悲垂顧每一個認識到無法自救的人。

祂不會放過任何戰戰兢兢的求助者而不加以扶持。那位藉著自己的救贖為人類預備了無限道德能力的主，絕不會不把這種能力賜給我們。我們可以將自己的罪孽和憂慮都帶到祂腳前，因為祂愛我們。祂的每一個神態和每一句話語都在邀請我們信靠祂。祂必按祂自己的旨意塑造我們的品格。

在撒但的全軍中，沒有任何勢力能勝過一個憑著單純的信心投靠基督的人。「疲乏的，他賜能力，軟弱的，他加力量。」（賽40：29）——《基督比喻實訓》，原文156、157頁。

深入思考

我該如何進入基督「無限的道德能力」中？

無限慈愛的主

「你們不饒恕人的過犯，你們的天父也必不饒恕你們的過犯。」

馬太福音6：15

當一個人轉眼不看人的缺點而仰望耶穌時，他的品格就會發生神奇的變化。基督的靈在他心中運行，按照祂的形像改變他的心。所以你要努力高舉耶穌，要向人心靈的眼睛指出「上帝的羔羊，除去世人罪孽的」（約1：29）。當你從事這項工作時，應當記住：「叫一個罪人從迷路上轉回便是救一個靈魂不死，並且遮蓋許多的罪。」（雅5：20）

「你們不饒恕人的過犯，你們的天父也必不饒恕你們的過犯。」（太6：15）沒有什麼理由可以用來為不饒恕人的精神辯護。不憐恤別人的人，表明自己與上帝的赦罪之恩無份。犯錯誤的人既得到上帝的赦免，就會與**無限慈愛的主**親近。上帝慈悲的恩典要如潮水流入罪人的心，再從他身上流到別人心中。基督在自己奇妙的生活中所顯示的柔和與憐憫，必要在領受祂恩典的人身上再現。但「人若沒有基督的靈，就不是屬基督的」（羅8：9）。他既與上帝疏遠，就只能永遠與祂隔絕了。

他也許曾得蒙饒恕，但他不憐恤人的精神表明他正在拒絕上帝的赦罪之愛，與上帝分離，回到蒙饒恕以前的狀態。他否定了自己的悔改，所以他要承擔自己的罪，猶如未曾悔改一般。

這比喻的主要教訓，就是在上帝的慈愛和人的冷酷之間呈現了對比。上帝的赦罪之恩應當作為我們的準則。「你不應當憐恤你的同伴，像我憐恤你嗎？」

我們得蒙饒恕，不是因為我們饒恕別人，而是「如同」我們饒恕別人。一切的赦免，雖然都是出於我們不配得到的上帝之愛，但我們對待別人的態度，卻表明我們是否已經擁有這愛。——《基督比喻實訓》，原文250、251頁。

深入思考

我會不會給罪惡分級別，認為有些罪比其他罪更嚴重？在面對某些我沒有犯過的罪時，這種傾向會不會影響我饒恕別人？

根基

因為那已經立好的根基就是耶穌基督，此外沒有人能立別的根基。

哥林多前書3：11

人生的每一個行動，不論多麼無足輕重，對於品格的形成都是有影響的。良好的品格比世上的財產更寶貴，而塑造品格的工作，乃是人所能從事最高尚的工作。

環境所形成的品格是善變、不和諧與矛盾的。擁有這等品格的人，人生沒有高尚的目標或志向，不能發揮提高別人品格的感化力。他們不但漫無目標，也沒有能力。

上帝希望我們按照祂擺在我們面前的樣式去建造品格。我們要一磚一瓦地堆砌，恩上加恩，發現自己的弱點，按照所給的指示糾正。一座大樓的牆如果出現裂縫，我們就知道房子有缺陷。在我們品格的建築上，也常常會出現裂縫。若不補強，當試煉的風暴襲擊時，房子就會倒塌。

上帝賜我們力量、理性和光陰，是要我們建造祂能蓋上悅納印記的品格。祂希望祂的每一個兒女都藉著純潔高尚的行為，建立高尚的品格，最後成為一座勻稱的建築，美麗的殿宇，為上帝和世人所尊重。

我們必須在基督身上建造品格。祂是牢靠的**根基**，是永不動搖的基石。試探與試煉的風暴，也無法撼動那連於永久磐石的建築物。

凡希望為主建成美麗建築的人，必須培養自己的每一才能。只有善用這些才能，品格才能勻稱地發展。這樣，我們才能把《聖經》所說的金銀寶石建在基礎之上。這些材料能經得起上帝潔淨之火的考驗。在品格的建造上，基督是我們的榜樣。——《兒童教育指南》，原文165、166頁。

深入思考

我運用才幹的方法是否有助於塑造出敬虔的品格？

至交好友

> 「以後我不再稱你們為僕人，因僕人不知道主人所做的事。
> 我乃稱你們為朋友；因我從我父所聽見的，已經都告訴你們了。」
>
> 約翰福音 15：15

我看到每一位基督徒都享有體會聖靈之深深感動的權利。一種甜蜜的屬天平安必瀰漫於你的心間，使你喜愛默想上帝和天庭，並享受上帝聖言的光榮應許。

但你首先要確認自己已展開了基督徒的歷程，邁出永生道路的最初幾步。不要受騙上當；恐怕你們中間有許多人還不知道什麼是宗教。你們雖有了興奮和感動，但還沒有認識到罪可怕的本質，沒有感覺到自己的淪喪，從而痛苦憂傷地離開罪惡的道路。你們從來就沒有向世界死，仍舊貪愛世界的娛樂，談論世俗的話題；但當有人提起上帝的真理之時，你們就無話可說。為什麼這樣沉默呢？為什麼在談論屬世事物時滔滔不絕，卻在談到與你關係最大的話題，就是涉及你整個靈魂的問題時，卻默默無聲呢？可見上帝的真理尚未住在你心中！

我見到許多人在外在的信仰上表現的很得體，但心中卻是腐化敗壞。你們這存心虛偽的人們哪，不要自欺，因為上帝是鑑察人心的。「因為心裡所充滿的，口裡就說出來。」我見到在這等人的心中，只有世界，而無耶穌的宗教。若是這些自命為基督徒的人，愛耶穌過於愛世界，他們就要喜愛談論祂，看祂是自己的**至交好友**，他們至上的感情都要專注在祂的身上了。

在他們覺得自己落入沉淪滅亡的景況中時，祂來救助他們。在他們被罪惡所纏累、受重壓之時，他們轉來親近祂。祂就除去他們因罪孽和過犯造成的重擔，消除他們的憂傷痛苦，並改變他們的全部思想和情感。他們先前一度熱愛的事物，現在卻是他們所恨惡的，他們先前所恨惡的，現在倒變成他們所愛的了。

——《屬靈的恩賜》卷二，原文258、259頁。

> 耶穌是我最好的朋友嗎？如果有人在觀察我，他所聽到是我喜愛談論耶穌多過談論我屬世的朋友嗎？

深入思考

大祭司

像這樣聖潔、無邪惡、無玷污、遠離罪人、
高過諸天的大祭司，原是與我們合宜的。
希伯來書7：26

當摩西在山上與上帝同在時，上帝賜下命令吩咐他說：「又當為我造聖所，使我可以住在他們中間。」（出25：8）同時，祂也賜給他建造聖幕的詳細指示。以色列人因背道而喪失了上帝與他們同在的福氣，所以暫時不能在他們中間建立上帝的聖所。及至他們重得上天的眷愛之後，那大領袖摩西就開始執行上帝的命令了。

上帝把建造聖所的技能和智慧，特別賜給祂所揀選的人。祂又親自把建築的圖樣指示摩西，並詳細說明其大小、形式、建築用的材料，以及屬於聖所的各項器具。這座人手所造的聖所，要作為「真聖所的影像」、「天上樣式做的物件」（來9：24，23），就是天上聖殿的縮影。我們尊榮的**大祭司**基督獻上自己的生命為祭之後，就在那裡為罪人服務。上帝在山上使摩西看見天上的聖所，並吩咐他照著所指示的樣式做各樣的物件。摩西把這一切的指示都詳細地記載下來，傳給百姓的首領……

為了建造聖所，盛大且昂貴的準備是有必要的，必須準備大量寶貴和重價的材料；但是耶和華只收納樂意奉獻的禮物。「凡甘心樂意的，你們就可以收下歸我。」這是摩西再三向會眾宣告的上帝的命令。對上帝所具有的奉獻和犧牲精神，乃是為至高者預備居所的首要條件。

眾百姓一致響應這個號召。「凡心裡受感，和甘心樂意的，都拿耶和華的禮物來，用以作會幕和其中一切的使用，又用以作聖衣。」——《基督在祂的聖所中》，原文34、35頁。

深入思考

在你的教會中有沒有哪些事，是讓你甘心奉獻的？

自有永有的主

耶穌說：「我實實在在地告訴你們，還沒有亞伯拉罕就有了我。」

約翰福音 8：58

亞伯拉罕從上帝那裡學到了世人所能得的最偉大的教導。他求上帝准他在未死之前看見基督，這祈禱蒙應允了。他見到了基督，領受了身為生命有限之凡人所能得的最大啟示。亞伯拉罕在完全獻身與上帝之後，才能明白上帝給他看見的有關基督的異象。他才受指示，明白在上帝賜下獨生子拯救罪人脫離永死的事上，上帝所犧牲的遠比人所能犧牲的更大、更多，也更奇妙！

亞伯拉罕的經驗回答了以下問題：「我朝見耶和華，在至高上帝面前跪拜，當獻上什麼呢？豈可獻一歲的牛犢為燔祭嗎？耶和華豈喜悅千千的公羊，或是萬萬的油河嗎？我豈可為自己的罪過獻我的長子嗎？為心中的罪惡獻我身所生的嗎？」（彌 6：6、7）在亞伯拉罕所說「我兒，上帝必自己預備作燔祭的羊羔」（創22：8）這句話中，以及在上帝預備犧牲的羊代替以撒的事上都說明：沒有任何人能為自己贖罪。異教獻祭的制度，完全是上帝所不能悅納的。……唯有上帝的兒子能擔當世人的罪愆。

亞伯拉罕從自己的痛苦中看到救主犧牲的使命。但以色列人不願明白他們驕傲的心不喜悅的真理。所以基督所說關於亞伯拉罕的話，沒有使聽眾領悟其中的深刻意義。法利賽人只是再次從中找出強辯的新藉口。他們認為祂是癲狂了，譏誚著說：「你還沒有五十歲，豈見過亞伯拉罕呢？」耶穌嚴肅而鄭重地回答說：「我實實在在地告訴你們：還沒有亞伯拉罕就有了我（我是自有永有的）。」

全場頓時寂然無聲。上帝的聖名，就是上帝向摩西用來說明永遠存在之意的名字，竟被這位加利利的拉比用在自己身上了。祂已宣布自己為**自有永有的主**，就是上帝所應許給以色列的那一位，「他的根源從亙古，從太初就有。」（彌 5：2）——《歷代願望》，原文469、470頁。

在世界創立以前，耶穌就看到我所需要的一切。今天我應當怎樣感謝這位在創世以先就愛我的主呢？

天上君王

乃是憑著基督的寶血，如同無瑕疵、無玷污的羔羊之血。

彼得前書1：19

　　耶穌看著祭禮中這些無辜的犧牲品，見到猶太人每逢這些大節期只顧一味殘酷地殺生流血。他們不知自卑悔改，反倒增加獻祭犧牲，好像上帝能因無情的禮節而得尊榮似的。祭司和官長們因自私和貪財，心腸已硬如鐵石。他們用那預指上帝羔羊的表號為大發橫財之道，因此獻祭禮節的神聖性在百姓眼中大致已被他們嚴重破壞。這種情形激起耶穌的義憤，祂知道祭司和長老們對祂不久後將要為世人的罪而流的血一點也不會重視，就像他們不住地流祭牲的血而無動於衷一樣。

　　基督曾借古代的先知斥責這種行為。撒母耳說：「耶和華喜悅燔祭和平安祭，豈如喜悅人聽從他的話呢？聽命勝於獻祭；順從勝於公羊的脂油。」（撒上15：22）

　　那親自賜下這些預言的主，現在把這警告最後重述一次。民眾已經應驗了預言，宣布耶穌為以色列的王。祂已接受他們的崇敬和君王之位。現在祂必須憑這地位行事。祂雖然知道，要改革那腐敗之祭司制度的努力必歸於徒然，但這番工作祂必須做：必須向那不信祂的百姓證明祂的使命是出於上帝。

　　耶穌銳利的目光再次環視那被褻瀆的聖殿庭院。眾人都轉過來望著祂。祭司和官長、法利賽人和外邦人，看見祂帶著**天上君王**的威嚴站在他們面前，都感覺驚恐、畏懼。神性藉由人性閃耀出來了，基督身上便顯出從未有過的威儀和榮耀。……隨即基督憑祂的權能說話，話音如暴風雨震撼人心，說：「經上記著說：『我的殿必稱為禱告的殿，你們倒使她成為賊窩了。』」他的聲音在聖殿迴響，宛如號角。──《歷代願望》，原文590、591頁。

深入思考

我會在什麼時候感受到耶穌在聖殿中所表現出的義怒？

能施行拯救、大有能力的主

「耶和華——你的上帝是施行拯救、大有能力的主。
他在你中間必因你歡欣喜樂，默然愛你，且因你喜樂而歡呼。」

西番雅書3：17

你或許是在依靠自己的義，或以為自己已經努力行義，並且終究會因如此行
而得救。你看不到基督做的一切。有人說：「我必須先悔改，我必須自己先走很
遠的路，不靠基督，然後基督才會遇見我並接納我。」

離了基督你連思想一下都不能。祂若不施行種種感化，並且讓祂的靈感動人
心，你就不會有任何來到祂面前的傾向。這世上若有人有趨向上帝的意願，必是
因為他的心思意念受了許多感化。那些感化力要求人效忠於上帝，並理解上帝已
為他做成的偉大工作。

所以我們永遠不要說我們自己能悔改，然後基督會赦免。不，實情並非如
此。赦免人是上帝的恩惠。正是上帝的恩慈用祂的能力使人悔改。所以，一切都
出於耶穌基督，萬有都出於祂，而你需要將榮耀歸還於上帝。你們在聚會時為何
不更多回應呢？你們在聽到人講解耶穌的愛和祂的救恩時，為何沒有上帝之靈甦
醒人心的感化力呢？是因為你沒有看明基督是首先的，是末後的，是最好的，是
阿拉法和俄梅戛，是始，是終，是我們信心的創始成終者。你沒有認識到這一
點，所以你仍在自己的罪裡。為什麼會這樣呢？因為撒但正在爭奪人們的靈魂。
他將他邪惡的陰影橫亙在我們的道路上，所以你所能看到的一切就是仇敵和他的
能力了。

要轉臉不看他的能力，而看那**能施行拯救、大有能力的主**。你的信心為何不
努力穿過陰影、直達到基督所在之處呢？祂已擄掠了那擄掠人的，並將各樣的恩
賜分給人。祂必教導你：凡不與祂聯合的人，撒但都聲稱是他的財產。——《信
心與行為》，原文72、73頁。

在我的生命中，有什麼正阻止我持續堅定地望向耶穌？魔鬼會
利用什麼來分散我對上帝的注意力呢？

深入思考

新郎

興起，發光！因為你的光已經來到！耶和華的榮耀發現照耀你。

以賽亞書60：1

這信息是傳給那些出去迎接**新郎**之人的——基督就快要帶著權柄和大榮耀降臨了！祂將要帶著祂自己的榮耀和祂父的榮耀降臨。祂要與眾天使一同來臨。當全世界都籠罩在黑暗之中時，每一個聖徒的家中卻有光。他們將要看見祂復臨的第一線光芒。那純潔的光必要從祂的榮耀裡照射出來，救贖主基督將要受到一切侍奉祂之人的瞻仰。

當惡人在祂面前逃跑時，基督的門徒卻要歡呼。先祖約伯在展望基督第二次降臨時說：「我自己要見他，親眼要看他，並不像外人。」（伯19：27）基督是祂忠心門徒每日的伴侶和親密的朋友。他們在生活上一直與上帝保持密切的聯絡。耶和華的榮耀已經發現並照耀他們。在他們身上，已經反映出顯在耶穌基督面上的上帝榮光。他們要在至尊之君輝煌的榮耀中歡欣。他們已經為享受天國的交誼作好準備，因為在他們的心中已經有了天國。

他們得蒙公義日頭光輝的照耀，挺身昂首，歡呼他們得贖日子的臨近。他們要出去迎接新郎，說：「看哪，這是我們的上帝；我們素來等候他，他必拯救我們。」（賽25：9）

「我聽見好像群眾的聲音，眾水的聲音，大雷的聲音，說：哈利路亞！因為主——我們的上帝、全能者作王了。我們要歡喜快樂，將榮耀歸給他。因為，羔羊婚娶的時候到了；新婦也自己預備好了。」（啟19：6-7）——《基督比喻實訓》，原文420、421頁。

在耶穌以祂完全的榮耀歸來之前，祂的榮耀將反照在常與祂有親密聯繫的人身上。我是否已向這世界反照基督的榮光？

深入思考

神聖的聲音

他到自己的地方來，自己的人倒不接待他。

約翰福音1：11

耶穌奉上帝的權柄而來，具有祂的形像，成全了祂的話，專求祂的榮耀，然而以色列的領袖們卻不接待耶穌；但若有別人來假冒基督的身分，隨從自己的意思，追求自己的榮譽，反能受他們的接待。這是為什麼呢？因為凡求自己榮耀的人，也必引起別人心中自高的慾望。這種號召是猶太人能響應的。他們肯接待假師傅，因為假師傅奉承、迎合他們的驕傲，贊成他們的私人意見和傳統。可是基督的教訓不迎合他們的心理。祂的教導是屬靈的，祂教人要自我犧牲；所以他們不肯領受。他們不認識上帝，故此上帝藉基督所發的聲音，在他們聽來是陌生的。

今日豈不是舊事重演嗎？現在有許多人，甚至有些宗教領袖們，不也是在硬著心腸拒絕聖靈，以致不能認識上帝的聲音嗎？他們不也拒絕上帝的話，以便保守自己的傳統嗎？

耶穌說：「你們如果信摩西，也必信我，因為他書上有指著我寫的話。你們若不信他的書，怎能信我的話呢？」那曾藉著摩西對以色列人講話的是基督。如果他們聽從了那藉著這位大領袖所發的**神聖的聲音**，他們就能從基督的教導中認出這聲音來。他們如果相信摩西，也必信摩西書上指著基督所寫的話。

耶穌知道祭司和拉比們決心要殺害祂，但祂仍然清清楚楚地向他們說明祂與父的聯合，以及祂與世人的關係。他們看出自己反對耶穌是毫無理由的，但他們惡毒的仇恨總不消除。他們目睹耶穌傳道時所有動人的力量，就大為恐懼；但他們仍然拒絕祂的勸勉，將自己閉鎖在黑暗之中。

這些首領們想要破壞耶穌的威權，並因眾人信服耶穌的教訓，想轉移民眾對祂的尊敬和注意。但在這兩件事上，他們已顯然失敗了。——《歷代願望》，原文212、213頁。

當耶穌對我說話時，我如何才能聽得清楚並且按著祂的引導去做呢？

深入思考

全能的幫助者

所以，他凡事該與他的弟兄相同，
為要在上帝的事上成為慈悲忠信的大祭司，為百姓的罪獻上挽回祭。

希伯來書2：17

救主為我們犧牲；這是何等奇妙，著實令人難以測度！過去的一切犧牲，聖所中一切預表性的禮節，都象徵這件事。這個犧牲是必不可少的。當我們認識到祂受苦是為了確保我們永久的福利時，我們的心就會受到感動而融化了。祂保證要以一種滿足上帝公義的要求，和維護祂律法之無上聖潔的方式，拯救我們到底。

只有最聖潔的天父獨生子所作出的犧牲，才能有效地洗淨所有的人。即使是最墮落有罪的人，只要接受了救主的救贖，順從天國的律法，也能得到潔淨。除此之外，沒有什麼辦法可以使人重新獲得上帝的悅納。

基督為什麼有權從仇敵手中把俘虜奪過來？因為祂所做出的犧牲滿足了治理天國的公義原則。祂來到世界作為失喪人類的救贖主，戰勝了狡猾的敵人，藉著堅持正義拯救一切接受祂為個人救主的人。祂在髑髏地的十字架上為人類付清了贖價，所以祂有權從大騙子手中，將俘虜拯救出來。大騙子曾捏造有關上帝政權的謊言，造成人類墮落，失去了上帝國度忠心子民的一切名分。

救主為我們付上了贖價。任何人都不必受撒但的奴役。基督站在我們面前，是我們**全能的幫助者**。「所以，他凡事該與他的弟兄相同，為要在上帝的事上成為慈悲忠信的大祭司，為百姓的罪獻上挽回祭。他自己既然被試探而受苦，就能搭救被試探的人。」（來2：17、18）——《信息選粹》卷一，原文309、310頁。

深入思考

耶穌上一次救我脫離仇敵之手是什麼時候？

耶和華軍隊的元帥

「耶和華必為你們爭戰；你們只管靜默，不要作聲。」

出埃及記 14：14

　　我想到基督的默想和應許：「我不撇下你們為孤兒，我必到你們這裡來。」（約 14：18）聖靈的力量要與人的努力相結合，全天庭都在從事預備一班人在這末後的日子站立得住的工作。結局已近，我們應該總是展望將來的世界。我禱告的主旨是喚醒各教會脫離道德麻木的狀態，意識到要付出懇切關心的努力。但願他們能看見且明白，在這場最後的鬥爭中，**耶和華軍隊的元帥**正率領著天上的眾軍，且在隊伍中為我們作戰。我們料到會有背道的人。「他們出去，顯明都不是屬我們的。」（約壹 2：19）「凡栽種的物，若不是我天父栽種的，必要拔出來。」（太 15：13）

　　那從天而來的大能天使，全地都要「因他的榮耀發光」，他大聲呼喊說：「巴比倫大城傾倒了！傾倒了！」（啟 18：1，2）我多麼希望教會興起發光啊！因為耶和華的榮耀已經發現照耀她。要是每個人都盡力而為，我們在上帝裡還有什麼不能做的呢？「離了我，你們就不能做什麼。」（約 15：5）

　　我們若沒有上帝的能力支持，就會在鬥爭中失去信心和勇氣。形形色色的罪惡都在積極活動。惡天使與惡人聯合起來。他們有著長期的鬥爭經驗，熟知欺騙和作戰的最佳方式。況且他們有多個世紀的積累，所以在最後的大鬥爭中，他們若不進行垂死的掙扎是絕不罷休的。全世界的人都要決定站在哪一邊。哈米吉多頓戰爭將要爆發，那時我們都不得安睡。我們必須像聰明的童女那樣儆醒，將燈的器皿裝滿油。油是什麼？是恩典。必須有聖靈的能力加在我們的身上，耶和華軍隊的元帥必率先領著眾天使指揮作戰。——《信函》112，1890年。

深入思考

撒但和他的邪惡大軍會竭盡所能與上帝的軍隊對抗。我已準備好投身於即將來到的大爭戰了嗎？今日我應當如何準備？

罪惡的上好良藥

「因為上帝差他的兒子降世，不是要定世人的罪，
乃是要叫世人因他得救。」

約翰福音 3：17

基督對門徒說：「你們是世上的光。」太陽怎樣在天空光照世界，跟從基督的人也必須照樣將真理的光，照在那些處在錯謬與迷信之黑暗中摸索的人身上。但跟從基督的人自己本沒有光，乃是天國的亮光照在他們身上，他們再將之反照世界。

生命的光是白白提供給每個人的。凡願意的，都可受公義日頭的明亮光輝所指導。基督乃是**罪惡的上好良藥**。誰也不能以自己的環境、教育或脾氣秉性為藉口，過反叛上帝的生活。罪人就是故意選擇過這種生活的人。我們的救主說過：「光來到世間，世人因自己的行為是惡的，不愛光，倒愛黑暗，定他們的罪就是在此。凡作惡的便恨光，並不來就光，恐怕他的行為受責備。」……

當上帝的要求提出來時，喜愛罪惡的人就暴露了自己的真面目。他們以指出自稱基督徒之人的錯誤和過失為樂。他們是受他們的老師撒但的精神所鼓動的。《聖經》稱他為「控告弟兄的」。邪惡的謠言一經傳出，就迅速地誇大其辭，一傳十，十傳百！多少人以之為食，就像禿鷹盤踞在垃圾之上啊！……

真基督徒是「行真理的必來就光，要顯明他所行的是靠上帝而行」。他虔誠的生活和聖潔的談吐是每日的見證，反對罪和罪人。他是所信仰之真理的活代表。耶穌論到真心跟從祂的人說，祂稱他們為弟兄不以為恥。每一個最終獲得永生的人，必在今生顯出熱心，獻身於上帝的服務……他們既知道自己的本分，就衷心無畏地履行。他們跟隨照在路上的亮光，不管後果如何。真理的上帝在他們身邊，絕不撇棄他們。——《時兆》，1882年3月9日。

深入思考

我的生命見證是支持罪惡，還是對抗罪惡呢？我如何知道答案？

明亮的晨星

聖徒的忍耐就在此；他們是守上帝誡命和耶穌真道的。

啟示錄 14：12

在餘民教會向世人傳揚的上帝信息中，有著眾天使希望察看，眾先知、君王和義人也切願明白的奧祕。眾先知曾預言過這些事，也渴望明白自己所預言的事；但這種特權並沒有賜給他們……

一些人把第三位天使信息的真理傳講為枯燥的理論；但在這個信息中應當宣揚基督為永活之主，表明祂是初，是終，是自有永有的，是大衛的根和後裔，是**明亮的晨星**。藉由這個信息，上帝借基督所顯示的品格要向世人昭示。要發出呼籲說：「報好信息給錫安的啊，你要登高山；報好信息給耶路撒冷的啊，你要極力揚聲。揚聲不要懼怕，對猶大的城邑說：『看哪，你們的上帝！』主耶和華必像大能者臨到；他的膀臂必為他掌權。他的賞賜在他那裡；他的報應在他面前。他必像牧人牧養自己的羊群，用膀臂聚集羊羔抱在懷中。」（賽 40：9-11）

現在我們要與施洗約翰一同，向人指著耶穌說：「看哪，上帝的羔羊，除去世人罪孽的。」（約 1：29）要以空前的力道發出邀請說：「人若渴了，可以到我這裡來喝。」、「聖靈和新婦都說：『來！』聽見的人該說：『來！』口渴的人也當來；願意的，都可以白白取生命的水喝。」（約 7：37；啟 22：17）

有一項大工要完成。要盡一切努力顯明基督是赦罪的救主，是背負我們罪孽的，是明亮的晨星；主會在世人面前使我們蒙恩，直到我們的工作完成。──《教會證言》卷六，原文19、20頁。

上一次上帝因我向他人彰顯基督而賜福我是什麼時候？知道上帝藉由我向其他人分享這顆明亮的晨星，心裡是何感受？

深入思考

神聖的醫師

耶和華說：「我必使你痊癒，醫好你的傷痕。」

耶利米書 30：17

　　基督擁有天上地下所有的權柄。祂是大醫師，我們遭遇肉體或屬靈疾病的痛苦時，要求告祂。基督顯明自己對於風和浪，以及被鬼魔附著的人擁有絕對的控制權。死亡和陰間的鑰匙已經交給祂了。那些執政、掌權的，甚至在祂的卑辱中也服了祂⋯⋯

　　我們為什麼不對這位**神聖的醫師**運用更大的信心呢？祂昔日怎樣醫好那個癱子，今日也照樣願意為凡來求祂醫治的人行事。我們極需更多的信心。我看到我們的人中間缺乏信心，便感到驚恐。我們需要直接來到基督面前，相信祂必醫治我們身體和精神上的疾病。

　　我們太缺乏信心了。我多麼希望能引導我們的人信靠上帝啊！他們不必以為要運用信心，就非達到高度的興奮不可。其實他們需要做的，只是相信上帝的聖言，正如他們相信彼此的話一樣。祂既已說了，就必定履行祂的話。要鎮靜地依賴祂的應許，因為祂說到做到。要說：祂既已在祂的聖言中向我說了，就必定實現祂的每一個應許。不要煩躁不安，務要信賴。上帝的聖言是真實的。行事為人要表現出你的天父是值得信任的⋯⋯

　　沒有一個人為自己活；在上帝的工作中，每個人都被委派了一份職責。大家團結一致會加強每個人的工作。當教會的信心、愛心和團結與日俱增時，他們影響的範圍也必擴大，而且他們總能將這種影響發揮到極致，不斷推進十字架的勝利。——《信息選粹》卷一，原文83、84頁。

我怎樣才能全然信靠這位天上神聖的醫師呢？有哪些事最容易讓我失去對耶穌的信靠？

深入思考

一切良善的中心

你本為善，所行的也善；求你將你的律例教訓我！

詩篇 119：68

在基督的人性中，存在著幾縷金線，將相信祂、倚靠祂的窮人與祂自己的愛心綁在一起。祂是大醫師。祂在我們的世界擔當了我們的軟弱，背負了我們的重擔。祂是一切疾病的強大醫治者。祂雖成了貧窮，卻是所有福氣、**一切良善的中心**。對於一切獻上自己的能力作上帝兒女之人的，祂乃是能力之庫。

基督永遠是窮人的朋友。祂選擇貧窮，並且藉著使貧窮成為自己的命運，來尊榮了貧窮。祂藉著祝福窮人——即上帝國度的繼承人——永遠使貧窮脫離了受人嘲笑的恥辱。這種人是祂的工作。祂藉著自己分別為聖過了貧窮的一生，救贖貧窮脫離了它的羞辱。祂採取與窮人站在一起的立場，以便消除世人加在貧窮身上的烙印。祂知道愛財的危險。祂知道這種愛毀了許多人。它使那些富有的人處於放縱，並一心想要突顯自己為大的位置。它教導他們瞧不起那些正在受貧困壓迫的人。它發展人心的弱點，顯明富人雖有大量財富，在上帝面前卻不富足。

許多人的品格已因對世上富人的錯誤估計而受了影響。擁有房屋和地產的人，因人們的尊敬而受到讚美和欺騙，可能會瞧不起窮人，其實窮人擁有富人所沒有的美德。置於聖所的金天平之上衡量時，自私貪婪的富人會顯出虧欠，而本著信心，唯獨依靠上帝，有德行和良善的窮人，卻會被宣布要在上帝的國中承受永恆的財富。——《手稿》22，1898年。

耶穌為何選擇成為窮人，讓祂的命運與弱者和邊緣人在一起？
我如何效法耶穌對受苦和受壓迫者的愛？

深入思考

以色列的聖者

「他們必尊敬我的兒子。」

馬太福音21：37

上帝以慈父般的胸襟容忍了祂的子民。祂用施恩的方法爭取他們，又用收回恩典的方法警戒他們。祂耐心地指出他們的罪，並等候他們承認自己的罪。祂差遣許多先知和僕人去向這些園戶提出祂的要求，可是他們非但沒有受到歡迎，反而遭到敵視。園戶竟迫害他們，將他們殺了。後來上帝又差遣另一些僕人；但他們的遭遇竟和先前的僕人一樣。園戶所表現的，是更深的仇恨。

作為最後的措施，上帝差遣了祂自己的兒子，說：「他們必尊敬我的兒子。」可是他們的已悖逆到滿懷毒恨的地步。他們彼此商議說：「這是承受產業的，來吧！我們殺他，佔他的產業。」……

猶太的領袖們不愛上帝，因此與上帝斷絕了關係，拒絕了祂所提出的一切合理解決問題的方案。最後上帝的愛子基督來申明園主的主權。園戶們卻以輕蔑的態度對待祂，說：我們不願意這個人來管理我們。他們忌恨基督的美德。祂教導人的方法遠比他們的高明。他們唯恐祂成功。祂曾規勸他們，揭露他們的偽善，向他們指出他們行為的必然後果。這就使他們惱羞成怒，在他們所無法制止的責備下感到扎心了。他們恨惡基督不斷講述崇高公義的標準。他們看出祂的教導令他們的私心暴露無遺，就決心要殺死祂。他們痛恨祂那信實敬虔的榜樣，以及祂一切行為所表現的高尚靈性。祂的整個人生成了對他們自私的一種譴責；所以在最後的考驗——就是決定他們順命得永生，或違命致永死的考驗臨到時，他們就拒絕了**以色列的聖者**。當彼拉多讓他們在基督與巴拉巴之間作出選擇時，他們竟喊著說：「釋放巴拉巴給我們！」（路 23：18）彼拉多問道：「這樣，那稱為基督的耶穌，我怎麼辦他呢？」他們激昂地喊叫：「把他釘十字架！」（太 27：22）——《基督比喻實訓》，原文293、294頁。

曾幾何時，我因上帝責備了我所珍視的罪而想要堵住耶穌的嘴？我和那些喊著「把他釘十字架」的暴徒有什麼不同？

深入思考

神聖的元首

「所以，憑著他們的果子就可以認出他們來。」

馬太福音 7：20

　　當務之急是要勉勵基督徒思考最重要的工作，就是耕耘主的葡萄園。在這個園中，主分配給每個人一份工作和一塊園地。他們的成功有賴於和**神聖的元首**保持個人的關係。

　　我們主耶穌基督的恩典和慈愛，以及祂對地上教會的關懷，要彰顯在祂的聖工和各地信徒傳道事業的發展上。真理和公義的屬天原則要更多且更清楚地展示在基督徒的生活中。在交易業務中表現出的大公無私的精神，將超過五旬節聖靈沛降以來各教會中所見的。凡警醒作工，祈禱等候我們救主耶穌基督帶著能力和大榮耀駕天雲降臨的人，絕不受世俗自私的壟斷精神所影響。

　　我們作為一班子民，還沒有為主的顯現作好準備。如果我們心靈的窗戶向地關閉、向天敞開，所設立的每一個機構都將成為世上的明燈。教會的每一個成員如果都實行偉大而高尚的現代真理，他們也都會成為明燈。上帝的子民如果不帶著聖靈的效能，就得不到祂的悅納。他們的言語、情感和特質所表現出來的，彼此之間純潔與真誠的關係，說明了他們與基督是合而為一的。他們將成為世上的神蹟與奇事，聰明地推進各方面的工作。各部門的工作要協調配合，就像一台精密運轉的機器。這樣，他們就能體驗基督救恩的喜樂。那些已得到要傳給別人的真理亮光，卻沒有在彼此交往中表現出真理的原則，沒有以榮耀主名的方式作主工作的人，那時就不會有現在的表現了。——《信息選粹》卷一，原文113、114頁。

如果我缺少基督的愛，單單明白真理又有什麼益處呢？

深入思考

完美的榜樣

你們蒙召原是為此；因基督也為你們受過苦，
給你們留下榜樣，叫你們跟隨他的腳踪行。

彼得前書 2：21

那些談論疑惑不信的人在天光明亮且凡事令人鼓舞的時候，或許會有點熱心；但當戰爭變得艱難，我們不得不在絕望中抱一線希望，並且要穿過深厚的黑暗將我們的請求力陳到施恩寶座時，那些疑惑不信的人就不會談論迦南美地，而會強調要遇到的種種危險了。他們會專注在城牆的高大和我們將遇到的巨人身上，那時會聽到忠心的迦勒說：那地「是極美之地。耶和華若喜悅我們，就必將我們領進那地，把地賜給我們；那地原是流奶與蜜之地」。

如今缺少的是勇敢的人，願意為真理的緣故冒險的人，願意謹慎自守而不陰鬱沮喪的人，願意警醒禱告的人，而且他們的禱告會結合活潑主動的信心。我們可以愉快甚至滿心喜樂。即使在試探之下，我們也可以說出信心、盼望和勇氣的話。然而不要耽溺於輕浮無聊；不要脫口說粗俗的玩笑話，因為這些東西會使撒但大大得利。我們正生活在審判的嚴肅時刻，此時我們應該刻苦己心，承認我們的錯誤，悔改我們的罪，並且彼此代求，使我們可以得醫治。

我們若是悔改歸正，就不會再用扭曲片面的品格表現出撒但的性情，而會在品格、言語和行為上效法基督生活中賜給我們的完美品格。我們若不遵循這個**完美的榜樣**，惡習就會把我們牢牢地拴在撒但的網羅裡。我們負擔不起與那試探人的戲耍──在錯誤的習慣上不放手，或保有自己迷戀的罪惡。我們若是承認和離棄自己的罪，若是以痛悔和謙卑的心來到耶穌面前，承認我們無力消除一個罪惡的污點或瑕疵，並且全然依賴被釘之救主的功勞，就有希望得到赦免，因為祂的話已經作了保證。祂說過祂必饒恕我們的過犯，塗抹我們的罪惡。我們必須深思耶穌無比的慈愛與憐憫，而不要細想我們的不配與罪惡。──《評閱宣報》，1884年5月13日

我生命中有什麼東西正阻止我全心效法基督的榜樣？

深入思考

超乎萬人之上

有一個女人，患了十二年的血漏，來到耶穌背後，摸他的衣裳繸子。

馬太福音 9：20

　　當你回應基督的吸引、與祂聯合時，就表現出得救的信心。隨意地談論宗教問題，不懷著飢渴的心和活潑的信心來祈求屬靈的福氣，是沒有什麼作用的。那些擁擠在耶穌身邊顯出驚奇的群眾，並沒有藉由這種接觸而感覺到生命大能的顯示。然而那位患了十二年疾病、可憐又痛苦的婦人，在極大的需要中，伸手摸耶穌的衣裳繸子時，卻感受到了醫治的能力。她的撫摸是出於信心的。耶穌察覺到這次撫摸……那使我們與基督有重大聯繫的信心，是表現在我們所展現的最佳選擇，以及完全的信賴與全部的獻身上。這是產生仁愛並潔淨人心靈的信心，會使跟從基督的人在生活中真正順從上帝的誡命；因為愛上帝、愛人，是人與基督發生生命聯繫的結果……

　　耶穌說：「我是葡萄樹，你們是枝子。」（約 15：5）我們還能想像出比這更密切的關係嗎？枝子的纖維與葡萄樹的纖維是完全一樣的。從樹幹到樹枝，生命、能量與養料源源不斷地輸送。樹根的養分藉著樹枝傳輸，基督與信徒的關係也是如此。如果他住在基督裡面，就能從祂身上吸收養分。但基督與人之間的這種屬靈聯繫，只有藉著個人信心的運用才能建立起來。「人非有信，就不能得上帝的喜悅」（來 11：6）；因為是信心把我們與屬天的能力連在一起，並加強我們戰勝黑暗權勢的力量。「使我們勝了世界的，就是我們的信心」（約壹 5：4）……我們心中的屬靈力量會越來越剛強，因為我們呼吸天國的空氣，看到上帝在我們的右邊，使我們永不動搖。我們正在超越塵世，瞻仰那位**超乎萬人之上**，又全然可愛的主。藉著仰望，我們將變成祂的形像。——《信息選粹》卷一，原文第334、335頁。

我對耶穌的信心是將生命全然獻給上帝的結果嗎？

深入思考

比最強的還強

他名稱為「奇妙策士、全能的上帝、永在的父、和平的君」。
以賽亞書9：6

上帝的智慧、能力和愛心，是無可比擬的。這乃是神聖的保證——沒有一隻迷途羔羊會遭到忽略和撒棄。有一條金鍊——上帝的憐憫和慈悲的大能——圍繞著每一個被罪壓傷的心靈。這樣，難道人不該與上帝合作嗎？他豈要因自己有罪、失敗、在品格上有缺陷，而不顧將亡之人嗎？基督藉著奉獻自己的生命，已將他與祂永恆的寶座連繫起來。

撒迦利亞對大祭司約書亞的描述，以驚人的方式描繪了基督正為之代求、好使他悔改的罪人。撒但站在中保的右邊，抵抗基督的工作，反駁祂說人類是他的產業，因為人已選擇他作統治者。但人類的辯護者、恢復者**比最強的還強**，祂聽到撒但的要求和主張，便回答他：「撒但哪，耶和華責備你！就是揀選耶路撒冷的耶和華責備你！這不是從火中抽出來的一根柴嗎？……

「使者吩咐站在面前的說：『你們要脫去他污穢的衣服』；又對約書亞說：『我使你脫離罪孽，要給你穿上華美的衣服。』我說：『要將潔淨的冠冕戴在他頭上。』他們就把潔淨的冠冕戴在他頭上，給他穿上華美的衣服，耶和華的使者在旁邊站立。」（亞3：2-5）

每一位負責與人心打交道的教師要記住，每一個容易犯錯和受試探的人，都是基督特別為之代求的對象。康健的人用不著醫生，有病的人才用得著。慈悲的中保正在代求，有罪、有限的人們還要拒絕嗎？——《手稿》34，1893年。

我是否相信耶穌願意保護我、饒恕我，並使我重生？

深入思考

大佈道家

在夜間有異象現與保羅。有一個馬其頓人站著求他說：
「請你過到馬其頓來幫助我們。」

使徒行傳 16：9

上帝呼召認識真理的人作出個人的努力。祂呼召基督徒家庭前往被黑暗和錯謬籠罩的地區，到國外去，接觸新的社會階層，為主的事業聰明而堅持不懈地工作。要響應這個呼召，就必須克己犧牲。

就在許多人等待一切障礙全都排除之時，世上的生靈卻在沒有指望和沒有上帝的狀態中滅亡。許許多多的人為了屬世的利益，前往他們以為可以獲得商機的地方，或者為了獲得更多的科學知識而冒險進入有傳染病的區域。然而何處有人願意離鄉背井，舉家遷入需要真光的地區，樹立榜樣，讓人看出他們是基督的代表呢？

世界各地都傳來馬其頓的呼聲說：「請過來……幫助我們。」為什麼沒有人決心響應呢？應該有千萬人在基督精神的激勵之下，跟隨主的榜樣。祂為了使世人得生命而捨棄了自己的生命。為什麼不堅決作出克己的努力，去教導那些還沒有認識現代真理的人呢？那位**大佈道家**來到世界，在我們面前展示了正確的工作方法。沒有人能為基督的見證人劃出更準確的界限了。

有錢財的人負有雙重的責任，因為這些錢財是上帝所託付的。他們應當認識到自己推進上帝各方面聖工的責任。真理的金鍊能把人引到上帝的寶座前。這一事實應當激勵人用上帝所賜的力量工作，到遠方去運用上帝的財物，向外邦人傳播基督的知識。──《看見錢以外的CEO》（舊名：給管家的勉言），原文55、56頁。

如果我無法到國外去做上帝的聖工，那麼有什麼事物阻礙了我向自己的社區進行傳道的事工呢？

深入思考

伯利恆聖嬰

「伯利恆的以法他啊，你在猶大諸城中為小，
將來必有一位從你那裡出來，在以色列中為我作掌權的。」

彌迦書5：2

為人父母者在教養兒女的事上，要研究上帝在自然界所賜的教導……你會去請教園丁，問他如何使枝葉茂盛、美觀勻稱、惹人喜愛。他會告訴你，這不是粗心大意或猛力助長的栽培所能辦到的，因為這樣只會弄傷那些柔嫩的枝條。他總是悉心照料，從不疏忽。他用水滋潤泥土，保護正生長的枝幹，免受暴風吹打或烈日曝曬，然後上帝才使它們生長茂盛，開出可愛的花朵……

你們要鼓勵兒女表現出愛上帝和彼此相愛的心。世間之所以有這麼多心腸剛硬的人，就是因為真愛已被人視為懦弱，並加以抑制和約束了。這些人擁有的優秀本質從小就受到抑制，若沒有上帝慈愛的光融化他們冷酷無情的私心，他們的幸福就必永遠遭受摧殘。如果我們希望自己的兒女具有耶穌的慈愛精神和天使向我們所展現的同情，我們就必須鼓勵兒女們慷慨和仁愛的動機。

要教導兒童從自然界裡認識基督。帶他們到郊外的野地裡去，在魁梧的大樹下和鳥語花香的園子裡，教導他們在上帝創造的一切奇妙作為中，看出祂表露的慈愛。教導他們明白上帝管理一切生物的定律；教導他們上帝也為我們定了律法而且這些律法都是為我們的快樂和幸福而定的。不要用冗長的祈禱和繁瑣的訓話使他們感到疲倦，乃要用自然界的實例來教導他們順從上帝的律法。

你若能作為基督的跟隨者贏得兒女的信任，就不難向他們述說基督愛我們的大愛了。當你向兒童講解救恩的真理，並向他們指出基督是他們個人的救主時，就必有天使來幫助你。主必賜恩典給這樣作父母的人，使他們能將**伯利恆聖嬰**的故事，生動地講給孩子們聽。這聖嬰是全世界的希望。——《歷代願望》，原文516、517頁。

在這個冷漠的世界裡，我如何幫助我生命中的孩子們培養他們關愛上帝和他人的溫柔之心？

深入思考

天上的葡萄樹

「凡屬我不結果子的枝子，他就剪去；凡結果子的，
他就修理乾淨，使枝子結果子更多。」

約翰福音 15：2

上帝要求跟從基督的人從世界出來，與世俗有別，不沾不潔淨的物，才能承受應許，作至高者的兒女及王室的成員。但他們若不遵守這些條件，那應許就不會、也無法實現在他們身上。自稱信奉基督教在上帝看來算不得什麼；只有真實、謙卑、樂意順從祂要求的人，才被指定為祂的兒女，祂恩典的承受者，並祂偉大救恩的享有者。這樣的人是獨特的，他們是一台戲，給世人和天使觀看。他們那特殊、聖潔的品格會被辨別出來，也會使他們與眾不同，與世界的情感和私慾顯然有別。

我看到我們中間只有少數人符合這種狀況。大多數人對上帝的愛是在口頭上，而不是在行為和真理上。他們的行動方針和作為，證明他們不是光明之子，而是黑暗之子。他們的行為不是靠上帝而行，而是出於自私和不義。他們的心對上帝更新再造的恩典很陌生。他們沒有經歷那種改變人心的能力，使他們照基督所行的去行。那些作為**天上的葡萄樹**之活枝子的人，會從葡萄樹汲取汁液和營養。他們不會成為枯乾、不結果子的枝子，而會顯出生機和活力，且會生長茂盛，結果子榮耀上帝。他們會謹慎地離開一切不義，敬畏上帝，得以成聖。

教會既離開亮光，忽視責任，濫用在品格上獨特聖潔之尊貴的特權，就是像古時的以色列人一樣羞辱了上帝。她的成員違背了要為上帝而活，且單單為祂而活的聖約；他們已經與自私而愛世界的人聯合。他們既還存有驕傲、喜愛宴樂和罪惡的心，基督就離開了。祂聖靈的感動已在教會中被消滅了。撒但和稱自己為基督徒的人們並肩同工；他們卻是如此缺乏屬靈的辨識力，竟沒有發現他的存在。……憑著他們的果子，就可以認出他們來。——《教會證言》卷二，原文441、442頁。

深入思考

我怎樣才能避免變成徒有其名的偽善基督徒？

寶貴的救主

> 「我赤身露體，你們給我穿；我病了、你們看顧我；
> 我在監裡，你們來看我。」

馬太福音 25：36

聖靈引人行善歸向上帝的每次行動，都記在天庭的冊子上，在上帝的大日，凡曾獻己作聖靈工具的人，都可蒙允許見到自己一生所行的事蹟。……

那時，聖潔感化力及其寶貴的效果，都要奇妙地顯現，歷歷在目。那時人們在天庭中遇見我們，明白我們曾怎樣為使他們得拯救而表示同情及親愛的關切，他們將會何等的感激啊！一切的讚美、尊貴和榮耀都要歸於救贖我們的上帝和羔羊，然而向上帝用來拯救將亡之人的媒介表示的感激之情，絕不會減損主的榮耀。

贖民要迎見並認出那些引領他們注意被舉起來之救主的人。他們能與這些人交談，是何等有福！有人要說：「我原是罪人，活在世上沒有上帝，沒有指望，後來你到我那裡。引導我注意**寶貴的救主**，作我唯一的盼望，我就相信祂，悔改了我的罪，得以與眾聖徒在基督耶穌裡一同坐在天上。」還有些人要說：「我原是住在異教之地的一個拜假神的人，你離開親友和舒適的家鄉，前來教導我們如何找到耶穌，相信祂是唯一的真神。我毀棄了偶像，敬拜上帝，現在我能與主面對面相見，我得救了，且是永遠得救，得見我所愛的主。我先前只能用信心的眼睛看見祂，現在卻能親眼見祂了。我現在可以向那位愛我並用祂的血使我洗淨罪惡的主，表示對祂救贖恩典的感激之情。」

另一些人會向那些曾使飢餓的人得食物吃，使赤身的人得衣服穿的人表示感激。他們要說：「當我的心在不信中被絕望捆綁時，主差你到我這裡來，向我說希望和安慰的話。你給我帶來肉體需要的食物，又向我打開上帝的話，使我領悟屬靈方面的需要。你待我如同弟兄。」──《傳道良助》，原文517-519頁。

深入思考

在決志跟隨耶穌基督的事上，誰對你的幫助最大？他們知道嗎？

神聖的守望者

耶和華的眼目看顧義人；他的耳朵聽他們的呼求。

詩篇34：15

彼得蒙上帝呼召將福音傳給該撒利亞的哥尼流，是在他仍寄居在約帕的時候。哥尼流是羅馬軍營的百夫長。他出身高貴，擁有財富，並負有光榮重任。他雖生為異教之人，受過異教的教育和熏陶，但因與猶太人接觸，就得以認識上帝，並真心敬拜，又周濟窮人以表示他信仰的真誠。他的善行遐邇皆知，而他公正廉潔的生活使他在猶太人和外邦人中都有良好的名聲。他的影響所及，使凡與他接觸的人都蒙福。《聖經》論到他說：「他是個虔誠人，他和全家都敬畏上帝，多多賙濟百姓，常常禱告上帝。」

哥尼流既相信上帝為創造天地的主，他就崇敬祂，承認祂的權威，並在人生的一切事務上求問上帝的旨意。他在家庭生活和自己職務上都效忠耶和華。他已經在家中建立了家庭祭壇；因為他除非先得上帝的幫助，就不敢試圖實行自己的計畫，或擔負自己的責任。

哥尼流雖然相信預言，並仰望彌賽亞的來臨，但他還未曾聽過由基督的生平與犧牲顯示的福音。他不是猶太教徒，所以不免被拉比們視為異教徒和不潔淨的人。但那位論到亞伯拉罕說「我眷顧他」的**神聖守望者**，也眷顧了哥尼流，並從天上直接傳給他一道信息。天使在哥尼流祈禱時向他顯現。那百夫長一聽見天使叫他的名字，就甚懼怕，然而他知道這位使者一定是從上帝那裡來的……

這個詳盡的指示甚至提到了彼得所寄居之人家中的職業，足以顯明上天對於各種身分之人的經歷和事業都是非常清楚的。上帝熟悉一個卑微工人的經驗與工作，正像祂熟悉一個在位的君王一般。——《使徒行述》，原文132-134頁。

在我的鄰里之中，有誰一直在尋求上帝，忠實地等待著上帝特別的信息，而且可能是上帝希望藉著我去傳遞的？

深入思考

無瑕無疵的典範

人若說他住在主裡面，就該自己照主所行的去行。

約翰一書2：6

開門見山的見證必帶來復興。通往天國的路到了現今並不比我們救主的日子更為平坦順利。我們必須放棄所有的罪。每一阻礙我們宗教生活的愛好都必須革除。倘若我們的右眼或右手叫我們犯罪，就必須予以犧牲。我們願不願意棄絕自己的智慧，像小孩子般去領受天國呢？我們肯不肯放棄自以為義呢？……

我們與他人的交往，無論如何有限，總必在我們身上發揮相當的影響。我們依從這種影響的程度，乃在乎交往的親疏，及交往時間的長短，以及我們對於交往對象的愛與敬仰而決定。我們這樣認識基督並與祂交往，就可能與這位**無瑕無疵的典範**相似。

與基督交通——這是莫可言喻的寶貴經驗！我們只要去尋求，願意作任何的犧牲以求獲得，便可以享受這種交通的特權了。初期的門徒聽見基督的話就感覺他們需要祂。他們尋找祂，尋見了，就跟從祂。在屋子裡、在桌邊、在祕室內、在田間，他們都與祂同在。他們跟隨祂如同學生跟隨教師，天天從祂的口裡學習神聖真理的教訓。他們看祂猶如僕人看主人一般，要學習他們的本分。他們歡歡喜喜地事奉祂。他們跟隨祂，像士兵跟隨他們的統帥一般，為真道打美好的仗。「人若說他住在主裡面，就該自己照主所行的去行。」

「人若沒有基督的靈，就不是屬基督的。」這種與耶穌的一致性將會被世人所看見。它會成為人關注並談論的話題。基督徒自己可能並沒有意識到這種大改變；因為他在品格上越近似基督，他對自己的看法也必越謙卑；但他周圍的人都必看見並覺察出這種改變。那些在上帝的事上有最深經驗的人，乃是那離驕傲或自高最遠的人。因為他們對自己有最謙卑的想法，對基督的榮耀和優美有最高深的認識，所以就覺得在主的工作上即便是最低的地位，對於他們也算是極高貴的。——《教會證言》卷五，原文222、223頁。

深入思考

在與基督交往的過程中，我覺得最寶貴的是什麼？

那將要到來的王

「那時，他們要看見人子有能力，有大榮耀駕雲降臨。」

路加福音21：27

　　基督曾經囑咐祂的門徒要注意祂復臨的預兆，並在見到那些關於**那將要到來的王**之兆頭的時候，應當歡喜。祂說：「一有這些事，你們就當挺身昂首，因為你們得贖的日子近了。」祂又指著那些春天發芽的樹木，對門徒說：「你們看無花果樹和各樣的樹，它發芽的時候，你們一看見，自然曉得夏天近了。這樣，你們看見這些事漸漸地成就，也該曉得上帝的國近了。」（路21：28；29-31）

　　但是自從教會失去謙卑與敬虔的精神，變得驕傲而形式化之後，那愛基督的心和盼望祂復臨的信仰也就冷淡了。那些自稱為上帝子民的人既專心追求世俗並尋歡作樂，他們對救主所發出、有關祂復臨預兆的指示就盲目無知了。基督第二次降臨的道理竟被人忽略，凡與此有關的經文，因被人曲解而模糊不清，以至大多被人輕視而遺忘。這情形在美國各教會中尤其如此。社會各階層所有自由安舒的生活，貪圖財利與奢華的慾望，產生了專求致富的心理；他們一心追求名譽和勢力，因為人人似乎都有成功的希望，這一切便使他們的志趣與希望都集中於今生的事物上，並將那大而可畏的日子，就是今生事物盡都要化為烏有的日子，推到遙遠的將來。

　　當救主向門徒指出祂復臨的預兆時，祂預先提到在祂第二次降臨之前所必有的背道及固態復萌的情形。那時要像挪亞的日子一樣，人人要忙於世俗的業務和宴樂的生活──買賣、栽種、蓋造、嫁娶──忘記了上帝，忘記了來生。對於一般生存在這時代中的人，基督曾發出勸告說：「你們要謹慎，恐怕因貪食醉酒並今生的思慮，累住你們的心，那日子就如同網羅忽然臨到你們。」──《善惡之爭》，原文308、309頁。

深入思考

我今天安排了多少時間來思考耶穌復臨之事？

新逢的夫子

耶穌說:「今天救恩到了這家,因為他也是亞伯拉罕的子孫。」

路加福音 19:9

　　耶利哥的街道上已擠得水洩不通,撒該的身量又矮小,在這人山人海中、他只能看見晃動的人頭。誰也不會讓路給他,他就跑到眾人前頭的一棵高大的桑樹下。樹枝橫遮路上,於是這位富有的收稅官就爬上桑樹,坐在樹枝上,等著俯視那快要經過的行列。群眾走近了,正從樹下走過,撒該睜大著眼睛,仔細地辨認著他渴望見到的那一位。

　　當時雖有祭司和拉比們的喧嚷,又有群眾高呼的歡迎聲,但這稅吏長沒有說出口的願望,卻打動了耶穌的心。忽然間,有一隊人在桑樹底下止步,前後的人群也都停了下來。耶穌抬頭一看,眼光對準撒該,洞察他的心事,就對他說:「撒該,快下來!今天我必住在你家裡。」坐在樹上的撒該驚喜之餘,不知自己是否聽錯!

　　眾人讓開了路,撒該的雙腳如踏夢境,帶著耶穌直往自己家裡去。可是拉比們滿臉怨憤,嘴裡嘀咕著不滿和藐視的話,說:「他竟到罪人家裡去住宿。」

　　撒該因基督竟願意俯身接近他這個如此不配的人,又因主的大愛和謙卑,就不禁受寵若驚、不知所云。隨後,他對這**新逢的夫子**的摯愛和忠誠,激勵他說出了心裡的話。他要公開作認罪悔改的見證。

　　當著眾人的面,「撒該站著對主說:『主啊,我把所有的一半給窮人,我若訛詐了誰,就還給他四倍。』」

　　「耶穌說:『今天救恩到了這家,因為他也是亞伯拉罕的子孫。』」——《歷代願望》,原文553-555頁。

耶穌在地上事奉時表現出一種能力,祂能在日常生活的喧囂中聽見人心的呼求。我的需要能打動耶穌的心嗎?我尋求祂時,是否堅信祂一定能聽到我的聲音?

深入思考

從天上賜下來的糧

「這是從天上降下來的糧，叫人吃了就不死。」

約翰福音 6：50

　　《聖經》是唯一一本正面描寫基督耶穌的書。若是人人都願以《聖經》為自己的課本來學習並且遵行，就不會有一個靈魂失喪。

　　《聖經》中所有發出的光線都指向耶穌基督，祂作見證，並且為將《舊約聖經》和《新約聖經》連在一起。基督被描繪為他們信心的創始成終者，他們永生的盼望集中在祂身上。「上帝愛世人，甚至將他的獨生子賜給他們，叫一切信他的，不致滅亡，反得永生。」

　　有何書能開始與《聖經》相比較呢？《聖經》是每一個兒童、青少年和成年人都必需明白的，因為它是上帝的道，這道要指導人類家庭所有的成員走向天國。那麼為何不讓上帝的話成為教育的主要角色呢？未受上帝默示的作者們的作品，被放在我們學校的兒童和青少年手中作為課本——是他們要從中受教的書籍。這些作品一直放在青少年面前，佔用他們寶貴的光陰，學習那些他們永遠用不到的東西……這些書在任何意義上都不會說出約翰的話：「看哪，上帝的羔羊，除去世人罪孽的。」……

　　耶穌基督就是天父的知識，基督是我們偉大的教師，是上帝所差來的。基督已在〈約翰福音〉第六章宣布：他就是那**從天上賜下來的糧**。「我實實在在地告訴你們，信的人有永生。我就是生命的糧。你們的祖宗在曠野吃過嗎哪，還是死了。這是從天上降下來的糧，叫人吃了就不死。我是從天上降下來生命的糧；人若吃這糧，就必永遠活著。我所要賜的糧就是我的肉，為世人之生命所賜的。」門徒沒有理解祂的話。基督便說：「叫人活著的乃是靈，肉體是無益的。我對你們所說的話就是靈，就是生命。」——《基督教育原理》，原文383、384頁。

人如何能「吃」耶穌這從天上賜下的糧呢？今天我可以用什麼可行的方式來分享祂的生命？

深入思考

大工師

我也知道，在我裡頭，就是我肉體之中，沒有良善。

羅馬書7：18

眾使徒和先知中從無一人自稱是沒有罪的。凡曾過著與上帝最親近之生活的人，凡寧願犧牲性命而不肯故意犯一件錯行的人，凡曾蒙上帝賦以神聖亮光與能力的人，都承認他們的本性是有罪的。他們既不靠肉體，也不聲稱自己為義，而完全仰賴基督的義。凡仰望基督的人都必如此。

我們在基督徒的經驗上每前進一步，我們的悔改就必加深一層。上帝對祂所赦免並承認為自己子民的人說：「那時，你們必追想你們的惡行和你們不善的作為，就因你們的罪孽和可憎的事厭惡自己。」（結36：31）祂又說：「我要堅定與你所立的約（你就知道我是耶和華），好使你在我赦免你一切所行的時候，心裡追念，自覺抱愧，又因你的羞辱就不再開口。這是主耶和華說的。」（結16：62、63）這樣，我們就不會開口誇耀自己。我們會認識到自己的滿足唯有在基督裡面。我們要像使徒一樣承認：「我也知道，在我裡頭，就是我肉體之中，沒有良善。」（羅7：18）

《聖經》還發出了與這種經驗一致的指示：「當恐懼戰兢做成你們得救的工夫。因為你們立志行事都是上帝在你們心裡運行，為要成就他的美意。」（腓2：12、13）上帝並不是叫我們擔心祂不會實現祂的應許，祂的忍耐會到厭倦的地步，祂的憐憫會不夠用。所要擔心的是你的意志肯不肯服從基督的旨意；你與生俱來養成的性格會不會控制你的生活。「因為你們立志行事，都是上帝在你們心裡運行，為要成就他的美意。」要擔心你的自我會不會成為你的心靈和那位**大工師**之間的障礙……要擔心你會不會依靠自己的力量，從基督手中收回自己的手，試圖不要祂同在而獨自行走人生的道路。——《基督比喻實訓》，原文160、161頁。

我怎樣才能避免生活在持續的恐懼中，同時清醒地努力實現個人的救贖？

深入思考

天上眾生的統帥

萬物是藉著他造的；凡被造的，沒有一樣不是藉著他造的。

約翰福音1：3

　　基督既創造了萬物，祂肯定在萬物之先就已存在。這一點是十分明確的，不容置疑。基督本來就是上帝，且是最高意義上的上帝。祂從太初就與上帝同在，是統治萬有，永遠可稱頌的上帝。

　　上帝的聖子主耶穌基督，是從太初就已單獨存在的，但祂卻與父原為一。祂是天國無比的榮耀，是**天上眾生的統帥**，有權接受眾天使的敬拜。這權利並不是從父上帝強奪的。「在耶和華造化的起頭，在太初創造萬物之先，就有了我。」他說：「從亙古，從太初，未有世界以前，我已被立。沒有深淵，沒有大水的泉源，我已生出。大山未曾奠定，小山未有之先，我已生出。耶和華還沒有創造大地和田野，並世上的土質，我已生出。他立高天，我在那裡；他在淵面的周圍，劃出圓圈。」（箴8：22-27）

　　基督在立下世界的根基以前就與上帝同在。這個真理中蘊藏著亮光和榮耀。它是照耀在黑暗之地的光，使之反映出原先神聖的光輝。這個無限深奧的真理，可以解釋其他本來無法解釋的真理。同時這真理又藏在那不能接近、不可思議的光中。

　　「諸山未曾生出，地與世界你未曾造成，從亙古到永遠，你是上帝。」（詩90：2）「那坐在黑暗裡的百姓看見了大光；坐在死蔭之地的人有光發現照著他們。」（太4：16）基督的先存性（pre-existence）以及祂對我們世界所顯明的旨意，就像是從永恆寶座發出的活潑光線。「伯利恆的以法他啊，你在猶大諸城中為小，將來必有一位從你那裡出來，在以色列中為我作掌權的；他的根源從亙古，從太初就有。」（彌5：2）——《信息選粹》卷一，原文247、248頁。

深入思考

我如何才能享受上帝奧祕的真理呢？

同伴

「上帝為愛他的人所預備的是眼睛未曾看見，
耳朵未曾聽見，人心也未曾想到的。」

哥林多前書2：9

由於我們沒有運用思維來默想神聖的事物，反而思慮地上的事，就造成了多大的損失啊！我們越思考神聖的事物，就越有新的奇蹟向我們顯示。我們若不多多談論耶穌和聖徒所要承受的天國，就必遭遇重大損失。我們越常思考天上的事物，就越會看到新的樂事，我們的心就會更加充滿對慈悲創造主的感激。

你們要思念上帝奇妙的愛，祂將獨生愛子賜給世人，使信祂的人不致滅亡，反得永生。哦，為什麼那些自稱是追隨基督的人會被人類的脆弱所吸引，並將自己的情感灌注在他們身上，向他們俯伏敬拜，好像敬拜神一樣？而耶穌卻設法要贏得我們的愛，吸引我們的注意力，用最溫柔的同情和無以言表的愛把我們和祂的心連結在一起？

儘管我們違背了祂的律法，但基督卻在天父的寶座前為我們懇求，這般殷切勝過地上所有的父母。沒有任何人的嘴唇會像祂的唇一樣，如此溫柔地勸誡犯錯之人。所以，請注意你對這奇妙之愛的態度。讀上帝豐盛的應許，對它們堅信不疑。要仔細思量。傾聽那些莫可言喻的愛與憐憫。在基督裡面，我們靠著祂的血得了救贖。凡被上帝的靈所引導的，都是上帝的兒女……

要斬斷束縛你的負累；切莫陷入世俗的事，而要與上帝相連。如果你願以耶穌為你的**同伴**和永遠的朋友，就永不孤單……全然信靠耶穌是你的救主，祂以死來拯救你；作為你的中保，祂在天父面前的懇求是有效的，確保我們平安且蒙赦免。祂將我們的名字刻在掌心，而我們必須對我們的王致以恭順和敬愛的服從。耶穌是信徒的生命，是他們的希望和喜樂。愛就是信心和信靠的增長，是讓基督在我們裡面成形，使祂做我們的朋友和顧問。——《信函》4，1885年。

如果基督在上帝寶座前為我殷切祈求的關愛程度，是連世上親生父母對子女的愛都不能及的，那麼我該如何回應這份愛？

深入思考

天使所尊敬的

有一位天使從天上顯現，加添他的力量。

路加福音 22：43

　　基督的話教導我們，應當看自己與天上的父有不可分離的關係。不論我們的地位如何，我們總要靠那掌握一切命運的上帝。祂已經派定我們的工作，又將作工所需的才能、方法賜給我們。只要我們順服上帝的旨意，依靠祂的能力和智慧，祂必引導我們走在安全的路上，完成我們在祂大計畫中的一份責任。但是人若靠自己的智慧和能力，就使自己與上帝隔離。這樣的人不是與基督合作，而是實行那與上帝和世人為敵者的計畫了。

　　救主接著說：「父所做的事，子也照樣做。……父怎樣叫死人起來，使他們活著，子也照樣隨自己的意思使人活著。」撒都該人認為人的身體不會復活，耶穌卻告訴他們，天父最偉大的作為之一，就是叫死人復活；並且祂自己也有權柄做這同樣的事。祂說：「時候將到，現在就是了，死人要聽見上帝兒子的聲音，聽見的人就要活了。」法利賽人相信死人復活的事。基督宣稱那賜生命給死人的權能，現在就在他們中間；而且他們將要目睹這種權能的施展。這使人復活的權能，也就是那賜生命給「死在過犯罪惡之中」之人的權能（弗2：1）。這在基督耶穌裡的生命之靈，就是「他復活的大能」，足以使人「脫離罪和死的律」（腓3：10；羅8：2）。罪惡的權勢被打破了，人藉著信心就得蒙保守脫離罪惡。凡敞開心門接受基督之靈的人，就在將來得與那使他的身體從墳墓裡出來之大能者有份。

　　這卑微的拿撒勒人就此表白了祂真實崇高的身分。祂一時超脫了人性，卸去罪身和恥辱的形狀，在眾人面前顯示自己是**天使所尊敬的**，是上帝的兒子，是與宇宙的創造主原為一的那一位。聽眾目瞪口呆；從來沒有像祂這樣說話的，也沒有像祂這樣有君王般之威嚴的。祂發言清楚而明確，充分宣明祂的使命和世人的義務。——《歷代願望》，原文209、210頁。

深入思考

我怎樣才能維持因信遠離罪呢？信仰能讓我獲得什麼樣的能力？

那掌握生命和復活大權的主

馬大對耶穌說：「主啊，你若早在這裡，我兄弟必不死。」

約翰福音 11：21

「耶穌看見她哭，並看見與她同來的猶太人也哭，就心裡悲嘆，又甚憂愁。」祂洞悉在場每個人的心思意念，看出許多人表示的哀痛都是虛偽的。也知道其中一些人現在雖假裝悲傷，不久不但要謀害那行神蹟的大能者，還會打算把那將要從死裡復活的拉撒路置於死地呢！基督大可揭穿他們虛偽的憂傷，祂卻抑制了自己的義憤。為了那悲傷地跪在祂腳前、因真實相信祂而蒙愛的馬利亞，祂沒有把本來可以說的實話說出來。

耶穌問道：「你們把他安放在哪裡？」他們回答說：「請主來看。」於是他們一同到墳地去。當時的情景很令人悲傷。拉撒路素來招人喜愛，他的兩個姐姐哭得心都碎了，他的朋友也都陪著他傷心的姐姐落淚。鑑於這人間的痛苦，又因眾人竟當著世界救主的面，為死人哀哭──「耶穌哭了。」祂雖身為上帝的兒子，卻取了人的樣式，也為人間的痛苦所觸動。祂恩慈憐憫的心時刻同情受苦的人類。祂與哀哭的人同哭，與喜樂的人同樂。

然而耶穌不僅是因同情馬利亞而哀哭。祂的眼淚也包含著超出人類悲傷的哀痛，猶如天之遠高於地。基督沒有為拉撒路哀哭，因為祂即將叫他從墳墓裡出來。祂之所以哭，是因為許多現在為拉撒路哀哭的人，不久將要謀害**那掌握生命和復活大權的主**。可是那些不信的猶太人，哪裡會懂得耶穌流淚的真情呢！有些人什麼也看不到，只看到了他眼前的環境，以為這就是祂悲傷的原因，便輕輕地說：「你看他愛這人是何等懇切！」──《歷代願望》，原文533、534頁。

當那些曾受我幫助的人背叛了我，我該作何反應？

深入思考

慈愛的救贖主

那吩咐光從黑暗裡照出來的上帝，已經照在我們心裡，
叫我們得知上帝榮耀的光顯在耶穌基督的面上。

哥林多後書4：6

我們基督徒不可為尋歡作樂而與世人交往，不可與之一同荒誕無稽。這類的交際有百害而無一益。對於一切犯罪的事，我們永不可在言語或行為上予以贊同，既不可默認，也不可參加。我們無論往哪裡去，總要帶著基督同去。並向人顯示我們救主的尊貴可愛。但有人卻為了保存自己的信仰，竟將它藏在石壁之內，如此就失去行善的良機。基督的宗教是在社交中與世人接觸的。每一個接受了上帝光照的人，也當將這光照亮那些尚未看明生命之光者的道路。

我們都應做耶穌的見證人。要運用因基督恩典而成聖的社交方法去引人歸向救主。讓世人看出我們並不自私自利，而是渴望與他人分享我們的福分和權利，也要讓人看出我們的宗教並沒有使我們變得麻木不仁、尖酸刻薄。凡自稱已經找到基督的人，應當效學祂，為造福他人而盡忠服務。

我們萬不可給世人留下錯誤的印象，認為基督徒是一班憂鬱寡歡的人。如果我們注目於耶穌，就要看見一位**慈愛的救贖主**，並從祂的臉上接受光明。哪裡有祂的靈，那裡就有平安，也有喜樂，因為在那裡有對天父平靜安穩且聖潔的信賴。

基督徒雖然都是血肉之體，但當他們顯出與上帝的性情有分時，就必蒙基督喜悅。他們不是泥塑木雕，而是活生生的人。他們的心田既被神恩的雨露滋潤，便要向「公義的日頭」大大敞開。那照在他們身上的光，他們要用好行為反射到別人身上，這光就必因基督的愛而大放異彩。——《歷代願望》，原文152、153頁。

深入思考

我是一個喜樂的基督徒嗎？別人喜歡和我在一起嗎？我如何使用我的「社交能力」來幫助建立上帝的國？

唯一的中保

我小子們哪，我將這些話寫給你們，是要叫你們不犯罪。
若有人犯罪，在父那裡我們有一位中保，就是那義者耶穌基督。

約翰一書2：1

凡想原諒或遮蓋自己的罪，並讓它留在天上案卷中未經承認也未蒙赦免的人，都要被撒但所勝。他們的表白越誇耀、地位越尊貴，他們的罪在上帝看來就越為嚴重，而他們的大仇敵撒但所得的勝利也就越發肯定了。凡遲遲不為上帝的大日準備的人，絕不能在大艱難時期之中，或在該時期之後，再有準備的機會。這一等人的案件都是沒有希望的。

你不必非向那些不知你罪惡和錯誤的人認罪。你沒有義務公開承認會使不信之人誇勝的罪；但是對於合適的、不會利用你錯誤的人，要按上帝的聖言認罪，並讓他們為你代禱，上帝就會悅納你的作為並且醫治你。為了你的靈魂，要聽勸，為永生做徹底的工作。撒棄你的驕傲和虛榮，做正直的努力。要再回到羊圈中，大牧者正在等候接納你。你要悔改，行起初所行的，重蒙上帝的恩眷。

基督是你的救贖主；祂絕不會利用你羞恥的認罪。你若有私人性質的罪，就要向基督承認，祂是上帝與人之間**唯一的中保**。「若有人犯罪，在父那裡我們有一位中保，就是那義者耶穌基督。」（約壹2：1）你若是犯了扣留上帝當得的十分之一和供物的罪，就要向上帝和教會承認你的罪，並且聽從祂所賜給你的指示：「你們要將當納的十分之一全然送入倉庫。」（瑪3：10）

上帝的子民必須聰明行事。他們不可感到滿足，直到每項已知的罪都承認了。然後他們的特權和義務就是相信耶穌悅納他們；不可等待別人衝破黑暗為他們獲得勝利，使他們坐享其成。這種享受只能持續到聚會結束。但是我們必須根據原則而不是根據感覺侍奉上帝。早晨和晚上都要在你自己家裡為你自己獲得勝利。不要讓日常的工作攔阻你不能做這事。要花時間禱告；當你禱告時，要相信上帝會垂聽你的禱告。——《給教會的勉言》，原文258、259頁。

深入思考

我願意接受耶穌今天所給予我的赦免之恩嗎？

教會偉大的元首

「人子啊，我立你作以色列家守望的人，
所以你要聽我口中的話，替我警戒他們。」

以西結書 3：17

基督在祂的生活和教訓中，顯示了那起源於上帝之無私服務的楷模。上帝並不是為祂自己而存在的，祂經由創造世界並託住萬有，而持久不變地為他人服務。「他叫日頭照好人，也照歹人；降雨給義人，也給不義的人。」（太5：45）天父已經將這服務的理想交託給祂的兒子。耶穌原是賜下作人類的元首，而用祂的榜樣教人明瞭服務的意義。祂的整個人生完全受服務法則的支配。祂服務眾生，牧養所有人。

耶穌曾屢次試圖在門徒中間建立這個原則。當雅各和約翰提出最高地位的要求時，祂說：「你們中間誰願為大，就必作你們的用人；誰願為首，就必作你們的僕人。正如人子來，不是要受人的服侍，乃是要服侍人，並且要捨命，作多人的贖價。」（太20：26-28）

基督自升天以來，祂是藉著所揀選的使者推進祂在地上的工作，祂藉著他們向世人說話，並為世人的需要而服務。**教會偉大的元首**藉著上帝所命定、作祂代表的人為媒介，監督著祂的聖工。

凡蒙上帝呼召、為建立祂的教會而「勞苦傳道教導人」的人，是負有重責大任的。他們既是「替基督」勸人「與上帝和好」的；他們唯有領受那從上頭來的智慧和能力，才能完成自己的使命。

基督的傳道人乃是上帝所交付他們照顧之子民的屬靈監護人。他們的工作好比守望者的工作。……

那些站在錫安城牆上的守望者獲有特權得與上帝親密交往，並特別容易領受祂聖靈的感應，以致上帝能藉他們將眾人所處的險境警告他們，並向他們指明安全之所。——《使徒行述》，原文359-361頁。

深入思考

我怎樣才能與耶穌更緊密地合作來達成祂呼召我的目標？

比兄弟更親密的朋友

濫交朋友的，自取敗壞；但有一朋友比弟兄更親密。

箴言 18：24

耶和華並沒有撇下你獨自一人。祂正以溫柔的憐憫看顧著你。祂的聖靈仍然努力掌控著黑暗的權勢。如果你肯到基督面前來，又飢又渴地尋求生命的餅和水，永恆的基督之能就會打破苛刻、冷酷與自私的態度，就是凡與同情心格格不入的一切。

基督正在叩響你的心門，祂要進來。祂的叩門是徒然的嗎？你會拒絕祂進入，還是將祂當作尊貴的客人來歡迎呢？不要拒絕祂！因為對你來說，耶穌的愛比整個世界更有價值。

這份愛的長闊高深是無法衡量的。它打開人的心靈，使之擴張，讓人心有了愛上帝的新能力。《聖經》中的呼召和邀請所蘊含的感情只有最熾烈的語言方能表達。主渴望你歸向祂。祂知道你需要祂，祂也需要你，因為祂說：「你們是我的見證。」（賽 43：10）當你轉臉不顧永生上帝時，就是犯下了最嚴重的過錯。不要害怕將自己全然地、堅定地奉獻給上帝，要毫無保留地將自己投入到耶穌基督的恩典之中；你會發現沒有什麼憐憫能像它那般無限純潔。在祂的掌管下，你會體會到上帝的良善、忍耐和自我犧牲的愛，並將它們揭示給這個世界。

你也許認為沒有人會真正了解你的狀況，但有一位熟悉你的點點滴滴。祂知道你自己沒有力量和智慧，甚至連自己的需要也不了解；但祂已經應許不叫你跌倒，這是你可以倚賴的應許。有時你可能想要大哭一場，因為你失去了在主裡的喜樂和盼望，但基督對你說：「打開你的心門，讓我進去。」祂是一位**比兄弟更親密的朋友**，你可以向祂訴說試煉、憂愁和需要。祂必給你許多寶貴的教導，其價值勝過金銀，又將平安喜樂賜給你。——《信函》109，1896年。

深入思考

我今天是否與耶穌分享了我的心事？

得勝者

耶穌回答說：「你們拆毀這殿，我三日內要再建立起來。」

約翰福音 2：19

　　基督乃是聖殿的根基和生命。殿中的禮節都是上帝兒子犧牲的預表。祭司職分的設立，是要預指基督作中保的身分和工作。獻祭敬拜的整個計畫，是預表救主受死，來救贖世界。所以這獻祭的禮一等到歷代以來所指的大事（**基督受死**）成就之後，便再無功效了。

　　因為整個獻祭制度是預表基督的，所以離了祂，這些就毫無價值。當猶太人把基督治死且棄絕祂時，他們也就此棄絕了使聖殿及其崇祀具有意義的主，聖殿不再是聖潔的，並已注定要毀滅了。從那日起，祭物和獻祭的儀式都失去了意義。像該隱的祭物一樣，這些禮不能表現對救主的信心。猶太人殺害基督，實際上就是拆毀他們的聖殿。基督在十字架上斷氣時，聖殿的內層幔子從上到下裂為兩半，表明那最後的大祭物已經獻上，從此獻祭的制度就永遠終止了。

　　「我三日內要再建立起來。」在救主受死時，黑暗勢力似乎佔了優勢，他們歡慶自己的勝利。但耶穌卻以**得勝者**的姿態走出了約瑟裂開的墳墓。祂「將一切執政的、掌權的擄來，明顯給眾人看，就仗著十字架誇勝」（西 2：15）。因祂的死和復活，基督就成了「真帳幕」的執事，「這帳幕是主所支的，不是人所支的。」（來 8：2）猶太人的會幕是人手支搭的，他們的聖殿也是人手建造的。但那天上的聖所卻非人工所造──地上的聖所不過是它的影兒，「看哪，那名稱為……苗裔的，他要……建造耶和華的殿。……並擔負尊榮，坐在位上掌王權；又必在位上作祭司。」（亞 6：12、13）──《歷代願望》，原文165、166頁。

> 撒但自以為他殺害耶穌的計畫將終止上帝救贖人類的計畫，結果卻恰恰相反。上帝如何利用苦難為我的人生帶來更大的福分？

深入思考

以色列的安慰者

「主啊！如今可以照你的話，釋放僕人安然去世；
因為我的眼睛已經看見你的救恩。」

路加福音2：29、30

屬靈的事要用屬靈的眼光領會。上帝的兒子在聖殿裡按祂降世的使命被獻上，祭司卻視祂為平常的孩子，沒在耶穌身上察覺出什麼特別之處。但這次奉獻之禮並不是完全沒有人認出基督，上帝賜愛子給世人的事，還是被人看出來了。「在耶路撒冷，有一個人名叫西面。這人又公義又虔誠，素常盼望以色列的安慰者來到，又有聖靈在他身上。他得了聖靈的啟示，知道自己未死以前，必看見主所立的基督。」

西面走進聖殿，看見一對夫婦在祭司面前奉獻他們的長子。一望而知他們是窮人。但西面明白聖靈的啟示，深深感到這被獻的嬰孩就是**以色列的安慰者**，就是他素來所盼望要見的那一位。於是西面走過去，祭司見他欣喜之情溢於言表，就甚覺驚奇。這時，孩子已交還給馬利亞，西面又將祂抱過來奉獻給上帝。西面感到心中充滿了從未有過的喜樂。他向天舉起尚在襁褓中的救主，說：「主啊，如今可以照你的話，釋放僕人安然去世，因為我的眼睛已經看見你的救恩，就是你在萬民面前所預備的，是照亮外邦人的光，又是你民以色列的榮耀。」

有預言之靈降在這位神人身上。約瑟和馬利亞站在一旁，驚奇地聽著西面為他們祝福。他又對馬利亞說：「這孩子被立，是要叫以色列中許多人跌倒，許多人興起，又要作毀謗的話柄，叫許多人心裡的意念顯露出來，你自己的心也要被刀刺透。」──《歷代願望》，原文55頁。

西面渴望見到那位除去世人罪孽的彌賽亞。在我生命的這一刻，我渴望上帝向我展示什麼？

深入思考

創造主

「我要開口用比喻，把創世以來所隱藏的事發明出來。」

馬太福音 13：35

《聖經》說：「這都是耶穌用比喻對眾人說的話；……這是要應驗先知的話，說：『我要開口用比喻，把創世以來所隱藏的事發明出來。』」（太13：34、35）祂用自然界的事物來表達屬靈的事物，把自然的事物和聽眾的生活經驗與《聖經》的真理聯繫起來。基督的比喻從自然界引入屬靈的世界，成為真理的鏈子，把人與上帝、地球與天國連在一起。

基督從自然界取材教導人的時候，祂是在講論祂親手所造的事物。這些事物的性質和功能，是祂親自賦予的。一切受造之物處於原來完美的狀態時，都是上帝思想的表達。對於住在伊甸園的亞當和夏娃來說，大自然充滿了認識上帝的知識和神聖的教導。他們既看見了上帝的智慧，就銘記在心，因為他們藉由上帝所造之物而與祂交通。但當這對聖潔的夫婦違犯了至高者的律法時，來自上帝聖顏的榮光就離開了自然界。如今大地被罪惡敗壞污損。但在毀損之中仍保留有許多美麗的事物。上帝所寄寓的教訓並沒有消失。只要加以正確的理解，我們仍能從自然界中認識它的**創造主**。

在基督的時代，這些教訓已經不為人所注意。世人幾乎不能根據上帝的作為來認識上帝。人類的罪孽給美麗的受造之物蒙上了一層黑幕，使上帝的創作非但無法彰顯祂，反而遮蔽了祂。世人竟「去敬拜事奉受造之物，不敬奉那造物的主」；外邦人的「思念變為虛妄，無知的心就昏暗了」（羅 1：25，21）。在以色列人中也是如此。人的教訓代替了上帝的訓誨。不但自然界的事物，就連原本為彰顯上帝而賜下的崇祀制度和《聖經》本身，也遭到他們的曲解，而成為遮掩上帝的事物。——《基督比喻實訓》，原文17、18頁。

深入思考

下次有機會走進大自然中時，我希望聽到上帝對我說什麼？

神聖的中保

摩西與他們說完了話就用帕子蒙上臉。

出埃及記 34：33

　　摩西停留在山上四十晝夜，在這期間，如同第一次一樣，上帝用神蹟般的方法維持了他的生命。上帝並未准許任何人與摩西一同上山，也不許任何人在這期間走近山邊。摩西蒙上帝的指示，預備了兩塊石版帶到山上來。於是耶和華再「將這約的話，就是十條誡，寫在兩塊版上」。

　　摩西因長時間與上帝交往，他臉上就反照出上帝臨格的榮耀；當他下山時，他卻不知道自己的臉上發出耀眼的光輝。當司提反被帶到審判官面前時，他臉上發出的也是一樣的光輝；那時「在公會裡坐著的人都定睛看他，見他的面貌，好像天使的面貌」（徒 6：15）。亞倫和百姓一見摩西，就畏縮不前，他們「怕挨近他」。摩西見他們驚惶失措，卻不明白是什麼緣故。他就勸他們近前來。⋯⋯

　　上帝原要藉著這光輝，把祂律法神聖和崇高的性質，以及由基督所顯現福音的榮耀，都刻在以色列人的心上。當摩西在山上時，上帝不但將石版上的律法，也將救恩的計畫提示他。他看出舊約時代的一切表號和象徵，都是預指著基督的犧牲；摩西臉上的光，乃是上帝律法的榮耀，更是從觸體地洋溢出來的天上光輝。摩西時代的光輝預表基督時代的榮耀，摩西是看得見的中保。⋯⋯

　　摩西乃是基督的預表。他作以色列的代求者，因為百姓忍受不了他臉上的榮光，就用帕子蒙上臉；照樣，**當神聖的中保**基督來到地上時，祂用人性遮掩了祂的神性。如果祂披著天上的光輝而來，祂就不能在世人有罪的狀況之下與他們接近；因他們無法忍受祂臨格的榮耀。因此，祂就自己卑微，成了「罪身的形狀」（羅 8：3），以便接近墮落的人類，將他們拯救出來。──《先祖與先知》，原文329、330頁。

深入思考

我是否擁有因服從上帝神聖律法而來的光輝？

主與夫子

彼得說：「你永不可洗我的腳！」
耶穌說：「我若不洗你，你就與我無分了。」

約翰福音 13：8

　　這話不僅是指肉體的潔淨說的；基督仍是在講論洗腳禮代表的屬靈之潔淨。洗過澡的人固然是乾淨的，但穿涼鞋的腳很快就髒，必須再洗。彼得和他的弟兄們已在那洗除罪惡與污穢的大泉源中得了潔淨。基督已承認他們是屬於祂的人。但是他們因受試探，又犯了罪，所以還需要救主那使人潔淨的恩典。當耶穌用手巾束腰給門徒洗腳時，祂要藉此洗去門徒心中的紛爭、嫉妒和驕傲的罪污。這比洗去腳上的塵土重要多了！就門徒當時的心情來說，沒有一個人已準備好與基督交通。在他們沒有達到謙卑和仁愛的地步之前，他們不配吃逾越節的晚餐，並參與基督即將設立的紀念禮。他們的心必須被洗淨，如若不然，驕傲和自私的心勢必造成糾紛。耶穌在洗他們的腳時，就將這一切都洗掉了。他們的心情已經起了變化，因此耶穌說：「你們是乾淨的。」如今他們同心合意，彼此相愛。除了猶大之外，每個門徒都願意將最高的地位讓給別人。這樣，他們就能進一步領受基督的教導。

　　我們像彼得和他的弟兄們一樣，已在基督的寶血中洗淨了；但因心靈常受玷污，也必須來向基督求祂潔淨罪惡的恩典。彼得不願讓他的髒腳碰到他的**主與夫子**的手，可是我們倒常以犯罪、污穢的心接觸基督的心！我們不良的習性、虛榮和驕傲，使主多麼悲傷啊！但我們必須將我們一切的軟弱和污穢帶到祂面前。唯有祂能洗淨我們。我們若不因祂的功效得潔淨，就無法做好與祂交通的準備。
——《歷代願望》，原文646-649頁。

我對罪的羞恥感是否會阻止我把罪帶到耶穌的面前？

深入思考

羔羊

我們憑這旨意，靠耶穌基督，只一次獻上他的身體，就得以成聖。

希伯來書10：10

我們的主說：「你們若不吃人子的肉，不喝人子的血，就沒有生命在你們裡面。……我的肉真是可吃的，我的血真是可喝的。」（約6：53-55）就我們的肉體而論，這話也是實在的。因為連我們在地上的生活，也要歸功於基督的死。我們吃的飯是祂捨身得來，喝的水亦是祂流血換來的。每個人不論是聖徒或罪人，在吃飯時都是靠基督的身體和寶血滋養。每一餐都帶有髑髏地十字架的印記。……

就我們屬靈的生活而論，基督的話尤為真實。祂說：「吃我肉喝我血的人就有永生。」只有接受在髑髏地的十字架上為我們流出的生命，我們才能度聖潔的生活。我們是因接受祂的話，並實行祂所吩咐的，才能獲得這生命。這樣，我們就與祂合而為一。祂說：「吃我肉、喝我血的人常在我裡面，我也常在他裡面。永活的父怎樣差我來，我又因父活著；照樣，吃我肉的人也要因我活著。」（約6：56、57）這段經文特別適用於聖餐禮。當我們因信而思念主的偉大犧牲時，我們的心靈就必吸收基督屬靈的生命；我們也必從每次聖餐禮中得到屬靈的力量。於是這禮節就形成活的連結，把信徒與基督連在一起，也與天父連在一起了。……

當我們領受那代表基督捨身流血的餅和杯時，我們就在想像中參加了那在樓房裡舉行的聖餐。……我們也進入了那因背負世人罪孽的主所受之慘痛而成聖的客西馬尼園。我們也似乎看到了祂那使我們與上帝和好的掙扎。如此，基督釘十字架就活化在我們眼前了。

當我們仰望被釘的救主時，我們就更充分明白天上的主宰所付犧牲之重大及其深奧的意義。救恩計畫向我們大放光芒，我們一想起髑髏地的景象，就必激發出活潑和神聖的感情。我們就要口唱心和地讚美上帝和**羔羊**，因為常懷念髑髏地感人情景的人，心中不會留有驕傲和自我崇拜的念頭。——《歷代願望》，原文660、661頁。

我在世上得到的所有祝福，都是因著耶穌基督為我所作的犧牲而來。這個星期祂賜給了我什麼祝福？

深入思考

上帝和人類之間的媒介

> 「上帝愛世人,甚至將他的獨生子賜給他們,叫一切信他的,
> 不致滅亡,反得永生。」
>
> 約翰福音3:16

基督受了我們所該受的罰,使我們得祂所該得的賞。祂為我們的罪——祂原是無份的——卻被定為罪,使我們因祂的義——我們原是無份的——得稱為義。祂忍受了我們的死,使我們能得祂的生。「因他受的鞭傷,我們得醫治。」

藉著祂的生與死,基督將罪惡所破壞的一切復原有餘。撒但原來企圖將人與上帝永遠分離。但在基督裡,我們同上帝的聯合,反而比未墮落前更加密切了。救主既取了人性,就和我們結成了永不分離的關係。祂和我們連成一體,直到永遠。「上帝愛世人,甚至將他的獨生子賜給他們。」(約3:16)上帝賜下獨生子,不單是為擔當我們的罪,作我們的犧牲而死,上帝竟將祂贈送給墮落的人類。上帝為向我們保證祂那永不改變的和平之約,便賜下祂的獨生子成為人類家庭的一員,永遠保留祂的人性。這就是上帝實現祂諾言的保證:「因有一嬰孩為我們而生,有一子賜給我們,政權必擔在他的肩頭上。」上帝已在祂兒子的身上取了人性,並且將這人性帶到最高的天上。如今與上帝同坐宇宙之寶座的,就是這位「人子」,那名「稱為奇妙策士、全能的上帝、永在的父、和平的君」的主,就是這位「人子」(賽9:6),這位「自有永有者」是**上帝和人類之間的媒介**,祂的手握住了雙方。那「聖潔、無邪惡、無玷污、遠離罪人」的主,稱我們為弟兄也不以為恥(來7:26;2:11)。在基督裡,地上的家庭和天上的家庭竟團聚一起了。得了榮耀的基督是我們的長兄。天國建設在人的心裡,人類被那「無窮慈愛者」抱在懷裡了。——《歷代願望》,原文25、26頁。

> 雖然天國看似遙遠,但耶穌用慈繩愛索把我和天上的居民緊緊聯繫在一起,這繩索是不可切斷的。當我將來遇到我在天上的家人時,我要做的第一件事是什麼?

深入思考

神祕的受難者

「主啊，誰敢不敬畏你，不將榮耀歸與你的名呢？因為獨有你是聖的。」

啟示錄15：4

在髑髏地的十字架上，博愛與自私對峙而立，雙方的表現都到達了頂點。基督的一生，是不倦地安慰人、為人造福的一生。撒但卻將基督置於死地，顯明他對上帝的仇恨已到了何等惡毒的地步！也顯明他背叛天庭的真正目的，是要推翻上帝的王權，並除滅那彰顯上帝之愛的主。

藉由基督的生與死，人人的意念都顯露出來了。從馬槽到十字架，耶穌的一生是個呼召，召喚世人歸向祂，與祂同受苦難。人類的目標就此顯現出來。耶穌帶來了天上的真理，凡聽從聖靈召喚的人就被吸引到祂面前來。而凡崇拜自我的人則將屬於撒但的國度。在對待基督的態度上，人人都要表明自己所站的立場。這樣，每個人就對自己作出了判決。

在最後的審判大日，每個淪亡的人將要看明自己拒絕真理的性質。那時十字架必將出現，每個被罪弄瞎的心眼，必看出自己同十字架的真實關係，並在髑髏地的慘景和那**神祕的受難者**面前認罪。每個虛謊的藉口必被掃除，世人叛逆、窮凶極惡的本質將暴露無遺。人們將要看出他們所揀選的到底是什麼。在長期鬥爭中，一切有關真理和謬道的問題，此時都要得出答案。在全宇宙的審判廳裡，眾人都將看清，罪惡的存在不能歸咎於上帝；而且，上帝的聖旨絕不是導致罪惡的。上帝的施政並無缺點，也無任何足以引起不平的因由。當一切意念盡都顯露無遺時，忠心的聖徒和叛逆的惡人都必揚聲高呼：「萬世之王啊，你的道途義哉！誠哉！主啊，誰敢不敬畏你，不將榮耀歸於你的名呢？……因你公義的作為已經顯出來了。」（啟15：3、4）——《歷代願望》，原文57、58頁。

我該如何才能避免拒絕基督十字架的永恆意義？我是否在生命中某個隱藏的角落裡試圖抗拒十字架的吸引力？

深入思考

比撒但更有能力的主

不但如此，凡立志在基督耶穌裡敬虔度日的也都要受逼迫。

提摩太後書 3：12

耶穌並沒有向跟從祂的人提供獲得地上榮華富貴的希望，也沒有提供一個免受苦難的生活。反之，祂呼召他們在克己和屈辱的路上跟從祂。那來救贖世人的主曾受邪惡勢力的聯合反對。惡人和惡天使組成殘酷無情的同盟，列陣整隊來對抗和平之君。祂的一言一行都彰顯上帝的慈悲；又因祂的行為與世人不同，所以就激起了最苦毒的敵意。

凡立志在基督耶穌裡敬虔度日的也必如此。逼迫和侮辱在等待著凡受基督的靈澆灌的人。逼迫的性質會隨著時代而改變，但自從亞伯的日子以來，那殺害主所揀選之人的原則，以及逼迫的基本精神卻是一樣的。

歷代以來，撒但經常逼迫上帝的子民。他曾折磨他們，置他們於死地，但他們卻在臨終時成了勝利者。他們為那位**比撒但更有能力的主**作了見證。惡人固然可以折磨、殺害人的身體，但他們卻不能傷害那與基督一同藏在上帝裡面的生命。他們能把人監禁在獄牆之內，卻無法束縛他們的心靈。

透過試煉和逼迫，上帝的榮耀——祂的品格——就在祂所揀選的人身上彰顯出來了。那些被世人所恨惡、逼迫的基督徒，乃是在基督的門下受教育和訓練的。他們在地上行走在窄路上；他們是在苦難的熔爐中煉淨的。他們在痛苦的鬥爭中跟從基督；他們忍受克己的生活，並經歷痛苦的失望；但他們卻因此得以認識罪的本質及禍害，並視罪為可憎恨的。他們既與基督一同受苦，就能藉由幽暗看到那將來的榮耀，說：「我想，現在的苦楚若比起將來要顯於我們的榮耀就不足介意了。」（羅 8：18）——《使徒行述》，原文576、577頁。

苦難的問題仍然是人類生活中最令人不安的因素之一。我如何才能接受那些上帝允許出現在我生命中的苦難，並避免對祂或對我的同胞心懷怨恨？

深入思考

真神

我們看見他的時候，也無美貌使我們羨慕他。

以賽亞書53：2

　　將近兩千年前，從高天之上，天父的寶座那裡，發出意蘊深奧的聲音說：「上帝啊，祭物和禮物是你不願意的；你曾給我預備了身體。……上帝啊，我來了，為要照你的旨意行；我的事在經卷上已經記載了。」（來10：5-7）這些話宣布了那在萬古以前所隱藏的旨意必然實現。基督即將降臨到我們這個世界上，並要成為肉身。祂說：「你曾給我預備了身體。」如果祂帶著那未有世界以先，同父所享有的榮耀降臨，我們絕受不了祂顯現的光輝。為了使我們得見祂的榮光而不至被毀滅，這榮光在顯現時被遮掩了。祂的神性隱蔽在人性裡，那不可見的榮耀掩藏在可見的人體中。

　　這一宏大宗旨曾在許多表號和象徵中隱約顯現。基督曾在燒著的荊棘中向摩西顯現，這荊棘顯示了上帝。那被揀選代表**真神**的表號，竟是外表毫不動人的荊棘。殊不知無限的主竟在其中。慈悲的上帝用最卑微之物遮掩了祂的榮耀，使摩西能看見仍得存活。照樣，上帝日間在雲柱、夜間在火柱中與以色列人交通，將祂的旨意昭示與人，並將祂的恩典賜給他們。上帝緩和了祂的榮光，遮掩了祂的威嚴，使人類的微弱眼目能觀看。照樣，基督來也是取了「我們這卑賤的身體」（腓3：21），並且「成為人的樣式」。在世人看來，祂雖無「佳形美容」使他們羨慕，祂卻是取了肉身的上帝，是天上和地下的光。祂遮掩了祂的榮耀，隱藏了祂的偉大和威儀，以便接近憂傷和被試探的人們。

　　上帝曉諭摩西吩咐以色列人說：「又當為我造聖所，使我可以住在他們中間。」（出25：8）於是祂住在聖所裡，在祂的子民中間。在曠野裡那漫長疲憊的飄流生活中，上帝與他們同在的記號，始終沒有離開他們。照樣，基督在我們人類的營盤中支起祂的帳幕，以便住在我們中間，使我們熟悉祂神聖的品格和生活。──《歷代願望》，原文23頁。

　　耶穌願意在我需要祂的時候，成為我的需要。今天我需要從祂那裡得到什麼？

深入思考

在上帝寶座那裡的中保

誰能定他們的罪呢？有基督耶穌已經死了，而且從死裡復活，
現今在上帝的右邊，也替我們祈求。

羅馬書8：34

當門徒從橄欖山回到耶路撒冷的時候，眾人都看著他們，原想從他們的臉上看到憂傷、惶惑和頹喪的表情；然而他們所看到的，卻是平安與喜樂。門徒們現在不再因失望而哀慟了。他們已經見到上升的救主，而祂那離別時的應許也還言猶在耳呢！

門徒遵從基督的吩咐，在耶路撒冷等候著天父的應許——就是聖靈的沛降。他們並非無所事事地等待著，《聖經》記載說他們「常在殿裡稱頌上帝」（路24：53）。他們也聚集在一起，奉耶穌的名向天父祈求。他們知道在天上他們有一位代表，有一位**在上帝寶座那裡的中保**。他們以敬畏的心跪下祈禱，反覆重述主的應許：「你們若向父求什麼，他必因我的名，賜給你們。向來你們沒有奉我的名求什麼，如今你們求就必得著，叫你們的喜樂可以滿足。」（約16：23、24）他們高而又高地舉起信心的手，提出那強而有力的理由說：「有基督耶穌已經死了，而且從死裡復活，現今在上帝的右邊，也替我們祈求。」（羅8：34）

門徒們在等候著應許實現的時候，他們誠心實意地悔改，承認自己的不信。這時，他們想起基督受害之前向他們所說的話，就更加完全明瞭其中的意義了。那已經遺忘的真理，如今他們又再度記起來了，而且彼此談論著。他們因為對救主的誤解而自怨自責。基督奇妙的一生，似乎一幕一幕地在他們眼前經過。當他們沉思祂那純潔聖善的生活時，不禁感覺到只要能在自己的生活中見證基督品格的可愛，便沒有什麼勞苦是太難以承受的，也沒有什麼犧牲是太大的！他們想著若能重度那過去三年的生活，則他們的行為將有如何的不同啊！——《使徒行述》，原文35、36頁。

我是否把耶穌在我生命中和在天上為我所做的一切視為理所當然？我怎樣才能真正珍惜和耶穌在一起的每一刻？

深入思考

被人藐視的拿撒勒人

「只是他必須先受許多苦，又被這世代棄絕。」

路加福音17：25

　　財富是一種可用來行善或行惡的力量。若使用得當，它就成為一個不間斷的感恩之源，因為上帝的恩賜得到了賞識，且因按照上帝的意思使用而承認了賜恩的主。那些因向上帝的聖工和受苦的窮人縮手而搶奪了上帝之物的人，必要受到祂公義的報應。賜給我們各樣美善恩賜的天父憐憫我們的無知以及脆弱無助。為了拯救我們脫離死亡，祂白白地捨了祂的愛子。祂所要求於我們的，是我們自稱屬我們的一切。忽視受苦的窮人就是忽視基督，因為祂告訴我們，窮人是祂在地上的代表。……

　　當主的窮人受到忽視、遺忘或冷漠對待、疾言厲色時，那犯錯的人務要記住，他正在基督的聖徒身上忽視基督。我們的救主與受苦的人類休戚與共。母親的心怎樣慈憐地掛念她兒女中受苦的小孩，我們救贖主的心也照樣同情祂地上兒女中最貧窮卑微的人。祂把他們安置在我們中間，是要在我們心中喚醒祂對受苦和被壓迫之人的愛，祂也必報應凡錯待、輕視或虐待他們的人。

　　我們要想想，耶穌把人類所有的禍患和憂傷、貧窮和苦難都放進了心裡，並且使之成為自己經驗的一部分。祂雖是生命之君，卻沒有取偉大尊榮之人的社會地位，反而取了卑微、受壓迫的和受苦之人的地位。祂曾是**被人藐視的拿撒勒人**，連枕頭的地方都沒有。祂為我們的緣故成了貧窮，好叫我們因祂的貧窮可以成為富足。祂現在是榮耀之君，要是祂帶著王權而來，千萬的人就要向祂表示敬意。大家都會競相向祂表示尊敬；人人都要懇求在祂面前。現在有一個機會賜給我們，就是要我們接待基督的聖徒如同接待祂。——《教會證言》卷四，原文620、621頁。

我今天可以做些什麼來減輕社區中窮人們的痛苦？我怎樣才能激勵其他人加入我的服務行列？

深入思考

睡了的人初熟的果子

願頌讚歸與我們主耶穌基督的父上帝！他曾照自己的大憐憫，
藉耶穌基督從死裡復活，重生了我們，叫我們有活潑的盼望。

彼得前書1：3

當那大能的天使在基督墓前說「你的父召喚你」時，救主就憑著自己的生命從墳墓裡出來。這就證明從前祂所說「我將命捨去，好再取回來。……我有權柄捨了，也有權柄取回來」的話是真的。這也應驗了祂從前對祭司和官長們說的預言。祂說：「你們拆毀這殿，我三日內要再建立起來。」（約10：17、18；2：19）

在約瑟裂開的墳墓之上，基督已勝利地宣告說：「復活在我、生命也在我。」唯有上帝才能說這樣的話。一切受造之物，都是憑著上帝的旨意和能力生存的。他們都必須領受上帝的生命。從最高的撒拉弗到最低的活物，萬物都是從那生命之源得到供給。唯有那與上帝原為一的主才能說：我有權柄捨去我的命，也有權柄再取回來。基督在祂的神性裡，具有打破死亡枷鎖的能力。

基督從死裡復活，成為**睡了的人初熟的果子**。祂是搖祭所預表的實體；而祂的復活是向耶和華獻搖祭的那一天。以色列人遵守這表號性的禮已有千餘年之久；他們從田裡將初熟的莊稼收割了一個禾捆之後，就帶著它上耶路撒冷守逾越節，將這捆初熟的莊稼在耶和華面前搖一搖，作為感恩祭。在未獻上之前，人不能大面積收割莊稼或捆禾捆。獻給上帝的一個禾捆，代表所收的莊稼。……祂的復活是一切死了的義人復活的典型和保證。……

基督復活時，從墳墓裡帶出了一批被死亡俘虜的人。祂受難時的地震，已震裂他們的墳墓，及至祂復活時，他們就和祂一同從墳裡出來。這些人生前與上帝同工，曾為真理作見證而喪失性命，如今他們又要為那使他們從死裡復活的基督作見證。——《歷代願望》，原文785、786頁。

耶穌為那些在基督裡死了的人賜下身體上的復活，但我是否也經歷了祂所同樣賜下的、在靈命上的復活？

深入思考

上天的恩賜

> 「光來到世間，世人因自己的行為是惡的，
> 不愛光，倒愛黑暗，定他們的罪就是在此。」
>
> 約翰福音 3：19

耶穌派七十個人出去時，像從前吩咐十二個使徒一樣吩咐他們，不要勉強到不歡迎他們的地方去。祂說：「無論進哪一城，人若不接待你們，你們就到街上去，說：『就是你們城裡的塵土黏在我們的腳上，我們也當著你們擦去。雖然如此，你們該知道上帝的國臨近了。』」他們這樣做，不可出於懷怨的心，或因傷了自尊心而憤憤不平，而是要表明拒絕主的信息或祂的使者是何等嚴重的事。人若拒絕主的僕人，就等於拒絕主。……

天國最豐富的恩典，曾白白地賜給加利利海邊幾個繁華的市鎮，生命之君曾天天在他們中間出入。先知和君王所渴望見到的這上天的榮光，曾照耀在跟從救主的群眾身上。可惜他們拒絕了**上天的恩賜**。

拉比們曾擺出一副極謹慎的態度警告眾人，不可接受這位新教師所傳的新道理；因祂的言論和作為與先祖的教導相反。眾人聽信祭司和法利賽人的話，而沒有親自用心明白上帝的道。他們尊重祭司和法利賽人，卻不尊重上帝，便保守自己的傳統而拒絕真理。許多人受耶穌的感動，幾乎信從了祂；卻沒有照良心所受的感動去行，沒有站到基督一邊。撒但便大行迷惑，使光明反顯為黑暗。於是許多人拒絕了那本可以令人得救的真理。

那「真實見證者」說：「看哪，我站在門外叩門。」（啟 3：20）上帝藉著《聖經》或祂的使者，傳給我們的每一警告、責備和勸誡，都是在心門上的重重一叩，都是耶穌喚我們讓祂進來的聲音。……如果今天無視聖靈的感動，明天就再也不會受到同樣有力的感動。——《歷代願望》，原文489、490頁。

〈出埃及記〉34章7節提醒我們，我們有一位仁慈卻不輕視罪的上帝。上帝如何感化一個在生活中屢次犯罪的人？

深入思考

神聖征服者

我就觀看，見有一匹白馬；騎在馬上的，拿著弓，
並有冠冕賜給他。他便出來，勝了又要勝。

啟示錄6：2

基督上升到祂父的寶座前的時刻到了。祂將要以**神聖征服者**的姿態，帶著勝利的果實返回天庭。在受死之前，祂曾向父說道：「你所託付我的事，我已成全了。」（約17：4）祂復活之後，在地上逗留了一些時候，使門徒得以認識到祂那復活的榮耀身體現在已準備辭別他們了。……

耶穌住在人間時，那常因祂臨格而成聖的地點，被揀選作為祂的升天之地。大衛的城所在的錫安山和聖殿所在的摩利亞山，都沒有得到這樣的尊榮。因為在那些地方，基督曾受侮辱並被拒絕。在那裡，慈愛的浪潮曾多次有力地衝擊鐵石般的心腸，但又多次被擋了回來。耶穌時常疲勞困乏，心負重憂地離開那些地方，到橄欖山去休息。……這時祂就要從這座山上升到天上去了。將來再來的時候，祂的腳仍要踏在這個山頂上。那時站在橄欖山上的，將不再是那受痛苦、常經憂患的主，而是榮耀之君、得勝之王。那時，希伯來人歡呼「哈利路亞」，與外邦人歡呼「和散那」的聲音必匯成一片，蒙贖之民作為強大軍旅要高聲吶喊，尊祂為天地的主宰！……

上了橄欖山，耶穌領著他們走過山頂，到了伯大尼附近。祂停下了，門徒都聚集在祂四圍。祂臉上好像發出光芒，親切地望著他們。祂不責備他們的過錯和失敗；出之於主的口而進入他們耳中的，是最溫柔和善的話語；祂伸出手為他們祝福，就是給他們保護和關懷的保證。於是，祂從他們中間緩慢地冉冉上升，有比地上任何引力更大的力量將祂接往天上去了。……

當門徒還在注目望天時，忽然有如音樂般美妙的聲音向他們說話。……「加利利人哪，你們為什麼站著望天呢？這離開你們被接升天的耶穌，你們見他怎樣往天上去，他還要怎樣來。」──《歷代願望》，原文829-832頁。

深入思考

耶穌是否曾將我以前遭受患難之處轉為勝利作為回報？

偉大的傳教士

「因為我從天上降下來，不是要按自己的意思行，
乃是要按那差我來者的意思行。」

約翰福音6：38

這世界上最大的需要是為拯救靈魂而獻身的努力。基督以祂的大能，渴望堅固祂的子民，從而使整個世界因著他們而被恩典包圍。當祂的子民全心全意地降服上帝，以謙卑和信心走在祂面前時，祂就會藉由他們實現自己永恆的旨意，使他們藉由和諧的工作，將那在耶穌裡的真理傳給這個世界。祂將使用所有人——男人、女人和兒童——以亮光照耀這世界，並呼召忠心持守祂誡命的人出來。

「上帝愛世人，甚至將他的獨生子賜給他們，叫一切信他的，不致滅亡，反得永生。」拯救靈魂是一項偉大的目標，基督為此放棄了祂的王袍和冠冕，離開了天國的榮耀和天使的尊敬，放下了祂的神性，披戴人性來到世上勞動受苦。那些已經變得像基督的人，那些將**偉大的傳教士**之精神視若珍寶的人，心中充滿了要傳揚救恩消息的願望，他們要將福音傳給那些還不認識救主的人。為了拯救靈魂，他們獻上了時間、力量、方法和影響力。他們竭盡全力要為基督贏得靈魂。髑髏地十字架上耶穌的犧牲，激勵著他們懷著無盡的熱忱，作出不懈的努力。他們的決心是：「我不會失敗，也不會氣餒。」藉著他們始終如一的生命，周圍的人也被吸引歸向救主。

那些將自己的生命獻給基督教事工的人知道什麼才是真正的幸福。他們所關注、祈禱的遠遠超出了自我的範疇。當他們努力接觸他人時，自己的生命也在不斷成長。他們熟悉那最偉大的計畫和最激動人心的事業；當他們把自己置於亮光與祝福中時，自己怎會不成長呢？他們在基督所有的計畫中，越來越認同祂。屬靈的生命沒有停滯不前的機會。自私的野心和自我追求會備受譴責，因為它們不斷接觸的，乃是那因屬於崇高聖潔的抱負而吸引人的事業。——《評閱宣報》，1907年11月21日。

我如何運用自己的才能來幫助他人得救？

深入思考

神聖模範

「因為正在那時候，聖靈要指教你們當說的話。」

路加福音12：12

　　基督的僕人將被帶到世上有權位的人面前。若不是這樣，這些大人物或許永遠聽不到福音。他們原來對於真理的認識是不正確的，因為他們常聽人誣衊基督門徒的信仰。他們得知真情的唯一方法，就是聽取那些為信仰受審之人的見證。在受審時，門徒不得不為真理作見證；審判的人也不得不聽他們的見證。上帝必要賜恩給祂的僕人來應付當時的急需。耶穌說：「到那時候，必賜給你們當說的話。因為不是你們自己說的，乃是你們父的靈在你們裡頭說的。」當上帝的聖靈光照祂僕人的心靈時，他們就會彰顯真理的神聖能力和珍貴。拒絕真理的人必起來控告、壓迫主的門徒。但上帝的子民，無論遭受何等損失或痛苦，即或犧牲性命，也必始終表現他們的**神聖模範**的溫柔風度。這樣，撒但的使者與基督的代表之間的區別便黑白分明；救主便在世上的官長和民眾面前被高舉起來。

　　只有在門徒需要殉道的勇氣和堅忍時，上帝才會將這種恩典賜給他們。那時，救主的應許自會應驗。彼得和約翰在猶太公會前作見證時，眾人「就希奇，認明他們是跟過耶穌的」（徒4：13）。《聖經》記載司提反作證時寫道：「在公會裡坐著的人都定睛看他，見他的面貌，好像天使的面貌。」、「司提反是以智慧和聖靈說話，眾人敵擋不住。」（徒6：15、10）……

　　基督的僕人，不必預備一套受審時答辯用的狀詞。他們的準備在乎天天儲藏上帝聖言中寶貴的真理，並藉著禱告來堅固自己的信仰。及至受審時，聖靈就必使他們想起需要的真理。——《歷代願望》，原文354、355頁。

大多數人一想到要在毫無準備的情況下接受審判就感到恐懼。在生活中的小事上信靠上帝，將如何幫助我在人生大事上也信靠祂呢？

深入思考

獻祭制度的基礎和中心

這就是上帝在基督裡，叫世人與自己和好，
不將他們的過犯歸到他們身上，並且將這和好的道理託付了我們。

哥林多後書5：19

救主的死固然使那表號和縮影般的律法廢棄了，但一點也沒有減除人遵守道德律法的責任。相反地，基督為救贖人類違犯律法之罪而需要受死的事實，正足以證明律法是不能變更的。

那些聲稱基督來是要廢去上帝的律法並取消舊約的人，說舊約時期乃是黑暗時期，並聲稱猶太人的宗教只是一些形式和儀文。但這種說法是錯誤的。在那記載上帝如何對待祂選民的全部聖史中，到處有偉大的「自有永有者」鮮明的踪跡。在祂作以色列人唯一的王，並賜律法給祂子民的時候，祂所顯示的權能和榮耀是最昭著的；因為祂從來沒有向世人顯示過比這更大的威榮。在這裡有非人手所執掌的王權；而且以色列人肉眼所不能見之君王的莊嚴，實有莫可言宣的赫赫威儀。

在上帝親臨的這一切顯示中，祂的榮耀是藉著基督顯明出來的。這不但在救主降臨的時候，也在人類墮落和發表應許救贖之後的一切世代中，上帝一直是「在基督裡，叫世人與自己和好」（林後 5：19）。基督乃是先祖和舊約時代**獻祭制度的基礎和中心**。自從始祖犯罪以來，上帝和人類之間就沒有直接的交往。

天父已經將世界交在基督手中，為要藉著祂中保的工作救贖人類，並維護上帝律法的權力和聖潔。天庭和墮落人類之間的一切交往，一向是藉著基督來進行的。那向我們始祖發表救贖應許的乃是上帝的兒子；那向諸先祖顯示自己的也是祂。亞當、挪亞、亞伯拉罕、以撒、雅各和摩西都曾明白福音。——《先祖與先知》，原文365、366頁。

上帝既如此精心地為我預備了救恩，使我藉著基督與祂和好，
我該怎樣做才不會浪費如此大的恩典呢？

深入思考

大工師

耶穌就對他們說：「我父做事直到如今，我也做事。」

約翰福音 5：17

　　人們因竭力把上帝的工從祂手中奪到自己有限的手裡，就給推進真理的工作帶來十倍的艱難。他們以為自己必須不斷地創新立異，讓人們按照他們的要求去做。這樣花費時間只能使工作變得更加複雜，因為他們把那位**大工師**排除在外，不讓祂來照顧自己的產業。人們把修補他人品格缺陷的工作抓在自己手裡，只能使品格的缺陷更加嚴重。他們最好還是讓上帝來做祂自己的工作，因為祂認為他們沒有重塑品格的能力。

　　他們需要被基督的靈充滿。他們如果把握住祂的力量，就能與祂和好；然後他們就會以適當的方式與他們的同工和好。人的精神和品格越缺乏基督的謙卑和柔和，就越覺得自己的方法才是完美的，而別人的方法是不完美的。我們唯一的保障在於警醒禱告，並一起商議，相信上帝既會保守我們，也會保守我們的弟兄，因為上帝並不偏待人。當我們忠心地學習和遵行祂的話時，上帝就會為我們作工。

　　但當工人們明顯地漠視基督的命令──即彼此相愛，像祂愛我們一樣時，我們怎能指望弟兄們會聽從有限之人的吩咐，以及每一個人該如何作工的規章制度呢？為我們開立處方的智慧必須是超自然的，否則就證明醫生治不了病，只會壞事。我們最好還是全心尋求上帝，放下自尊自大之心，因為「你們都是弟兄」。

──《給牧師和傳道人的證言》，原文191、192頁。

當我因看到那些我所服事之人缺乏了靈命的進步或生活的改變而感到沮喪時，我該怎麼做？

深入思考

加利利的教師

「摩西在曠野怎樣舉蛇，人子也必照樣被舉起來。」

約翰福音3：14

司提反死後，有非常殘酷的逼迫臨到耶路撒冷的信徒，以致他們「都分散在猶太和撒瑪利亞各處」。掃羅卻「殘害教會，進各人的家，拉著男女下在監裡」。他後來提到自己當時對這種殘酷工作的狂熱就說：「從前我自己以為應當多方攻擊拿撒勒人耶穌的名，我在耶路撒冷也曾這樣行了。……我就把許多聖徒囚在監裡。……在各會堂，我屢次用刑強逼他們說褻瀆的話，又分外惱恨他們，甚至追逼他們，直到外邦的城邑。」根據掃羅自己的話：「他們被殺，我也出名定案。」（徒26：9-11）可見當時遭受死難的不只司提反一人。

在這危急之秋，尼哥底母卻大無畏地挺身而出，公開承認自己對於被釘之救主的信仰。尼哥底母原是猶太公會的一位議員，曾與其他人同受耶穌教導的感動。當他目睹基督奇妙的作為時，他在心中曾經信服並確定這就是上帝所差來的那一位。但他因過於驕傲，不肯公開承認自己同情這位**加利利的教師**，所以就設法進行一次祕密會面。在這一次會見中，耶穌曾向他闡明救恩的計畫，和祂到世界上來的使命；但尼哥底母仍然遲疑不決。他將真理隱藏在心將近三年之久，並無顯然的效果。不過尼哥底母雖然沒有公開承認基督，但他卻在猶太公會中屢次阻撓祭司們殺害祂的陰謀。當基督最後在十字架上被舉起來時，尼哥底母想起了基督在橄欖山夜間會面中對他所講的話：「摩西在曠野怎樣舉蛇，人子也照樣被舉起來。」（約3：14）於是他就看出耶穌確實是世界的救贖主。

尼哥底母曾與亞利馬太的約瑟一同負擔埋葬耶穌的費用。當時門徒都不敢公然顯明自己是跟從基督的人，但尼哥底母和約瑟卻大膽地前來援助他們。這兩個富貴且高尚之人的幫助，乃是在那黑暗時辰中極其需要的。──《使徒行述》，原文103、104頁。

我怎樣才不至於輕視那些不敢公開承認基督的人呢？

深入思考

活葡萄樹

> 「你們要常在我裡面，我也常在你們裡面。枝子若不常在葡萄樹上，
> 自己就不能結果子；你們若不常在我裡面，也是這樣。」
>
> 約翰福音 15：4

約翰對他夫子的愛不只是人的情誼，而是一位悔改的罪人因感受蒙基督寶血救贖而產生的愛。他覺得為主效勞和受苦乃是最大的尊榮。他因愛耶穌而愛一切基督為之犧牲的人。他的宗教具有實際的性質。他分析說，愛上帝的心會表現在愛祂的兒女上。他一再說：「親愛的弟兄啊，上帝既是這樣愛我們，我們也當彼此相愛。」（約壹 4：11）、「我們愛，因為上帝先愛我們。人若說『我愛上帝』，卻恨他的弟兄，就是說謊話的；不愛他所能看見的弟兄，就不能愛沒有看見的上帝。」（同上，19、20節）使徒約翰的生活與他的教導相符。那蘊藏在他心中對於基督的愛，使他誠懇而恆切地為同胞，尤其是為基督教會內的弟兄作工。他是一個有能力的傳道人，熱心且非常誠懇。他的言辭大有力量，感動人心。

約翰在品格和生活上表現的出於信賴的愛心與無私的獻身，對於基督教會有極寶貴的教訓。有人認為約翰本有這樣的愛心，並不靠上帝的恩典。其實他的品格有許多嚴重缺失。他不但驕傲自大，而且一受輕視和傷害就易怒。

約翰對他夫子感情的深厚和熱忱，不是基督愛他的原因，而是基督愛他的結果。約翰希望變成耶穌的樣式。在基督之愛改變人心的影響力之下，他變得心裡柔和謙卑。自我藏在耶穌裡面。他與**活葡萄樹**緊密相連，從而與上帝的性情有分。這是與基督聯合的結果，是真正的成聖。

人也許在品格上有顯著的缺點，邪惡的性情、易怒的脾氣、嫉妒和忌恨可能佔了上風，但他成為耶穌的真門徒後，上帝神聖恩典的能力就會使他成為新造的人。──《評閱宣報》，1881年2月15日。

> 深入思考
>
> 我今天是否允許讓耶穌除去我品格中的缺陷，使祂得以繼續改造我的生命？

神聖的導師

我要教導你，指示你當行的路；我要定睛在你身上勸戒你。

詩篇 32：8

　　主禱文的最後一句和第一句一樣，都指明我們的天父是超越一切掌權的，執政的和一切有名的。救主看出祂門徒前面的歲月，並不會像他們所夢想的那樣充滿屬世富貴和尊榮的光輝，而是因世人憎恨和撒但惱怒的風暴而黑暗重重。在國家的戰亂和敗亡之中，門徒們的旅途必時常遭遇危險，而他們的心也往往為恐懼所困擾。他們將要目睹耶路撒冷成為荒場，聖殿被毀，其中的崇祀永遠停止，而以色列人也要分散各地，像破船被拋棄在荒涼的海岸上一樣。耶穌說：「你們也要聽見打仗和打仗的風聲。」、「民要攻打民，國要攻打國，多處必有飢荒、地震。這都是災難的起頭。」（太24：6-8）

　　但基督的信徒卻不必擔心他們的盼望會落空，或上帝已棄絕了這個世界。權柄和榮耀都是屬於主的，祂偉大的旨意仍然不受阻撓地進行著，直到全部實現的地步，基督的門徒在陳明他們日常需要的禱告中，都受指示要把眼光置於罪惡的所有權勢和轄制之上，而仰望耶和華他們的上帝，祂的國度統治萬有，祂也是他們天父的和永在的良友。

　　耶路撒冷的毀滅象徵了那將來必傾覆這世界的最後毀滅。在耶路撒冷傾覆之時，那部分已應驗的預言對於末日便產生了更直接的關係。我們現今正站在那些重大而嚴肅事件的門檻上。我們正面臨著一項有史以來從未見過的危機。但上帝的國將統治萬有的保證，卻快速地臨到我們，猶如臨到初期的門徒一樣。未來所有大事發生的程序都在我們創造主的掌握中。天上的至大者將萬國的命運，和祂教會的一切事務，都交由祂親自處理。那位**神聖的導師**，正在向每一個成全祂計畫的媒介，說出祂昔日對古列所說的話：「你雖不認識我，我必給你束腰。」（賽45：5）——《福山寶訓》，原文120、121頁。

深入思考

　　當我知道耶穌能預見我生命中所要面對的一切事，並賜給我智慧和能力來迎接每一個挑戰時，這是多麼令我感到欣慰啊！

啟迪人心的主

他是上帝榮耀所發的光輝，是上帝本體的真像，常用他權能的命令
托住萬有。他洗淨了人的罪，就坐在高天至大者的右邊。

希伯來書1：3

有位格的上帝已在祂兒子的身上彰顯了自己。那為天父榮耀所發的光輝，為
「上帝本體的真像」（來1：3）的耶穌降生成為人的樣式，作為有位格的救主來到
世上。之後祂亦作為有位格的救主升上高天。現在的祂仍作為有位格的救主在天
庭作中保。「有一位好像人子」（啟1：13）的，在上帝的寶座前為我們代求。

基督是世上的光，祂隱藏了神性奪目的光耀，取了人性住在人間，使人類可
以認識他們的創造主而不至滅亡。因為除了藉著基督所表現的上帝以外，從來沒
有人見過上帝。

基督來到世上是要將上帝想讓人類知道的教導他們。在穹蒼、大地和汪洋大
海，我們可以看見上帝的手跡。一切受造之物都證明祂的能力、智慧和慈愛。但
我們從基督身上所認識的上帝本性，是我們無法從星辰、海洋和瀑布中了解的。

上帝看明若要將祂的位格與品德同時彰顯出來，單靠自然界是不夠的。因此
祂就差遣祂的兒子到世上來，在人眼目所能忍受的範圍之內，顯示那位看不見之
上帝的本質與屬性。

如果上帝願意被形容祂是親自住在自然之物 —— 如花草樹木之中 —— 難道基
督在世時會不向門徒提到這事嗎？但在基督的教導中，卻從未這樣論及上帝。基
督和使徒們都很清楚地闡明了一位有位格之上帝存在的真理。

基督所彰顯的上帝，只是犯罪之人所能忍受而不被（上帝的榮光）滅絕的部分。
祂乃是神聖的教師，是**啟迪人心的主**。如果上帝認為除了藉著基督，以及在祂所
寫的話中呈現的種種啟示之外，我們還需要什麼別的，祂就早已賜給我們了。
——《給教會的勉言》卷八，原文265、266頁。

深入思考

如果耶穌按罪人所能理解的程度啟示有關上帝的一切知識，
那麼，祂還會在永恆的歲月中教導人們關於上帝的哪些事？

創造天地的獨一真神

自從造天地以來，上帝的永能和神性是明明可知的，雖是眼不能見，
但藉著所造之物就可以曉得，叫人無可推諉。

羅馬書1：20

「在凱撒利亞有一個人，名叫哥尼流，是意大利營的百夫長。他是個虔誠人，他和全家都敬畏上帝，多多賙濟百姓，常常禱告上帝。」哥尼流雖然是羅馬人，他卻已經認識真神上帝並放棄拜偶像的事。他順從上帝的旨意，並且誠心敬拜祂。他沒有同猶太人聯合，卻熟悉並且遵守道德的律法。他沒有受過割禮，也沒有參加獻祭的禮節，故此他被猶太人看為不潔淨。但他常慷慨捐助猶太人的事業，而且他慈善的作為遠近皆知。他公義的生活使他在猶太和外邦人中都有了好的名聲。

哥尼流對基督信仰還沒有清楚的認識，但他相信《聖經》的預言，並且仰望彌賽亞降臨，由於他對上帝所表現的敬愛和順從，他得以親近上帝，並且已準備好在救主向他顯現的時候得以接受祂。人之所以被定罪，乃是因為他們拒絕上帝所賜的亮光。那百夫長是貴族出身，並且擔任重要和崇高的職位；但這些情況並沒有影響到他那高貴的品質，真實的良善與偉大使他成為一個品德高尚的人。他的影響對於他所接觸的所有人都是有益的。

哥尼流相信那**創造天地的獨一真神**。他敬畏祂，承認祂的權威，並且在他生活的一切事上尋求祂的指導。他在家庭生活和職務的責任上都忠心盡到本分，並已在家中設立了家庭禮拜。他不敢在沒有得到上帝的幫助之前就貿然實行自己的計畫或負起他重要的責任，故此他時常禱告，懇切祈求幫助。他一切的作為皆以信心為特徵，上帝也因他行動的純正和他慷慨的作風而看重他。——《預言之靈》卷三，原文324、325頁。

深入思考

耶穌已將一群人的心準備好要來接受祂，而我是否也已準備好向這群人傳福音呢？

每日的恩賜

我們不致消滅，是出於耶和華諸般的慈愛；是因他的憐憫不致斷絕。
每早晨，這都是新的；你的誠實極其廣大！

耶利米哀歌 3：22、23

　　如果天上的福氣沒有源源不斷地流入人間，人類將如何生活？上帝不斷付出，以便我們可以不斷給予。在任何時候都應該依照上帝所提供的資源呈上禮物和供物。我們所使用的並不是我們自己的錢。它是上帝的，除非上帝的庫房不斷收到禮物和奉獻的供應，否則上帝的大工將無法推進。上帝「借」給我們就意味著我們可以把祂所有的還給祂。如果我們能夠忠心地履行自己的職責，就一定會有足夠的資金進行祂於國內外的宣教工作。

　　我們所做的一切事情都要樂意去做。要存著歡樂和感恩之心獻上我們的捐款。……我們所能做的最有價值的服務，若與上帝賜給世人的禮物相比，就微不足道了。基督是**每日的恩賜**，是上帝送給世界的禮物。祂親切地接納託付給人類用來推進地上聖工的一切禮物。我們以此表明我們承認一切事物都是絕對完全地屬於上帝。上帝呼召我們與祂一同辛勞。這就是祂藉由各種方式向我們發出的信息。真理要被介紹給那些不認識上帝的人。《聖經》要讀給那些願意聽的人聽。聖靈要與那些向他人打開《聖經》的人合作。牧師若是真正的牧者，就必將聖言傳給他人；他殷切地從事個人之工，並向上帝懇切祈求。這就是人所能做的一切；他撒了種，卻不知道哪一個會發旺，是這個還是那個：唯有上帝使之生長。上帝吸引人、引導人，尋找失落的心靈。

　　不論是在國內或其他地區，工作勢必要完成。做這項工作就需要上帝委託人保管的資金。那些真正信主的人有義務從事一件需要金錢和奉獻的工作。主並沒有打算來到這個世界上放下大把金銀，然後讓人去完成祂的工作……使人貧窮的，不是向上帝歸還祂所託付的禮物；私自扣留屬於上帝之物才會導致人窮困，因為上帝的恩賜應當用於一個高於一切的目的，就是養活那在遼闊禾場中的工人。——《手稿》124，1898年。

深入思考

　　歸還什一並獻上樂意捐，是否僅為證明我對上帝很慷慨？

神聖之主

不要效法這個世界，只要心意更新而變化，
叫你們察驗何為上帝的善良、純全、可喜悅的旨意。

羅馬書12：2

使徒約翰的生活顯明了真正成聖的例證。在他多年與基督親密交往的經驗中，曾屢次受到救主的警告與訓誡；而他也領受了這些責備。當**神聖之主**的品德向約翰彰顯時，他就看出自己的缺點，並因這啟示而謙卑了。他天天看到耶穌的溫柔和仁愛，聆聽祂謙卑與忍耐的教訓，都與他自己暴躁的精神大不相同。他的心天天為基督所吸引，直到他因愛他的夫子而將自我忘記了。他在上帝兒子的日常生活上所看到的權能與溫慈，威嚴與柔和，力量與忍耐，令他滿心敬佩羨慕。他將他那怨憤和具有野心的性情都馴服於基督塑造的能力，並且上帝也造成了他品格的變化。

那與在約翰生活上所造就的成聖之工有明顯差異的，乃是和他同作門徒之猶大的經驗。猶大也像他的同伴一樣，承認自己是基督的門徒，但是他只具有敬虔的外貌。他對於基督品德的優美並非毫無感覺；每當他聆聽救主的話語，他便深為感服；可惜他卻不願謙卑己心或承認己罪。他既抗拒這神聖的感化，也就羞辱了他所自稱敬愛的夫子。約翰認真地與自己的過錯抗爭；猶大則違背良心而屈從試探。……

約翰和猶大代表一班自稱是跟從基督的人。這兩個門徒擁有同樣的機會，可以學習並效法那神聖的模範。他們都與耶穌有親密的來往，並有特權聆聽祂的教訓。兩人都有品格上嚴重的缺陷；都得以接近那改變品格的神聖恩典。但一個卻以謙卑的心效學耶穌的樣式；另一個則顯明自己並不是「行道」的，只是「單單聽道」。一個是天天治死自我，戰勝罪惡，於是便因真理而成聖；另一個則抗拒恩典的變化之能，放縱自私的慾望，終於受了撒但的捆綁。——《使徒行述》，原文557、558頁。

深入思考

我是否在生活中的任何方面試圖抗拒上帝對我的改變？

助手

在以色列中為我作掌權的；他的根源從亙古，從太初就有。

彌迦書5：2

善惡之爭的歷史，從它在天上開始直到叛逆勢力最後的傾覆和罪惡的完全消滅為止，也是上帝不變之愛的表現。

宇宙的主宰在祂仁愛的工作上，不是獨自進行的。祂有一位助手—是一位能明瞭祂旨意並與祂同享為眾生造福之樂的同工。「太初有道，道與上帝同在，道就是上帝。這道太初與上帝同在。」（約1：1、2）這道就是上帝的獨生子基督，祂與永生之父「原為一」—性質相同、品格相同、意志相同—唯有祂能參與上帝的一切建議和旨意。「他名稱為『奇妙策士、全能的神、永在的父、和平的君。』」、「他的根源從亙古、從太初就有。」（賽9：6；彌5：2）上帝的兒子曾論到自己說：「在耶和華造化的起頭，在太初創造萬物之先，就有了我。從亙古，從太初，……我已被立。……那時，我在他那裡為工師，日日為他所喜愛，常常在他面前踴躍。」（箴8：22-30）

天父藉著祂的兒子創造了天上一切的生靈。「萬有都是靠他造的，無論是天上的、地上的，……有位的，主治的，執政的，掌權的；一概都是藉著他造的，又是為他造的。」（西1：16）眾天使都是上帝的僕役，他們都帶著那常從祂聖顏發出來的光輝，迅速地飛去，執行祂的旨意。但是，上帝所膏的聖子乃是「上帝本體的真像」，又是「上帝榮耀所發的光輝」，「常用他權能的命令托住萬有」，並在萬有之上執掌至尊的王權（來1：3）。「從太初安置在高處」的榮耀寶座乃是祂的聖所（耶17：12），祂的「國權是正直的」，這是祂王國的權杖（來1：8）。「有尊榮和威嚴在祂面前；有能力與華美在祂聖所。」（詩96：6）—《先祖與先知》，原文33、34頁。

深入思考

如果我根據耶穌對我的意義而為祂取一個尊稱或頭銜，那會是什麼呢？

柔和謙卑的主

反倒虛己，取了奴僕的形像，成為人的樣式。

腓立比書 2：7

　　耶穌來與我們同住，是要向世人和天使顯示上帝的品德；祂是上帝的「道」，上帝意念的宣示者。祂為門徒禱告時說：「我已將你的名指示他們」——「有憐憫有恩典的上帝，不輕易發怒，並有豐盛的慈愛和誠實」——「使你所愛我的愛在他們裡面，我也在他們裡面。」（出 34：6；約 17：26）但這種啟示不單是給祂在地球上的兒女。我們這小小的世界，乃是全宇宙的教科書。上帝恩典的奇妙旨意，救贖之愛的奧祕，是「天使也願意詳細察看」的題目，也將成為他們千秋萬世的課題。蒙救贖的人們和那些未曾墮落的生靈，都要把基督的十字架作為他們的學問和詩歌。他們將要看出：從耶穌臉上煥發出來的，乃是自我犧牲之愛的榮光。從髑髏地所發出的光輝中可以看出：捨己之愛的律，正是貫穿天地的生命之律。那「不求自己的益處」的愛，本是發源於上帝之心；而且，那住在人不能靠近之光中的天父的品德，早已顯明在那位心裡**柔和謙卑的主**身上。

　　早在太初，上帝就已在祂一切創造之工上把自己顯明了。那鋪張穹蒼、立定大地根基的乃是基督。是祂親手「將大地懸在虛空」，並創造了田野中的百花。祂「用力量安定諸山」，「海洋屬他，是他造的。」（詩 65：6；95：5）祂使大地充滿美景，空中充滿歌聲，在天地間的一切受造之物上，祂都寫下了天父的慈愛。現今，罪惡固然損傷了上帝創造之工的完美，然而祂的手跡依然存在。即使到了今天，一切受造之物仍在述說祂的榮耀。除了人的私心之外，沒有什麼生物是專為自己而活的。空中的飛鳥、地上的走獸，一片小小的樹葉或是一根細細的草莖，都能對其他生物有所助益。一草一木，都散發出生命的元素，維繫著人類和動物的生存。照樣，人類和動物對植物的生命也都有所服務。百花爭妍芬芳，也為世界帶來祝福。——《歷代願望》，原文19-21頁。

在當今世界，溫柔被視為是軟弱的表現。我怎樣才能在這個道德敗壞的世界示範基督的溫柔，但不是成為逆來順受的人？

深入思考

好牧人救主

「我的羊聽我的聲音，我也認識他們，他們也跟著我。」

約翰福音 10：27

　　牧人引領羊群攀登多石的山丘，經過森林和荒蕪的溝壑，到河邊的草原，整夜在山上看守牠們，保護牠們脫離強盜的手，並慈祥地照料病弱的羊，他的生活就和羊群打成一片。一種親切溫柔的深情，把牧人和他所看守的羊聯結在一起。不論羊群多寡，牧人總是認識他的每一隻羊。每隻羊都有自己的名字，牧人一叫，牠就應聲而來。地上的牧人，怎樣認識自己的羊，照樣，神聖的好牧人，也認識祂分佈在全世界的羊群。「你們作我的羊，我草場上的羊，乃是以色列人，我也是你們的上帝。這是主耶和華說的。」耶穌說：「我曾提你的名召你，你是屬我的。」、「我將你銘刻在我掌上。」（結 34：31；賽 43：1；49：16）

　　耶穌認識我們每個人，並體恤我們的軟弱。祂知道我們各人的名字，認識我們所住的房屋，以及屋裡每個成員的名字。祂往往指示祂的僕人到某城某街某家去，找祂羊群裡的羊。每個人的情況耶穌都瞭如指掌；救主的死，就好像只是為了那一個人似的。每個人的愁苦都觸動著祂的心。他們求助的呼聲，無不蒙祂垂聽。祂來，是要吸引眾人歸向自己。祂吩咐他們「跟從我」，於是，祂的靈就運行在他們心中，引導他們歸向祂。但有許多人不肯受祂引導，耶穌知道他們是誰。祂也知道哪些人歡喜聽祂的呼喚，樂意來受祂的牧養。祂說：「我的羊聽我的聲音，我也認識他們，他們也跟著我。」祂對每個人都照顧得那樣盡心，好像世上沒有別人分享祂的恩惠。

　　「他按著名叫自己的羊，把羊領出來。……羊也跟著他，因為認得他的聲音。」近東一帶的牧人，從來不在羊群後面驅趕它們。也從不用暴力或恐嚇的手段，只是走在前面，呼叫羊的名字。羊認得他的聲音，聽從他的呼喚。**好牧人救主**，也是這樣對待祂的羊。——《歷代願望》，原文479、480頁。

當耶穌呼召我時，我願意到祂那裡去嗎？當祂要求我去做某件事時，我會立刻順從還是猶豫不決？

神聖的播種者

「撒種之人所撒的就是道。」

馬可福音 4：14

先知以賽亞為基督作了驚人的見證：「因有一嬰孩為我們而生；有一子賜給我們。政權必擔在他的肩頭上；他名稱為奇妙、策士、全能的上帝、永在的父、和平的君。」……

基督因門徒們在理解上的遲鈍而責備他們。他們因深受人的格言和傳統認知的影響，反而將有史以來最偉大的教師所講述的真理當作是失傳的。基督引導他們認識到，祂已經將他們放在毋庸置疑之價值的真理之中。耶穌復活後，在同兩個門徒前往以馬忤斯的路上，便啟發他們的悟性，使他們能夠明白《聖經》，祂向他們講解舊約中的話語，讓他們從中看到連聖經作者自己都沒有領悟的嶄新意義。

經上說，基督的話語是來自天上的糧。當門徒們咀嚼基督的話語時，他們的理解力就得到了提升。當他們孜孜不倦地尋求真理，如同尋找隱藏的珍寶一般時，便能更加理解基督恩典和公義的價值。隨著他們不斷理解祂的教導，就從黎明的晦暗走到了正午的光輝下。

人類作者的作品都不是完美的。人類智慧的深度也是可衡量的。人類開採的最豐富的礦藏也並非取之不盡的。人類的想像力，窮盡其高遠，仍是無法找到上帝的。在我們盡自己的能力所能理解的範圍以外，還有無限的存在，因此聖靈必須將祂啟示給我們。許多人剛接觸到真理的皮毛，就感到大為滿足。真理的寶石被忽略了，因為人們看不到它的價值。願學習《聖經》的人在研究上帝的話語時，要盡心盡力、絞盡腦汁，因為真正的意義往往隱藏在表面的字句之下。這樣獲得的知識就像**神聖的播種者**所撒下之天上的種子。——《時兆》，1898年12月22日。

> 如果我需要聖靈來幫助我照料神聖的播種者所撒下的種子，那麼，為要讓人們得著這開啟心靈的恩典，我需要祈禱多久？

深入思考

心靈的醫師

耶穌見他們的信心，就對癱子說：「小子，放心吧！你的罪赦了。」
馬太福音9：2

現今的世界上受肉體疾病痛苦的人成千上萬，他們都像癱子一樣希望聽見「你的罪赦了」的信息。他們的病根，就是他們罪的重擔，心中的煩躁和失望。他們若不來求那能醫治**心靈的醫師**，就得不到解救。只有祂所賜的平安，才能恢復身心的精力和健康。

耶穌來，是要「除滅魔鬼的作為」。「生命在他裡頭，」他說，「我來了，是要叫人得生命，並且得的更豐盛。」祂是「叫人活的靈」（約壹3：8；約1：4；10：10；林前15：45）。今天祂有同樣賜人生命的能力，如同當日在地上醫治病人，赦免罪人一樣。……

在醫治癱子這件事上，主給人的印象使他們感到猶如天開了，顯出那更美家鄉的榮光。當這個被治癒的人，拿著褥子像拾起鴻毛似地從人群中走出來，一步一唱地讚美上帝時，眾人就讓開一條路給他走，肅然起敬地注視著他，彼此輕輕耳語說：「我們今日看見非常的事了。」

法利賽人驚訝地啞口無言，徹底失敗了。他們看出這裡再沒有煽動民眾的機會，以遂其嫉妒之願。他們曾把這癱子撇棄在上帝的忿怒之下，而今在他身上所行的奇蹟，使眾人大受感動，以致暫時把他們都忘掉了。法利賽人看出基督具有他們認為上帝所獨有的能力。然而祂溫良的儀表，同他們傲慢的態度恰恰相反。他們張皇失措，羞愧萬分，明知耶穌遠遠高過他們，但又不願承認。耶穌越顯出強有力的證據，表明祂在地上有赦罪之權，他們反而越堅決地不信祂。他們在彼得家裡看見癱子因主的一句話得醫治之後，就去圖謀新的計策，要除滅上帝的兒子。——《歷代願望》，原文270、271頁。

深入思考

當耶穌為別人而不是為我行神蹟之時，我有什麼感受？

大醫師

「手按病人，病人就必好了。」

馬可福音 16：18

全世界是個廣大的病院。基督降世，是要醫治病人，報告被撒但俘虜的人得自由。祂本身就是健康與能力。祂將自己的生命賜給患病、受難和被鬼附的人。凡來領受祂醫治之能的人、祂都不拒絕。祂知道，求祂幫助之人的病雖然許多都是因自己的緣故，祂仍願意醫治他們。當基督的能力進入這些可憐的人時，他們就覺悟到自己的罪，許多人身體的病不但就此得以痊癒，而且靈性的疾病也得醫治。到現在，這福音仍有同樣的能力，為什麼今日不能看到相同的果效呢？

每個受苦者的患難，基督也都能感覺到。當邪靈折磨人體時，主能感受到其中的咒詛；當人體高燒不退時，主也同受痛苦。祂今日仍像當年在地上時一樣，願意醫治病人。基督的僕人是祂的代表，是祂工作的媒介。祂極願藉由他們行使祂的醫治之能。

在醫病的方式上，有供救主的門徒學習的功課。有一次，祂用泥土抹瞎子的眼睛，然後吩咐他：「你往西羅亞池子裡去洗。」他去一洗，回頭就看見了。（約9：7）基督可以單憑自己**大醫師**的能力把病人治好，然而祂常用簡單的自然療法。

基督常對獲得醫治的病人說：「不要再犯罪，恐怕你遭遇的更加厲害。」（約5：14）祂教導人，疾病是違反上帝自然律和屬靈定律的結果。如果世人的生活符合創造主制定的規律，世上就不會有現今這麼多的病痛了。

基督是古時以色列民的嚮導和導師；祂教導他們：健康是遵守上帝律法的獎賞。——《歷代願望》，原文823、824頁。

深入思考

基督如何在感受了數十億人所遭受的苦難之時，還能深切地回應每一個人，彷彿他們是世界上唯一的人？

神聖的工人

「趁著白日，我們必須做那差我來者的工。」

約翰福音9：4

上帝使祂的兒女經歷試煉是有目的的。如果他們從一開始就看到結局，能看清他們正在實現之目標的榮耀，就會甘心被祂領導，也只有這樣上帝才會引導他們。上帝使他們受管教，為要讓他們謙卑——藉著試煉與苦難，引導他們看到自己的軟弱，吸引他們與自己更近。當他們向祂發出呼求，要求幫助時，祂會說：「我在這裡。」

基督徒是基督的寶石。他們應當為祂發出明亮的光輝，反映祂慈愛的光芒。他們的光澤是靠琢磨散發出來的。他們可以接受琢磨或原封不動。但每一個在上帝殿中佔有一席之地的人，必須經過主的琢磨，否則它們只能像普通的石子那樣不能發光。基督對人說：「你是屬於我的，我已將你買下。現在你只是一塊粗糙的石頭。但你若願意把自己放在我的手中，我就會琢磨你，讓你發光，使我的名得榮耀。沒有人能從我手中把你奪去。我要你作我的珍寶。在我加冕禮的日子，你要成為我喜樂冠冕上的一顆寶石。」

這位**神聖的工人**不會把時間浪費在無價值的材料上。只有寶石祂才「按宮的樣式」進行雕琢打磨，除去粗糙的邊角，其過程十分嚴謹而精密，傷害人自尊自傲的心。基督深入切割人在自負中以為完美的經驗，剷除品格中高抬自我的成分。祂切除多餘的表面，把石頭放在磨輪上緊壓，磨掉一切粗糙之處，然後把這塊寶石放在光亮處。主人看到寶石反射出他自己的形像時，就宣布它可以在他的寶石箱中佔有一席之地了。

「萬軍之耶和華說：『……到那日，我必以你為印，因我揀選了你。這是萬軍之耶和華說的。』」這種使寶石有新價值的經驗不論多麼嚴厲，都是有福的，能讓它閃耀出生命的光芒。——《評閱宣報》，1907年12月19日。

耶穌現在正打磨你的哪一部分？當上帝除去你生命裡那些粗糙的稜角時，你如何看待你所感受到的痛苦？

深入思考

上帝差來的教師

「你們稱呼我夫子，稱呼我主，你們說的不錯，我本來是。」

約翰福音 13：13

在**上帝差來的教師**身上，天庭將其最好最大的恩賜給了人類。這位曾站在至高者的議會、住在永恆之君至聖所中的主，蒙揀選親自向人類彰顯上帝的知識。

上帝照耀在我們這墮落世界的每一線亮光，都是藉著基督而來的。歷代以來，祂藉著每位宣揚上帝聖言的人說話。世上最偉大最高尚的人所表現的一切過人之處，都是祂品格的反映。約瑟的純潔與仁慈，摩西的信心、謙卑和恆久忍耐，以利沙的剛強，但以理的正直與堅定，保羅的崇高熱情與自我犧牲，以及住在地上的所有人表現的智力和靈力，都反映了祂的榮耀。我們完美的理想在祂身上實現。

為了說明這個理想是人們應達到的唯一真標準，說明每一個人所能實現的程度，說明凡接受祂的人藉著神性進駐於人性之中能達到的境界，基督來到了世上。祂來告訴人如何接受訓練，成為上帝的兒女；如何在地上實行原則，過天國的生活。

上帝最大的恩賜是要滿足人最大的需要。在世界最黑暗的時候，那光顯現了。人心因假道的影響，長期離開上帝。在流行的教育制度中，人的哲學取代了上帝的啟示。人不接受上天所賜的真理標準，反而接受了自己所定的標準。他們轉離了生命之光，就是走在自己所點燃的火花之中。——《教育論》，原文73、74頁。

「世上最偉大高尚的人所表現的一切過人之處，都是祂品格的反映。」如果人類中最偉大高貴的人無一不是耶穌的反照，那麼我今天可以採取什麼具體步驟更有效地反照基督？

深入思考

長兄

「我心裡柔和謙卑，你們當負我的軛，學我的樣式；這樣，你們心裡就必
得享安息。因為我的軛是容易的，我的擔子是輕省的。」

馬太福音11：29、30

基督這些話是對每個人說的。不論人有沒有這種感覺，他們都是勞苦擔重擔的，肩上都壓著一副唯有基督才能卸除的重擔。我們最沉重的擔子就是罪。若讓我們自己一直擔下去，勢必把我們壓垮。幸虧那無罪的一位已經作了我們的替身。「耶和華使我們眾人的罪孽都歸在他身上。」（賽53：6）祂已挑了我們的罪擔。祂必從我們疲勞的肩上接去所有的重負，給我們安息。我們憂慮和悲傷的擔子，祂也替我們承擔。祂要我們把一切的愁緒卸給祂，因為祂常把我們放在心上。

我們人類的**長兄**，現今坐在永生上帝寶座旁邊。祂垂顧每一個轉臉仰望祂為救主的人。祂從親身的經歷中，深知人類的弱點，知道我們的需要，也知道我們所受的主要試探來自何處；因為祂與我們一樣，凡事受過試探，只是祂沒有犯罪。你這戰戰兢兢的上帝的兒女啊，祂正在垂念你！你受了試探嗎？祂必拯救你。你軟弱嗎？祂必加給你力量。你愚昧嗎？祂必開導你。你受了創傷嗎？祂必醫治你。上帝曾「數點星宿的數目」，但也「醫好傷心的人，裹好他們的傷處」（詩147：4、3）。祂的號召是「到我這裡來」。不論你有什麼憂慮和試煉，可以將它擺在主面前。主必振奮你的精神，使你能堅持下去。祂必為你開路，使你脫離艱難的處境。你越感到自己軟弱無能，就越能因主的力量而變為堅強。你擔子越重，你把它卸給救主之後，所得的安息就越覺可貴。基督所賜的安息是有條件的，但這些祂都清楚說明了，而且是人人都能得到的。祂告訴了我們獲得祂安息的正確方法。

耶穌說：「你們當負我的軛。」軛是服務的工具。牛負軛，為了做工；它也必須用軛，做工才能有成效。基督用這比喻教導我們，我們在世上生存一天，上帝就要我們服務一天。我們當負祂的軛，以便成為祂的同工。──
《歷代願望》，原文328、329頁。

我該放下什麼擔子，才能擔當得起基督服事的軛？

深入思考

傳道士的指揮官

「人子來，為要尋找、拯救失喪的人。」

路加福音 19：10

　　要讓我們學校中每一個真誠的基督徒都下決心做基督聖工中的忠僕，幫助每位學生過忠實、純淨、聖潔的生活。要讓每一個愛上帝的人都設法爭取尚未向基督認罪的人。他們每一天都可以發揮一種靜默虔誠的感化力，與耶穌基督合作，祂是我們在世上**傳道士的指揮官**。要讓每一個——男人、女人和青年——在品格的優秀和獻身上、在純正的聖潔上成長，過單單注目上帝的榮耀生活，好叫我們信仰的仇敵不能誇勝。在我們聖潔信仰的紐帶中要有非常的團結，以便我們團結一致的感化力可以完全在主一邊，也可作工使那些與我們交往的人得以改變。要顯明你與上帝有活潑的聯絡，並且你志在榮耀主，設法培養自己每一品格的優美，藉以尊榮為你捨命的主。願基督的愛發揮一種激勵的能力，吸引別人來到為主的贖民行在其間而修築的路上。何時我們學校的學生能夠喜歡上帝的旨意，他們就會發現遵行它是相當容易的事。

　　學生若是在別人身上發現了品格的缺陷，就要感恩自己看清了這些缺陷，從而提防這些缺陷。你們肯定會看到有人沒有學習基督的柔和謙卑，而是愛炫耀、虛榮、輕浮、世俗。這種人唯一的救藥就是注視耶穌，藉著研究祂的品格，他們會開始藐視一切虛榮輕佻、軟弱卑劣的事。基督的品格充滿了自制、忍耐、良善、憐憫和史無前例的愛。藉著注視這種品格，他們就會興起，超越那些已經影響和塑造了他們、使他們不聖潔不可愛的狹隘之處。他們就會說「我沒有和虛謊人同坐，也不與瞞哄人的同群」，他們會認識到「與智慧人同行的，必得智慧；和愚昧人作伴的，必受虧損」（詩 26：4；箴 13：20）。——《評閱宣報》，1894年1月16日。

深入思考

對我來說，「志在榮耀主」意味著什麼？

永活的救主

因為他是長遠活著，替他們祈求。

希伯來書7：25

　　基督曾說過：「你們是我的見證。」你們要持守生命的道，叫你們的光照耀在人前，使他們看到你們的好行為，便將榮耀歸給你們在天上的父。在教會中的懺悔，有關上帝真理、仁愛、信實和能力明證的宣告，都是天上所揀選的方式，向世人顯明基督的赦罪大愛。當上帝的靈作工時，上帝子民的見證就能使人們看出自己忽視這般偉大救恩的罪過。雖然歸信上帝的人從先祖與先知的故事中看到了上帝的大能，但他們有一個更吸引人的見證，就是他們在當前個人生活中所經歷到的**永活的救主**——基督之恩典的奇蹟。這對上帝的良善、忍耐和慈愛的寶貴認可，若再加上始終如一的生活，就會產生別人無法抗拒的力量，最終完成靈魂的救贖。使徒說：「你們是被揀選的族類，是有君尊的祭司，是聖潔的國度，是屬上帝的子民，要叫你們宣揚那召你們出黑暗入奇妙光明者的美德。」

　　每一個進入心中的重要真理，都必須在生活中實行出來。人接受基督之愛的程度，是與他熱心將基督之愛的能力傳給別人的程度成正比；人傳揚基督之愛的行動，會不斷加深且加強這種愛對於他自己心靈的價值。那些靈魂中充滿基督之愛的人，總是熱切地將盈溢心中的安慰、希望和平安顯明出來。他們的感受就如同保羅所說的那樣：「我本來比眾聖徒中最小的還小，然而他還賜我這恩典，叫我把基督那測不透的豐富傳給外邦人，又使眾人都明白，這歷代以來隱藏在創造萬物之上帝裡的奧祕是如何安排的，為要藉著教會使天上執政的、掌權的，現在得知上帝百般的智慧。這是照上帝從萬世以前，在我們主基督耶穌裡所定的旨意。」——《評閱宣報》，1889年2月19日。

渴望宣揚基督之愛和接受基督之愛兩者之間是成正比的關係。
我上次向別人傳講基督的愛是什麼時候？

深入思考

至高的基督

「若有人願意做首先的，他必做眾人末後的，作眾人的用人。」

馬可福音9：35

　　這幾句話包含著一種嚴肅、深刻的意義，是門徒難以領會的。基督辨別得出的，門徒還看不清楚。他們不明白基督之國的性質，這種無知就是他們之所以爭論的明顯原因。但真正的原因比這個更為深遠。基督大可解釋祂國度的性質來平息他們一時的紛爭，但這並沒有觸及根本的原因。縱使他們完全明白了，日後再有任何位次先後的問題，還是會引起新的爭端。這樣，在基督離世之後，教會就必受到損害。

　　爭奪最高的地位，是路錫甫的精神產物。這種精神原是天上大鬥爭的起因，致使基督離開天庭，為人捨命。在基督視野裡出現的路錫甫，原本是那榮耀超過一切圍繞寶座的眾天使，與上帝兒子緊密結合的「早晨之子」。他曾說：「我要與至上者同等。」（賽14：12，14）這高抬自己、妄自尊大的慾望，使天庭發生鬥爭，使上帝的一部分天軍從天上被驅逐。如果路錫甫真要像至高者的話，他就永不會離棄他在天上的崗位，因為至上者的精神，是在無私的服務上表現出來的。路錫甫想要的是上帝的權柄，不是祂的品德。他曾為自己追求最高的地位，凡受他這種精神煽動的，也必照他那樣去行。於是離心離德、意見分歧、爭強好勝的事就無法避免。大權成了強者的戰利品。撒但的國度就是強權的國度，每個人都把別人視為自己向上爬的障礙，或者是爬到更高地位的墊腳石。

　　路錫甫把與上帝同等作為爭奪的目標，而**至高的基督**「反倒虛己，取了奴僕的形像，成為人的樣式；既有人的樣子，就自己卑微，存心順服，以至於死，且死在十字架上」（腓2：7、8）。——《歷代願望》，原文435、436頁。

深入思考

我尋求更高的職位是出於服務的目的還是因為驕傲？在追求最高職位的時候，我怎麼能確定我的動機是純潔的呢？

完全的榜樣

你們的言語要常常帶著和氣，好像用鹽調和，
就可知道該怎樣回答各人。

歌羅西書4：6

藉由不懈的努力，每一個人都可以獲得清楚朗讀的能力，用宏亮、清晰、圓潤的聲音，和明確感人的態度講話。我們這樣做，會大大增強我們作為基督工人的效能。

每一個基督徒都蒙召要把基督那測不透的豐富傳給人；所以他必須在言語方面追求完美。他講述《聖經》的方式，要讓聽眾樂於領受。上帝並不希望祂在人間的代表是粗俗的人。天國信息的流傳在經過人的口輸送到世界時減弱或變質並不為祂所樂見。

我們應當仰望那**完全的榜樣**——耶穌，祈求聖靈的幫助，靠著祂的能力設法培養每一個器官從事完美的工作。

這些話特別適用於那些蒙召作公眾服務的人。每一位傳道人和教師都應當記住：他向眾人所傳的信息是與永恆的利益相關的。他們所講述的真理將要在最後交賬的大日成為他們的評判。一些人對於信息的接受或拒絕，取決於傳信息之人的態度。因此講道必須採用啟發悟性和感動心靈的方法。說話要緩慢、清楚、嚴肅，但又要十分誠懇，與講題的重要性相稱。

正確地培養和應用說話的能力，關係到基督教各方面的工作，並影響家庭的生活，以及我們彼此之間的交往。我們應當養成習慣，用悅耳的聲音、純正的言語、彬彬有禮的措辭來說話。優雅親切的話語對於人心有如清晨的甘露和及時雨。《聖經》上論到基督說，在祂的嘴裡滿有恩惠。祂「知道怎樣用言語扶助疲乏的人」（**詩** 45：2；**賽** 50：4）。——《基督比喻實訓》，原文335、336頁。

上帝如何使用我的話語為別人帶來希望和醫治？我有把口才獻給上帝嗎？

深入思考

忠心的家主

他說：「凡文士受教作天國的門徒，
就像一個家主從他庫裡拿出新舊的東西來。」

馬太福音 13：52

基督說：「認識你獨一的真神，並且認識你所差來的耶穌基督，這就是永生。」（約 17：3）為什麼我們無法體會這種知識的價值呢？這些榮耀的真理為什麼不從我們心中照耀出來，從我們口中說出去，並充實我們的整個身心呢？

上帝將祂的聖言賜給我們，就是使我們獲得得救所需的一切真理。成千上萬的人已經從這生命的泉源中取水，然而它的供應從未減少。成千上萬的人已經把主擺在他們面前，藉著仰望而變成祂的形像。當他們談論祂的品德，述說基督是他們的救主，他們是祂的子民時，他們的心中就火熱起來。但是這些尋求真理的人並沒有將這些偉大神聖的題目研究透徹。千萬人仍然可以繼續從事研究救恩奧祕的工作。當我們默想基督的生活和祂使命的性質時，就會有亮光更清晰地照耀我們。每一發掘真理的努力，每次新的查考，都會發現更深奧的意義，超過我們以前的認識。這個題目是探討不盡的。研究基督的道成肉身，祂的贖罪犧牲，和祂作中保的工作，要讓勤勞的研究者耗盡畢生的精力。他必因漫長的學習歲月而仰天長嘆：「大哉！敬虔的奧祕！」

在永恆的歲月中，我們將發現，如果我們在今生接受了一切可能獲得的光照，我們的悟性本來是可以大獲啟迪的。救贖的題目將是贖民千秋萬代思考和述說的主題。他們將要領會基督過去渴望向祂的門徒顯示，但他們卻沒有信心去領受的真理。他們對於基督的完美和榮耀將不斷產生新的見解。在永恆的歲月中，那位**忠心的家主**將從祂的寶庫中拿出或新或舊的寶物來。——《基督比喻實訓》，原文133、134頁。

在永恆不滅的世代裡，耶穌會從祂真理的寶庫裡拿出珍貴的寶藏給我。我希望祂首先向我展示什麼寶藏呢？

深入思考

世界的救主

「在我父的家裡有許多住處；若是沒有，我就早已告訴你們了。
我去原是為你們預備地方去。」

約翰福音 14：2

　　耶穌與門徒相聚同處了四十天之久，祂向他們更充分地展示了上帝國度的實在，使他們心中充滿了歡喜快樂。祂委任他們對於他們所見所聞——有關祂受苦、受死和復活的事——作見證，證明祂已經為罪付出犧牲，因此凡願意的都可以到祂這裡來尋得生命。祂以信實的溫柔態度告訴他們，他們將要遭受逼迫和苦難；但他們可以因回想這次的經驗，並祂向他們所講的話得到安慰。祂告訴他們，祂已經戰勝撒但的試探，並藉著考驗和苦難獲得了勝利。今後撒但在祂身上再沒有一點權柄，但要將他的試探直接針對他們，以及一切相信祂名的人。但是他們可以得勝，像祂得了勝一樣。

　　耶穌賜給門徒們行神蹟的能力，並且告訴他們，他們雖然要受惡人逼迫，祂卻要時常差遣天使來拯救他們；他們的生命絕不會被剝奪，直到他們完成了自己的使命；然後他們或許要用自己的血來印證所作的見證。

　　凡熱心跟從祂的人都歡喜聆聽祂的教導，熱切地領受那從祂聖潔的嘴唇所說出來的每一句話。這時他們確知祂真是**世界的救主**了。祂的話一直深入他們的心中，他們便感到憂傷，因為他們不久就必與這位從天上來的教師分離，不再從祂口中聆聽安慰和恩慈的話。但是耶穌告訴他們說：祂去原是為他們預備住處，還要再來接他們到祂那裡去，使他們得以永遠與祂同在，他們心中便因充滿愛與分外的喜樂而再度感到溫暖。祂也應許要差遣保惠師，就是聖靈，來引領他們進入一切的真理。於是祂「就舉手給他們祝福」（路 24：50）。——《早期著作》，原文189、190頁。

我怎樣才能把耶穌安慰的心分享給那些我今天所遇到的人？

深入思考

93

枝子

從耶西的本（原文是「不」*）必發一條；從他根生的枝子必結果實。

以賽亞書11：1

彌賽亞將要出自王家的世系，因為在雅各所作的預言中，主說：「圭必不離猶大，杖必不離他兩腳之間，直等細羅（就是賜平安者）來到，萬民都必歸順。」（創49：10）

以賽亞預言說：「從耶西的本必發一條，從他根生的**枝子**必結果實。」、「你們當就近我來，側耳而聽，就必得活。我必與你們立永約，就是應許大衛那可靠的恩典。我已立他作萬民的見證，為萬民的君王和司令。你素不認識的國民，你也必召來；素不認識你的國民也必向你奔跑，都因耶和華你的上帝以色列的聖者，因為他已經榮耀你。」（賽11：1；55：3-5）

耶利米也曾見證救贖主降臨作大衛家的君王。「耶和華說：『日子將到，我要給大衛興起一個公義的苗裔，他必掌王權，行事有智慧，在地上施行公平和公義。在他的日子，猶大必得救，以色列也要安然居住；他的名必稱為耶和華我們的義。』」他又說：「『耶和華如此說：大衛必永不斷人坐在以色列家的寶座上；祭司、利未人在我面前也不斷人獻燔祭、燒素祭，時常辦理獻祭的事。』」（耶23：5、6；33：17、18）

就連彌賽亞出生的地點也曾預先指明了：「伯利恆的以法他啊，你在猶大諸城中為小，將來必有一位從你那裡出來，在以色列中為我作掌權的；他的根源從亙古，從太初就有。」（彌5：2）——《使徒行述》，原文223、224頁。

*編註：「不」，指樹墩。

如果我活在耶穌降世的時代，我會認出耶穌是《聖經》預言中的彌賽亞嗎？我今天會接受祂為我個人的救主嗎？

深入思考

首位偉大的教師

耶穌講完了這些話，眾人都希奇他的教訓。

馬太福音7：28

人們一直習於推崇的課本和作者並不為真教育提供正確的根基。儘管這些作者被視為智者，其智慧大部分卻不值得我們尊敬，他們的智慧來自於哪裡呢？他們的教導是來自世上最偉大的教師——耶穌嗎？如果不是，他們就確實處在錯誤中。那些預備住在天上的人，應當受到勸導以《聖經》為自己主要的課本。

這些受歡迎的作者沒有為學生們指出通往永生的道路。「認識你獨一的真神，並且認識你所差來的耶穌基督，這就是永生。」（約 17：3）我們各學校中當前所使用之書籍的作者受人推薦、被尊崇為有學問的人；他們的教育在各方面都是有缺陷的，除非他們自己一直在基督門下受教，並且以實際的知識作見證，說明上帝的道乃是兒童和青少年最必要的學習內容。「敬畏耶和華是智慧的開端。」應當準備好課本，放在學生手中，教他們對真理有真誠的敬愛和堅定的正直。學生所上的課在形成品格方面是絕對必要的，使他們為將來的生活作好準備。應當始終將這樣的課程擺在他們面前。應當高舉基督為**首位偉大的教師**；上帝的獨生子，從亙古就與父同在。上帝的兒子是大教師，奉差到世上，作世上的光。「道成了肉身，住在我們中間。」基督代表了大父，在教育中必須注意讓學生仰望祂並且相信祂與上帝相像。祂對這個世界有一個非常奇妙的使命，祂的工作沒有充分說明祂稱自己是神的主張，祂的屈辱又遮掩了祂的主張。……

……祂的品格乃是一生順從上帝全部的誡命，作一切生在地上之人的榜樣。祂的生活乃是在人性中活出律法。——《基督教育原理》，原文381、382頁。

深入思考

我每天花了多少時間研究上帝的話語？

立約的使者

耶和華的使者向基甸顯現，對他說：「大能的勇士啊，耶和華與你同在！」

士師記6：12

　　基甸要求一個證據，證明如今向他說話的就是過去為以色列施行大事的**立約的使者**。古時上帝的使者向亞伯拉罕顯現時，曾留在他那裡受他招待；如今基甸也懇切地留上帝的使者作他的賓客。他急忙到帳棚裡從剩下的一點食物中，拿一隻山羊羔和一些無酵餅來，獻在使者的面前。但天使吩咐他「將肉和無酵餅放在這磐石上，把湯倒出來」。基甸照樣行了。於是上帝照著基甸的心願給他顯了一個神蹟；天使用他手中的杖挨了肉和無酵餅，就有火從磐石中出來，燒盡了基甸所獻的禮物，天使就不見了……

　　基甸的父親約阿施曾在背道的事上與他的同胞有分，並曾在他住的地方俄弗拉為巴力築了一座大壇，那城的人就在這裡敬拜巴力。基甸奉命去拆毀這壇，並要在天使用火焚燒他祭物的磐石上為耶和華築一座壇，在那裡獻燔祭與耶和華。獻祭給上帝的工作原是指定由祭司擔任的，且必須在示羅的祭壇舉行；但那設立奉獻禮的主有權柄改變自己定的條例。基甸在出去與他百姓的仇敵作戰之前，必須先向崇拜偶像之風宣戰。

　　基甸祕密地履行了上帝的指示。他既有僕人幫助，就在一夜之間把壇拆完了。第二天早晨，當俄弗拉的居民來敬拜巴力時，他們看見這事就大大發怒。若不是約阿施出來為他兒子辯護，他已經知道天使顯現的事，他們就要把基甸治死了。約阿施說：「你們是為巴力爭論嗎？你們要救他嗎？誰為他爭論，趁早將誰治死。」如果巴力不能保護自己的壇，他怎能保護敬拜他的人呢？

　　於是眾人不再想用粗暴的手段對待基甸了；而且當基甸吹角備戰時，俄弗拉人首先響應，出來聚集在他的旗幟之下。他以後又傳信給他的本族瑪拿西，以及亞設人、西布倫人和拿弗他利人，大家都群起響應呼召。——《先祖與先知》，原文547、548頁。

我該如何應對那些在生活中違背上帝旨意的家人？

深入思考

彌賽亞

就生了頭胎的兒子，用布包起來，放在馬槽裡，因為客店裡沒有地方。

路加福音 2：7

眾天使對這光榮的救贖計畫驚嘆不已。他們來到選民之地，要看上帝的百姓將如何接待這位取了人性的聖子。外邦人是信神話、拜假神的。但天使所到之地原是上帝的榮光曾顯現、預言的光輝曾照耀過的地方。他們悄悄地來到耶路撒冷，到那些被指定為聖言的解釋者和為上帝聖殿服務之人那裡。早在祭司撒迦利亞在祭壇前供職時，天使就已向他宣布基督降世的日期近在眼前。此時基督的先鋒（施洗約翰）已經誕生，他的使命有預言和奇事為證。約翰誕生的消息和他使命的奇妙意義早已傳遍各地。然而耶路撒冷卻沒有準備迎接她的救贖主。

天上的使者看到那些蒙上帝呼召負責傳揚神聖真理之光的人們，對基督的降臨竟如此漠不關心，就不勝驚詫。猶太民族之所以被保存，就是要為基督在亞伯拉罕和大衛的後裔中降生一事作活的見證。而他們竟不知道祂的降生已在眼前！聖殿裡每天早晚的獻祭，原是預指「上帝的羔羊」基督的。然而，就連這裡也沒有準備迎接祂。國內的祭司和教師們，居然不知道那歷代以來最偉大的事件將要發生。他們背誦的禱文空洞無意，他們敬拜的儀式只是做給人看的。他們只顧爭奪屬世的財富和尊榮，卻沒有為**彌賽亞**的顯現作準備。這種漠不關心的態度遍及以色列全地。這時，天庭裡已經瀰漫著欣喜激動的歡樂，但人心既被自私之慾和世俗之念所充滿，對天上的歡樂就沒有絲毫的感覺了。世上只有少數人指望看見那未見之主。天庭為此差派使者前來報信……

正當世人對此一無所知的時候，天庭卻已充滿了喜樂。眾聖者帶著極其深切、溫慈的關懷，從天上光明的世界到地上來。因著基督的降臨，全世界光明倍增。——《歷代願望》，原文43—47頁。

今天，我的心是否已準備好迎接彌賽亞耶穌了？

深入思考

恩人

耶和華說，我知道我向你們所懷的意念是賜平安的意念，
不是降災禍的意念，要叫你們末後有指望。

耶利米書29：11

　　耶路撒冷的領袖們曾派奸細去找把柄，要置基督於死地。耶穌卻回之以祂愛世人的行動、祂對律法的尊敬、以及祂救人脫離罪惡和死亡的能力。論到這些人，祂作見證說：「他們向我以惡報善，以恨報愛。」（詩109：5）在山邊上，耶穌吩咐人說：「要愛你們的仇敵。」祂自己以身作則，「不以惡報惡、以辱罵還辱罵，倒要祝福。」（太5：44；彼前3：9）

　　從前宣布對那麻瘋病人施行隔離的祭司，現在證明他已痊癒。這個當眾宣布並已記錄在案的鑑定，便成了基督永久性的見證。而且根據祭司的親口證明，他身上再無麻瘋的餘毒。那被治好的人得以恢復他在以色列會眾中的地位，就是他的**恩人**活的見證。他欣然獻上祭物，並頌揚耶穌的名字，使祭司們不得不相信救主的神能。他們得到了認識真理的機會，從真光得到幫助。如果拒絕，這機會就一去永不復返了。祭司中固然有許多人拒絕真光，然而這次的光照並不是徒然的。另外有不少人心裡受到感動，當時卻沒做什麼表示。救主在世時，祂的工作在祭司和教師們身上似乎沒有引起他們一點愛的表示。但在祂升天之後，「也有許多祭司信從了這道。」（徒6：7）

　　基督潔淨大麻瘋患者可怕的病症，是祂從人心中除淨罪惡的一個說明。那到耶穌面前來的人「滿身長了大麻瘋」，麻瘋的致命之毒遍及全身。門徒想阻止夫子摸他，因為凡與麻瘋病患接觸的，自己也就不潔淨了。耶穌卻按手在他身上，非但沒受感染，反而發出賜生命的能力，使那麻瘋病人得以潔淨。罪惡的麻瘋也是如此——它的病根扎得很深，能致人於死，是人力所不能洗淨的。——《歷代願望》，原文43，47頁。

無論我犯了什麼罪，耶穌依然為我提供醫治和潔淨的能力，這是多麼令人欣慰啊！問題是我願意接受耶穌的觸摸嗎？

深入思考

最偉大的教育家

到了天亮，叫他的門徒來，就從他們中間挑選十二個人，
稱他們為使徒。

路加福音6：13

耶穌第一批的門徒是從普通階層的人中揀選的。這些加利利的漁夫原是卑微而無學問的人，沒有受過拉比學說和當時習俗的教育，卻受過辛勞和艱苦的嚴格訓練。他們是一班有天賦又謙虛可教的人，所以救主能造就他們參與祂的工作。現今從事普通職業的人中，有許多人每天在那裡埋頭操作，並不知道自己有什麼才能，這些才能若是加以運用，就足以使他們與世界最偉大的領導人並駕齊驅。救主所呼召作祂同工的，正是這樣的人。祂賜給他們有機會接受人類有史以來**最偉大的教育家**三年之久的訓練。

這第一批門徒的性格是大相徑庭的。他們將作為全世界的教師，所以代表各種不同的品格類型。有稅吏利未馬太，蒙召前從事公務，為羅馬人服務；有奮銳黨的西門，是一個不願與帝國的權威妥協的人；有性格衝動、自命不凡、富有熱情的彼得和他的兄弟安得烈；有文雅幹練卻品性不端的猶大支派人猶大；有腓力和忠實勤懇但信心遲鈍的多馬；有小雅各和猶大，在弟兄中雖非出類拔萃，但為人堅強，優缺點鮮明；有誠實忠信的拿但業；另外還有西庇太兩個野心勃勃卻又仁愛為懷的兒子。

為要成功推行他們蒙召從事的工作，這些本性、教養和生活習慣各不相同的人，必須在感情、思想和行動上團結一致。這種團結就是基督要達到的目的。因此祂設法使他們與祂合而為一。基督栽培門徒的苦心在祂向父的祈禱中流露出來了：「使他們都合而為一。正如你父在我裡面，我在你裡面，使他們也在我們裡面，……叫世人知道你差了我來，也知道你愛他們如同愛我一樣。」（約17：21-23）——《教育論》，原文85、86頁。

我是否尊重那些與我一起服事基督之人所具備的各種恩賜和才能？今天，我要怎麼認定某些人的恩賜呢？

深入思考

取之不盡、用之不竭的泉源

「人若喝我所賜的水就永遠不渴。
我所賜的水要在他裡頭成為泉源，直湧到永生。」
約翰福音4：14

那些來到屬世的水泉解渴的人，喝了還會再渴。無論何地，人總得不到滿足。他們渴望獲得能供應心靈需要的東西，而只有一位能滿足這種需求。基督就是世界的需要，是「萬國所羨慕的……」（該2：7）。唯有祂所賜的神恩像活水一般，能淨化、振奮並滋潤心靈。……

耶穌的意思並不是說單喝一口生命水就能使人受用無窮。人若嘗過基督之愛的滋味，必渴望不停地享有，而且別無他求；世間的榮華富貴和安樂享受，都不足以令他動心，他心中恆切呼求的就是：「更需我主！」那向人心指出其需要的主，正等著滿足人心靈的飢渴。一切屬世資源和依靠都必敗落。水庫將要枯竭，池塘也必干涸；唯我們的救贖主是**取之不盡、用之不竭的泉源**。我們大可喝了再喝，隨時都有新鮮的供應。心中若有基督居住，裡面就必流出幸福的泉源——「直到永生」；就能從這泉源取得力量和恩惠，來應付一切的需要。

耶穌一提到活水，婦人就希奇地望著祂。耶穌已經引起了她的興趣，喚起了她對主所說之恩賜的期望。她說：「先生，請把這水賜給我，叫我不渴，也不用來這麼遠打水。」……當婦人同耶穌這樣談話時，她深為主的話語所感動。她未在本地祭司或猶太人口中聽到過這樣的言論。過去的生活既攤開在面前，她就感覺到自己迫切的需要。她感到自己心靈上的乾渴絕不是敘加井裡的水所能滿足的。她從未遇到過什麼事能使她覺察到自己更高的需要。……婦人對耶穌的品德有了一點認識，於是暗自問道：這莫非就是人們所長久盼望的彌賽亞嗎？她對祂說：「我知道彌賽亞（就是那稱為基督的）要來，他來了，必將一切的事都告訴我們。」耶穌回答她說：「這和你說話的就是他。」——《歷代願望》，原文187，189、190頁。

深入思考

我能從破井裡尋得什麼來解渴呢？

愛子

從天上有聲音說：「這是我的愛子，我所喜悅的。」

馬太福音 3：17

　　當我們想到促進或阻礙福音工作的結果，往往只想到它與自己或世界的關係。很少有人會思考它與上帝的關係，並想到我們的創造主因人的罪所受的苦。全天庭都因基督的苦難而受苦；但這痛苦並不是始於或結束於祂以人類的肉身所表現的。十字架向我們麻木的感官顯明罪惡從一開始就給上帝的心帶來痛苦。每一次的偏離正道，每一種殘忍的行為，以及每一次人類達不到祂的理想，都使祂憂傷。以色列人因離棄上帝而遭遇必然的災禍——因被仇敵征服而面臨壓迫、殘暴和死亡時，《聖經》說：「耶和華因以色列人受的苦難，就心中擔憂。」（士10：16）、「他們在一切苦難中，他也同受苦難；……在古時的日子常保抱他們，懷搋他們。」（賽63：9）

　　祂的靈「親自用說不出來的嘆息替我們禱告」（羅8：26）。當「一切受造之物一同嘆息，勞苦」的時候（羅8：22），無窮之父的心也同感痛苦。我們的世界是一個大麻瘋病院，其中悲慘的狀況是我們不敢想像的。我們看到了它的真相，就會覺得擔子太沉重。上帝卻洞悉這一切。祂為了消滅罪惡及其結果，就賜下祂的**愛子**，並使我們藉著與祂合作而終結這種慘況。因為「這天國的福音要傳遍天下，對萬民作見證，然後末期才來到」（太24：14）。——《教育論》，原文263、264頁。

　　當上帝的聲音從天而降，宣布耶穌是祂喜悅的愛子時，祂知道耶穌將走向痛苦和死亡之路。如懷愛倫所指「全天庭都因基督的苦難而受苦」。當耶穌為拯救墮落之人在地上受苦時，若我也正好在天國裡，我該說或做什麼來安慰父上帝？

深入思考

生命的源頭

願你們在一切屬靈的智慧悟性上，滿心知道上帝的旨意。

歌羅西書1：9

致歌羅西人的書信對於一切為基督服務的人滿有最寶貴的教訓，這些教訓說明在一個足以代表救主之人的生活上，必可看出專一的宗旨和崇高的目標。一個信徒既捨棄一切可能攔阻他在上進之路發展，或使別人腳步偏離窄路的障礙，就必在自己的日常生活上表現憐憫、恩慈、謙虛、溫柔、忍耐和基督的愛來。

我們最大的需要乃是那使我們能過上更高尚、純潔、尊貴之生活的能力。可惜的是，在我們的心思意念中世俗的成分太多，而天國的成分太少了！

一個基督徒在努力追求上帝為他所定的理想時，絕不可失望灰心。那藉著基督的恩典與能力達到道德與靈性方面的完全，是應許給眾人的。耶穌乃是能力的來源和**生命的源頭**。祂引領我們親近祂的聖言，並從生命樹上摘下葉子，醫治我們這患罪病的心靈。祂領我們到上帝的寶座前，並將祈禱的話放在我們口中，藉此使我們與祂自己有親密的聯絡。祂為我們的緣故發動天國全能的力量，使我們每走一步都接觸到祂那活潑的能力。

上帝對凡願意「在一切屬靈的智慧悟性上，滿心知道上帝的旨意」的人，並不限制他們的進展。他們盡可以藉著祈禱、警醒，以及在知識與悟性上的長進，「照他榮耀的權能，得以在各樣的力上加力。」這樣，他們就得以準備妥當為別人作工了。救主的旨意乃是要人經過煉淨而成聖之後，來充當祂的助手。我們當為這一偉大的特權，感謝那位「叫我們能與眾聖徒在光明中同得基業；他救了我們脫離黑暗權勢，把我們遷到他愛子的國裡的主」。——《使徒行述》，原文477、478頁。

我有多大的決心願意去經歷耶穌為我所提供的無限發展？我有沒有懇切地祈求「在一切屬靈的智慧悟性上，滿心知道上帝的旨意」？

深入思考

活力生機之源

死既是因一人而來，死人復活也是因一人而來。
在亞當裡眾人都死了；照樣，在基督裡眾人也都要復活。

哥林多前書15：21、22

義人的基業是生命，惡人的命分則是死亡。

犯罪的生靈必遭受永久的死，就是一直持續到永遠的死亡，再沒有復活的希望；於是上帝的憤怒才得平息。

我對撒但竟然成功地使人相信上帝所說「犯罪的，他必死亡」（結18：4）之意，乃是指犯罪的靈魂必定不死，但要永遠生存在痛苦之中一事，感到十分驚訝。天使說：「生命就是生命，不拘是在痛苦，或是在幸福之中。死亡是沒有痛苦，沒有喜樂，也沒有仇恨的。」

基督在極端羞辱的環境之下忍受了痛苦的死亡，是為了要使我們可以得著生命。祂捨了自己寶貴的生命，以便能征服死亡。但祂從墳墓復活了，千萬的天使來看祂收回自己曾捨了的生命，見祂站在約瑟裂開的墓口，聽祂得勝的歡樂之聲宣告說：「復活在我，生命也在我。」（約11：25）

「人若死了，豈能再活呢？」這個問題已得了答案。基督忍受罪的刑罰，下到墳墓裡，使一切因信而死之人的墳墓得到光明。上帝取了人的樣式，藉著福音，將不能朽壞的生命彰顯出來。基督藉著死來使一切信祂的人得永生。祂藉著死審判那發動罪惡及叛亂的魁首，定他受罪的刑罰——永死。

唯獨那永生的擁有者和賜與者——基督——能戰勝死亡。祂是我們的救贖主。

基督本身就是生命。祂藉著死敗壞那掌死權的，祂是一切**活力生機之源**。在基列有乳香，在那裡有醫生。——《信仰的基礎》，原文177頁。

如果耶穌基督就是「生命」，當我與祂不合一或與祂分離時，我將如何？

深入思考

「未被定罪」者

帶耶穌去的時候，有一個古利奈人西門，從鄉下來；他們就抓住他，
把十字架擱在他身上，叫他背著跟隨耶穌。

路加福音23：26

跟在救主身後的群眾，眼看祂軟弱而蹣跚的腳步，沒有表示任何惻隱之心，反而因耶穌不能背負這沉重的十字架而嘲笑、辱罵祂。他們再次把重負放在祂身上，祂又暈倒在地。逼迫祂的人才知道，祂實在背不起這副重擔。有誰願意背這恥辱的擔子呢？猶太人都不肯背，因為恐怕沾了污穢，不能守逾越節。連那些跟從祂的雜亂群眾中，也沒人願意屈身來背這十字架。

這時有個陌生的古利奈人西門從鄉下來，正與隊伍相遇。他聽到群眾的嘲笑和他們所講的惡言惡語，又聽見他們多次輕蔑地說：給猶太人的王讓路呀！他當時就驚訝地站住了。他臉上露出了同情之色，他們便抓住他，把十字架放在他的肩上。

西門曾聽說過耶穌的事；他的幾個兒子也都是相信救主的，但當時他自己還不是主的門徒。西門背十字架到髑髏地去，實為一種福分。從此以後，他總是為這次恩遇而感激不已。這次經驗，使他以後一直甘願背起基督的十字架，並始終愉快地站在十字架的重負之下。

跟隨那**「未被定罪」者**走向殘酷終局的人當中有不少婦女，她們的注意力全在耶穌身上。其中有些從前見過祂；有些帶過患病和受苦之人到祂面前；有些自己得到過祂的醫治。現在有人把最近發生的事告訴她們；她們不明白眾人為何對他們所摯愛並為之心碎的救主如此懷恨。儘管喪心病狂的暴徒在發作，儘管祭司和官長們窮凶極惡，這些婦女還是表露對耶穌的同情。當耶穌暈倒在十字架下時，她們就禁不住號啕痛哭起來。

唯有這件事引起了基督的注意。——《歷代願望》，原文742、743頁。

為什麼像耶穌這樣一個行了許多善事的無辜之人，會在某些人心中激起如此深的仇恨？

深入思考

天上法庭中的朋友

因一人的悖逆，眾人成為罪人；
照樣，因一人的順從，眾人也成為義了。

羅馬書5：19

「願頌讚歸於我們主耶穌基督的父上帝，他曾照自己的大憐憫，藉耶穌基督從死裡復活，重生了我們，叫我們有活潑的盼望。」這活潑的盼望有什麼理由不把賦予早期教會門徒的信賴和喜樂也賦予我們呢？基督沒有被關在約瑟的新墳裡；祂已經復活，且升上了高天。我們務要實行自己的信仰，使世人看見我們有活潑的盼望，那就是我們有一位**天上法庭中的朋友**。

我們得了重生，有活潑的盼望，又得著不能朽壞、玷污、衰殘，且是為我們存留在天上的基業。我們的盼望是有根有基的，我們繼承的產業也是不能敗壞的。這不是我們的想像，而是天上為我們存留的，為我們這些「因信蒙上帝能力保守的人，必能得著所預備，到末世要顯現的救恩。因此，你們是大有喜樂；但如今，在百般的試煉中暫時憂愁，叫你們的信心既被試驗，就比那被火試驗仍然能壞的金子更顯寶貴，可以在耶穌基督顯現的時候得著稱讚、榮耀、尊貴」。

在受試探的時候，我們似乎忘記了上帝在考驗我們，使我們的信心經過試驗，到基督顯現時可以得著稱讚、尊貴和榮耀。主將我們安置在不同的環境中，要培養我們。如果我們有自己尚未發現的品格上的缺點，祂就訓練我們認識到自己的缺點，並予以克服。是祂的安排把我們帶到不同的環境中。在每一個新的境況我們會遇見不同種類的試探。多少次我們在陷入難堪的境遇時心裡想：「這真是一個驚人的錯誤。巴不得我能留在原來的地方！」但為什麼你不滿意呢？……當你因主的旨意而面臨試煉時，你該怎麼做？——你應當起來面對這緊急的狀況，克服你品格上的缺點。——《評閱宣報》，1889年8月6日。

深入思考

在天國等待我的是什麼不朽壞的產業？

神聖的模範

你們要追求與眾人和睦，並要追求聖潔；非聖潔沒有人能見主。

希伯來書12：14

　　身負重責的人如果奉耶穌的名傳講上帝的真理，卻沒有蒙上帝甦醒人心的能力賜予屬靈的活力，就是在做一種不真實的工作，無法確定自己的工作會成功還是失敗。許多人忘了宗教和責任並不是陰鬱的感情主義，而是認真的行動。無論所從事的服務是大是小，獲得上帝嘉許的，並不是偉大的服務和崇高的抱負，而是服務時的愛心和獻身。反對和抵制的風暴乃是上帝的天意安排，要驅使我們到祂翅膀的蔭下。當烏雲包圍我們時，便聽到祂的聲音說：「我留下平安給你們；我將我的平安賜給你們。我所賜的，不像世人所賜的……」

　　基督向門徒吹氣，讓他們得聖靈和祂的平安，這一舉動是五旬節聖靈沛降的預演。耶穌要門徒牢記這個事實，使他們在從事所託付的工作時，能充分了解工作的性質和基督國度在地上建立的方式。他們被任命為救主的見證人，述說他們所看見和聽到有關祂復活的事，而且重述救主親口說的恩言。他們熟悉祂神聖的品格。祂像是陽光下的天上使者，但不留下陰影。使徒的神聖使命就是向人們述說基督無瑕的品格，作為他們生活的標準。門徒曾與這位**神聖的模範**親密相伴，在品格上與祂有所同化，所以特別適合向世人宣講主的教訓和榜樣。

　　基督的傳道人藉由默想基督的生平和品格更進一步與主聯合，就會更像祂，也更有資格把祂的真理教導人。那偉大楷模一生中的每個特點都應予以留心研究，且應藉著出於活潑信心的祈禱與祂密切交談。這樣就會把人類有缺陷的品格轉變成祂光輝品格的形像。這樣就會使真理的教師預備好領人歸主。——《預言之靈》卷三，原文242-244頁。

深入思考

我應該學習和尋求基督品格中的哪一方面來生活？

無助之人的朋友

我為基督的緣故，就以軟弱、凌辱、急難、逼迫、困苦為可喜樂的；
因我什麼時候軟弱，什麼時候就剛強了。

哥林多後書12：10

「將各樣的計謀，各樣攔阻人認識上帝的那些自高之事，一概攻破了，又將人所有的心意奪回，使他都順服基督。」（林後10：5）那些願意改革的人，首要的工作就是淨化想像力。如果思想被引到邪惡的方向，就應當予以約束，只思考純潔高尚的題目。若是遇到試探，要屈從敗壞的想像時，就要趕緊來到施恩的寶座前，祈求天上的能力。靠著上帝的能力，想像力可以得到約束，專心思考純潔屬天的事……。

凡擁有從上帝而來之智慧的人，為求智慧，必須對現代罪惡的知識不聞不問。他們要閉眼不看、不學罪惡，掩耳不聽邪惡的事，不去追求會玷污他們純潔思想和行為的知識，並要防止自己的舌頭說出敗壞的話語，從口中查出詭詐來。

在這個處於恩典時期的世界中，每個人都必須對自己的行為負責。只要願意，人人都有能力控制自己的行為。他們如果在思想行為的美德和純潔方面有軟弱，可以向那位**無助之人的朋友**求助。耶穌熟悉人性的一切弱點，只要向祂祈求，祂就會賜人力量勝過最強烈的試探。大家都可以獲得這種力量，只要他們肯虛心祈求。耶穌向凡擔重擔和罪擔的人發出一個有福的邀請，請他們到祂那裡去，祂是罪人的良友。「凡勞苦擔重擔的人可以到我這裡來，我就使你們得安息。我心裡柔和謙卑，你們當負我的軛，學我的樣式；這樣，你們心裡就必得享安息。因為我的軛是容易的，我的擔子是輕省的。」（太11：28-30）

這段經文告訴我們，最好問、愛鑽研的人都能安全地在基督的門下學習那證實是於他們今生和永生有益之事。不安不滿的人在這裡會得安息。他們的思想感情既集中於基督，就會獲得真智慧，這對他們來說會比最富足的屬世財寶更有價值。——《嚴肅的警告》，原文76-78頁。

深入思考

我的思想有多純潔呢？此外，我怎樣才「不學罪惡」呢？

勝利之君

> 「又是那存活的；我曾死過，現在又活了，直活到永永遠遠；
> 並且拿著死亡和陰間的鑰匙。」

啟示錄 1：18

耶穌復活的時候，從墳墓中帶出一批俘虜作為**勝利之君**的戰利品。祂以此證明祂勝過了死亡和墳墓，並給了一切義人復活的保證與確據。那些從墳墓裡出來的人走進城裡，以他們復活的形體向許多人顯現，證明耶穌確已從死裡復活了，他們是與祂一同復活的。那喊叫「成了」的聲音，竟傳進了死人的耳中。它穿透了墳墓的牆壁，並呼喚睡了的人起來。將來上帝的聲音震動天和地之時也必如此。那聲音也必穿透墳墓，打開墓門。那時會有一次大地震，使世界搖來搖去好像醉酒的人。榮耀的王基督要顯現，由眾天使伴隨著。號筒要響，賜生命的主要叫死了的義人出來，得到不朽的生命。

祭司和官長們確知那些曾死了的人在耶穌復活時也復活了。他們得到了各方面的可靠報告。這些報告的人見過復活的人並與他們談過話，聽他們見證那位被祭司和官長殺害的生命之君——耶穌，已經從死裡復活了。那說門徒把他們夫子的遺體從墳墓搶走了的謠言被人大肆傳播，以致許多人信了。但祭司們在編造謠言時弄巧成拙。凡有思想、未被偏見蒙蔽的人，都覺察出那是謊言。……

祭司和官長們經常處於恐懼之中，只怕行在路上，或在自己的密室中，會忽然與復活的基督見面。他們覺得自己毫無保障。但銅牆鐵壁也無法擋住復活的上帝之子。——《預言之靈》卷三，原文223-225頁。

如果我親眼見到了一位被耶穌喚醒從死裡復活的人，我的屬靈生命將如何得到改變？我比較容易被耶穌大能的神蹟奇事感動，還是祂每天所賜給我的福氣？

深入思考

神聖的幫助者

你們各人的重擔要互相擔當，如此，就完全了基督的律法。

加拉太書6：2

基督的醫治之能裡有愛的大能。我們唯有因信在祂的愛上有份，才能成為祂聖工的媒介。我們若不與基督保持屬靈的聯繫，那賜生命的能力就不能從我們流給眾人。過去有些地方連救主也不能多行奇事，因為那裡的人沒有信心。同樣，現今教會也是因不信而使自己與**神聖的幫助者**隔絕，教會因缺少信心，就使上帝失望，並虧缺了祂的榮耀。

基督應許與教會同在，是在他們進行祂的工作時。祂說「你們要去，使萬民作我的門徒」，然後才說「我就常與你們同在，直到世界的末了」。（太28：19、20）領受祂的能力的首要條件就是要負祂的軛。教會的生命有賴於她忠實地完成主所交託之使命。疏忽了這項工作，就是促成屬靈的衰弱與腐敗。哪裡沒有為別人進行積極的工作，那裡的愛心就削弱，信心也漸漸消逝。

基督要祂的僕人們培訓教會進行傳福音的工作。要教人如何尋找拯救失喪的人。但是，這是他們現今正在做的事嗎？多少傳道人在瀕死的教會裡設法興旺將熄的星星之火！多少傳道人照料軟弱的教會，像看護病倒的小羊，而他們實則應該在外尋找迷羊！於此同時，千千萬萬還不認識基督的人正在淪亡。

對於世人，上帝的大愛已經達到了不可測的深處；而眾天使卻不勝驚奇地看到領受上帝慈愛的人竟表示如此膚淺的認識。上天看到我們對別人靈魂的存亡如此冷淡，就不勝憤慨！基督是如何看待此事的呢？你想：如果作父母的聽說他們的孩子在冰天雪地裡迷了路，而能救他的人竟置之不顧，揚長而去，任他死亡，父母感受如何？他們豈不是悲傷萬分、義憤填膺？他們難道不會飽含憤怒的熱淚，痛斥那些殺人犯嗎？每個人的痛苦就是上帝兒女的痛苦；凡對將亡的同胞不伸援手的人，必定惹動上帝的義怒。這就是羔羊的憤怒。——《歷代願望》，原文825頁。

深入思考

我沒有感受到耶穌的同在，是因為我忽略了與耶穌同工嗎？

天軍的大能統帥

「我是耶和華，在我以外並沒有別神；除了我以外再沒有上帝。」

以賽亞書 45：5

我們的上帝了解祂的子民在這些末後的日子裡，與撒但的使者，以及疏忽和拒絕偉大救恩的惡人所作的鬥爭。我們的救主是**天軍的大能統帥**。祂十分坦誠，沒有隱瞞他們必將經歷的嚴峻鬥爭。祂指出危險，告訴我們戰爭的規劃和工作的艱難，然後發令參戰，權衡得失，同時鼓勵眾人拿起武器，指望天軍出動隊伍捍衛真理和公義。

在順從全能者的每一場嚴酷鬥爭中，軟弱的人必得到超自然力量的援助。堅持信仰，完全依靠上帝，必能取得而成功。當邪惡的同盟列隊攻擊他們時，祂囑咐他們要剛強壯膽，英勇戰鬥，因為他們有一個天國要爭取。在他們的隊伍中還有許多天使。大能的統帥率領著天上軍兵。在攻取耶利哥的戰鬥中，沒有一個以色列士兵可以自誇是用他們有限的力量推倒城牆的。耶和華軍隊的統帥用最簡單的方法來規劃戰爭，使主獨享榮耀，而不至於抬舉人。上帝已應許賜給我們所有的能力。「因為這應許是給你們和你們的兒女，並一切在遠方的人，就是主——我們上帝所召來的。」（徒 2：39）

我們現在所需要的不是大才幹，而是謙卑的心，個人直接獻身的努力、儆醒、禱告，以及堅持不懈的工作。……基督已差遣祂的代表聖靈，以公義日頭的明亮光線圍繞受召穿透愚昧的人。祂親口保證說：「我就常與你們同在，直到世界的末了。」（太 28：20）我們要把這一事實擺在眼前，在不能眼見的世界關注之下進行我們的戰爭。——《信函》51，1895年。

深入思考

我的軟弱會在每一次嚴酷的鬥爭中得到超自然力量去完成全能上帝的事工。今天我想為上帝做什麼大能的事？

最大的恩賜

惟有基督在我們還作罪人的時候為我們死，
上帝的愛就在此向我們顯明了。

羅馬書5：8

一個人可能忽略了埋藏財寶的地方。他可能有急切的需要，卻坐在樹底下休息，不知道財寶就埋在樹根那裡。猶太人就是這樣。真理猶如黃金曾交託給希伯來人。基督曾親自設立帶有天國印記的猶太教制度。救贖的偉大真理隱藏在表號和象徵中。但是當基督來臨時，猶太人卻沒有認出祂是一切表號所指的實體。他們手裡雖然有上帝的聖言，但是代代流傳下來的傳統，以及人對《聖經》的解釋，卻遮蔽了關於耶穌的真理，使他們看不見。他們不認識《聖經》的屬靈意義。一切知識的寶庫雖向他們敞開，他們卻不知道。

上帝並沒有向人隱藏祂的真理。人卻因自己的行為而看不清真理。基督曾向猶太人提供大量的憑據，證明祂就是彌賽亞。但是祂的教導要求在他們生活上做出徹底的改變。他們知道如果要接受基督，就必須放棄他們所熱衷的教條和傳統，以及他們自私和不敬虔的行為。要接受永恆不變的真理，需要作出犧牲。因此他們不肯承認上帝為使他們相信基督而賜的最明確的證據。他們自稱相信《舊約聖經》，卻不肯接受《聖經》對基督的生活和品德所作的見證。他們唯恐自己相信之後，就不得不悔改而放棄原有的觀點。福音的財富——那作為「道路、真理、生命」的——正在他們中間，他們卻拒絕了天國**最大的恩賜**。

《聖經》說：「官長中卻有好些信他的，只因法利賽人的緣故，就不承認，恐怕被趕出會堂。」（約 12：42）他們信服了，相信耶穌是上帝的兒子，可是他們如果承認祂，就有違於他們的野心。——《基督比喻實訓》，原文104-106頁。

深入思考

我願意犧牲什麼來贏得那不變的、永恆的真理？

神聖的模範

「以後我不再和你們多說話，因為這世界的王將到。
他在我裡面是毫無所有。」

約翰福音14：30

「從有國以來直到此時」所沒有過的大艱難，很快就要在我們面前展開了，所以我們需要一種我們現今還沒有、而許多人懶於尋求的經驗。世間往往有一些艱難實際上並不像預料的那般嚴重，但這個擺在我們面前的危機卻不是這樣。最生動的言語也不足以形容這次的大考驗。在這個時期中，每個人必須單獨站立在上帝面前。「雖有挪亞、但以理、約伯在其中，主耶和華說，我指著我的永生起誓，他們連兒帶女都不能救，只能因他們的義救自己的性命。」（結14：20）

現今，在我們的大祭司還在為我們贖罪時，我們應當追求在基督裡得以完全。我們的救主就是在任何一個心思意念上，也從來沒有屈服於試探的勢力。撒但在人的心中總能找到立足之地，在那裡總保留著一點罪惡的慾望，使撒但能發揮他試探的力量。但基督卻論到自己說：「這世界的王將到，他在我裡面是毫無所有。」（約14：30）撒但在上帝兒子裡面找不到什麼可使他勝過基督的。基督已經遵守天父的誡命，所以在祂裡面沒有罪惡可供撒但利用。這種條件乃是一切要在大艱難時期中站立得住的人必須具備的。

我們必須在今生藉著信賴基督贖罪的寶血與罪惡脫離關係。我們可愛的救主邀請我們與祂聯合，使祂的力量補足我們的軟弱，使祂的智慧代替我們的愚昧，使祂的功勞遮蓋我們的不配。上帝引領的道路是我們的學校，使我們可以學習耶穌的柔和與謙卑。上帝為我們指明的途徑不是我們自己想要選擇似乎較容易且愉快的，而是那符合人生真宗旨的途徑。我們的責任就是與上天的能力合作，這能力要使我們的品格與那**神聖的模範**相符。沒有人能忽略或延誤這種工作，而不在靈性上受到極可怕的危害。——《善惡之爭》，原文622、623頁。

我必須放棄哪些不願割捨的罪？我怎樣才能把我生命中這方面的弱點與耶穌所賜的能力連接起來？

深入思考

美好全備賞賜的賜予者

你張手，使有生氣的都隨願飽足。

詩篇145：16

　　在我們的一生中，主的溫柔憐憫和慈愛一直伴隨左右，整個世界都應當充滿感恩的聲音，宣揚上帝的仁慈和愛。〈詩篇〉寫道：「萬民都舉目仰望你；你隨時給他們食物。你張手，使有生氣的都隨願飽足。」（詩 145：15、16）當我們被賣在罪惡的權下，那在榮耀中富足的主為我們成了貧窮，使我們因著祂的貧窮變得富足。我們可以捫心自問：「你到底欠了主多少？」上帝的仁慈在一年中的每一天都在施行。祂每天都將祂的恩賜賜給我們。祂的聖靈一直作工，吸引著人們的心，引導他們進入一切的真理。在耶穌被釘十字架之前，祂告訴那些悲傷的門徒，祂會差派另一位保惠師給他們，並永遠與他們同在。基督的恩典加倍的施與我們，毫不吝惜。救恩的泉源不斷地為我們奔流。

　　看著基督已經為祂的兒女所做的以及正在做的事，難道我們不應該向祂獻上感恩的祭嗎？難道我們只會彼此贈送禮物，而將**美好全備賞賜的賜予者**拋之腦後嗎？主曾說：「凡尊重我的，我必看重他。」我們不應該等到還清債務之後，才向上帝奉獻。祂的工作需要我們獻上祂所託付給我們的，我們也應該甘心樂意地在上帝的祭壇上獻上一部分，就像上帝甘願為我們作出無限的犧牲一樣。我們應當抓緊時間將我們的財寶存入天上的銀行裡，沒有時間可供浪費。無論我們做什麼，都不要忘記上帝。如果我們全心全意地愛祂，就會記得祂對我們的要求。上帝要我們像祂一樣，要效法基督自我犧牲的榜樣，過克己的生活。我們應當以禱告的心思考這個問題：「你欠主多少？」

　　有沒有人在什一和奉獻上搶奪上帝之物？要設法把賬目列清楚，不要將你對上帝的義務留待最後才解決。──《時兆》，1890年1月6日。

我為上帝的事工所獻上的金錢，祂在何時奇蹟般地還給了我？
上帝以什麼方式回報我們為祂所獻上的金錢？

深入思考

真牧人

「我是好牧人；好牧人為羊捨命。」

約翰福音10：11

有一項工作必須為富人而做，以喚起他們認識到他們與上帝的關係和對上帝的責任。他們必須清楚地認識到，他們要向那將在祂顯現之日並在祂國度中審判活人死人的主交代。那富足的，要按著對上帝的愛和敬畏，去為別人勞苦。但許多富人相信自己的財富，沒有意識到自己所處的危險。上帝有極大的東西要賜給他們，比金銀珠寶貴重得多。靈魂需要被具有持久價值的事物所吸引。他們需要明白真實的良善的價值。耶穌對他們說：「凡勞苦擔重擔的人可以到我這裡來，我就使你們得安息。」祂要他們把自己製造的軛，換成祂輕鬆的軛，換成祂輕省的擔子；祂說：「我心裡柔和謙卑，你們當負我的軛，學我的樣式；這樣，你們心裡就必得享安息。」（太 11：28、29）耶穌呼召說：「人若渴了，可以到我這裡來喝！」（約 7：37）、「凡父所賜給我的人必到我這裡來；到我這裡來的，我總不丟棄他。」（約 6：37）

那些願意聽從基督呼召的人，將會意識到這是至善的聲音，是**真牧人**的聲音。但願富人感到他們有責任忠實地管理上帝託付給他們的財富！但願他們明白，如果他們要得上帝的喜悅，就必須成為上帝的代理人！好叫他們知道他們是站在聖地上，是尊貴的工人，與基督一同從事偉大的工作，叫基督為之而死的人得以高升！……

……上帝把財富託付給富人，以便讓他們藉由減輕窮人的苦難和需求來祝福人類。這是交付給他們的工作，在做這件事的過程中，他們不應該覺得自己做了多麼了不起的事情。……

祂不打算讓一個人享受生活的所有奢侈，而讓其他人為日用的飲食而憂傷。上帝託付給他們的一切財富中，除了滿足他們自己的生活必需之外，其他都是為了人類的福祉而託付給他們的。──《時兆》，1894年7月30日。

> 我把富人看作是上帝呼召我去帶領進入天國的可能人選，還是把他們看作是一群富足又一無所缺的人？

深入思考

榮耀的元首

「使你所愛我的愛在他們裡面，我也在他們裡面。」

約翰福音 17：26

　　基督宣布了祂來到世上的使命。祂在最後的公開祈禱中說：「公義的父啊，世人未曾認識你，我卻認識你；這些人也知道你差了我來。我已將你的名指示他們，還要指示他們，使你所愛我的愛在他們裡面，我也在他們裡面。」（約17：25、26）當摩西求上帝將祂的榮耀顯給他看時，上帝說：「我要顯我一切的恩慈，在你面前經過。」（出 33：19）耶和華在他面前宣告，說：「耶和華，耶和華，是有憐憫、有恩典的上帝，不輕易發怒，並有豐盛的慈愛和誠實，為千萬人存留慈愛，赦免罪孽、過犯和罪惡，萬不以有罪的為無罪，……。」摩西急忙伏地下拜。（出 34：6-8）當我們像摩西那樣認識到上帝的品德時，也必以敬畏和讚美的心急忙下拜。耶穌所預期的正是有「使你所愛我的愛」（約 17：26）在祂兒女的心中，使他們可以把認識上帝的知識傳授給別人。

　　這是何等大的保證啊！上帝的愛可以住在凡相信祂之人的心裡。所提供的是何等大的救恩啊！因為祂能將凡藉著祂來到上帝面前的人拯救到底。我們驚呼：怎能有這些事呢？但是若不這樣，耶穌就不會感到滿足。凡在今生為祂名的緣故而與祂的苦難、屈辱、忍耐有份的人，要擁有上帝的愛，這愛賜給他們就如曾賜給聖子的一樣。那知道這事的主已經說過：「父自己愛你們。」……那對這種愛的長闊高深有所認識的主，已向我們宣布了這個令人震驚的事實。這種愛因我們信上帝的兒子而成了我們的，所以與基督聯絡對我們來說意味著一切。我們要與祂合而為一，就如祂與父合一，而我們就蒙無限的上帝所愛，作基督身上的肢體，那活葡萄樹的枝子。我們要連於主幹並從葡萄樹得滋養。基督是我們**榮耀的元首**，神聖的愛從上帝的心中湧流，安息在基督裡，且傳給那些與祂聯合的人。這神聖的愛一進入心靈，便使它產生感激，釋放它脫離屬靈的軟弱、驕傲、虛榮和自私自利，以及一切會損毀基督徒品格的東西。——《基督教育原理》，原文177-179頁。

深入思考

如果我與基督隔絕，我還能體驗到上帝的愛嗎？

好牧人

「既放出自己的羊來，就在前頭走，羊也跟著他，因為認得他的聲音。」

約翰福音 10：4

離伯賽大不遠，沿加利利海的北岸，有一個幽靜的地方。當時春色宜人，正是耶穌和祂門徒退修的好機會。他們就坐船來到此地。在這裡他們可以避開川流不息的行人得到休息；在這裡他們可以聆聽基督的話，而聽不見法利賽人惱怒的反駁和控告。這裡他們可以在主面前有一個短暫的靈修機會。

耶穌與祂所愛的門徒單獨相處，只有一點點的時間。這一點時間對於他們是何等的寶貴啊！他們在一起談論福音的工作和提高效率的方法。祂向他們打開真理的寶藏。於是神聖的權能增加了他們的活力。希望和勇氣也受到鼓舞。

但不久群眾又來找祂了。他們推測祂大概在平時退隱的地方，就跟了過來。耶穌就連希望休息一會兒也無法如願。但在這位**好牧人**純潔仁慈的心裡，對於這班渴慕、不安的人只有仁愛和憐憫。祂終日為他們的需要服務，到晚上就打發他們回家休息。

救主在祂完全為他人謀福的生活中，覺得有必要放下祂那無休止的工作和對人類需要的服務而去休息，並不間斷地與祂的父交往。當跟隨祂的群眾散去之後，祂就到山間去，獨自與上帝同在，傾心為困苦、有罪、貧乏的人祈求。

耶穌雖然對門徒說，莊稼多，工人少，卻沒有叫他們不停地辛勞，而是叫他們「求莊稼的主打發工人出去收他的莊稼」（太 9：38）。祂對於祂現今勞苦疲乏的工人，也像對祂最初的門徒一樣，用仁慈的話說：「你們來同我暗暗地……去歇一歇。」——《論健康佈道》（舊名：服務真詮），原文56-58頁。

我是否有時會格外珍惜上帝賜予我的其他東西，卻不看重祂要我去服事的呼召？

深入思考

以色列唯一的王

拿但業說：「拉比，你是上帝的兒子，你是以色列的王！」

約翰福音1：49

在猶太時代，上帝對祂子民的所有啟示，所有與敬拜有關的事，都與聖所緊密相連——即曠野中的帳幕，以及後來的聖殿。人們在此崇拜上帝，並且將祭物擺在祂面前。這裡有大祭司的胸牌，上面鑲著寶石，耶和華的信息就從這胸牌上被人領受。這裡有至聖所，是被基路伯的翅膀遮蔽的地方，這象徵著那至聖者——天地創造者的臨格。這裡有約櫃，裡面裝著刻有十誡的法版——對以色列人來說，約櫃是神聖同在的象徵，是戰爭勝利的保證⋯⋯

在那記載上帝如何待祂選民的全部聖史中，處處都有偉大的「自有永有者」鮮明的踪跡。在祂作**以色列唯一的王**並賜律法給祂子民的時候，祂顯示的權能和榮耀是最昭著的；因為祂從未向世人顯示過比這更大的威榮。在這裡有非人手所執掌的王權；而且以色列人那肉眼所不能見之王的莊嚴姿態，實有莫可言宣的赫赫之威。

確實，這是一個奇妙的制度，那些嘲笑古老的猶太律法和黑暗時代的人應該記住，他們正踏在聖地之上。雖然我們今天為我們的救主已在地上顯現而歡欣鼓舞，且知道儀文律法中代表的贖罪祭已經成為現實，但我們若對基督親自作祂子民領袖的那段時期有不尊重的看法，是不可原諒的。這樣做的人可能不知道自己在做什麼；反倒顯出他們不明白《聖經》，不曉得上帝的大能。他們表明他們需要上帝的啟示，對上帝和祂的話語要有更明智的認識。

在猶太律法的儀式和禮節中代表的基督，正是在福音中揭示的基督。遮蔽祂神聖形體的雲已經捲起，薄霧和陰影都消失了，世界的救贖主耶穌已經顯明在人面前。——《時兆》，1894年7月30日。

深入思考

為什麼耶穌不直接向人啟示他自己，而要藉由預表和符號？

人的元首

愛子是那不能看見之上帝的像，是首生的，在一切被造的以先。

歌羅西書1：15

今日乃是教會中每個負責的人及每一位信徒，應使自己工作的各方面與上帝聖言中的教導密切相符時。我們要藉著不倦的警醒，熱切的祈禱，以及基督化的言行，向世人指明上帝期望於祂教會的一切。

那作為榮耀之王、天上之君的基督，從祂的高位上鑑察到世人的狀況。祂哀憐人類的軟弱和罪，就到世上將上帝顯示與人。祂離開了王庭，以人性披覆了祂的神性，親自到這世上來，為我們得福的緣故造就完美的品格。祂並不揀選地上的富貴人家為安身之所，而是出生於貧苦卑賤的家中，住在那被眾人輕視的拿撒勒村。及至祂長大到能使用工具的年齡，就分擔了供應家庭的責任。

基督降卑，成為**人的元首**，受到人類所必須經歷的試探和苦難。祂必須明白人類從那墮落的仇敵手中所受的是什麼，才知道怎樣去搭救被試探的人。

而且基督也成了我們的審判者。天父不是審判者；天使也不是審判者。那位親自取了人性，又在世上度過完全生活的主才是要審判我們的。唯有祂才能作我們的審判者。弟兄們，你們願意記住這事嗎？傳道人們，你們願意記住這事嗎？為人父母者，你們願意記住這事嗎？基督取了人性以便作我們的審判者。你們中間並沒有什麼人被派作別人的審判者。你們所能做的只是教訓自己而已，所以我奉基督的名勸你們聽從祂的警戒，切莫將自己置於審判的位上。我耳中天天聽見這個信息說：「從審判的位上下來，存謙卑的心下來。」

沒有一個時代比現在更需要我們捨己並且天天背起十字架了。試問我們願意實行捨己到何地步呢？──《證言精選》卷三，原文382、383頁。

什麼是我的十字架？當我現在跟隨基督時，我需要背起什麼？

深入思考

背負世人罪孽的偉大之主

你們要將一切的憂慮卸給上帝，因為他顧念你們。

彼得前書5：7

在遇到困難的時候，許多人以為必須去找世上的朋友，向他傾訴自己的煩惱，請他們幫助。在考驗的環境中，他們心中充滿了不信；前途似乎一片渺茫。但有一位互古永在的大能顧問時刻在他們身邊，邀請他們信任祂。**背負世人罪孽的偉大之主**耶穌說：「到我這裡來，我就使你們得安息。」我們豈能離開祂去求助於搖擺不定的人呢？他們與我們一樣，是依靠上帝的。

你們可能覺得自己品格軟弱，力量微薄，而工作又十分艱鉅。然而你縱然有人間絕頂的智慧，也無法勝任你的工作。我們的主和救主說：「離了我，你們就不能做什麼。」（約 15：5）我們一切工作的結果都掌握在上帝手裡。所以無論發生什麼，我們都要堅定不移地依靠祂。

在職場，在結交友人方面，在選擇終身伴侶上，你們的一切交往都要藉著謙卑誠懇的祈禱展開。這樣就表明你們是尊敬上帝的，上帝也會尊重你們。在膽怯的時候要禱告。在失望的時候，要對別人閉嘴。不要把陰影投在別人的道路上，而要把一切都告訴耶穌，伸手向祂求助。你們在軟弱時要把握住無限的力量。要求上帝賜你們謙卑、智慧、勇氣，加添你們的信心，使你們得以在上帝的光中見光，在祂的愛裡喜樂！——《論健康佈道》（舊名：服務真詮），原文512、513頁。

如果我們願意謙卑地與上帝同行，如果我們願意本著基督的精神做工，我們任何人都不會肩背重擔。我們會把重擔放在那偉大的負重者身上。於是，我們就可指望在上帝的臨格中、在祂愛的交通中誇勝。每個帳棚大會自始至終都可以成為一個愛的筵席，因為有上帝與祂的百姓同在。全天庭都關心我們的得救。上帝千千萬萬的天使都奉命為那些將要承受救恩的人效力。他們保護我們，提防邪惡並擊退試圖毀滅我們的黑暗勢力。——《教會證言》卷六，原文63頁。

深入思考

在與他人建立友誼之前，我需要為此禱告多少次？

獻祭的犧牲

他像羊羔被牽到宰殺之地，又像羊在剪毛的人手下無聲，

他也是這樣不開口。

以賽亞書53：7

　　上帝的兒子穿著人性的外衣親自從天降下，以便賜給人能力，使人能與上帝的性情有分，脫離世上從情慾來的敗壞。祂以人的臂膀懷抱著人類，同時又用祂神性的手臂握住無窮者的寶座。藉著不取悅自己而取悅天父的生活，藉著為別人工作的一生，藉著行善和設法拯救受苦的人類，基督提供了捨己和自我犧牲的實際教訓。

　　然而撒但藉著悖逆的元素行事，對抗上帝的工作。他孤注一擲地決心切斷照在世界道德黑暗中的每一線亮光，從而切斷來自上帝寶座的交通。他決心違抗那位差聖子到世上的父上帝。那邪惡的園戶說，這是承受產業的。來吧，我們殺他，產業就歸我們了。他們就把生命和榮耀的主釘十字架了。

　　基督在獻上自己作為**獻祭的犧牲**之前，尋求將最重要、最完全的恩賜贈予世界，這恩賜要替祂行事，把無限的恩典資源帶到祂的追隨者力所能及的範圍之內。祂說：「我要求父，父就另外賜給你們一位保惠師，叫他永遠與你們同在，就是真理的聖靈，乃世人不能接受的；因為不見他，也不認識他。你們卻認識他，因他常與你們同在，也要在你們裡面。」（約14：16、17）

　　上帝行事的驚人特色，乃是能在我們的世界用非常簡單的方法，完成最偉大的工作。上帝的計畫，就是祂政權的每一部分都與其他的每一部分緊密相依，整個如齒輪套齒輪般完全合力運作。祂運用人力，使祂的靈去感動看不見的心弦，共鳴直達宇宙之極。

　　只有上帝的第三個位格，即聖靈的能力，才能遏制罪惡之君的勢力。——《手稿》22，1897年。

深入思考

今天我要做哪些捨己或犧牲的行為？

歷代以來大有能力的教師

你們中間若有缺少智慧的，應當求那厚賜與眾人、
也不斥責人的上帝，主就必賜給他。

雅各書 1：5

不要以為基督徒的人生沒有試探；各種試探要臨到每個基督徒。基督徒和不承認基督為自己首領的人都必經受試煉；區別是後者侍奉一位暴君，從事他卑賤的苦工；基督徒卻侍奉那為賜他永生受死的主。不可視試煉為奇事，要視為使我們得潔淨和加強的工具。雅各勸勉我們：「我的弟兄們，你們落在百般的試煉中，都要以為大喜樂；因為知道你們的信心經過試驗，就生忍耐。」

我們的大海不會總是波平如鏡。我們將會遭遇暴風驟雨。面對困難是我們教育的一部分，是塑造堅強、平衡的性格所必須的。我們在未來的生活中將會明白那些在今生使我們大感困惑的事。我們會認識到我們曾擁有的是怎樣一位大有能力的幫助者，以及上帝的天使是怎樣奉差遣在我們順從上帝聖言的忠告時來護衛我們。

凡接待基督的人，祂就賜他們權柄作上帝的兒女。每當需要的時候，祂就是隨時的幫助。我們要為自己動搖的信心而羞愧。凡被擊敗的人只能責怪自己沒有抗拒仇敵。凡願意的人都可以來到基督面前，尋得他們所需要的幫助。

這個世界籠罩在錯誤的黑暗之下。撒但和他的使者們正在鼓勵針對真理的戰爭。我們絕對需要幫助。但我們需要的絕不是來自人類的幫助。我們一定要仰望說「天上地下所有的權柄都賜給我了」、「我就常與你們同在，直到世界的末了」的那一位。**歷代以來大有能力的教師**站在你們中間，邀請你們信靠祂。難道我們要轉離祂而去投靠與我們一樣需要全然依賴上帝的無定的人嗎？我們已經落到如此遠遠低於我們特權的地步了嗎？若是如此，我們豈不是犯了期望太少之罪，沒有求上帝所正渴望賜給我們的？——《時兆》，1906年1月3日。

如果上帝有時藉著別人為我出謀獻策，我怎樣才能讓上帝，而不是他們，成為我的知己呢？

深入思考

吸引人關注的偉大中心

「我若從地上被舉起來，就要吸引萬人來歸我。」

約翰福音 12：32

第三位天使的信息要求宣揚第四誡的安息日。這項真理必須大白於天下；但耶穌基督作為**吸引人關注的偉大中心**，卻不應從第三位天使的信息中省略。許多在此時已經從事這項工作的人，卻將基督置於其次，理論和辯論反倒成了第一。……

許多參與聖工的人，他們眼前似乎蒙著一層紗，以致他們講律法時看不見耶穌，沒有宣揚罪在哪裡顯多，恩典就更顯多這個事實。正是在髑髏地的十字架上，慈愛和誠實彼此相遇，公義和平安彼此相親。罪人必須始終仰望髑髏地。他必須懷著小孩子般單純的信心，依靠基督的功勞，接受祂的義，信賴祂的慈愛。真理事業的工人應當傳講基督的義，並非作為新的亮光，而是作為久已被人們忽略的寶貴亮光。我們要接受基督作為我們個人的救主，祂將上帝的義在基督裡歸於我們。我們要重述和強調約翰所描繪的真理：「不是我們愛上帝，乃是上帝愛我們，差他的兒子為我們的罪作了挽回祭，這就是愛了。」（約壹 4：10）

寶貴真理最奇妙的礦脈在上帝的愛裡敞開，基督恩典的寶藏顯示在教會和世人面前。「上帝愛世人，甚至將他的獨生子賜給他們，叫一切信他的，不致滅亡，反得永生。」（約 3：16）這是何等奇妙、何等奧妙莫測的愛！這愛竟使基督在我們還作罪人時，就為我們而死。人如果只知道律法嚴格的要求，而不明白基督的恩典成就得更多，將會遭受何等大的損失啊！如果把上帝的律法作為耶穌裡的真理來傳講，它的確能顯示上帝的愛，因為基督賜給這個犯罪世界的恩賜，應當在每一篇講道中充分論述。但如果以冷漠而沒有生氣的方法傳講真理，就難怪人心不受真理感化了。──《信息選粹》卷一，原文383、384頁。

深入思考

將聖經的真理「視為耶穌的真理」來傳講是什麼意思？

神聖醫治者

「扶他騎上自己的牲口，帶到店裡去照應他。」

路加福音10：34

　　良善的撒瑪利亞人的精神沒有普遍在我們教會中體現出來。許多需要幫助的人都被忽視了，就像那祭司和利未人從被打傷的陌生人身邊經過，丟下他們在路邊死去一樣。那些需要**神聖醫治者**的能力來醫治傷痛的人，被我們忽視了，沒有得到照顧和注意。許多人的表現彷彿是只要知道撒但為每個靈魂都佈下羅網即可，然後他們就可以回家不去關懷迷失的羊。顯而易見，那些表現出這種精神的人與上帝的性情無份，卻有上帝仇敵的屬性。

　　必須有人完成基督的使命，並且繼續開展祂在世上開始的工作，而教會已蒙賜予這個特權。就是為這個目的，教會被組織起來。那麼，教友們為什麼不接受這責任呢？有些人已見到這極大的疏忽；他們已看到許多受苦與缺乏之人的需要；他們已在這些可憐的人身上看出他們就是基督為之捨命的那些人，而且他們的憐憫之心也已被激起，所有精力都被喚醒要付諸行動。他們開始工作，組織那些願意與他們合作的人，把福音真理帶到許多正處於惡習與罪惡之人面前，好使他們得蒙救贖，脫離放蕩與罪惡的生活。那些已經從事這種基督徒救助事工的人，乃是一直在做主希望他們做的，而且主已悅納他們的辛勞。這方面一直在做的工作，是每位復臨信徒都當由衷地表示同情與支持並懇切把握的。

　　因忽視這範圍內的工作而拒絕承擔這些擔子，使教會正在遭受巨大的損失。如果教友們照所應做的做了這工，他們原本會成為拯救許多生靈的途徑。因為他們的疏忽，主已面帶不悅注視著教會。許多人已表現出貪愛安逸和自私的放縱。許多有特權認識聖經真理的人，沒有把真理帶進心靈的至聖所。上帝要讓這些人交賬，因為他們沒有在誠實、忠心的服務中竭盡所能地尋找拯救那些失喪的人，並藉此把才幹歸還給祂。──《教會證言》卷六，原文294-296頁。

> 為什麼上帝要我在自顧不暇時還去關心那些失喪的人？幫助別人對我自己有什麼益處？

深入思考

在天在地的偉大元帥

因為仇敵好像急流的河水沖來，是耶和華之氣所驅逐的。

以賽亞書 59：19

　　我蒙指示，上帝的真子民是地上的鹽，世上的光。上帝要他們在真理知識及聖潔之道上不停前進。然後他們就會洞悉撒但的動向，而靠耶穌的大能抗拒他。撒但甚至為了反對一個人的前進，要召集惡使者全軍相助，如果可能的話，他就要把那人從基督的手中硬搶過來。

　　我見到惡使者在爭奪人，上帝的天使在抵抗他們……惡使者大放其惡毒聲勢，敗壞環境風氣，使人們的心思糊塗，感覺遲鈍。聖天使急切地看守並等候著，要驅退撒但的大軍。但這些善良天使卻不能強制人的心意，做出與人心願相違的事。如果人們順從仇敵，不抵抗他，上帝的使者就不能有更大的作為，只好擋住撒但大軍，不讓他們行毀滅，直到有更大的亮光給那些身陷險境的人們，激發他們覺悟並仰望上天求助。耶穌不會差派聖天使去解救不設法自救的人。

　　如果撒但見到自己有失人之虞，他就要發揮全力把持那人。當那人覺悟自身的危險，而懇求切望耶穌賜力量之時，撒但深怕自己要失掉一個俘虜，便召集其使者增援，把那可憐的人重重包圍，布下幽暗之牆，使天庭的光照不到他。然而這位身陷重圍的人，在可憐無助之下，若投靠基督寶血的功勞，我們的救主就要垂聽那出於信心的迫切祈禱，而差派大能的天使去搭救他。……熱切祈禱的聲音，使撒但全軍顫慄。……但當那些披有全副天庭甲冑、大有能力的天使前來救助那垂危遭害之人時，撒但及其全軍便紛紛撤退，因為他們十分知道自己的這場戰爭是失敗了。……他們雖然彼此相恨相爭，但仍善用一切機會。……然而那**在天在地的偉大元帥**，已限制了撒但的權力。──《教會證言》卷一，原文345、346頁。

深入思考

我是否用盡我的一切與撒但戰鬥了？我向他抗爭過嗎？

喜樂的冠冕

不但如此，我們既藉著我主耶穌基督得與上帝和好，
也就藉著他以上帝為樂。

羅馬書5：11

「摩西在曠野怎樣舉蛇，人子也必照樣被舉起來，叫一切信他的都得永生。」（約3：14、15）。如果你認識到自己的罪，就不要把力氣都花在痛苦悲傷上，而應仰望而得生。耶穌是我們唯一的救主。雖然有千千萬萬需要醫治的人拒絕了祂所賜的恩典，但是凡信靠祂功勞的人都不會滅亡。當我們認識到自己離了基督就一籌莫展時，切不可灰心。我們必須依靠那位被釘而復活的救主。身患罪病、沮喪可憐的人，務要仰望祂而得生。耶穌已經作出保證：祂必拯救一切到祂面前來的人。

要到耶穌面前來，接受平安與安息。你現在就可以得到這福氣。撒但暗示說：你是無助的，不能享有福氣。不錯，你的確是無助的，但你要在他面前高舉耶穌說：「我有一位復活的救主，我信靠他，他絕不會讓我失望。我奉他的名取得了勝利，他是我的公義，是我**喜樂的冠冕**。」任何人都不要以為自己的情形是沒有希望的，事實並非如此。你或者認為自己有罪而無可救藥。但正因為這樣，你才需要一位救主。如果你有當認的罪，就不要拖延，因為這是你的黃金時刻。「我們若認自己的罪，上帝是信實的，是公義的，必要赦免我們的罪，洗淨我們一切的不義。」（約壹1：9）。飢渴慕義的人必得飽足，因為耶穌已經應許過。他是何等寶貴的救主！祂正伸出雙臂要接納我們，祂偉大的愛心正等著要給我們祝福。

有人似乎覺得他們必須先經過考驗，向主證明已經悔改了，才能求祂祝福。其實這些可愛的人現在就可以求祂賜福。他們必須得到祂的恩典，就是基督的靈，來幫助他們的軟弱，否則就無法造就基督徒的品格。耶穌喜歡我們帶著有罪、無奈和無助的現狀來到祂的面前。——《信息選粹》卷一，原文352、353頁。

今天，當我飢渴慕義的時候，我怎樣才能體驗在耶穌裡的喜樂呢？

深入思考

從不打盹的守望者

保護以色列的，也不打盹也不睡覺。

詩篇121：4

　　教會以往的善行及克己的表現，上帝並沒有忽略，一切都在上面留有紀錄。但是這些還不夠。何時教會若停止奉行其使命，這些都不足以挽救她。教會若非停止以前表現的無情疏忽及冷淡態度，就無法力上加力，反而要繼續退化，變得軟弱與形式化。我們就讓教會這樣下去嗎？這種遲鈍的麻木，在愛心及靈性熱誠上的可悲敗壞，從此長存嗎？這是基督要從他的教會見到的狀況嗎？

　　弟兄們哪，你們若不堅決努力去改良，你們自己的燈光就必閃動、黯淡，而終在黑暗之中熄滅。「所以應當回想你是從哪裡墜落的，並要悔改，行起初所行的事。」現今所呈現的時機也許是短促的。若錯過這個恩典悔改的時辰，主的警告是：「我就臨到你那裡，把你的燈檯從原處挪去。」這些話是從那恆久忍耐之主的口中說出的，是對眾教會及每個人的一項嚴肅警告，那**從不打盹的守望者**正在衡量他們的行徑。他們未被當作白佔地土的樹而予以砍斷的唯一原因，就是由於祂奇妙的忍耐。但是祂的靈必不永遠相爭，祂的忍耐也只會再等待片刻。

　　到了末日，審判全地之主的最後決定，有賴於我們關心那貧苦、受壓迫、被試探之人，及為他們所做的實際服務而定。你們不能總是拋棄這些人，從路那邊越過，而自己尋到上帝聖城的入口，以蒙贖之人的身分進去。基督說：「這些事你們既不做在我這弟兄中一個最小的身上，就是不做在我身上了。」

　　現今要贖回以往的疏忽，為時並不晚。當有一番奮興，恢復起初的愛心及起初的熱心。尋找你們所驅散的人們，用認罪來包裹你們造成的傷害。當接近那憐憫之愛的偉大「善心」，讓神聖慈悲的洪流注入你們的心，再由你們的心轉注別人的心。——《評閱宣報》，1886年11月30日。

深入思考

有什麼事阻礙了你每天向所遇見之人作見證？

完全的救主

因為上帝本性一切的豐盛都有形有體地居住在基督裡面，
你們在他裡面也得了豐盛。他是各樣執政掌權者的元首。

歌羅西書2：9、10

　　你該如何才能確知自己是蒙上帝所接納的呢？當虔誠研究《聖經》。不要拋下它去看別的書。這本書會使人服罪，清楚地顯示得救的道路，叫人看到那光輝榮耀的獎賞，向你們指出一位**完全的救主**，並教導你們唯有靠著祂無限的慈憐，你才能得救。不要疏忽私下的禱告，因為它是宗教的靈魂。要以誠懇熱烈的祈禱來求得心靈的潔淨。要像在危急中求生一樣誠懇急切地祈求。要留在上帝面前，直到你心中產生說不出來的得救渴望，得著赦罪的美好確據。

　　耶穌並未使你因遭遇艱難而感到驚愕。祂早已告訴過你關於這類的事，又告訴過你當考驗來到時，不要沮喪，也不要壓抑。但要仰望你的救贖主耶穌，也當歡喜快樂。那最令人難堪的，莫過於來自個人密友與自己弟兄的試煉了；然而即使有這種試煉，也可以忍受。需知耶穌並未一直躺在約瑟的新墳墓中；祂早已復活升到天上，在那裡為我們代求。我們有一位如此愛我們的救主，祂甚至為我們受死，使我們可以藉著祂而有了希望、力量和勇氣，並得以與祂同坐寶座。無論何時，你若求告祂，祂一定能幫助你，也樂意幫助你。

　　你是否感覺到自己不足以擔任所委託給你的職分？你當為此而感謝上帝。你越能感到自己的軟弱，就必越懇切地尋求幫助者。「你們親近上帝，上帝就必親近你們。」（雅4：8）耶穌要你快樂，要你歡喜。祂要你先運用上帝所賜給你的才能盡力去做，然後再信靠主幫助你，並為你興起那些在擔負責任上作你助手的人。──《給教會的勉言》，原文55、56頁。

深入思考

　　當我正在經歷困難和考驗時，我要如何更加感恩？我該如何鼓勵那些正在經歷困苦的人呢？

神聖的受難者

因他受的刑罰，我們得平安；因他受的鞭傷，我們得醫治。

以賽亞書53：5

人類的罪孽全都放在這位作人類替身和中保的基督身上；祂被算為罪犯，以便救贖他們脫離律法的咒詛。各時代中，亞當每一個子孫的罪責，這時都重壓在祂的心上；上帝的忿怒，以及祂對不義不法之事所顯示的極端憎惡，使祂的兒子滿心驚惶。上帝在救主遭受最劇烈痛苦的時辰竟向祂掩面，這使祂腸斷心碎，其傷痛是世人無法充分明瞭的。上帝的兒子在十字架上所忍受的每一項痛苦，祂的頭、手和腳所流的鮮血，祂痛苦的抽搐掙扎，以及那因天父向祂掩面而使祂心中所充滿莫可言宣的悲痛，都是在對人說：上帝的兒子同意承擔加在祂身上的這些可憎之罪，乃是因為愛你。為你，祂攻破了死亡的領域，敞開了樂園和不朽生命的門戶。那用一句話平息怒濤並在澎湃的巨浪上行走，那使鬼魔戰兢，讓病魔因祂的觸摸而逃竄，令死人起死回生，並使瞎子重見光明的主，竟將自己獻在十字架上，作人類最後的犧牲。……

撒但用他猛烈的試探襲擊耶穌的心。那在祂看來極其可憎的罪惡，這時都堆在祂身上了，直至祂在罪的重壓之下呻吟不已。難怪祂的人性在那可怖的時辰中戰慄恐懼。眾天使驚異地目睹上帝之子在絕望中的悲傷，這種悲傷非常劇烈，以至祂幾乎感覺不到肉體方面的痛苦了。……

連無生命的自然界也向它受辱而將死的創造主表示同情。太陽不忍看這幕慘景。正當中午，它那燦爛輝煌的光芒普照大地時，突然之間它似乎被掩沒了。……濃重的黑暗象徵包圍著上帝兒子的心靈劇痛和恐怖。祂曾在客西馬尼園中有過這種感受，當時從祂的毛孔中逼出了血汗，要不是一位天使奉差從天庭來激勵這位**神聖的受難者**，使祂能踏上通向髑髏地的血染的道路，祂就會死在園裡了。——《預言之靈》卷三，原文162-164頁。

深入思考

耶穌還要受多少苦，才使我願意完全降服於祂？

偉大的代求者

「但我已經為你祈求，叫你不至於失了信心。」

路加福音 22：32

誰能估計世界的救贖主禱告的效果呢？當基督看到祂勞苦的功效，便心滿意足時，那時我們才會看到並認識祂在神性被人性遮蓋時懇切祈禱的價值。

耶穌不單是為一個門徒，而是為全體門徒祈求：「父啊，我在哪裡，願你所賜給我的人也同我在那裡。」祂的目光穿透人類前途的黑幕，看到亞當每一個子女的生活史。祂感覺到了每一個顛簸飄搖之人的重擔與憂傷，祂懇切的祈禱包括了祂當時的門徒和直到末時凡跟從祂的人。「我不但為這些人祈求，也為那些因他們的話信我的人祈求。」是的，基督的祈禱甚至包括了我們。我們應該得到安慰，因為想到我們在天上有一位**偉大的代求者**，在上帝面前獻上我們的懇求。「若有人犯罪，在父那裡我們有一位中保，就是那義者耶穌基督。」在最需要的時候，當灰心洩氣要壓倒心靈的時候，就是耶穌警醒的眼目看到我們需要祂幫助的時候。當人的支持失敗時，耶穌就來幫助我們，祂的到來驅散黑暗，趕走憂愁。

門徒們在加利利海上的小船中，在暴風雨和黑暗中，努力搖櫓要到岸邊，卻發現他們竭盡所能也無法成功。當他們絕望時，卻看見耶穌走在翻騰著的白浪上。他們起先竟沒有認出耶穌的臨格，便更加害怕，直到聽到祂說「是我，不要害怕」，這才驅散了他們的恐懼，給了他們希望和喜樂。疲憊可憐的門徒們就這樣欣然停止自己的努力，轉而完全信靠主。

這個驚人的事件說明了跟從基督之人的經驗。我們平常是多麼努力搖櫓啊，好像憑我們自己的力量和智慧足以擔當似的，直到發現我們的努力毫無用處。……我們滿有慈悲的救贖主同情我們的軟弱，且在應允我們出於信心的呼求時接過我們要祂去做的工作，祂完成那對我們來說似乎非常困難之工是多麼容易啊！——《教會證言》卷四，原文529、530頁。

深入思考

今天，你需要耶穌為你禱告祈求什麼？

看顧者

主為我們捨命，我們從此就知道何為愛；我們也當為弟兄捨命。

約翰一書 3：16

「正如人子來，不是要受人的服侍，乃是要服侍人，並且要捨命，作多人的贖價。」基督在門徒中總是一位**看顧者**，是背負重擔的那一位。祂與他們同甘苦，為他們虛心克己。祂總是走在他們前面去鋪平更困難的道路。過不久祂還要捨去生命，完成在地上的工作。基督所實行的原則必須成為祂的身體，也就是教會的每一肢體的行動準則。救恩的計畫和基礎就是愛。故在基督的國中，凡能效法祂榜樣並作祂羊群牧者的人，才是最大的。

保羅的話說明了基督徒生活真正的尊嚴：「我雖是自由的，無人轄管；然而我甘心作了眾人的僕人。」、「不求自己的益處，只求眾人的益處，叫他們得救。」（林前 9：19；10：33）

在信仰問題上，心靈必須是不受任何約束的。任何人都無權控制別人的心志，為別人作決斷，或指定他的本分。上帝賜給每個人思想的自由，隨自己所確信的去做。「我們各人必要將自己的事在上帝面前說明。」（羅 14：12）任何人也無權把自己的個性加在別人的個性裡。在一切事上，凡是有關原則性的問題，「各人心裡要意見堅定。」（羅 14：5）在基督的國裡沒有作威作福，強迫人的事。就是天使到世上來，也不是要管轄人、勉強人尊敬他們，乃是作憐憫的使者與人合作，將人類提高。

救主所愛的門徒把祂教導的原則，連祂詞句中的神聖美旨都牢記在心。約翰到晚年對教會所作見證的要旨就是：「我們應當彼此相愛，這就是你們從起初所聽見的命令。」、「主為我們捨命，我們從此就知道何為愛；我們也當為弟兄捨命。」（約壹 3：11，16）——《歷代願望》，原文550、551頁。

耶穌所實踐的愛就是尋求和幫助失喪之人。除了我自己以外，我對耶穌的愛也能提升其他人嗎？

深入思考

永無錯誤的模範

凡敬畏耶和華、遵行他道的人便為有福！

詩篇128：1

若說向來有一等人需要從天而來不斷增加之亮光的話，那就是當此危險時代，蒙上帝呼召保管祂神聖律法，及在世人之前辨明祂品性的人了。凡蒙這神聖委託的人，必須被他自稱相信的真理改變，成為屬靈、高尚且生機蓬勃之人。

現今主正在幫助祂相信現代真理的子民。祂計畫取得重大的成果。當祂本著祂的美意為了這個目標工作的時候，祂對祂的子民說：「往前走！」誠然，前途尚未明朗，但是他們若本著信心的能力和勇氣前進，上帝就要在他們的眼前將前途顯明。歷來總是有些人怨天尤人，像古代以色列人一樣，他們把自己處境的困難歸咎於上帝特為推進聖工而興起的人身上。他們意識不到上帝領他們到此困境是要考驗他們。在這種境地，除了祂的聖手之外，別無拯救。

基督徒的生活往往被危險所包圍。他似乎難以履行自己的本分。在他的想像中，前面是即將臨到的毀滅，後面是捆綁或死亡。然而上帝的聲音超越一切的沮喪，清清楚楚地說：「往前走！」我們雖然看不透黑暗，只覺得自己的腳浸在冰冷的波濤中，我們還是應該服從上帝的命令，不拘後果如何。

你們若是過一種分散不專心的生活，就要遇到疑惑及黑暗；既不能享受宗教上的安慰，又不能得到世界所給的平安。切不可坐在撒但那張悠閒的安樂椅上逍遙，乃是要興起，達到那高尚的標準，也就是你們的特權可以達到的。為基督放棄一切，乃是一種有福的特權。不要觀望別人的生活，也不要效法他們，以至不能升至更高的標準。你們只有一個真實且**永無錯誤的模範**。只有跟從耶穌才有安全。──《給教會的勉言》，原文345、346頁。

深入思考

我未能全心投入上帝的聖工有多少因素是由於我的懷疑所導致的？如果不與基督同行，我會失去什麼保證？

神聖的策士

「預備主的道，修直他的路。」

馬可福音1：3

　　全天庭的寶藏都由我們支配，為要從事預備主道路的工作。上帝已在天上的世界預備了足夠的能力，要使傳道工作取得奇妙的成功，只要人力願意取得資格並且為這偉大的工作充分裝備自己。我們的成功到目前為止完全與我們的努力相稱。上帝讓每一個自稱相信耶穌的人都有義務使用自己的才能從事祂的服務。

　　那些已經對真理和經驗有認識的人，若是保守自己在公義日頭的光明之下，就無需心灰意懶、杞人憂天，因為主是恩慈的，基督為門徒作的禱告乃是要他們合而為一，像祂與父合而為一。「叫世人可以信你差了我來。你所賜給我的榮耀，我已賜給他們，使他們合而為一，像我們合而為一。」（約17：21、22）……

　　將會有大量的神力與人的努力結合，好完成末期的工作。這工作必以一種十分出人意外的方式迅速完結。……

　　人們接受真理的速度將令教會感到驚奇。唯有上帝的名將得到榮耀。有限的人必然驚奇又敬慕。教會現在非常榮幸，能與天使積極同工。現在每一個基督徒都應該成為向上帝代求的人。他們要證明自己對耶穌和祂用自己的血所買來之人的愛有多少。

　　教會裡的人們現在有絕佳的機會獲得一種更高尚、更聖潔的經驗，因基督的品性而美化。……祂必須作他們**神聖的策士**，教會整體和信徒個人必須有一種代求，以及與我們立約的上帝角力的精神，既為他們自己，也為錫安城牆上的守望者和從事上帝聖工的工人們，好使他們能披上救恩的衣袍，在這個時候有能力說服上帝，使許多人成為他們傳道的成果。——《信函》43，1890年。

深入思考

我今天要做些什麼事來帶領別人歸向基督呢？

大衛的根和後裔

「我——耶穌差遣我的使者為眾教會將這些事向你們證明。
我是大衛的根，又是他的後裔。我是明亮的晨星。」

啟示錄22：16

第三位天使的信息要帶著大能大力傳揚出來。傳揚第一和第二位天使信息的能力在傳揚第三位天使信息時將要大大增強。在〈啟示錄〉中，約翰提到那位與第三位天使聯合的天上使者：「此後，我看見另有一位有大權柄的天使從天降下，地就因他的榮耀發光。他大聲喊著……」（啟18：1、2）。我們因為以不明確的方式傳揚第三位天使的信息以致不能感動人心而陷入危險。因引入了太多其他讓人感興趣的事，使本當以大能傳講的信息變得乏味無聲。在我們的帳棚大會上已經犯了一個錯誤。安息日的問題只是簡單提及，卻沒有將之呈現為當代重大的試驗。儘管眾教會自稱相信基督，但他們卻正在干犯基督親自在西奈山所頒布的律法。主吩咐我們：「向我百姓說明他們的過犯；向雅各家說明他們的罪惡。」（賽58：1）號筒要發出明確的聲音。……

我們的信息乃是一道生死攸關的信息，我們應當讓這道信息照其本色出現，顯出是上帝的大能。我們應當本著其所具備的明顯的說服力傳揚它。然後主必使其有成效。……末後危險的日子正臨到我們，我們的工作就是要警告世人他們所處的危險境地。先知預言所顯示的嚴肅情景不容忽視不提。如果我們的人有一半是醒著的，如果他們明白〈啟示錄〉中描寫的大事迫在眉睫，在我們各教會中就必興起一場改革，也必有更多人相信那信息了！我們沒有時間可以浪費；上帝呼召我們要為生靈警醒，像那必須交賬的人一樣。應當提出新的原則，強調那清晰鮮明的真理。真理必如兩刃的利劍。但不可過急採取一種爭論的態度。有時我們必須靜立，單看上帝施行拯救。且聽但以理講述，且聽〈啟示錄〉講述，說明什麼是真理。可是不論提到哪一方面的題目，都當高舉耶穌為一切希望的中心，祂是「**大衛的根，又是他的後裔**。是明亮的晨星」（啟22：16）。——
《教會證言》卷六，原文60-62頁。

我要把第三位天使的信息與我認識的人分享嗎？

大醫師

耶穌走遍各城各鄉，在會堂裡教訓人，
宣講天國的福音，又醫治各樣的病症。

馬太福音 9：35

　　基督的僕人應當追隨祂的榜樣。祂周流四方的時候，曾安慰受苦的人，醫治患病的人。然後祂將有關祂國度的偉大真理告訴他們。這也是祂門徒的工作。當你解除人身體的痛苦時，你必找到服務人心靈需要的途徑。你能夠指出那被舉起來的救主，述說那位**大醫師**的慈愛。唯獨祂賦有恢復的能力。

　　要告訴灰心迷路的可憐人不必絕望。他們雖然犯了錯，沒有造就正直的品格，上帝仍樂意恢復他們，將救恩的喜樂賜給他們。祂喜歡接納那些看似無望的材料，就是撒但利用的人，使他們承受祂的恩典。祂樂意拯救他們脫離那將臨到背道之人的忿怒。要告訴他們：每個人都可以得到醫治和潔淨。……

　　那些往小路上和籬笆那裡去的人，將發現另一等與上面完全不同的人需要他們的服務。這些人實行他們已擁有的亮光，並盡他們所認識的侍奉上帝。但是他們感覺到有一番大工要為他們自己和周圍的人去做。……他們流淚祈求上帝賜下他們憑著信心所遙望的福惠。在大城市的邪惡之中，可以找出許多這樣的人。他們當中有不少人處境卑微，因而不為世人所注意。還有許多人是傳道人和教會所不認識的。但是他們在卑微困苦的境遇中仍然為上帝作見證。他們所得的亮光可能很少，接受基督化訓練的機會也不多，但是他們在飢寒交迫之中仍然設法為別人服務。凡領受上帝豐富恩典的人必須找到這些人，訪問他們的家庭，並藉聖靈的能力滿足他們的需要。要與他們一起研究《聖經》，用聖靈所感動的純樸語言與他們一起祈禱。基督就會賜給祂的僕人一個信息，作為上天降於人的糧食。
——《基督比喻實訓》，原文233-235頁。

深入思考

我如何在我的社區中「看到」哪些人是渴望真理的？

救恩的元帥

「你們當剛強壯膽，不要害怕，也不要畏懼他們，
因為耶和華——你的上帝和你同去。他必不撇下你，也不丟棄你。」

申命記 31：6

在異象中，我看見有兩隊大軍在作慘烈的搏鬥。這一隊的旗幟標示屬世的徽號，另一隊卻是由以馬內利大君血染的旌旗領導。我看見兩軍的旗幟，一面一面地被拖曳在塵埃之中；同時，也看見主的大軍一隊一隊地投入了敵陣；也有軍兵一支一支地與守上帝誡命的人聯合起來。有一位天使飛在空中，將以馬內利的軍旗放在許多人的手中，同時，一位大有能力的將軍也在大聲喊叫說：「列隊！凡是忠心守上帝誡命，為耶穌作見證的，現在要固守自己的崗位。你們務要從他們中間出來，與他們分別，不要沾不潔的物；我就收納你們，我要作你們的父，你們要作我的兒女。但願人人都來幫助耶和華，幫助耶和華攻擊強敵。」

戰爭激烈，雙方互有勝負。有時十字架的軍兵敗退了，「好像拿軍旗的昏過去一樣。」（賽 10：18）但他們顯然是以退為進，取得了更有利的陣勢。只聽得傳來陣陣歡呼之聲。當基督的精兵將祂的旌旗豎立在那一向為敵人固守的城堡上時，便揚起了一片讚美上帝的歌聲，又有眾天使的聲音相和。我們**救恩的元帥**在指揮戰爭，並聲援祂的軍兵。祂大展神能，激勵他們使戰爭迫近城門。祂逐步率領他們，勝而又勝，又以公義教導他們重要的事。

最後的勝利終於到來。那跟從在軍旗上題著「守上帝誡命和耶穌真道」的一隊大軍，獲得了光榮的勝利。基督的精兵行近了城門，這城也歡歡喜喜地迎接她的君王。和平、喜樂而且永遠公義的國度，得以建立。——《教會證言》卷八，原文41、42頁。

深入思考

瞭解耶穌正帶領我對抗我靈魂的敵人時，我有什麼感覺？
我怎樣才能使祂為我所做的努力產生作用？

天上的使者

那人說：「天黎明了，容我去吧！」
雅各說：「你不給我祝福，我就不容你去。」

創世記 32：26

雅各那一夜掙扎的痛苦經驗，預表上帝的子民在基督第二次降臨前所必須經過的試煉。先知耶利米在異象中看到這時候，說：「我們聽見聲音，是戰抖懼怕而不平安的聲音。……臉面都變青了呢？哀哉，那日為大，無日可比；這是雅各遭難的時候，但他必被救出來。」（耶 30：5-7）

當基督停止為人類作中保的時候，雅各遭難的時候就要開始。那時每人的案件都已確定，再沒有贖罪的寶血來潔淨罪惡了。當基督離開祂在上帝面前作人類代求者的地位時，就必有嚴肅的宣告發出說：「不義的，叫他仍舊不義；污穢的，叫他仍舊污穢；為義的，叫他仍舊為義；聖潔的，叫他仍舊聖潔。」（啟 22：11）於是上帝約束的靈就要從地上收回了。雅各發怒的哥哥怎樣以死亡威脅他，照樣，上帝的子民也必在那些想要除滅他們的惡人手中遭遇危險。先祖雅各為了要脫離以掃的手怎樣終夜的掙扎，照樣，義人也要晝夜呼籲上帝，拯救他們脫離圍繞他們的仇敵。

撒但曾當著上帝的天使面前控告雅各，說因雅各的罪，他就有毀滅他的權利；撒但曾唆使以掃向他進軍；當先祖終夜較力的時候，撒但則企圖用他的罪惡感壓制他，想要使他灰心喪膽，放棄依靠上帝的心。當雅各在憂苦之中抓住天使流淚懇求時，**天上的使者**為要試驗他的信心，也曾使他想起自己的罪來，並想要掙脫他的手。但是雅各總不肯鬆手。他已經深知上帝是慈愛的，他就要依靠上帝的慈憐。他向天使說明他已經痛悔自己的罪，所以懇求上帝的拯救。當他回顧他的一生時，就幾乎陷於絕望之中了；但他緊緊抓住那天使，用懇切慘痛的哭聲力陳他的請求，直到得了勝利。——《先祖與先知》，原文201、202頁。

深入思考

在現今的生活中，我正與耶穌在哪些事上較力？

工作之主

「你出去到路上和籬笆那裡，勉強人進來，坐滿我的屋子。」

路加福音 14：23

凡響應當今的呼召、來投入**工作之主**的服事之人，需盡力學習主的工作方法。救主在世傳道時，常抓住機會在多人往來的交通大道上作工。基督周遊各處時，常住在迦百農，甚至後來迦百農便被稱為「祂自己的城」。迦百農城位居大馬士革、耶路撒冷、埃及與地中海之間的大道之上，是客商行旅必經之地。救主把這地作為祂工作的中心確實很合適。來往的旅客都會經過此城或在城裡休息。耶穌就在這裡與來自各國的各等人——不論富貴貧賤，頻繁接觸。祂的教訓就能傳到國內外的千家萬戶。……

在現今交通便利的時代，我們與世上的人及各等人士接觸的機會和可能性要比從前以色列時代大多了。來往交通的大道，比往時增加了千萬倍。上帝用神奇的方法，為我們開了傳福音的通道。印刷機及其附屬設施，都可由我們使用。我們手中有印成多種文字的《聖經》，和傳講現代真理的刊物，可以在極短時間內送到世界各地。

住在各大商業和旅遊中心的基督徒，有絕佳的傳道機會。住在這些城市中的信徒，都能在鄰里家中為上帝作工。

在擠滿了成千上萬、尋求歡樂與健康之人的名勝休憩之地和旅遊交通中心，須派駐善於吸引眾人注意的傳道人和文字佈道士作工。這些工人須抓緊時機宣傳現代的福音，遇有機會也可以開會講道。他們應該敏於抓住時機向人講話。藉著聖靈大能的幫助，……現代真理的福音就可以叫一般不知道的人知道，被許多人接受，並由他們再帶到世界各處自己的家裡。——《教會證言》卷九，原文121、122頁。

聖靈如何賦予我能力使我能像耶穌那樣工作？

深入思考

永恆及屬靈生命的支持者

他們很稀奇他的教訓，因為他的話裡有權柄。

路加福音4：32

「我實實在在的告訴你們，」基督說，「你們找我、並不是因見了神蹟，乃是因喫餅得飽。不要為那必壞的食物勞力，要為那存到永生的食物勞力，就是人子要賜給你們的。因為人子是父上帝所印證的。眾人問他說，我們當行什麼，才算作上帝的工呢？耶穌回答說，信上帝所差來的，這就是作上帝的工。」（約6：26-29）

祂向他們保證摩西給他們的並不是天上的糧。「我父，」祂說，「將天上來的真糧賜給你們。因為上帝的糧就是那從天上降下來、賜生命給世界的。」（約6：32、33）

我們已看到了這清楚教訓的結果；是什麼呢？是他們不願接受真理。他們拒絕聆聽並轉臉不理會基督。他們拒絕基督這從天上來的糧，對他們來說，這是對真理的最終拒絕。他們再也不是與上帝同行的人了。

「我就是生命的糧」，是**永恆及屬靈生命的支持者**、作者和餵養者。在〈約翰福音〉第6章35節，基督將自己視為生命的糧。吃祂的肉和喝祂的血，意思是指接受祂作為從天上差遣而來的導師。對於屬靈的生命來說，相信祂是不可或缺的。那些享用《聖經》之饗宴的人們絕不會飢餓、口渴，或渴望任何更高、更深的美饌。「你必因公義得堅立·必遠離欺壓，不至害怕；你必遠離驚嚇，驚嚇必不臨近你。即或有人聚集，卻不由於我；凡聚集攻擊你的，必因你仆倒。……凡為攻擊你造成的器械必不利用；凡在審判時興起用舌攻擊你的，你必定他為有罪。這是耶和華僕人的產業，是他們從我所得的義。這是耶和華說的。」（賽54：14、15，17）——《手稿》81，1906年。

基督現在正努力用什麼樣的永恆之事和屬靈生命來滋養我的靈命？

深入思考

138

年輕的加利利人

過了三天，就遇見他在殿裡，坐在教師中間，一面聽，一面問。

路加福音2：46

　　基督最後一天在聖殿裡教導人時，聚集在耶路撒冷的人，都把注意力集中到祂身上來。眾人擁擠在聖殿的院子裡，注意著那進行中的辯論。他們都急切地想抓住基督口中說出來的每一句話。這種情況是從來沒有過的。在那裡站著的是一位**年輕的加利利人**，祂沒有屬世的尊榮，也沒有王室的徽號。圍在祂周圍的是服裝華麗的祭司，穿長袍佩徽章的官長，和手拿書卷、咬文嚼字的文士。耶穌以君王的威儀鎮靜地立在他們面前。他手中握有來自上天的權柄，毫不畏縮地看著那些拒絕並輕視祂教訓，又迫不及待想殺害祂的仇敵。他們成群地來攻擊祂，但是他們過去所有用來陷害祂、定祂罪的陰謀都成了泡影。一次次的挑戰，祂都應付自如；祂提出的純正光明的真理，與祭司和法利賽人的黑暗與謬誤，正好形成鮮明的對比。祂把這些領袖們的實際狀況和他們頑固不化的作風所必有的報應，都擺在他們面前。祂已如實地警告了他們。但基督還要進行另一種工作。祂要達成另一個目的。

　　眾人對基督和祂工作的興趣一直有增無減。他們固然因祂的教導感動，卻也有大惑不解之處。因他們一向敬重祭司、拉比們的才智和他們表面的虔誠。在一切有關宗教的問題上，百姓們總是絕對服從他們的權威。現在眾人看見這些人竟在設法破壞耶穌的信譽，而這位教師的德行和知識在敵人的一次次襲擊下卻愈加光明。他們看見祭司和長老們愁眉不展，拉長了臉，模樣狼狽不堪。耶穌的教導既如此清晰簡明，而官長們卻不肯相信，使他們實在難以理解。因此，他們不知道自己應該採取什麼態度。他們素常順從官長的指導，所以這時他們就急切地注意這些人的一舉一動。——《歷代願望》，原文610、611頁。

深入思考

屬靈領袖的行為如何影響我對耶穌的信心？

大工程師

我就下到窯匠的家裡去，正遇他轉輪做器皿。

耶利米書 18：3

這些事臨到他們，正是因為上帝在帶領他們。考驗和障礙乃是祂用來鍛煉人的方法，也是祂所指定使人成功的條件。鑑察人心的主知道他們的品格，遠比他們自己所能看見的更加清楚。祂看出某些人具備的資格可以在正確的指導之下用來推進祂的聖工。於是由於天意的安排，祂使這些人落到不同的處境和種種情況之中，使他們可以看出一些他們過去沒有注意的、在品格上的缺點。上帝給他們彌補這些缺點的機會，以便準備好為祂服務。祂時常讓患難的火焰繼續焚燒，使他們成為潔淨。

我們蒙召經受試煉，說明主耶穌在我們身上看到寶貴的材料，要予以開發。如果祂在我們身上看不到可以榮耀祂聖名的東西，祂就不會花時間煉淨我們了。祂絕不把無用的石頭丟進祂的爐中。唯有貴重的礦石，祂才予以提煉。鐵匠把鋼鐵丟在火中，是要知道材料的性質。主讓祂的選民被投於苦難的爐中，也是要證明他們的性質，以及是否能受造就為祂工作。

窯匠隨著自己的心意把陶土做成各種模樣。他揉著、捏著、扯著、壓著，弄濕了又曬乾，丟在一旁不動，等它完全柔軟，再把它做成器皿，在輪子上拋光磨平，在太陽光下曬乾，放到窯裡烘硬，最後成為合用的器皿。那位**大工程師**也希望這樣塑造我們。我們在祂的手中，就像陶土在窯匠手中一樣。我們不可設法取代窯匠的工作。我們的本分是要服從大工程師的塑造。——《論健康佈道》（舊名：服務真詮），原文471、472頁。

我曾經如何從大工程師手中逃脫，以致延誤了將我塑造成完整之器皿的工程呢？

深入思考

基石

「他是磐石，他的作為完全；他所行的無不公平，
是誠實無偽的上帝，又公義，又正直。」

申命記 32：4

先知在異象中看到基督第一次降臨時，祂將遭受種種試煉和考驗。而且在所羅門王建造聖殿時，那塊主要的房角石所遭遇的正是預表了基督的經歷。……

上帝以祂無窮的智慧，揀選並親自安放了這塊**基石**，並稱之為「穩固的根基」。全人類可以把他們的重擔和憂患放在其上，它足能擔當一切。他們可放心地在其上進行建造。基督是「試驗過的石頭」，凡信靠祂的人，祂總不令他們失望。祂已經受各種考驗，承受了亞當的罪擔和他子子孫孫的罪擔，不僅勝了那惡者的權勢，並且得勝有餘。每個悔改的罪人放在祂身上的重擔，祂都扛起了。有罪的人在基督裡得了拯救。祂是穩固的根基，凡倚靠祂的有絕對的安全。

在以賽亞的預言中，基督被稱為「穩固的根基」，也被稱為「絆腳的石頭」。使徒彼得受聖靈的感動，在他的書信中清楚地說明了基督對哪一些人是房角的石頭，對哪一些人是跌人的磐石。他說：

「你們若嘗過主恩的滋味，就必如此。主乃活石，固然是被人所棄的，卻是被上帝所揀選、所寶貴的。你們來到主面前，也就像活石，被建造成為靈宮，作聖潔的祭司，藉著耶穌基督奉獻上帝所悅納的靈祭。因為經上說：『看哪，我把所揀選、所寶貴的房角石安放在錫安；信靠他的人必不至於羞愧。』所以，他在你們信的人就為寶貴，在那不信的人有話說：『匠人所棄的石頭已作了房角的頭塊石頭。』又說：『作了絆腳的石頭，跌人的磐石。』他們既不順從，就在道理上絆跌。」（彼前 2：3-8）

對相信的人來說，基督是穩固的根基。這些人就是跌在磐石上而且跌碎的。
——《歷代願望》，原文598、599頁。

耶穌是所有跌在磐石上而跌碎之人的穩固根基，但如果我不願意跌碎，會發生什麼？（太21：44）

救恩的磐石

你們當倚靠耶和華直到永遠，因為耶和華是永久的磐石。

以賽亞書26：4

上帝將再次大有能力地感動祂所揀選的僕人，對撒但的軍隊進行可怕的打擊。祂所接受以推進祂聖工、為祂打仗的人，必須是有原則的人，勇敢、堅定並且真誠。風俗、傳統和教義，即使是自稱偉大和善良的人，都不能使人更有任何分量，除非首先接受律法和證言真實無誤的考驗。

「人當以訓誨和法度為標準；他們所說的，若不與此相符，必不得見晨光。」面對這種考驗，教皇和主教們拒絕屈服，他們知道，這將推翻他們所有虛偽的權力。為了維護這個偉大的真理，路德進行了堅定而無畏的鬥爭。他的話一直迴響在所有經受考驗和誘惑的真理捍衛者耳邊——堅持到底。「你們當倚靠耶和華，直到永遠。」

這位改革家在基督裡找到了一個躲避反對、憤怒和仇恨的風暴之地，儘管這些威脅著他的安危。只有在基督裡才有平安、力量和安全。這將會是每個基督徒必有的經歷。在世界一切的變動中，我們**救恩的磐石**屹立不倒，即便祂受到了世界和地獄的聯合攻擊。幾個世紀以來，那些活躍的頭腦和強壯的雙手都在謀劃著，要移除這塊偉大的基石，為這世界的信仰奠定另一個基礎。教皇的權力幾乎成功地完成了這項褻瀆上帝的工作。但上帝興起了路德，讓他為建造錫安的城牆而日夜呼喊。「因為那已經立好的根基就是耶穌基督，此外沒有人能立別的根基。」那塊偉大的房角石，永恆的磐石，今天仍然屹立不搖。在世界所有的動盪和衝突中，基督仍然向疲憊的人提供安息，向乾渴的靈魂提供生命之水。歷代以來，祂的話語不斷地流傳：「我就是道路、真理、生命。」——《時兆》，1883年7月26日。

目前有什麼力量正在試圖破壞我對耶穌基督的信仰？

深入思考

救贖工作的偉大功臣

他向百姓施行救贖，命定他的約，直到永遠；他的名聖而可畏。

詩篇 111：9

這些話表明了主耶穌的全能。它向學習《聖經》的人介紹耶穌是這世界的創造者與合法的統治者……

〈希伯來書〉的第一章對比了天使和基督的地位。上帝所說關於基督的話，是不能用在天使身上的。他們是「奉差遣為那將要承受救恩的人效力」的，但基督作為中保，是**救贖工作的偉大功臣**。聖靈在這世上作祂的代表，執行上帝的旨意，將從上面而來的力量帶給墮落的人類，使他們能夠成為得勝的人。

凡與耶穌基督立約的人，都被接納為上帝的兒女，藉著上帝之道更新的能力得以潔淨，有天使奉差遣來服事他們。他們奉聖父、聖子、聖靈的名受洗，保證成為祂地上教會的積極成員，杜絕一切世俗慾望的引誘如同已死。在談話和敬虔方面，為上帝發揮活潑的影響。

「上帝的後嗣，和基督同作後嗣」（羅 8：17）——這是多麼崇高尊貴的地位啊！我們竟得與世俗分離，擺脫撒但的羅網！凡自稱跟從上帝的人，已藉著他們洗禮時所立的約，保證與罪惡作鬥爭。但是人類的仇敵千方百計敗壞他們的思想，引誘他們用他的方法來服事主。但他們如果聽從主的勸勉，就有保障：「要靠著主，倚賴他的大能大力作剛強的人。要穿戴上帝所賜的全副軍裝，就能抵擋魔鬼的詭計了。」（弗 6：10、11）——《手稿》57，1907年。

深入思考

上帝的子民可以藉著倚靠祂的大能得以安然脫離撒但的詭計，這是何等的福氣！與基督同作後嗣擁有什麼特權？

偉大實體

> 「看哪，上帝的羔羊，除去（或譯：背負）世人罪孽的！」
>
> 約翰福音1：29

如果基督徒肯相信並實行上帝的話，那麼就沒有什麼自然界的科學是他所不能掌握和欣賞的。這一切都無非是向他提供傳授真理的材料。自然科學乃是一座知識寶庫。每一個基督學校裡的學生都可以從中取材。當我們觀察大自然的美，研究土地開墾，植物生長，以及天、地、海之中奇妙的種種課題時，就會在真理上獲得新的認識。上帝對待人類的奇妙作為，祂在人類生活中所顯明的深刻智慧和判斷——這些都構成了豐富的寶庫。

然而最明確向墮落人類顯示認識上帝之知識的，乃是《聖經》。《聖經》是基督那無法測度的財富寶庫。

《聖經》包括舊約和新約，兩者缺一不可。基督曾宣稱舊約的真理與新約的真理具有同樣的價值。基督在創世時就是人類的救贖主，正如今日一樣。祂在神性披上了人性來到世界之前，福音的信息已經藉著亞當、塞特、以諾、瑪土撒拉和挪亞傳了出來。亞伯拉罕在迦南，羅得在所多瑪，都曾宣傳這信息。世世代代都有忠心的人宣傳那將要來臨的一位。猶太教的儀式是基督自己所制定的。祂是他們獻祭制度的基礎，是他們的宗教儀式所象徵的**偉大實體**。祭牲被殺的血代表上帝羔羊的犧牲。一切象徵性的崇祀都要在祂身上應驗。

基督在舊約中的財富，乃是祂曾向眾先祖顯示，為獻祭的崇祀所象徵，在律法中表現出來，經眾先知預言的。但基督在新約中的寶藏，是祂的生、死與復活，以及祂乃是由聖靈所彰顯。我們的救主是上帝榮耀所發的光輝。祂是舊約的主，也是新約的主。——《基督比喻實訓》，原文125、126頁。

我會覺得新約中的耶穌比舊約中所啟示的耶穌更有吸引力嗎？
我如何才更能領會到舊約中的偉大實體？

深入思考

所有疾病的大醫師

「所以我告訴你們，凡你們禱告祈求的，無論是什麼，
只要信是得著的，就必得著。」

馬可福音 11：24

上帝深知我們在世上找不到排遣憂患的慰藉，祂也同情我們，因為我們雖然十分困乏，卻仍不願把祂當作我們的知己，以及我們重擔的擔負者。那些可憐軟弱的靈魂，早已厭倦了對人心存指望、卻遭背叛和遺忘，基督對他們說：「讓他持住我的能力，使他與我和好，願他與我和好。」

不要把你的憂愁和困難帶到人的面前。要來到那能「充充足足地成就一切」的主面前。祂知道如何幫助你。切勿轉離慈愛同情的救贖主而轉向人間的朋友，儘管他們也許會把他們最好的東西給你，卻有可能使你誤入歧途。要把你所有的困難帶到耶穌面前！祂會接納、堅固並安慰你。祂是**所有疾病的大醫師**。祂偉大無窮的愛心牽掛著你。祂帶給你信息說，你可以掙脫仇敵的網羅。你可以重獲自尊。你可以屹然而立，不是作為失敗者，而是靠著上帝之靈的提拔能力作為一個得勝者。

有多少人生活在這種憂慮的壓力之下，以致只嘗到一點點上帝之愛的甜蜜。他們不知道這句話的意思——「要叫我的喜樂存在你們心裡，並叫你們的喜樂可以滿足。」讓我們盡力而為，然後將一切交在主的手中，對祂說，我相信你的應許。你難道不願見證你的工作嗎？祂會聽到你的話，並予以回答。

「你們禱告，無論求什麼，只要信，就必得著。」這些話保證一位全能的救主所能賜與的一切，都會賜給那些倚靠祂的人。作為上天恩典的管家，我們要憑著信心求，然後以信心等候上帝的救恩。我們不要走在祂面前，試圖靠自己的力量去促成我們想要的。我們要奉祂的名祈求，然後行事像我們相信祂的效能一樣。——《時兆》，1906年2月14日。

> 我如何知道何時該付出個人的努力來成就我所渴望的，而何時又該等候上帝來為我成就呢？

深入思考

神聖的替身

因我們還軟弱的時候，基督就按所定的日期為罪人死。

羅馬書5：6

世界的救贖主，有能力吸引人到祂面前來，平息他們的恐懼，驅散他們的憂愁，激起他們的希望和勇氣，使他們相信上帝願意藉著**神聖的替身**之功而接納他們。我們作為上帝慈愛的對象，應當永遠感激我們有一位中保和辯護人，祂在天庭居中調解，在父面前為我們代求。

我們擁有可用來激勵自己相信並依靠上帝的一切證據。在人間的宮廷中，當一個國王要向人提供最大的憑據來擔保他的信實時，他就讓他的孩子作為人質，直到他的應許實現才能贖回。請看天父信實的保證！為了向人保證祂的旨意不變，祂賜下祂的獨生子來到地上，取了人的性情，不僅在短暫的有生之年，而且要在天庭保留這種人性，作為上帝信實永遠的保證。上帝的慈愛和智慧是何等深厚豐盛啊！「你看父賜給我們是何等的慈愛，使我們得稱為上帝的兒女。」（約壹3：1）

我們藉著相信基督而成為王室的成員和上帝的兒女，與耶穌基督同作後嗣。在基督裡我們乃是一體。當我們瞻仰觸髏地，看見那位至尊的受苦救主，以人的本性為人擔當律法的咒詛時，一切民族的區別，教派的隔閡都煙消雲散了；一切階級的榮譽和地位的驕傲也都不復存在。

從上帝寶座發出的光，照亮了觸髏地的十字架，永遠結束了階級和種族等人為的隔閡。各個階級的人都成為一家，成為天國君王的兒女，不是藉著屬世的勢力，而是藉著上帝的愛。祂賜下耶穌來到世上過貧困、苦難、羞辱的生活，並受屈辱痛苦的死，為了使祂能把許多兒女帶到榮耀裡去。──《信息選粹》卷一，原文258頁。

深入思考

在這個世界上，觀點上的差異往往會導致嚴重的衝突，我怎樣才能把意見分歧的人們帶到十字架這合一的根基上呢？

鑑察人心者

「我——耶和華是鑑察人心、試驗人肺腑的，
要照各人所行的和他做事的結果報應他。」

耶利米書17：10

當我看見許多自稱愛上帝實際上卻不愛祂的人，我便遭到試探——極重的試探。遵守上帝的誡命就證明我們是否真是祂的兒女。我們常因這世界的現狀就有擔憂的傾向。黑暗的權勢正傾其全力陷害全人類，限制宗教的自由權，強逼人侍奉並崇拜假安息日的偶像。上帝知道這一切的終局。

我很高興天父曉得我們將要遭遇的各種困難。我們相信祂承認祂為上帝，知道祂的眼光遠大，且比我們的高超得多。祂的理想也高過我們所能設想的。祂洞悉世人心中打算聯盟對付祂，並與惡天使合作以打倒義人。惡天使的全部力量要與惡人合作盡力壓制真理，以及相信真理的自由權。我們現在的工作絕不會失敗，我們也絕不至灰心。每一種難題在那位**鑑察人心者**看來都瞭如指掌。祂也看明一切誘導兒童走錯路的活動。那位至高至上，永遠長存，名為聖者的絕不會不注意那些與祂的聖旨相反，並使世人的思想玷污腐化之徒。我們務要想到上帝都曉得並了解這一切。

將高標準牢記在心。我們身為上帝的選民，是要執行祂的計畫，完成祂的旨意的。自我必須在上帝的掌控之下。我們需不斷地仰望耶穌、信靠祂，不辜負上帝的盼望和期待。我們必須樂意去做，樂意成為上帝想要我們成為的樣子。而我們每天的功課是要有溫柔謙卑的心，才能把標準一再提高。我的孩子，每天都要躲進磐石縫中，躲在那裡可能不會被發現，但你可以看見、也可以聽到對上帝品格的宣揚。這一切對我們來說都是值得的。——《信函》141，1896年。

如果我沒有與那些敗壞人心的人對抗，上帝將如何看待我？

深入思考

避開試探的藏身處

「他是我的避難所，是我的山寨，是我的上帝，是我所倚靠的。」

詩篇91：2

　　天使、基路伯和撒拉弗都以聖潔的敬畏向上帝俯伏敬拜。千千萬萬的天使圍繞著寶座，奉差遣去為那些將要承受救恩的人效力。上帝在寶座上的統治原則是公正和仁慈，這就是為何它被稱為「施恩座」。你想得到神聖的啟示嗎？請到施恩座前。你將從慈悲的座位上得到回答。父與子已立約，要藉由基督來拯救世人。……寶座上方的彩虹是一個標誌，表明上帝藉著基督來約束自己，以拯救所有相信祂的人。這約如寶座一樣堅立，而祂的寶座是憑公義設立的。既然如此，為什麼我們還如此不信、懷疑呢？為何要頻繁地思慮，對上帝半信半疑呢？每當我們來到上帝的寶座前祈求他的憐憫時，我們可以仰望，看到應許的彩虹，並在其中找到我們的祈禱將得到回應的保證。

　　但任何人都不要自欺欺人，以為可以在違反誡命的同時，還能得到上帝的恩典。在上帝的政權中，公義和恩典並存。違犯律法不可能不受懲罰。公義和公平是祂寶座的根基。在基督裡，慈愛和誠實相遇，公義與和平也彼此相親。基督親自從西奈山賜下律法，祂沒有減少律法所要求的一點一畫。祂用自己的生命為人類對律法的違犯來贖罪，並使他們能夠遵守律法的訓誨。……

　　基督了解罪人的試煉，熟悉他們的試探。祂取了人性，在凡事上受了試探，與我們一樣。祂流過淚，常經憂患，多受痛苦。對所有相信和信靠祂的人來說，祂將成為躲避狂風之地和**避開試探的藏身處**。作為一個人，基督升到了天上。作為一個人，祂成為人類的替罪者。作為一個人，祂活著為我們代禱。如今祂正在為所有愛祂的人準備一個地方。——《時兆》，1892年10月10日。

如果耶穌安慰我的悲傷和痛苦，為我提供一個能避開試探的藏身處，我怎樣才能把這個「神聖的藏身處」分享給今天需要它的人呢？

深入思考

天上的施恩者

但願人因耶和華的慈愛和他向人所行的奇事都稱讚他！

詩篇107：8

　　基督徒如果能聚在一起，互相談論上帝的愛和救贖的寶貴真理，他們自己的心就會得到鼓舞，並且能彼此鼓勵。我們每天都能從天父那裡學到更多，並對祂的恩典有新的體驗。於是我們就會樂意講述祂的慈愛。我們這樣做，內心就得到溫暖與振奮。我們越默想、談論耶穌，而少注意自己，與祂就越親近。

　　如果我們一得到上帝眷顧我們的證據就思念祂，祂就會一直留在我們的思想中，使我們樂意談論、讚美祂。我們談論屬世的事，是因為我們對這些事有興趣。我們談論自己的朋友，是因我們愛他們，願意與他們同甘共苦。然而我們愛上帝勝過愛屬世朋友的理由，卻非常之大。我們要自然而然地讓上帝佔據我們思想的首位，談論祂的恩慈，述說祂的權能。上帝賜給我們豐盛的恩典，不是單為我們思慕，而對上帝無所回報。這些恩賜是要不斷提醒我們想起祂，以慈繩愛索把我們連結起來，使我們感謝**天上的施恩者**。我們沉浸在俗務上太深了。應當舉目仰望天上聖所敞開的門戶。在那裡上帝榮耀的光照在基督面上。「凡靠著他進到上帝面前的人，他都能拯救到底。」（來7：25）

　　我們要「因耶和華的慈愛和他向人所行的奇事都稱讚他」（詩107：8）。我們的祈禱不應只包括祈求和領受。不要專想到自己的需要，而從不思考我們所領受的恩惠。我們禱告並不太多，但我們的感恩卻太少。我們不斷地領受上帝的恩典，卻很少表示感謝，也很少讚美祂為我們所做的事。──《喜樂的泉源》，原文101-103頁。

深入思考

　　我聲稱自己愛上帝，可是我喜歡談論的事情和祂有任何關聯嗎？

世界的創造主

然而我們只有一位神，就是父——萬物都本於祂；
我們也歸於祂——並有一位主，就是耶穌基督——萬物都是藉著祂有的；
我們也是藉著祂有的。

哥林多前書8：6

這時西拉和提摩太已經「從馬其頓來」幫助保羅，於是他們一同向外邦人作工。保羅與他的同伴向外邦人，也和向猶太人一樣，都是傳講基督為墮落之人類的救主。這些十字架的使者避免複雜而牽強附會的理論，而詳加敘述**世界的創造主**，宇宙至高統治者的聖德。他們的心既因上帝和祂兒子的愛而火熱，就懇勸異教徒仰望那為人類的緣故所作的無限犧牲。他們確知：那些長久在異教黑暗中摸索的人，只要能看見那從髑髏地照射出來的光輝，他們就必被吸引來歸救贖主了。……

在哥林多的福音工作者察覺到那威脅著他們所要致力之人的危險；他們因為具有責任感，所以就傳講那在耶穌裡的真理。他們的信息是清楚、簡明而確切的，若不是活的香氣叫人活，便是死的香氣叫人死。這福音非但在他們的言語中，而且也在他們的生活上顯明出來。……

猶太人對使徒向來所懷的仇恨這時就越發劇烈。基利司布的悔改受洗非但沒有使那些頑抗的人感悟，反而使他們惱羞成怒。他們既不能提出什麼辯論來反駁保羅所宣講的教訓；又因缺少這一類的證據，所以就採取欺騙和惡毒的攻擊手段。他們竟褻瀆福音和耶穌的聖名。他們在盲目的激怒之下，竟全然不計任何惡毒的言詞及卑鄙之手段。他們無法否認基督曾行過神蹟，但他們卻宣稱祂是靠撒但的能力行出來的；所以他們竟然也武斷地聲稱保羅所行的奇事也是出於同一種能力。——《使徒行述》，原文248、249頁。

深入思考

我如何向那些對基督教懷有敵意的人分享基督？

神聖同伴

「我就常與你們同在，直到世界的末了。」

馬太福音 28：20

我們身上帶著主耶穌的死，那是我們的生命、救恩和公義、我們無論到哪裡去，都默想我們親愛的主。我們正憑著活潑的信心住在基督裡。祂也藉著我們個人相應的信心住在我們心裡。我們有上帝同在。當我們體會到這種同在時，我們的心意就被奪回，順服耶穌基督。我們屬靈的操練是與我們對這種交往的生動體驗一致的。以諾曾這樣與上帝同行。我們若思考基督對我們的意義，以及祂在救贖計畫中為我們所成就的工作，基督就因信住在我們心裡了。我們若培養對上帝賜與我們世界和我們個人這一偉大恩賜的感悟，就必極其喜樂。

這些思考對於整個品格有一種控制力。我希望你銘記，你若願意，就可以始終得到一位**神聖同伴**的同在。「上帝的殿和偶像有什麼相同呢？因為我們是永生上帝的殿；就是上帝曾說：我要在他們中間居住，在他們中間來往；我要作他們的上帝，他們要作我的子民。」當我們思考基督時，品格就按上帝的形像塑造。心中充滿了祂的對於良善和仁愛的感悟。我們默想祂的品格，祂就這樣佔據了我們的全部思想。祂的愛包圍我們。我們向正午耀眼的太陽光凝視片刻，然後再轉移目標，太陽的形像就會出現在我們所看的一切事物上。

我們凝視耶穌時也是如此；凡我們所看的一切都必反映祂公義日頭的形像。我們再不能看見或談論別的事物了。祂的形像已經印在心靈之眼上，並影響我們日常生活的每一部分，使我們整個性情都變得溫和柔順。藉著凝視，我們得以效法上帝的形像，就是基督的樣式。我們會向一切交往的人反映祂那光明快樂的公義光線。我們的品格已經改變；因為我們的心、靈、意念都反映那愛我們、為我們捨己之主的光輝。——《給牧師和傳道人的證言》，原文388、389頁。

今天我什麼時候能騰出時間，來定睛仰望耶穌？

深入思考

天上買賣人

「天國又好像買賣人尋找好珠子。」

馬太福音13：45

　　基督的福音是人人都可獲得的福惠。最貧窮的人和最富足的人一樣都能購買救恩，因為救恩不是靠任何數量的屬世財富來購買的。唯有甘心順從，獻身給基督，作祂所買來的產業，才能得到救恩。教育，即使是最高的教育，也不能使一個人更加接近上帝。……

　　我們應當尋求那顆貴重的珍珠，但不是在世界的市場上，用屬世的方法尋求。我們需要付出的代價不是金銀，因為金銀本來就是屬於上帝的。不要以為擁有屬世或屬靈的有利條件，就可賺得救恩。上帝所要的乃是你樂意的順從。祂要你放棄罪惡。……

　　有些人看上去好像在不斷地尋找天國的珍珠。但是他們沒有完全放棄自己的不良習慣。他們沒有向自己死去，使基督可以在他們裡面活著。因此他們找不到那顆寶貴的珍珠。他們沒有克服不聖潔的野心和對於世俗引誘的留戀。他們沒有背起十字架而在克己犧牲的道路上跟從基督。他們幾乎是基督徒，但還不完全是基督徒。他們看上去離天國很近，卻不能進去。幾乎得救而沒有完全得救，代表的就不是幾乎滅亡，而是完全滅亡了。

　　買賣人尋找好珠子的比喻具有雙重意義。它不但說明人對天國的尋求，也說明基督尋找祂所失喪的產業。基督是尋找好珠子的**天上買賣人**。祂從喪亡的人類身上看到了貴重的珍珠。祂從被罪惡玷污敗壞的人身上，看出了救贖的可能性。那些曾經成為與撒但鬥爭之戰場的心靈，經過愛的能力拯救之後，在救贖主看來，要比從未墮落的生靈更加寶貴。上帝看人並不看他的卑劣和不配，而是看他在基督裡面，看他藉著救贖之愛能達到的狀況。祂收集了宇宙間所有的財寶，用來購買那顆珍珠。——《基督比喻實訓》，原文117、118頁。

深入思考

如果救贖可以藉由心甘情願地順服上帝來換取，那還有什麼能阻止人類把自己的意志完全交給上帝呢？

永遠的朋友

「只要積攢財寶在天上。」

馬太福音6：20

每一次幫助急難中的弟兄，或協助上帝聖工散布真理的機會，便是一顆你能預先送入天國銀行保存的珍珠。上帝正在考驗你。祂一直在用慷慨的手賜給你福惠，現在祂要看你如何使用這些福惠，要看你是否去幫助那些需要幫助的人，是否能感受到生靈的價值並盡一己所能地合理使用上帝託付於你的錢財。你每次善用這樣的機會便是將財寶積攢在天上的府庫。然而自愛導致你更喜愛地上的財寶，即使犧牲天上的財寶也在所不惜。……施行憐憫和造福他人是你的特權，但你的眼睛被這世界的神弄瞎了，以致你無法分辨這種寶石——藉著行善事、在好事上富足、時刻準備奉獻、樂意交流所領受的福惠，為自己積成美好的根基，預備將來，好使你持定永生。……

你唯一的希望乃是在上帝面前謙卑己心。「人若賺得全世界，賠上自己的生命，有什麼益處呢？人還能拿什麼換生命呢？」我懇勸你：要看清自己的危險。不要對心靈的更高利益、來生更有福且榮耀的前景視而不見。焦急地尋找世上財富的人是盲目而愚蠢的。他們從那不朽的財寶轉向了這個世界。今世的光鮮絢麗俘虜了他們的感官，他們不再看重永恆的事物。當耶穌提供給他們順服的人生所具備的平安、希望和無限福惠時，他們卻為那不能使人滿足的事勞苦，把錢花在不足為食物的事上。地上一切的財富都不足以買到這些寶貴的恩賜。……

漫漫長夜的警醒、辛勞和艱難即將過去；基督很快就要來臨，應當預備妥當。上帝的天使正在試圖吸引你轉離自己和世界上的事。不要讓他們徒然勞苦。信心——活潑的信心才是你所需要的；就是產生仁愛並且潔淨心靈的信心。要牢記髑髏地和那為人類所獻上的可畏的無限的犧牲。此時此刻耶穌邀請你照著自己目前的狀況來到祂面前，使祂成為你的力量和**永遠的朋友**。——《教會證言》卷三，原文249-251頁。

深入思考

我是否正使用主所託付給我的福惠去祝福那些有需要的人？

牧長

務要牧養在你們中間上帝的群羊，按著上帝旨意照管他們；
不是出於勉強，乃是出於甘心；也不是因為貪財，乃是出於樂意。

彼得前書5：2

上帝對於祂產業的照顧是不息不倦的。祂所容許臨到祂兒女的每一種患難，都是為他們今生和永久的利益所不可或缺的。祂必潔淨祂的教會，正如基督在地上傳道時潔淨聖殿一樣。凡祂所加在祂百姓身上的考驗與試煉，都是為要使他們得到更深的虔誠和更大的力量去推進十字架的勝利。

在彼得的經驗中，他曾經有一段時期不願在基督的工作上見到十字架。當救主向門徒說明祂所面臨的苦難和死亡時，彼得驚嘆著說：「主啊！萬不可如此！這事必不臨到你身上。」（太16：22）彼得之所以提出勸諫，乃是出於自憐，因而畏縮不願與基督一同受苦。對於這個門徒，這個他遲遲領會的艱苦教訓乃是：基督在地上的道路必須經過痛苦與屈辱。但他要在考驗之火的熾熱中學會這個教訓，這時，他那一度活躍的身體已因歷年辛勞而老態龍鍾了，但他卻能寫道：「親愛的弟兄啊！有火煉的試驗臨到你們，不要以為奇怪，（似乎是遭遇非常的事）倒要歡喜；因為你們是與基督一同受苦，使你們在他榮耀顯現的時候，也可以歡喜快樂。」

使徒向教會的長老講論他們作基督羊群牧者的責任說：「務要牧養在你們中間上帝的群羊，按著上帝旨意照管他們；不是出於勉強，乃是出於甘心；也不是因為貪財，乃是出於樂意。也不是轄制所託付你們的，乃是作群羊的榜樣。到了**牧長**顯現的時候，你們必得那永不衰殘的榮耀冠冕。」

凡居於牧者地位的人務要殷勤看守主的羊群。這並不是要專橫獨裁地排斥批評，卻要予以勉勵、堅固並提高標準。傳道工作並非僅指講道說教，也包括真誠的個人之工。——《使徒行述》，原文524-526頁。

深入思考

我如何在我的生命中堅固那些牧養上帝羊群的領袖呢？

天國的訪客

眾人都驚奇，歸榮耀與上帝，說：「有大先知在我們中間興起來了！」
又說：「上帝眷顧了他的百姓！」

路加福音7：16

　　這是一件所有人都要做的事，要為**天國的訪客**打開心門。那位用自己的寶血救贖了我們的榮耀的主想進來，但我們卻常常不歡迎祂。當想要進來的主叩門時，世俗的心不會讓我們欣然敞開心扉。有些人將心門開了條縫，讓一點亮光從祂那裡照進來，但他們也不是誠心誠意歡迎祂。這裡沒有耶穌的位子；那本該為祂保留的地方，被其他事佔據了。祂懇求著，有些人一度想要開門聽聽祂講什麼，但這衝動也很快便消失了，他們沒能與天國的客人交通，而這本來是他們的特權。

　　「看哪，我站在門外叩門。」天上榮耀的住宅是祂的，那天上居所的喜樂也是祂的，然而祂卻謙卑虛己，站在你的心門之外請求進來，好使祂能用祂的光賜福與你，並使你在祂的榮耀中歡喜快樂。祂的工作就是去尋找和拯救那些迷路和行將滅亡的生靈。祂希望儘可能救贖人脫離罪惡和死亡，將他們提升到祂的寶座，且將永生賜給他們。

　　耶穌不會強迫人打開心門。這件事必須由你們自己親自完成，你們必須以真誠的歡迎表明你們渴望祂的同在。如果所有的人都做了徹底的工作，清除世俗的垃圾，並在心裡為耶穌預備地方，祂會進來與你們同住，並藉由你們完成拯救別人的偉大工作。但許多人沒有懷著感恩的心領受上帝憐憫和慈愛的記號，他們沒有竭盡全力在上帝的工作上同心協力，也沒有分享上帝等待著要賜給他們的祝福。

　　「若有聽見我聲音就開門的，」基督說，「我要進到他那裡去，我與他，他與我一同坐席。」這些話不是對那些更聰明、高貴的人說，而是對所有的人說的，不分貴賤。——《時兆》，1887年2月10日

在耶穌進來之前，我們每個人都必須先向祂敞開心扉。我的心有哪些地方是向耶穌關閉的？

深入思考

天軍的元帥

你們知道我們主耶穌基督的恩典：他本來富足，卻為你們成了貧窮，
叫你們因他的貧窮，可以成為富足。

哥林多後書8：9

　　世界需要得到警告。這項工作已經託付給我們。要不惜一切代價實行真理。要作隨時應命、自我犧牲的戰士，必要時甘願為聖工捨命。有一項偉大的工作要在短時間內完成。我們需要明白自己的任務，要忠心地去做。每一位最後獲得勝利冠冕的人，都要以高尚而堅定的服務侍奉上帝，獲得披戴基督義袍的權利。每一個基督徒都有責任參加討伐撒但的戰鬥，高舉基督十字架血染的旗幟。

　　這項工作需要自我犧牲。人生的道路會不斷迎來克己和十字架的挑戰。基督說：「若有人要跟從我，就當捨己，背起他的十字架來跟從我。」要獲得屬世的財富尚且需要辛勞和犧牲，追求永恆賞賜的人難道就以為自己不需要犧牲嗎？

　　最難宣講和實行的講章就是克己。貪婪的罪人就是自我，關閉了行善的門戶。這些善行沒有完成，是因為把錢投在自私的用途上。但是人不可能在獲得上帝悅納和享受與救主交往的同時，又對那些在罪中沉淪沒有基督生命之同胞的福利漠不關心。

　　基督留給我們一個自我犧牲的奇妙榜樣。祂不求自己的喜悅，卻獻上自己的生命為他人服務。祂每一步都做出犧牲，是祂的門徒永不能相比的，因為他們從未享有祂降世之前的地位。祂原是**天軍的元帥**，卻來到世界為罪人受苦。祂本來富足，卻為我們成了貧窮，使我們因祂的貧窮，可以成為富足。因為祂愛我們，祂撇下了祂的榮耀，成為奴僕的樣式。──《評閱宣報》，1907年1月31日。

深入思考

今天，在家裡、教堂或社區裡有誰需要我無私的服務？

真正的保惠師

「然而有一件事我要責備你，就是你把起初的愛心離棄了。」

啟示錄2：4

當我們缺乏基督的愛，對基督為之而死的人表現得漠不關心，就不能自以為是地將自己看作上帝的兒女。「從此就顯出誰是上帝的兒女，誰是魔鬼的兒女。凡不行義的就不屬上帝，不愛弟兄的也是如此。我們應當彼此相愛。這就是你們從起初所聽見的命令……我們因為愛弟兄，就曉得是已經出死入生了。沒有愛心的，仍住在死中。凡恨他弟兄的，就是殺人的；你們曉得凡殺人的，沒有永生存在他裡面。主為我們捨命，我們從此就知道何為愛；我們也當為弟兄捨命。凡有世上財物的，看見弟兄窮乏，卻塞住憐恤的心，愛上帝的心怎能存在他裡面呢？小子們哪，我們相愛，不要只在言語和舌頭上，總要在行為和誠實上。」

對弟兄漠不關心的態度正在進入我們的教會，許多人的宗教變成了冷漠、自私、無情的法利賽主義。這位**真正的保惠師**已經向我們所有人說了最重要的一句話──「你把起初的愛心離棄了。」這是多麼重大的損失啊！「所以，應當回想你是從哪裡墜落的，並要悔改，行起初所行的事。」唉，有多人沒有長成基督的身量，就是他們永活的首領！他們非但沒有成長為基督的樣式，更遠離了基督，並滋生了與撒但一般的性情。正是這些邪惡的特性使撒但離開了天上的宮廷，它們也會使你離開上帝的大家庭，「除非你悔改了。」你的心必須被軟化，受到上帝聖靈的影響，這樣你才能夠在基督裡長成屬靈的殿。地上的聖徒必須效法基督那樣去愛人，否則他們就無法成為天上的聖徒。如果你的同情已然枯竭，那麼就轉向上帝，在祂面前謙卑你驕傲的心。在磐石上摔碎自己，之後基督便會照著祂自己的樣式塑造你，使你成為榮耀的器皿。──《評閱宣報》，1891年2月10日。

深入思考

有什麼證據能證明聖靈已經軟化了我剛硬的心？

全然可愛

惡人當離棄自己的道路；不義的人當除掉自己的意念。歸向耶和華，
耶和華就必憐恤他；當歸向我們的上帝，因為上帝必廣行赦免。

以賽亞書 55：7

讀者啊，你是否已揀選了你自己的道路？你是否已遠離了上帝？你是否企圖享受犯罪的果實，結果發現這些果實在唇邊都化為灰燼了呢？現在你一生的計畫既已失敗，希望既已幻滅，你就孤獨苦悶、坐困愁城嗎？那久已向你的心靈講話，而你一直不肯聽從的聲音，現在更清楚嘹亮地對你說：「你們起來去吧！這不是你們安息之所；因為污穢使人毀滅，而且大大毀滅。」（彌2：10）⋯⋯

不要聽從仇敵的暗示，以為你必須等到自己變好，有足夠的資格來到上帝面前之後，才敢來到基督面前。如果你想等到那個時候，你就永遠不會來了。當撒但指出你污穢的衣服時，務要重述救主的應許說：「到我這裡來的，我總不丟棄他。」（約6：37）要正告那仇敵說：耶穌基督的寶血能洗淨一切的罪惡。要以大衛的祈禱為你的祈禱：「求你用牛膝草潔淨我，我就乾淨；求你洗滌我，我就比雪更白。」（詩51：7）

先知勸告猶大仰望永生上帝並接受祂恩典的話，並沒有歸於徒然。總有一些人認真聽從，並轉離了偶像去敬拜耶和華。他們學會在創造主的身上看見祂的慈愛、憐憫與柔和的體恤。及至猶大歷史中的黑暗日子來到，而全地只留下一班「餘數」時，先知的話將要在徹底的改革中繼續結出果子來。以賽亞說：「當那日，人必仰望造他們的主，眼目重看以色列的聖者。他們必不仰望祭壇，就是自己手所築的，也不重看自己指頭所做的，無論是木偶是日像。」（賽17：7、8）

許多人將要仰望那位**全然可愛**、超乎萬人之上的主。——《先知與君王》，原文319-321頁。

為什麼上帝如此盼望我能悔改？我怎樣才不至將上帝的恩典當作理所當然的呢？

深入思考

大能的勝利者

他的榮光遮蔽諸天；頌讚充滿大地。

哈巴谷書3：3

　　這時人要聽見上帝的聲音從天庭發出，宣告耶穌降臨的日子與時辰，並將永遠的約交給祂的子民。祂說話的聲音傳遍地極，像震動天地的雷轟一樣。上帝的以色列人站在那裡側耳傾聽，定睛望天。他們的臉上煥發著祂的榮耀，光輝四射像古時摩西從西奈山下來時一樣。惡人不敢觀看他們。當上帝向那些因守安息日為聖而尊榮祂的人宣布降福的時候，便有一陣勝利的吶喊發出。

　　不久之後，在東方出現一小塊黑雲，約有人的半個手掌那麼大。這就是包圍著救主的雲彩，從遠方看上去，似乎是烏黑的。上帝的子民知道這就是人子的兆頭。他們肅靜地舉目注視，那雲彩越臨近地面，便越有光輝，越有榮耀，直到它變成一片大白雲，它底下的榮耀好像烈火，其上則有立約之虹。耶穌駕雲前來，作為一位**大能的勝利者**。這時祂不再是「常經憂患」的人，不再飲那羞辱和禍患的苦杯，而是天上地下的勝利者，要來審判活人與死人。祂「誠信真實」，「審判，爭戰，都按著公義」，並有「在天上的眾軍」跟隨祂（啟19：11、14）。

　　有不可勝數的大隊聖天使，歡唱天國的聖歌護送著祂。穹蒼似乎充滿了他們發光的形體，他們的數目有「千千萬萬」之多。人類的筆墨無法描述這種情景，屬血氣的人也不能想像那輝煌的場面。「他的榮光遮蔽諸天，頌讚充滿大地。他輝煌如同日光。」（哈3：3、4）當那活動的雲彩靠近地面的時候，眾目都要看見生命之君。這時，祂聖潔的頭上不再為那荊棘冠冕所污損，卻有榮耀的王冠戴在祂的額上。祂的榮顏射出比正午的太陽更眩目、更明亮的光彩。「在他衣服和大腿上有名寫著說：『萬王之王，萬主之主。』」（啟19：16）──《善惡之爭》，原文640、641頁。

也許我會經常讚美耶穌是苦難的救主，祂把我從罪中拯救出來，但我是否能回憶起在某個片刻裡，耶穌是我大能的勝利者？

深入思考

世界的救主

原來那為萬物所屬、為萬物所本的，要領許多的兒子進榮耀裡去，
使救他們的元帥，因受苦難得以完全，本是合宜的。

希伯來書2：10

誰能領會這裡所彰示的大愛呢？這位曾是天庭之君，曾戴榮耀冠冕的主，而今戴著荊棘的冠冕，在那幫被撒但怒氣所煽動、瘋狂的暴徒手中，成為流血的犧牲者，眾天軍見到此種情景，感到極其驚奇和憂苦。看哪，這位忍受苦難的！祂的頭上戴著荊棘冠冕，祂生命之血從每條裂傷的血管中湧流而出。這一切都是罪的結果！只有那永恆的救贖大愛，方能使基督離開天庭的尊榮，到這罪惡的世界上，受祂所要拯救之人輕視及拒絕，而至終死在十字架上，這種愛是一個永遠的大奧祕！

諸天啊，驚奇吧！大地啊，詫異吧！看哪，那迫害者及被迫害之人！大批的群眾圍著**世界的救主**。戲弄、嘲笑，加上粗魯的謾罵。這些無情的敗類竟妄評祂卑微的身世及生活。大祭司及長老們譏誚祂自稱是上帝的兒子。從各人的口中吐出粗鄙的戲言及辱罵來攻擊祂。撒但完全控制了他僕役的思想。為了達到這個效果，他煽動大祭司和眾長老，使他們大發宗教狂熱。他們所受的慫恿，與那些窮凶極惡、鐵石心腸的暴徒所受的鼓動，同是出於撒但的思想。從偽善的大祭司及長老們，到最低微的人，都同流合污、沆瀣一氣。上帝寶貴的聖子基督被帶往前方，十字架放在祂的肩上。每一步都留下了祂傷處所流出的血跡。……

耶穌對於這一切的話，一言不答。當釘子釘透祂的手，痛苦的汗珠從祂的毛孔不自禁地流出之時，從這位無辜受難者蒼白顫動的口中，還是發出了饒恕之愛的祈禱，為謀害祂的兇手代求，說：「父啊，赦免他們；因為他們所做的，他們不曉得。」──《教會證言》卷二，原文207-209頁。

如果耶穌已經為我承受了這麼多痛苦，為什麼我仍會覺得為祂受苦如此困難？

深入思考

卑微的拿撒勒人

拿但業對他說：「拿撒勒還能出什麼好的嗎？」腓力說：「你來看！」

約翰福音1：46

　　基督謙卑地開始祂拯救墮落人類的大工。祂越過了城市和舉世聞名的最高學府，在卑微偏僻的拿撒勒鄉間安家。在這個通常被人認為不會「出什麼好的」（約1：46）的地方，世界的救贖主度過了祂人生絕大部分的時光，作一個木匠的工作。祂的家在窮人中間；祂的家庭並非書香門第、財主豪門或富貴階級。祂在地上走的是窮人、被忽視的人、憂傷之人必須走的路，背負了受苦之人必須背負的一切禍患。

　　猶太人驕傲地自誇彌賽亞要作為一個君王降臨，征服祂的一切仇敵，在祂的忿怒中把外邦人踐踏在腳下。但基督的使命並不是藉著照顧人的驕傲來抬舉人。祂這個**卑微的拿撒勒人**，本可以向世人的驕傲予以藐視，因為祂原是天庭的統帥；但祂卻存謙卑的心而來，說明天上的上帝並不看重財富、職位或權威，卻重看因基督恩典的能力而高貴的謙卑、痛悔的心。

　　基督為我們付出無比的犧牲，結束了祂辛勞捨己的一生。……

　　基督乃是一位永活的救主。今天祂正坐在上帝的右邊作我們的中保，為我們代求；祂呼召我們要信仰祂而得救。但那試探者總是設法讓我們看不到耶穌，以便誘導我們依賴人的膀臂得著幫助和力量。他很成功地達到了自己的目的，使我們的眼目轉離集我們永生的一切盼望於一身的耶穌，去指望同胞援助和指導我們。……

　　摩西在曠野怎樣舉蛇，使凡被火蛇咬傷的人都可以仰望而得生，人子也必照樣被祂的僕人們高舉在世人面前。基督和祂被釘十字架乃是上帝要祂的僕人傳遍世界的信息。——《評閱宣報》，1896年9月29日。

深入思考

我該如何抵抗世界上權力、財富和名望帶來的誘惑？

患有罪病之人的偉大醫師

「康健的人用不著醫生，有病的人才用得著。」

馬太福音9：12

　　願主加添我們的信心，幫助我們看出祂極願我們都認識祂醫治的服務和祂的施恩座。祂期望祂的恩光要從許多地方照射出來。那明白適時之需要的主自會安排一切，使各處傳福音的工人獲得良機，以便更有效地引起人們注意有助於拯救人脫離身體和屬靈疾病的真理。

　　墮落受苦的人類引起了我們救主慈憐的同情。你若願作祂的跟從者，就必須培養同情憐憫之心。對人類禍患的冷漠必須被真實關心別人的痛苦所取代。寡婦、孤兒、有病和垂死之人總是需要幫助。這乃是一個傳揚福音的機會──〈希伯來書〉高舉耶穌，祂是眾人的盼望與安慰。當受苦的身體得了救助，你也對受苦的人表示了真實的關心，心門就敞開了，你便可以將天上的香膏澆灌其內。你若正在仰望耶穌，從祂汲取知識、力量和恩典，就能把祂所賜的安慰給別人，因為訓慰師與你同在。

　　你會遇到許多偏見、虛假的熱心和誤表的虔誠，但不論在國內或國外園地中，你也會發現上帝一直在許多人心中預備真理的種子，過於你所想像的。他們會用喜樂的歡呼歡迎所傳給他們的神聖信息。

　　許多人受著心靈疾病的痛苦，遠遠多於來自身體疾病的痛苦，他們得不到解脫，直到來到生命的源頭基督面前。罪的重擔及其不安不滿的慾望，大多是罪人所受病苦的根源。基督是**患有罪病之人的偉大醫師**。這些可憐的受苦之人，應該對祂有更清楚的認識。正確地認識祂，便是永生。他們需要受到忍耐、慈愛，又懇切的教導，好知道如何敞開心靈的窗戶，讓上帝之愛的陽光照進來。……令人滿足的喜樂會使心智有活力，使身體健康、精力充沛。──《健康勉言》，原文501、502頁。

如果必須要我在身體和靈魂兩者之間做出醫治的選擇，我會選哪一個？

深入思考

大禮物

上帝既不愛惜自己的兒子，為我們眾人捨了，
豈不也把萬物和他一同白白地賜給我們嗎？

羅馬書8：32

上帝悲憫地看著那些甘願背負家庭掛慮和業務困惑的人。他們被許多事情所拖累，卻忽略了一件最重要的事。救主說：「你們要先求他的國和他的義，這些東西都要加給你們了。」這就是說，要把視線從今世轉到永恆的世界，努力爭取上帝賦予價值的東西。基督曾捨棄祂寶貴的生命，使你能獲得這些東西。祂的犧牲為你敞開了天國業務之門。要利用祂所委託的資本，從事祂所期望拯救生靈認識真理的工作，把財寶積蓄在上帝的寶座旁，這樣你就能獲得永恆的財寶。……

當我們想到上天為救贖犯罪的世界而賜下的**大禮物**，再看看我們所能作的捐獻時，就會退縮，不敢進行比較。對於全宇宙的要求，也不能與這份禮物相比。與天父同等的那一位，竟償付了人類靈魂的贖價，帶給他們永生，表達了無法測度的愛。自稱信奉基督聖名的人，難道沒有感受到世界救贖主的吸引力，竟對獲得真理和公義漠不關心，轉離天上的財寶，去追求地上的財寶嗎？

「光來到世間，世人因自己的行為是惡的，不愛光倒愛黑暗，定他們的罪就是在此。凡作惡的便恨光，並不來就光，恐怕他的行為受責備。但行真理的必來就光，要顯明他所行的是靠上帝而行。」——《看見錢以外的CEO》（舊名：給管家的勉言），原文225、226頁。

深入思考

如果耶穌看重的事成了我最優先考慮的，那麼，我現在對於所看重的事物會發生什麼改變？

屬靈能力的源頭

他們必因你殿裡的肥甘得以飽足；你也必叫他們喝你樂河的水。

詩篇36：8

我們既已接受祂的訓誨，並將祂的訓誨所放在心裡，耶穌就常與我們同在，支配我們的思想、意念和行動。我們受人間最偉大教師的訓誨感染，對人類的責任及感化力的認識，就會影響我們對人生和日常職責的看法。耶穌基督是我們的一切——在凡事上為始，為終，為至善。耶穌基督——祂的靈和品格——為一切染上色彩，是織就我們人生的經緯。基督的話乃是靈，是生命。因而我們的思想不可集中於自我；活著的不再是我們，乃是基督在我們裡面活著。祂是那榮耀的盼望。自我是死的，基督卻是永活的救主。我們不住地仰望耶穌，便將祂的形像反映於周遭的人。我們不能停下來思慮自己失意的事，甚至連談論也不許；因為一幅更愉快的畫面吸引了我們的目光——耶穌寶貴的愛。……

基督在雅各井旁對那撒瑪利亞婦人說什麼呢？「你若知道上帝的恩賜，和對你說『給我水喝』的是誰，你必早求他，他也必早給了你活水。」、「凡喝這水的，還要再渴。人若喝我所賜的水就永遠不渴。我所賜的水，要在他裡頭成為泉源，直湧到永生。」基督提到的水乃是祂聖言中恩典的啟示；祂的靈、祂的教導是每個人滿足的泉源。……在基督裡有滿足的喜樂，直到永遠。屬世的願望，享受與娛樂根本不能使人心滿意足，也不能醫治人的心靈。……

基督在祂的聖言中恩惠的臨格不住地向人心說話，說明祂是那活水的泉源，使乾渴的人恢復精神。我們有特權得到一位永活常在的救主。祂是注入我們裡面的**屬靈能力的源頭**。祂的感化力必在我們的言行中湧流出來，使我們所影響的人精神振奮，在他們心裡激發願望與志向，追求力量與純正、聖潔與平安，以及不會帶來悲傷的喜樂。這就是救主住在心中的結果。——《給牧師和傳道人的證言》，原文389、390頁。

深入思考

我曾想嘗試哪些虛假的屬靈能力源頭？

映照一切榮耀的偉大中心

「我是世上的光。」

約翰福音 8：12

基督以先知的慧眼，看到在最後的大鬥爭中所要發生的事。祂知道，當祂呼喊「成了」，全天庭都必歡呼。祂彷彿聽見遠方傳來天庭歡慶的凱旋之音和吶喊聲。祂知道，那時撒但之國的喪鐘就要敲響。……

基督因能為門徒成就遠超過他們所求所想之事而心中歡喜。祂確知天父在創世以前所發布的全能命令，所以祂語氣堅定。祂知道，以無所不能的聖靈武裝的真理，同邪惡勢力鬥爭必能獲勝；那血染的旌旗必在祂的信徒上方飄揚。……

祂說：「我將這些事告訴你們，是要叫你們在我裡面有平安。在世上你們有苦難，但你們可以放心，我已經勝了世界。」基督不灰心，也不喪膽。祂的門徒也要顯示同樣恆久忍耐的信心。他們要像祂一樣生活、工作，因他們依靠祂為他們的大工師。他們必須具有勇敢、毅力、堅忍的美德。雖有許多不可能的事攔阻他們，他們總要靠基督的恩典挺進。他們要克服困難，絕不悲嘆。不因任何事而絕望，要對萬事抱有希望。基督已用祂無比之愛的金鍊，把他們連結到上帝的寶座上。祂有決心讓他們獲得那從一切能力泉源湧出的、宇宙最高的影響力。他們必得到能力去抵抗邪惡，世界、死亡或陰間不能勝過。這能力使他們得勝，如同基督得勝一樣。

基督的目的是要天上的秩序、施政的計畫和神聖的和諧都由地上的教會顯現。這樣祂就能在祂的子民身上得榮耀。公義的日頭必要藉著他們向世人發出燦爛光輝。基督已為祂的教會安排，使祂能從祂的贖民，即祂用寶血買來的產業上，得大榮耀。祂已將才能和福惠賜給祂的子民，使他們能代表祂的豐盛。教會既有基督的公義，受了祂的委託，就應將祂的恩典和仁愛充分彰顯出來。基督把祂百姓的純潔與完美，作為祂忍受屈辱的回報和榮耀。**基督是偉大的中心**，從祂身上要**映照出一切的榮耀**。——《歷代願望》，原文679、680頁。

深入思考

我怎樣才能看見耶穌在我生命中顯露祂的榮耀？

掌控冷熱的主

「看哪，我見有四個人，並沒有捆綁，在火中遊行，也沒有受傷；
那第四個的相貌好像神子。」

但以理書3：25

當這三個希伯來人站立在王面前時，他深信他們具有某種特質，是他國內其他哲士所沒有的。他們已經忠心履行各項本分。他願意再給他們一次試驗。只要他們表示願意與眾人一同拜像，則一切都沒有問題。他又加上一句說：「若不敬拜，必立時扔在烈火的窯中。」於是他表示侮慢而舉手向天發問說：「有何神能救你們脫離我手呢？」

王的威嚇毫無效用。他無法轉變這些人對於宇宙主宰的效忠。他們已從其列祖的歷史中得知不順從上帝的結果乃是羞恥、災難和死亡。而敬畏主卻是智慧的開端，一切真興盛的基礎。他們泰然自若地面對火窯，說：「尼布甲尼撒啊，這件事我們不必回答你。即便如此，我們所侍奉的上帝能將我們從烈火的窯中救出來，王啊，他也必救我們脫離你的手。」當他們聲稱上帝必因拯救他們而得到榮耀時，他們的信心就越發增強，於是他們憑著因絕對信靠上帝而產生的勝利指望，再加上一句說：「即或不然，王啊，你當知道我們絕不侍奉你的神，也不敬拜你所立的金像。」

王這時怒不可遏。他「怒氣填胸」，向這三個原是被輕視、俘虜之民族的代表「沙得拉、米煞、亞伯尼歌，變了臉色」。吩咐人把窯燒熱，比尋常更加七倍，又吩咐他軍中的幾個壯士將這三個敬拜以色列上帝的人捆起來，準備立即執行火刑。……

但是主卻沒有忘記屬祂自己的人。當祂的見證人被扔進火窯時，救主便親自向他們顯現，並與他們一同在火中遊行。在**掌控冷熱的主**面前，火焰失去了它銷毀的力量。——《先知與君王》，原文507-509頁。

耶穌是什麼時候在試煉和逼迫的火中與我相遇的？

深入思考

以色列的希望

「拉比，我們知道你是由上帝那裡來作師傅的；
因為你所行的神蹟，若沒有上帝同在，無人能行。」

約翰福音 3：2

即使整本《聖經》中並沒有明確指出通往天國道路的經文，我們仍有一些經文提供指示。〈約翰福音〉3章1-16節中的經文告訴我們何為悔改歸正，告訴我們必須做什麼才能得救。我的朋友們哪，我想告訴你們，這直接打擊宗教界表面工夫的根源，直接打擊你們不用作任何特殊的改變就能成為上帝兒女的想法。上帝的真理若是在我們心中得了一席之地，我們裡面就會發生明確的改變，因為真理擁有令生活和品格成聖的能力。當我們在那些像我們一樣、自稱擁有現代真理的人身上看到義果時，就必有一種行動方針證明我們是跟過基督的。

當以色列的希望──基督被掛在十字架上，並像祂曾告訴尼哥底母的那樣被舉起來時，門徒們的希望就與耶穌一同死去。他們無法解釋這事。他們不明白基督預先告訴他們的一切事。

然而主復活之後，他們的盼望和信心也跟著復活，他們便前去傳揚基督和祂被釘十字架。他們講述生命和榮耀之主如何被交在惡人手中且被釘死在十字架上，但祂已從死裡復活了。他們就這樣大膽地講述生命之道，令百姓大感驚奇。

法利賽人和那些聽到門徒大膽傳講耶穌就是彌賽亞的人，看出他們是跟過耶穌並且學了祂樣式的。他們講話就像耶穌講話一樣。這使眾人確信他們是師從耶穌的。耶穌歷世歷代以來的門徒是怎樣的呢？他們也是學了耶穌樣式的；他們也在祂的門下受教；他們是祂的學生，明白基督有關心靈與上帝有活潑聯絡的教訓。那種活潑的信心對我們的得救來說是必不可少的，我們應當依靠被釘而又復活之救主寶血的功勞，依靠基督我們的義。──《信心與行為》，原文63、64頁。

如果有不認識我的人用一個星期的時間觀察我的生活，他們會認為我「學像耶穌」嗎？

深入思考

髑髏地的人

「若有人要跟從我，就當捨己，天天背起他的十字架來跟從我。」
路加福音9：23

復臨信徒若要得蒙潔淨，並保持潔淨，就必須有聖靈在他們的心和家中。主已向我指明，若是現代的以色列人在祂面前自卑，並掃除靈宮中的一切污穢，祂就必垂聽他們為病人所作的禱告，並在運用祂的方法治病時，賜福給他們。人若憑著信心盡其所能地與疾病抗爭，使用上帝預備的簡易療法，祂的努力就必得蒙上帝的賜福。

若上帝的子民在得了這許多亮光後，仍舊保持不良的習慣，放縱自己不肯改良，他們就必自食後果。要是他們不惜任何代價，決心滿足那不良的食慾，上帝絕不至施展神能救他們脫離放縱的惡果。他們「必躺在悲慘之中」（賽50：11）。……

唉，不知有多少人在康健和屬靈的恩賜上，失落了上帝為他們所貯存最豐富的福分啊！現在有許多人竭力要得到特殊的勝利與福分，以便成就偉大的事。他們為了這個目的，時常覺得必須流淚禱告地奮力掙扎。這班人若懇切祈禱地查考《聖經》，以求明白上帝的旨意，然後毫無保留地從心中遵行祂的旨意，這樣他們就必得著安息。一切的痛苦、流淚與掙扎，都不足以使他們得著所希冀的福分。他們必須完全獻己去做當前的工作，接受上帝應許賜給凡憑著信心而求之人的宏恩。

耶穌說：「若有人要跟從我，就當捨己，天天背起他的十字架來跟從我。」（路9：23）我們當效法救主的淳樸和克己。我們當用言語和聖潔的生活，來高舉那**「髑髏地的人」**。凡將自己獻給上帝的，救主就與他們親近。若有一個時候需要上帝的靈在我們心中和生活中運行，現在就是了！但願我們把握這神聖的能力，以致有力度那聖潔而獻己的生活。——《教會證言》卷九，原文164-166頁。

深入思考

如果我選擇過聖潔的生活，我今天要背起什麼樣的十字架？

大能的拯救者

你是我藏身之處；你必保佑我脫離苦難，以得救的樂歌四面環繞我。

詩篇 32：7

　　我蒙指示我們必須作全面的防衛，恆心抵禦撒但的暗示和詭計。他已將自己變作光明的天使，正迷惑引誘著千萬的俘虜。他極力利用了人心智方面的學問，他在此事上真是靈巧像蛇，也趁人不知不覺之時潛入敗壞上帝的聖工。他使基督的工作和神蹟看起來像人的技巧和能力的結果。撒但若明目張膽地攻擊基督教，使基督徒迫於困苦憂傷而投奔到他救贖主的腳前，**大能的拯救者**便會使這大膽的仇敵落荒而逃。所以撒但就裝成光明的天使，下功夫引誘人的思想偏離那唯一安全的正直之道。……

　　我蒙指示看到上帝藉摩西彰顯的能力。那時主差他到法老面前。撒但知道他的事並且嚴陣以待。他很清楚摩西是蒙上帝揀選的，要折斷以色列人身上的軛，並且以他的工作預示基督的第一次降臨，要打破撒但控制人類家庭的能力，釋放那些被他的能力擄去的人。撒但知道當基督顯現時，祂會行出神蹟奇事，好使世人知道是天父差遣了祂。撒但為自己的權柄焦慮，他與自己的使者們商議，如何藉一項工作達到雙重目的：第一，藉著他的爪牙，摧毀上帝藉祂僕人摩西所行之事的影響，從而假冒上帝的真實作為；第二，藉著術士行事，發揮一種可延續歷代的影響，並在許多人的心中摧毀對基督來到這世界時會行神蹟奇事的真信心。他知道自己的國度會受損害，因為他對人類的控制權要服於基督之下。摩西在法老面前行的奇事不是憑著人的影響和能力，而是出於上帝的能力。那些神蹟奇事藉著摩西行出來，是要使法老確信，那位偉大的「自有永有」者差他來吩咐法老讓以色列人離去，好讓他們侍奉祂。──《教會證言》卷一，原文290-292頁。

聖靈如何幫助我抵禦撒但邪惡的攻擊？

深入思考

受苦垂死的祭牲

「曾被殺的羔羊是配得
權柄、豐富、智慧、能力、尊貴、榮耀、頌讚的。」
啟示錄5：12

基督是整個猶太教制度的基礎。亞伯的死是因為該隱不肯在順從的訓練裡接受上帝的計畫，靠著耶穌基督的寶血而得救。祭牲所代表的乃是基督。該隱所拒絕的血，象徵著基督將要為世人流的血。整套儀式是上帝設計的。基督成了整個制度的基礎；這就是它作為師傅工作的開端，讓罪人想到基督是整個猶太教制度的基礎。

凡參與聖所崇祀的人不斷地受到教育，認識基督幫助人類的工作。上帝設計這套崇祀是為了使每一個人心中產生對於上帝的律法，就是祂國度之律法的愛。獻祭要成為上帝藉著基督所表現之愛的實例——**受苦垂死的祭牲**，把人所犯的罪承擔在自己身上……

我們在思考這個偉大的救恩主題時，便看見了基督的工作。所應許的聖靈恩賜，以及這種犧牲和救助的性質，應當使我們的心把上帝的律法視為高尚神聖。每一個人都應遵從律法的要求。在吃禁果這個小小舉動上違背了律法，就給人類和世界帶來不順從上帝神聖律法的後果。基督救助工作的性質應始終使人擔心在最小的舉動上違犯上帝的要求。

我們應當清楚地明白什麼是罪，避免稍微越界，從順從步入不順從的境地。

上帝希望祂所造的每一個人，都明白祂無窮的兒子捨命拯救世人的偉大工作。「你看父賜給我們是何等的慈愛，使我們得稱為上帝的兒女。世人所以不認識我們，是因未曾認識他。」（約壹3：1）——《信息選粹》卷一，原文233、234頁。

深入思考

耶穌的犧牲會使我畏懼犯罪嗎？

創立者

於是從摩西和眾先知起，
凡經上所指著自己的話都給他們講解明白了。

路加福音 24：27

　　基督在祂的教訓中，傳達了祂自己作為**創立者**的古老真理，就是祂藉著眾先祖和先知所講述的真理。但如今祂以新的亮光照耀在其上，這些真理的意義就顯得多麼不同啊！這些真理經過祂解釋，就有光明和屬靈意義發揮出來。祂應許將有聖靈光照祂的門徒，使上帝的話不斷地向他們展開。於是他們就能發揮《聖經》的真理，使之呈現出新的榮美。

　　自從第一個救贖的應許在伊甸園中發出以來，基督的生活、品格和中保的工作一直是人類研究的課題。每一個有聖靈在心中運行的人都在這些題目上發揮了新鮮的亮光。救贖的真理得以不斷地發展和擴充。這些真理雖然是古老的，卻永遠是新的，不斷地向尋求它的人展示更大的榮耀和能力。

　　在每一個世代中，真理都有新的發展。上帝有特別的信息傳給那個世代的人。舊的真理是必不可少的，新的真理並不與舊的真理脫節，而是對舊真理的闡明。我們唯有明白舊的真理，才能領會新的真理。當基督想要對門徒解說祂復活的真理時，祂「從摩西和眾先知起，凡經上所指著自己的話都給他們講解明白了」（路 24：27）。然而使舊真理得著榮耀的，乃是真理新啟發的亮光。拒絕和疏忽新真理的人，實際上並沒有掌握舊的真理。真理於他而言，已經喪失了活潑的能力而成為死的形式。

　　一些人自稱相信並教導人舊約的真理，同時卻拒絕新約的真理。他們既然不肯接受基督的教導，就表明他們並不相信先祖和先知所說的話。基督說：「你們如果信摩西，也必信我，因為他書上有指著我寫的話。」（約 5：46）所以他們雖然講授《舊約聖經》，他們的教導卻沒有真正的能力。——《基督比喻實訓》，原文127、128頁。

深入思考

　　上帝使用哪些古老的真理來滿足我現在生活上的需要？

一切真理的典範

我們也知道，上帝的兒子已經來到，且將智慧賜給我們，使我們認識那位
真實的，我們也在那位真實的裡面，就是在他兒子耶穌基督裡面。
這是真神，也是永生。

約翰一書 5：20

　　偉大的醫療傳教士基督，作為**一切真理的典範**來到我們的世界。祂總是有力地宣講真理，從未讓真理在祂手中受損害。真理的道以新啟示的鮮活能力從祂口中說出來。祂解開了天國的奧祕，接連展示了真理的珠寶。

　　基督以權威發言。祂用確知的堅信宣講了人們必需知道的每項真理。祂沒有說一句出於幻想或感情用事的話。祂不提出任何詭辯及人的見解。任何無用的閒話、以華麗辭藻裝飾的虛謊理論，都不會出自祂的口。祂的主張都是祂憑親身的認識所立定的真理。祂預先看明將來要充斥世界的、種種帶著欺騙性質的學說，但祂絕不提述一個這樣的學說。在祂的教訓中，祂注重上帝之道永不改的原則。祂彰顯了簡明實際的真理，使平民大眾能明白並帶入日常的生活中。

　　基督原可以向世人啟示科學中最深奧的真理。祂原可以揭露一些需要許多世紀的辛勤鑽研才能探察的奧祕。祂也可以提出一些科學方面的建議，作為世人畢生思考的資料和發明的原動力。但祂並沒有這樣做；祂沒有說一句話來滿足人的好奇心，或將屬世榮譽的門戶敞開來滿足人的野心。在祂的一切教導中，基督使人的心意接觸到無窮者的心意。祂沒有叫人研究世人對上帝，祂的聖言，或祂的作為所有的理論學說。祂乃是教他們從上帝的作為，祂的聖言，以及祂神聖旨意的展現中看見祂。──《教會證言》卷八，原文201、202頁。

深入思考

耶穌並沒有說些滿足聽眾好奇心或人類野心的道理，這對我的
言行有何啟示？

一切光輝的大源頭

那光是真光，照亮一切生在世上的人。

約翰福音1：9

　　除了那發自基督的光以外，從來也永遠沒有其他的光會照在墮落的人類身上，救主耶穌是唯一的真光，能照亮那在罪孽黑暗中的世界。論到基督經上記著說：「生命在他裡頭，這生命就是人的光。」（約1：4）祂的門徒要藉著領受祂的生命，才能成為擎光者。他們若在心中存有基督，在品格上彰顯祂的愛，就必使他們成為世界的光。

　　人類本無亮光可言，離了基督，我們就像一支沒有點燃的蠟燭，或像月亮背向太陽一樣，沒有一絲光芒可以照亮世上的黑暗，但我們一旦轉向公義的日頭，與基督有了接觸，整個心靈就因祂神聖的臨格而放光了。

　　基督的門徒不僅要在眾人中作光。他們乃是世界的光。耶穌向一切以祂命名的人說：你們已將自己獻給我，我也將你們賜給世界作我的代表。……基督怎樣作為媒介彰顯天父，我們也照樣作為媒介而揭示基督。我們的救主雖是**一切光輝的大源頭**，但基督徒不可忘記祂是藉著人類而彰顯的。上帝的福惠也都是藉著世人為器皿而賜予的。基督自己以「人子」的身分來到世上。那與神性聯合的人性，必須與人性接觸。基督的教會，即主的每一個門徒，乃是上天命定將上帝顯示予世人的媒介。榮耀的天使正在等待，要藉著你將上天的亮光與權能傳予行將淪亡的生靈。難道身為媒介的世人，竟不能完成所分配給他們的工作嗎？若然，則世界便要被剝奪了一部分所應許的聖靈感化力了……

　　但耶穌並未吩咐門徒：「要努力使你們的光照在人前。」祂卻說：「你們的光也當這樣照在人前。」若有基督住在心中，那麼要遮蔽祂臨格的光輝是一件不可能的事。如果那班自稱為基督徒的人不是世上的光，那原因就是維持生命的活力已經離開他們；假若他們無光可發，那麼必是因為他們與眾光之源已毫無聯絡了。——《福山寶訓》，原文39-41頁。

我有在為主發光嗎？今天耶穌會藉著我照亮誰的路？

深入思考

神聖掌舵者

「這是怎樣的人？連風和海也聽從他了！」
馬太福音8：27

每一艘航行於生命之海上的船隻，都需要那位**神聖掌舵者**常在船上。然而當起了風暴，狂風大作之時，許多人卻將他們的掌舵者推開，把他們的船隻交給有限的世人，或設法自己掌舵。隨即有不幸和將沉沒的情勢出現，那時就反而指責掌舵者把船隻駛入危險的地帶。不要把自己交給人，而要說：「主是我的幫助者，我要求問祂的指導，我要遵行祂的旨意。」你若不獲得聖靈的合作，你的一切有利條件都不會給你帶來福氣。你所受最高等的教育也不會使你有資格成為傳授亮光的通道。正如埃及的諸神不能救信靠他們的人一樣，我們若沒有上帝的啟發，就不可能從人那裡得到什麼資格。學生們不要以為每一個延長學業的建議都是與上帝的計畫相符的。要在禱告中把每一個這樣的建議帶到主面前，尋求祂的引導，不是一次，而是持續到主的面前。要懇求祂，直到你已確知那個勸告是出於上帝而非出於人；不要把自己交託給世人，要在上帝的指導之下行事。

你已蒙基督揀選你已得到羔羊寶血的救贖；你要在上帝面前稱述這寶血的功效。你要向祂說：「我因受造而屬於你，我因救贖而屬於你。我尊重世人的權威，以及我弟兄的勸告；但我絕不能全然依賴這一切。上帝啊！我需要你教導我。我已經與你立約要採用神聖品格的標準，以你為我的顧問，我的嚮導——參與我人生的每一個計畫；所以請教導我。」但願你以上帝的榮耀為第一優先事項。壓制每一個想在世上出人頭地的願望，及每個追求首位的野心。要鼓勵內心的純淨聖潔，以便表現福音真正的原則。要讓你人生的每一個行為因遵行主旨意的聖潔努力而得以淨化，以便你的影響不致將人引入禁路。何時上帝成為你的領袖，祂的義就必行在你前面，耶和華的榮光也必作你的後盾。——《基督教育原理》，原文348、349頁。

深入思考

我對自己的不信任如何影響我作為基督徒的形像？

真磐石

也都喝了一樣的靈水。所喝的，
是出於隨著他們的靈磐石；那磐石就是基督。

哥林多前書10：4

那在曠野中為以色列人解渴的活水，最初是從何烈山被擊打的磐石中流出來的。在他們飄流期間，無論在何處有這需要，上帝就憑著祂的慈憐，用神蹟供給他們水喝。然而那水並不是一直從何烈山流出來的。在他們的行程中，無論在何處需要水，就有水從營邊的磐石中湧流出來。

基督憑著祂話語的能力，使清涼提神的活水為以色列人流出來。他們「所喝的是出於隨著他們的靈磐石；那磐石就是基督」（林前10：4）。祂是一切屬世和屬靈福惠的來源。**真磐石**基督在他們一切飄流的生活中，常與他們同在。「耶和華引導他們經過沙漠。他們並不乾渴；他為他們使水從磐石而流，分裂磐石，水就湧出。」、「在乾旱之處，水流成河。」（賽48：21；詩105：41）

那被擊打的磐石乃是預表基督，而且藉著這個象徵，可以說明最寶貴的屬靈真理。那賜生命的水怎樣從被擊打的磐石中流出來，照樣，救恩的泉水也必從那「被上帝擊打」、「為我們的過犯受害，為我們的罪孽壓傷」（賽53：4、5）的基督身上，為失喪的人們湧流出來。正如磐石一次被擊打，照樣，基督也「一次被獻，擔當了多人的罪」（來9：28）。我們的救主不能二次被獻；凡尋求祂恩典之福氣的人，只需奉耶穌的名，借痛悔的祈禱，傾吐衷心的願望。這樣的禱告必能把耶穌的創傷帶到萬軍之耶和華面前；於是就有賜生命的寶血重新從那創傷中流出來，正如活水為以色列人流出來一樣。——《先祖與先知》，原文411頁。

凡願意的，都能飲到基督所賜生命的大能。如果我今天不願意喝真磐石基督耶穌的水，我將失去什麼？

深入思考

神聖的領袖

你必聽見後邊有聲音說：「這是正路，要行在其間。」

以賽亞書 30：21

　　基督說：「離了我，你們就不能做什麼。」（約 15：5）那些應允要憑自己的力量推進這工作的人，必定會失敗。單有教育不會使人配做聖工，也不會使人認識上帝。且聽保羅論到這個問題怎麼說的：「基督差遣我，原不是為施洗，乃是為傳福音，並不用智慧的言語，免得基督的十字架落了空。因為十字架的道理，在那滅亡的人為愚拙；在我們得救的人卻為上帝的大能。就如經上所記：我要滅絕智慧人的智慧，廢棄聰明人的聰明。……世人憑自己的智慧，既不認識上帝，上帝就樂意用人所當作愚拙的道理，拯救那些信的人；這就是上帝的智慧了。」

　　歷經黑暗的時代，在異教的黑夜，上帝允許人們試著用他們自己的智慧找到上帝，不是要證明人們的無能使祂自己滿意，而是要人們自己看清一事：他們若不藉著聖靈對祂聖言的啟示，就不能得到關於上帝和祂兒子耶穌基督的知識。當基督來到世上時，那個試驗就結束了，結果是顯而易見的：世人憑自己的智慧不能認識上帝。甚至在教會裡，上帝也允許人們在這事上試驗他們自己的智慧，然而在人因為容易犯錯而帶來危機時，上帝便有力地起來護衛祂的子民。當教會被貶低，當考驗和壓迫臨到祂的子民時，祂就用顯著的拯救更加豐盛地高舉他們。當不忠心的教師來到百姓中間時，軟弱便隨之而來，上帝子民的信心似乎要消失了；但上帝起來潔淨祂的營地……

　　有時候隊伍中會有背道的事進來，那些本應與他們**神聖的領袖**保持同步的人心中便摒棄了虔誠。……裡裡外外都有偶像；但上帝卻差派保惠師責備罪惡，好使祂的子民因背道和退步受到警告和指責。人們何時感激地承認和賞識上帝之愛珍貴的顯現，主就會賜下安慰的乳香和喜樂油。──《基督教育原理》，原文196、197頁。

如果沒有耶穌，我今天能做什麼樣的善事呢？

深入思考

光

耶和華是我的亮光，是我的拯救，我還怕誰呢？
耶和華是我性命的保障（或譯：力量），我還懼誰呢？

詩篇 27：1

那些尊重上帝且遵守祂誡命的人，要受到撒但的控告。仇敵在竭力引誘人犯罪，然後又辯稱由於他們過去的罪孽，他有權對他們行使殘暴的管治，因為他們是他的臣民。關於這件事，撒迦利亞寫道：「天使又指給我看，大祭司約書亞」——代表遵守上帝誡命的百姓——「站在耶和華的使者面前，撒但也站在約書亞的右邊，與他作對。」（亞3：1）

基督是我們的大祭司；撒但晝夜站在祂面前控告弟兄。他熟練地提出他們品格上的討厭特徵，作為讓基督撤回祂保護能力的充分理由，從而允許撒但挫折和摧毀那些他已使之犯罪的人。但基督已經為每一個罪人贖罪。我們可以憑著信心聽見我們的中保說：「撒但哪，耶和華責備你！就是揀選耶路撒冷的耶和華責備你！這不是從火中抽出來的一根柴嗎？」（亞3：2）

「約書亞穿著污穢的衣服。」（亞3：3）這樣一來，罪人就出現在仇敵面前，仇敵利用詭詐的手段，誘使他們離棄上帝。仇敵讓那些被自己的巧妙試探所勝、受引誘不再效忠上帝的人，穿上羞恥和罪惡的衣服。然後又宣稱基督作為他們的**光**和保護者是不公平的。

但是，貧窮、痛悔的人哪，要聽見耶穌的話；並且，當你聽到時，要相信：「使者（回覆撒但的控告）吩咐站在面前的（天使）說，你們要脫去他污穢的衣服。」我要塗抹他的過犯，遮蓋他的罪孽，把我的義賜給他，「又對約書亞說，我使你脫離罪孽，要給你穿上華美的衣服。」（亞3：4）——《手稿》125，1901年。

深入思考

我怎樣才能避免將撒但對我的指責存在心上，尤其這些話是從那些甘心成為撒但工具之人的口而出？

審判全地的主

可以獻給自己，作個榮耀的教會，毫無玷污、皺紋等類的病，
乃是聖潔沒有瑕疵的。

以弗所書5：27

人們在地上法庭判決時所表示最深切的關注，只能隱約地說明在天上的法庭中所有的情緒。那時，在**審判全地的主**面前，凡記在生命冊上的名字，要一一被檢視。我們神聖的中保要為一切因信賴祂的寶血而蒙赦免並勝過罪惡的人代求，使他們可以回到伊甸故鄉，並戴上冠冕與祂同作後嗣，承受「從前的權柄」（彌4：8）。撒但曾盡力欺騙並試探人類，想要破壞上帝創造人類的計畫，可是基督現在卻請求上帝實行祂的計畫，好像是人類從來沒有犯過罪一樣。祂不但為自己的子民要求完全的赦免與稱義，同時也要求他們在祂的榮耀裡有份，並在祂的寶座上與祂同坐。

當耶穌為祂蒙恩的子民代求之時，撒但卻在上帝面前控告他們是犯罪作惡之人。這個大騙子曾設法使他們懷疑《聖經》，不信靠上帝，與祂的愛隔絕，並破壞祂的律法。現在他更指出他們生平紀錄上品格的虧欠，使救贖主受辱、不像祂的行為，以及他引誘他們去犯的許多罪——為這一切，他宣稱他們是他的子民。

耶穌並不否認他們有罪，但祂卻指出他們的懺悔與信心，並為他們祈求赦免，在天父和眾天使面前舉起祂那受傷的雙手，說道：「我按名認識他們。我已將他們銘刻在我的掌上。『上帝所要的祭就是憂傷的靈；上帝啊，憂傷痛悔的心，你必不輕看。』」（詩51：17）祂又向那控告祂子民的說：「撒但哪，耶和華責備你！就是揀選耶路撒冷的耶和華責備你！這不是從火中抽出來的一根柴嗎？」（亞3：2）基督將自己的義披在祂忠心的信徒身上，把他們奉獻給祂的父，「作個榮耀的教會，毫無玷污、皺紋等類的病。」（弗5：27）——《善惡之爭》，原文483、484頁。

深入思考

既然基督站在我這邊為我辯護，我為什麼有時會害怕審判？

卑微的加利利教師

他在各會堂裡教訓人，眾人都稱讚他。

路加福音 4：15

　　耶穌在與尼哥底母會談時，揭示了救恩計畫和祂降世的使命。在祂以後的一切講論中，沒有一次像這樣將凡要承受天國之人心中必須成就的工，一步步地解釋得如此圓滿。基督在工作之初，就向猶太公會中的一位議員將真理展開，而他正是一個最能受教並專任民間教師的人。但是以色列人的一般領袖卻不歡迎這光。尼哥底母將這真理藏在心中，歷三年之久，沒有一點明顯的效果。

　　然而，耶穌知道祂的種子是撒在何等的土壤裡。那天夜裡在幽靜的山岡上，單獨對一位聽者所講的話沒有落空。尼哥底母雖然沒有立時公開承認基督，但他時時留心耶穌的為人，揣摩祂的教訓。在公會中，他屢次打消祭司們殺害耶穌的計謀。到末後耶穌在十字架上被舉起來時，尼哥底母就想起橄欖山上的教言：「摩西在曠野怎樣舉蛇，人子也必照樣被舉起來，叫一切信他的都得永生。」那次祕密會談中所散發出來的光，照亮了髑髏地的十字架，尼哥底母就明白：耶穌是世人的救贖主。

　　救主升天之後，當門徒因遭逼迫而分散時，尼哥底母大膽地毅然挺身而出。在基督死後，他用自己的財富維持了猶太人想立即消滅的幼小教會。在危難之時，那曾一度慎重疑慮的人，竟成了堅固的磐石，時時鼓勵門徒的信心，供給他們推進傳福音工作的經費。先前尊敬他的人，現在反過來蔑視、迫害他了。就世上的財物而言，他在世上的財富雖然變得匱乏了；然而，那晚與耶穌談話時所產生的信心，卻一點沒有動搖。尼哥底母將那次與耶穌會談的情形告訴了使徒約翰，由約翰筆錄下來，垂訓後世。其中的真理直至今日，與那日深夜在陰影籠罩的山裡，這位猶太官長去向**卑微的加利利教師**求問生命之道時一樣重要。——《歷代願望》，原文176、177頁。

深入思考

我可以藉著救贖計畫一步步地帶領一個人得救嗎？

一切的頭

耶和華啊，求你醫治我，我便痊癒，拯救我，我便得救；
因你是我所讚美的。

耶利米書17：14

我蒙指示，醫療佈道工作同整個聖工的關係就像手臂和身體的關係一樣。教會是宣揚真理，為病人和健康的人進行工作的機構。教會是身體，醫療佈道工作是手臂，而基督則是**一切的頭**。我所得的指示正是如此。

醫療佈道會受到敦促是因為：醫療佈道的工作是身體的一個臂膀，所以大家都應重視這項工作。事情本應如此；醫療佈道工作乃是身體的一個臂膀，上帝希望我們要定意關注這項工作。

基督對聖工的各個部門都是關心的，祂並不分彼此。祂在醫病時並不認為自己是侵犯了醫師的權利。祂宣揚真理。當病人來向祂求治時，祂問他們是否相信祂能使他們痊癒。祂樂意傳福音，也樂意按手在有病痛的人身上醫治他們。祂在醫治病人和傳揚真理上的付出是相等的，因為治病本就是福音的一部分。

福音的使命就是設身處地接納人最開始的樣子，盡可能地幫助他們，不論他們在什麼地方，處於什麼身分或狀況。傳道人也許有必要走進病人家裡說：「我願意盡自己所能幫助你，我不是醫師，我是一個傳道人，但我樂意為生病受苦的人服務。」凡是身體有病痛的人在心靈上大多也需要被醫治，而心靈生了病，身體也往往會有許多不適。──《論醫藥佈道》，原文237、238頁。

耶穌在世上傳道時，祂的醫治和傳道使所有與祂接觸的人都受益，無論他們是否是祂的信徒。我是否有時會避免去服事那些與我持不同信仰的病人？

深入思考

啟示錄的俄梅戛

我一看見，就仆倒在他腳前，像死了一樣。他用右手按著我，說：
「不要懼怕！我是首先的，我是末後的。」

啟示錄 1：17

那位賜給我們安息日，並吩咐我們如何守安息日為聖日的耶穌，正是〈創世記〉中的阿拉法，祂藉著道成肉身，藉著將祂自己獻為活祭來拯救這個墮落的世界，引領我們一步步穿越古今。祂被審判，卻沒有被定罪，因為沒有什麼可定罪的理由。在審判之後，彼拉多說：「我查不出他有什麼罪來。」只因祂本國的人嫉妒祂、憎恨祂，祂就捨了自己，以致被殺。基督以罪犯的身分死在髑髏地的十字架上。祂被安放在墳墓裡，第三天，祂從死裡復活，在約瑟的墓前祂宣告說：「復活在我，生命也在我。」祂升到了天父那裡，如今祂在天庭作我們的中保。

我們在舊約和新約中，都能發現基督的踪跡。「看哪，我必快來！賞罰在我，要照各人所行的報應他。我是阿拉法，我是俄梅戛；我是首先的，我是末後的；我是初，我是終。那些洗淨自己衣服的有福了！可得權柄能到生命樹那裡，也能從門進城。城外有那些犬類、行邪術的、淫亂的、殺人的、拜偶像的，並一切喜好說謊言、編造虛謊的。我耶穌差遣我的使者為眾教會將這些事向你們證明。我是大衛的根，又是他的後裔。我是明亮的晨星。聖靈和新婦都說：『來！』聽見的人也該說：『來！』口渴的人也當來；願意的，都可以白白取生命的水喝。」

從中我們看到〈創世記〉的阿拉法和**〈啟示錄〉的俄梅戛**。凡守上帝誡命，與祂合作傳揚第三位天使信息的人，都是蒙福的。「我耶穌差遣我的使者為眾教會將這些事向你們證明。我是大衛的根，又是他的後裔。我是明亮的晨星。」耶穌在舊約中所說的話，是對全世界說的。——《評閱宣報》，1897年6月8日。

耶穌是首先的，也是末後的，這一點與我今天的生活有什麼關係？

深入思考

神聖的救贖良方

我們若忽略這麼大的救恩，怎能逃罪呢？
這救恩起先是主親自講的，後來是聽見的人給我們證實了。

希伯來書2：3

人們若不在聖言和聖靈的控制之下，就是撒但的俘虜，我們也無從得知他會把他們往罪裡帶到什麼地步。先祖雅各曾看過那些樂於行惡的人。他既看出與他們聯合會有何種後果，便在聖靈裡感嘆到：「我的靈啊，不要與他們同謀；我的心哪，不要與他們聯絡。」（創 49：6）他舉起危險的信號，警告每一個人，反對這樣的聯合。使徒保羅呼應了這個警告：「那暗昧無益的事，不要與人同行。」（弗5：11）、「你們不要自欺，濫交是敗壞善行。」（林前15：33）

當人信靠屬世的策略和人的發明，而不信靠耶和華以色列的上帝時，便受了欺騙。人能找到比主耶穌更好的嚮導嗎？在疑惑與試煉中，能找到比祂更好的顧問嗎？在危險中，能找到比祂更好的護衛嗎？離棄上帝的智慧而選擇人的智慧，乃是毀滅靈魂的欺騙。

你若想看到人在棄絕上帝恩典的影響時會做出什麼事來，就觀看審判廳裡的那一幕吧！當時狂怒的暴徒在猶太祭司和長老的帶領下，叫囂著要上帝兒子的性命。請看那神聖的受苦者站在巴拉巴旁邊，彼拉多問應當釋放誰給他們。那由許許多多情緒激昂，受撒但授意之人而增強的刺耳喊聲乃是：「除掉這個人，釋放巴拉巴給我們！」（路 23：18）而且當彼拉多問他們應當怎樣對待耶穌時，他們喊道：「釘他十字架，釘他十字架！」（路 23：21）

那時的人性與現在的人性並無不同。當本來可以拯救並高舉人性的**神聖的救贖良方**遭到藐視時，同樣的心思仍然住在人們心中，我們若信靠他們的引導，就不能保持對基督的忠誠。——《信息選粹》卷二，原文129、130頁。

我怎樣區分哪些人有基督的靈，哪些人沒有呢？

深入思考

耶和華的受膏者

他們又喊著說:「把他釘十字架!」彼拉多說:「為什麼呢?
他做了什麼惡事呢?」他們便極力地喊著說:「把他釘十字架!」

馬可福音 15:13、14

當基督被釘十字架時,這些被醫好的人,沒有附和當時暴徒的喊叫:「釘他十字架!釘他十字架!」他們同情耶穌,因為曾被祂偉大的同情和奇妙的能力感動。他們知道祂是救主,因為祂曾賜給他們心靈和身體的健康。後來這些人聽見使徒講道,上帝的話進入他們的心,使他們明白了真理。他們便成了上帝憐憫的代理和救人的工具了。

那些從聖殿院子裡逃跑的群眾,不久也慢慢回來了。他們驚魂方定,臉上仍帶著猶豫、膽怯的神色。他們看見耶穌所做的事就非常希奇,深覺那些論到彌賽亞的預言已應驗在祂身上。藜瀆聖殿的罪責大半在祭司身上;是他們的安排,聖殿的外院才變成市場;相較而言,民眾是無罪的。耶穌神聖的威權雖然感動了他們,但是祭司和官長們的影響在他們身上畢竟還是壓倒一切的。他們認為基督的使命是別出心裁,標新立異。聖殿當局所准許的事,基督是否有權干涉,眾人還要提出疑問呢!他們因為買賣受了妨礙而懷恨在心,於是就消滅了聖靈的感動。

祭司和官長們本應比其他人更能看出耶穌是**耶和華的受膏者**,因為他們手裡有記載基督使命的經卷。況且,他們體驗到,這次潔淨聖殿是超乎人力的表現。他們雖仇恨耶穌,但還不能不考慮:祂或許就是上帝差來恢復聖殿之純潔的一位先知。因此他們帶著由畏生敬的態度,到耶穌面前問祂說:「你既做這些事,還顯什麼神蹟給我們看呢?」──《歷代願望》,原文163、164頁。

深入思考

在什麼情況下我會讓自己的懷疑或先入為主的想法阻礙上帝在我生命中動工的明確表現?我如何評估上帝旨意的運行並從中得益?

使人成聖者

你要吩咐以色列人說：「你們務要守我的安息日；因為這是你我之間世世代代的證據，使你們知道我——耶和華是叫你們成為聖的。」

出埃及記 31：13

在以色列人出埃及進入地上的迦南之時，安息日怎樣成了區分他們的記號，照樣，在現今上帝的子民脫離世界進入天上的安息時，安息日也要作為他們的標誌。安息日乃是上帝和祂百姓之間所有關係的憑證，是表示他們尊重祂律法的記號，也是用以辨識上帝忠順的子民與悖逆之輩的。

論到安息日，基督曾自雲柱中宣告說：「你們務要守我的安息日，因為這是你我之間世世代代的證據，使你們知道我耶和華是叫你們成為聖的。」（出31：13）所賜給世界的安息日乃是上帝作為創造者的證據，也是祂作為**使人成聖者**的證據。那創造萬物的大能，也就是按祂自己的樣式重新造人的大能。對那些守安息日為聖的人來說，安息日正是成聖的記號。而真實的成聖乃是與上帝融和，在品格上與祂合一；這必須藉著順從那些作為上帝品格之寫真的原則，方能得著，故此安息日又成了順從的表號。人若真心遵守第四條誡命，就必遵守全部律法；這樣，他也就因順從而成聖了。

正如對於以色列人一般。安息日賜給我們是作為「永遠的約」。對於那些敬重祂聖日的人，安息日乃是一個證據，證明上帝承認他們為祂的選民。安息日也是一種保證，表示上帝要向他們實踐祂的約。凡接受上帝政權之記號的人，便是置身於此神聖永約之下；他如此行也正是將自己牢牢繫在順從的金鍊上，而這金鍊的每一環就是一個應許。

在全部十誡中，唯有第四誡包含著那偉大的立法者——天地之創造主的印記。凡遵守這條誡命的人，他們身上就有祂的名號，而其中所包含的福分也全是屬他們的。——《教會證言》卷六，原文349、350頁。

如果因信成聖是我們罪人成為聖潔的必要過程，耶穌如何藉著安息日來使我成聖？我遵守安息日是否能使我更加聖潔？

深入思考

主

耶穌卻不將自己交託他們；因為他知道萬人。

約翰福音 2：24

　　唯有那些不斷領受新恩典的人才享有與其日常需要相稱的能力，以及運用該能力的才幹。他們並不希望將來有一天可藉聖靈能力的特別賜予獲得神奇的準備以從事救人的工作，而是每日將自己獻與上帝，以便祂可以造就他們成為合用的器皿。他們每日在自己生活範圍之內，善用一切服務的機會。他們無論置身何處，在家中處理瑣事，或在公共場所從事有益的工作，每天都在為**主**作見證。

　　就連基督在地上生活時，祂也為所需恩典的新供應每日尋求祂的父，由於與上帝如此交通，祂才能出去鼓勵並造福他人；獻身的工人若明白這事，就可得到極大的安慰。請看，上帝的兒子也向祂的父跪下祈禱！祂雖是上帝的兒子，但祂仍然藉著祈禱加強自己的信心，並藉著與上天交通為自己儲備力量以抵擋罪惡，並接濟人們的需要。祂既是人類的長兄，當然明白凡為弱點所困，並生活在罪惡與試探的世界中，依然渴望侍奉祂之人的需要。祂也知道祂所看為適於差遣作福音使者的人，乃是軟弱而有過失的人；但是對於凡完全捨己為祂服務的人，祂都應許賜予神聖的幫助。祂自己的榜樣就是一個保證，證明人只要憑著信心——令人完全倚靠上帝、毫無保留獻身作祂聖工的信心——誠懇而恆切地祈求上帝，就必在抵擋罪惡的戰鬥中獲得聖靈的幫助。

　　每一效法基督榜樣的工人都必準備妥當，以便領受並運用上帝所應許給祂教會用以收割地上莊稼的能力。當福音的使者每日早晨跪在主前向祂重申獻身的誓約時，祂就必將祂的聖靈及其甦醒與成聖的能力，賜予他們。在他們出去擔任當天的職務時，他們就有了保證，確知那看不見的聖靈之能足以使他們成為「與上帝同工」的人。——《使徒行述》，原文55、56頁。

如果耶穌要解決我最深的需要，我今天應該向祂敞開我生命的哪一部分？

永遠可靠的幫助者

「彌尼，彌尼，提客勒，烏法珥新。」

但以理書5：25

那隻手已經消失，但寫下的幾個可怕的字仍在。人們屏息靜待但以理宣布那些字的意思。「彌尼，彌尼，提客勒，烏法珥新」：「上帝已經數算你國的年日到此完畢。」、「你被稱在天平裡，顯出你的虧欠。」、「你的國分裂，歸與米底亞人和波斯人。」（但5：25-28）

在伯沙撒的宴會上怎樣有一位見證者，在每個歡笑褻瀆的場所也照樣有一位見證者在場，而記錄的天使也照樣確實地寫下：「你被稱在天平裡，顯出你的虧欠。」

儘管已做出努力去控制，不節制的現象仍在增長。我們需竭力阻止它的進展，要扶起墮落的人，保護軟弱的人免受試探。我們憑著人自己軟弱的力量能成就的不多，但我們有一位**永遠可靠的幫助者**。我們不可忘記基督的膀臂可以達到人類禍患和墮落的最深處。祂能幫助我們勝過不節制這個可怕的惡魔。

然而，必須從家裡開始下真實的工夫。那些有責任教育青少年、形成其品格的人負有最大的負擔。母親要幫助兒女養成正確的習慣和純潔的品性，發展道德的毅力，使他們具有真正的道德觀。應當教育他們不因別人而動搖，不要屈服於錯誤的影響，卻要去影響別人為善，提拔與他們交往的人，使之成為高貴之人。要教導他們：他們若與上帝連結，就會從祂得著力量去抵抗最猛烈的試探。

在巴比倫的宮廷中，但以理被各種犯罪的誘惑所包圍，但靠著基督的幫助，他保持了自己的忠貞。那在一切得勝的能力都唾手可得時仍不能抗拒試探的人，在天國的冊子上不會被登記為勇敢的人。主絕不會把人們放在過於人所能忍受以致不足以抵擋邪惡的地方。上帝的能力總是隨時準備保護已經與上帝的性情有分的人並加給他力量。——《基督徒節制和聖經衛生》，原文21、22頁。

深入思考

我怎樣才能戰勝撒但的各種誘惑不去犯罪？

真理的捍衛者

不但如此，凡立志在基督耶穌裡敬虔度日的也都要受逼迫。

提摩太後書 3：12

這時撒但對人類的仇恨像火一樣熊熊燃燒，因為他們藉著基督而成了上帝慈愛和憐憫的對象。他企圖破壞上帝為人類所設立的救贖計畫，又藉著毀損並污穢袖所造的人來侮辱袖；他要使天庭憂愁，使全地充滿禍患與荒涼，並且指出這一切邪惡都是上帝造人的結果。

那在人類心中引起仇恨撒但之意的，乃是基督的恩典。若沒有改變人心的恩典和更新的力量，人將繼續作撒但的俘虜和他順命的僕人。可是這種新原動力要在本來與罪惡和睦相處的心中引起鬥爭。基督所賜的力量，使人有能力抵抗那暴君和篡奪者。有人若是不喜愛罪惡，反倒憎恨罪惡，亦能抵抗並克服那些轄制他內心的邪情惡欲，他就以此顯明在他心中有那完全自上面而來之能力在運行。

基督的靈與撒但的靈二者之間的仇恨，在世人接待耶穌的事上有了最明顯的表現。猶太人拒絕基督的主因不是因為袖沒有屬世的財富、威風或尊榮；是因他們看出袖具有一種能力，足以彌補這些表面的缺欠而有餘。但基督的純正和聖潔引起了不敬虔之人的仇恨。袖那克己無罪和忠誠的生活，對於驕傲縱慾的人乃是一種不斷的譴責。這就是他們仇恨上帝兒子的原因。於是撒但和惡天使與惡人聯合起來。他匯合了一切叛逆的力量共謀反抗這一位**真理的捍衛者**。

撒但對基督徒所表示的仇恨，也就是他對他們的夫子所表示的仇恨。凡看出罪惡之可憎並靠著上面來的力量抵抗試探的人，必要惹起撒但和他爪牙的忿怒。
——《善惡之爭》，原文506、507頁。

我現在對罪是什麼態度？是覺得它令人厭惡，還是對它的破壞力變得麻木了？

深入思考

希望之星

及至時候滿足，上帝就差遣他的兒子。

加拉太書4：4

以色列人對上帝的律法和權威的叛逆，導致了他們的毀滅。上帝藉著祂兒子賜給他們的榮耀，反而加重了他們的罪。猶太人控告基督不尊重摩西的律法，這是沒有絲毫根據的。基督是猶太人，祂一直遵守約束猶太人的律法，直到死在十字架上的那一刻。在基督死亡時，縮影遇到了實體，祭牲之血就變得毫無價值。基督以自己的生命為祭，作了偉大的奉獻，這就是猶太人之前所有的獻祭活動所預示的，因此猶太律法中所有獻祭的價值也被廢除了。

自從始祖墮落以來，上帝與人類之間就不再有直接的溝通，唯有藉由基督，從特殊意義上講，上帝將這墮落的族群交託給祂的兒子。基督已經承擔了救贖的工作。儘管人類違背了律法，但祂的目的仍是要維護上帝律法的全部榮耀。祂必拯救一切順從的人脫離律法的咒詛，就是那些領受這奇妙救贖、接受上帝仁慈供應的人。……

亞當和夏娃在被造時就曉得上帝最初的律法。它刻在他們心上，他們也熟悉律法的要求。當他們違背上帝的律法時，就從幸福的純真中墮落成為罪人，這一墮落族群的未來看不到一絲希望。好在上帝憐憫他們，基督訂出拯救他們的計畫，由祂自己來承擔罪責。當上帝宣告咒詛臨到大地和人類身上時，隨之而來的便是一個應許——藉著基督，違反上帝律法的人有了希望和赦免。雖然陰霾和黑暗像死亡一樣籠罩著未來，但在救贖主的應許中，**希望之星**點亮了黑暗的未來。福音最先是由基督傳給亞當的。亞當和夏娃真切地為自己所犯的罪表示了悲傷和懺悔。他們相信上帝寶貴的承諾，從全然的毀滅中被拯救了。——《評閱宣報》1875年4月29日。

如果我是亞當，當我知道上帝創造了一種方法來拯救這個因我的罪而遭到嚴重破壞的世界時，我會作何感想？

深入思考

智慧和大能的顧問

「天怎樣高過地，照樣，我的道路高過你們的道路；
我的意念高過你們的意念。」

以賽亞書 55：9

上帝希望你信靠祂的慈愛，不斷保守自己的心，鎖緊思想的門戶，免得不受控制。因為當你放縱這些自憐的念頭時，仇敵就會乘虛而入，暗示你把最不仁慈、最不合理的動機，加在那些對你好，而且只對你有益的人身上。

主是你的幫手，當你想到祂要你想到的事情時，就會得到安慰和力量。你要思想耶和華向你所行的道，使你的一生可以作祂道路的明證和見證。你是上帝的兒女，要向你的天父行事，正如你希望你的兒女向你行事一樣。你無法衡量上帝，你不能藉由尋找來找到上帝。「你豈能盡情測透全能者嗎？他的智慧高於天，你還能做什麼？深於陰間，你還能知道什麼？」（伯11：7、8）

《聖經》在你生命的每一個階段都是可以實踐和應用的。遇有疑惑，就到上帝那裡去。無論男女，你的舌頭要被勒住，總要與上帝說話。被上帝的道保護和控制的生命會發展出純淨高貴的品格，堪比精金，甚於俄斐的純金。耶穌吩咐你在受試煉時到祂那裡去，你的靈魂就會得到安息。祂說：「我心裡柔和謙卑，你們當負我的軛，學我的樣式；這樣，你們心裡就必得享安息。因為我的軛是容易的，我的擔子是輕省的。」（太11：29、30）

聽耶穌的話，遵循祂的忠告，你就不會偏離這位**智慧和大能的顧問**，祂是唯一的真嚮導，只有祂能給你平安、幸福和圓滿的快樂。難道耶穌不是你的一切嗎？你難道不能把你的生命與基督一起藏在上帝裡面嗎？你們與基督為一，就是與父為一。你可以深刻嚴肅地懇求，但要謹慎，使你一切的能力都在聖靈的掌管之下，使你的工作得以簡單實行，沒有阻礙。——《信函》10，1894年。

深入思考

把我的生命與基督一起藏在上帝裡面是什麼意思？

萬古的磐石

主乃活石，固然是被人所棄的，卻是被上帝所揀選、所寶貴的。
你們來到主面前，也就像活石，被建造成為靈宮。

彼得前書2：4、5

使徒在一個穩固的根基上建造，這根基就是「**萬古的磐石**」。他們將那從世界各地採來的石塊安裝在這個根基上。但建築工人工作時並不是毫無障礙的。他們的工作因基督仇敵的反對而異常艱難。他們須應付那些在假根基上從事建造之人的頑固、偏見和仇恨。許多參加建設教會工作之人可以比擬在尼希米時代修造城牆的人，論到這些人經上記著說：「修造城牆的，扛抬材料的，都一手做工一手拿兵器。」（尼4：17）

當時的君王和臣宰、祭司和官長，都想毀壞上帝的殿。但是那些忠心的人卻冒著被監禁、受酷刑和死亡的威脅繼續推進聖工；於是那壯麗又對稱的建築物就興建起來了。有時作工的人幾乎被那環繞著他們的迷信濃霧所蒙蔽。有時幾乎被敵人的暴力所壓倒。但他們卻以堅定的信心與無盡的勇氣努力工作。

教會最初的建築工人，一個一個地倒在敵人手下了。司提反受石刑，雅各被刀所殺，保羅被斬首，彼得被倒釘十字架，約翰被放逐。但教會依然持續進展。新的工人興起代替那些倒下的人，於是聖殿的石頭一塊又一塊地砌上去了。上帝教會的「聖殿」就是這樣慢慢建立起來了。

基督的教會成立之後，接著就是幾個世紀慘重的逼迫，但始終不乏人重視建造上帝聖殿的工作過於自己的性命。論到這些人，經上記著說：「又有人忍受戲弄、鞭打、捆鎖、監禁、各等的磨煉，被石頭打死，被鋸鋸死，受試探，被刀殺，披著綿羊、山羊的皮各處奔跑，受窮乏、患難、苦害，在曠野、山嶺、山洞、地穴，飄流無定，本是世界不配有的人。」（來11：36-38）——《使徒行述》，原文596-598頁。

我願意做出什麼犧牲用以繼續建造上帝的教會？

深入思考

榜樣

所以，你們該效法上帝，好像蒙慈愛的兒女一樣。

以弗所書5：1

洪水以前的人類如果順從上帝的命令，就不會被洪水所滅。以色列人如果順從上帝的吩咐，祂就會賜給他們特別的福氣。可是他們因放縱食慾和情慾而墮落了。他們不肯順從上帝的話語。放縱敗壞的食慾使他們犯下了許多嚴重的罪行。他們如果把上帝的要求放在首位，而把肉體的需要放在其次，順從上帝為他們所選擇的食物，就不會有一個人倒斃在曠野，他們會在迦南美地成為一個聖潔健康的民族，各支派中也沒有一個軟弱的了。

世界的救主為人類而成為罪。既作罪人的替身，基督就沒有顯示自己作為上帝兒子的能力。祂列身於人類中間，作為一個人，忍受試探的考驗，在最殘酷的環境中，留下了一個完全信靠天父的榜樣。基督知道天父在能榮耀祂的時候會供應祂食物。祂不會在經受劇烈考驗而感到飢餓難當時施展神能，過早地減弱祂所當受的試煉。

墮落的人類在陷入這種困境時，無法為自己施行神蹟擺脫痛苦，好勝過仇敵。上帝的旨意是要考驗人類，賜給他們機會造就品格。祂經常讓他們處於試煉的環境中，以試驗他們對於祂慈愛和能力的信心和信任。基督的生活是一個完全的**榜樣**。祂不斷地言傳身教，教導人明白上帝是他們的靠山。他們務要堅定不移地信靠祂。——《爭鋒》，原文43、44頁。

耶穌甘心選擇成為人並體驗人類的挑戰和難處，這樣祂就可以幫助我在生活中的每個艱難時刻建造品格。我是否已經準備好，願意讓耶穌把今天作為我塑造品格的日子？

深入思考

敬愛的良師和益友

西門·彼得問耶穌說：「主往哪裡去？」
耶穌回答說：「我所去的地方，你現在不能跟我去，後來卻要跟我去。」

約翰福音 13：36

基督以神聖的愛憐和最親切的同情看著門徒說：「如今人子得了榮耀，上帝在人子身上也得了榮耀。」

這時猶大已離開樓房，只有基督與十一個門徒在一起。祂要和他們談論那即將臨到的離別；可是在祂尚未說明之前，祂要先指明自己使命的偉大目的。祂常將這目的擺在自己面前。祂的屈辱和受苦將要榮耀天父的名，這就是祂的喜樂。祂要先引導門徒思想這個問題。

於是祂就用最親切的稱呼——「小子們」，對他們說：「我還有不多的時候與你們同在；後來你們要找我，但我所去的地方你們不能到。這話我曾對猶太人說過，如今也照樣對你們說。」

門徒聽了這話甚覺憂愁。恐懼籠罩了他們。他們緊緊地靠近救主。祂是他們的夫子，是他們的主，是他們**敬愛的良師和益友**；祂對他們來說實在是比生命還寶貴。他們曾在一切困難中仰賴祂的幫助，在憂傷和失望中仰望祂的安慰。現在祂要離開他們這孤獨軟弱的小群體，這使他們心中充滿了陰影。

但救主的話仍飽含著希望。祂知道他們要受到仇敵的襲擊；也知道撒但的詭計在因困難而心中苦悶的人身上是最有效的。所以他勸他們不要「顧念所見的，乃是顧念所不見的」（林後 4：18）。祂要把他們的思想從地上的漂流轉向天上的家鄉。——《歷代願望》，原文662頁。

如果耶穌正在為我建造一座華廈，希望與我共度永生，那麼我應該為永生所建造的品格特點是什麼呢？

深入思考

真理的源頭

「求你用真理使他們成聖；你的道就是真理。」

約翰福音17：17

　　上帝曾藉由自然界、表號和象徵，和眾族長及先知向世人說話。上帝教訓人，不得不用人的語言。那位「立約的使者」必須發言；眾人必在上帝自己的殿中聽見祂的聲音。基督必須降臨，用清晰確切的話講解福音。祂是**真理的源頭**；世人的言論卻如同糠粃一般，已經使真理失效。所以祂必須將真理從人的言論中分別出來。上帝政權的原則和救贖人類的計畫必須加以清晰的解說。《舊約聖經》的教訓必須完完全全地向人宣講明白。

　　然而，在猶太民族中還有一批忠實的人，他們屬於那得蒙保守，認識上帝之聖潔世系的後代。這些人仍然懷著希望，堅信上帝對列祖的應許。他們持守上帝藉摩西所作的保證，來堅固自己的信心：「摩西曾說：『主——上帝要從你們弟兄中間給你們興起一位先知像我，凡他向你們所說的，你們都要聽從。』」（徒3：22）他們又讀到上帝要膏立一位救主，「傳好訊息給謙卑的人」，祂將如何「醫好傷心的人，報告被擄的得釋放」，「報告耶和華的恩年」（賽61：1、2）。他們還讀到祂將如何「在地上設立公理」，海島要如何「等候他的訓誨」，萬國要如何來接近祂的光，君王要如何來靠近祂發現的光輝（賽42：4；60：3）。

　　「圭必不離猶大，杖必不離他兩腳之間，直等細羅（就是賜平安者）來到。」（創49：10）先祖雅各臨終時所說的這名言使他們心中充滿希望。以色列的國勢漸趨衰弱，證明救主的降臨已在眼前。但以理曾預言彌賽亞所統治之國度的光榮：它要滅絕地上一切的國，「這國必存到永遠。」（但2：44）雖然了解基督使命的人不多，但在當時的確有一種普遍的希望：將有一位大能的君王興起；他要在以色列建立自己的王位，並作全世界的救星。

　　時候滿足了；因長久犯罪而日趨墮落的人類渴望救主的降臨。——《歷代願望》，原文662頁。

我真的懂得如何辨別真理和假道嗎？

深入思考

我們的義

但你們得在基督耶穌裡是本乎上帝，
上帝又使他成為我們的智慧、公義、聖潔、救贖。

哥林多前書1：30

基督的義歸給我們，不是因為我們自己有任何功勞，而是上帝白白賜給我們的恩賜，這是多麼寶貴的觀念！上帝和人類的仇敵不願讓這個真理顯明出來；因為他知道，如果人們完全接受了這個真理，他的權勢就會被打破。如果他能控制人的心思，使自稱為上帝兒女的人陷入疑惑、不信和黑暗之中，他就能用試探勝過他們了。

應當鼓勵人對上帝的話懷著單純的信心。上帝的子民必須有緊握上帝大能的信心；因為「你們得救是本乎恩，也因著信；這並不是出於自己，乃是上帝所賜的」（弗 2：8）。凡相信上帝已因基督赦免他們的罪的人，不該為了試探而不奮勇向前，為真道打那美好的仗。他們的信心應當日益堅固，直到他們不單在言語上，更在其基督徒的生活上宣布：「耶穌的血也洗淨我們一切的罪。」（約壹 1：7）

我們如果希望擁有第三位天使信息的精神和能力，就必須將律法與福音一起傳揚，因為它們原是攜手並進的。當底下的勢力煽動悖逆之子，要取消上帝的律法並踐踏基督就是**我們的義**這個真理時，也有從上頭來的力量感動忠心的人尊重律法，高舉基督為全備的救主。若沒有上帝的能力進入祂子民的經驗中，虛假的理論和觀念就會俘虜人心，基督和祂的義就會從許多人的經驗中消失，他們的信心就沒有能力或生命。

傳道人無論是在教會或在新的宣教地點，都要展示基督的一切豐盛，使聽的人建立聰明的信心。要說明基督是他們的救恩與公義。──《傳道良助》，原文161、162頁。

深入思考

基督的義如何打破撒但對我生命中的轄制？

偉大辯護者

「向來你們沒有奉我的名求什麼，如今你們求，
就必得著，叫你們的喜樂可以滿足。」

約翰福音 16：24

上帝為我們安排和賜予的原是無限量的。施恩的寶座之所以極具吸引力，乃因坐在其上的是准許我們稱祂為父的那一位。但上帝認為救恩的原則只投入祂自己的愛還不完備。祂本著祂的安排，將一位披著我們本性的「辯護者」安置在祂的壇旁。這位身為我們的代求者的任務，就是把我們作為上帝的兒女引見給祂。基督為那些接待祂的人代求。祂憑著自己的功勞賜給他們權柄，得以成為王室的成員，天上大君的兒女。同時天父也藉著接納並歡迎基督的朋友作為祂自己的朋友，顯明祂無限的愛，因為基督以祂的寶血為我們付上了贖價。祂對這和解感到心滿意足。因祂兒子道成肉身活在世上，遭受死亡且為人代求，上帝也得了榮耀。

上帝的兒女一接近施恩的寶座，便立時成為那位**偉大辯護者**的當事人。他在初次表示悔罪並懇求赦免時，基督便將他的案件當作祂自己的案件，將他的懇求當作祂自己的請求呈達天父面前。

當基督為我們代求的時候，天父也將祂一切恩典的寶藏陳列出來，讓我們取用享受，並要我們分贈與人。「你們要奉我的名祈求，」基督說，「我並不對你們說，我要為你們求父。父自己愛你們；因為你們已經愛我。但要用我的名。這樣就必使你們的禱告有功效，而且天父也必將祂豐盛的恩典賜給你們。因此『你們求，就必得著，叫你們的喜樂可以滿足』。」（約 16：24）

上帝甚願祂順命的兒女存著讚美和感謝的心來到祂面前，求祂賜福。上帝是生命和能力之源。祂能為遵守祂誡命的人使曠野變成良田，因這是使祂的名得榮耀的。祂曾為祂的選民行過那原應使人人心存感謝的事，然而獻給祂的頌讚竟如此之少，令祂心中憂傷。——《教會證言》卷六，原文363、364頁。

上帝為我預備的福氣有什麼是我還沒有得到的呢？

深入思考

生命的糧

「我實實在在地告訴你們，那從天上來的糧不是摩西賜給你們的，
乃是我父將天上來的真糧賜給你們。」

約翰福音 6：32

基督說：「我實實在在地告訴你們，你們找我，並不是因見了神蹟，乃是因吃餅得飽。不要為那必壞的食物勞力，要為那存到永生的食物勞力，就是人子要賜給你們的，因為人子是父上帝所印證的。」眾人問他說：「我們當行什麼才算做上帝的工呢？」耶穌回答說：「信上帝所差來的，這就是做上帝的工。」（約6：26-29）

祂向他們保證，摩西給他們的並不是天上的糧。祂說：「我父將天上來的真糧賜給你們。因為上帝的糧就是那從天上降下來、賜生命給世界的。」（約6：32、33）

我們看到了這一番坦誠對話的結果。結果是什麼呢？人們不願意接受這真理。他們掩耳不聽，轉去不再跟從耶穌。他們拒絕那代表生命之糧的基督，對他們來說，就是對真理的最終拒絕。他們不再與祂同行。

「我就是**生命的糧**」，是永恆屬靈生命的締造者、滋養者和支持者。在〈約翰福音〉第6章35節中，基督把自己比作天上的糧。吃祂的肉、喝祂的血意味著接受祂作為上天差遣之教師的身分。相信祂是屬靈生命的關鍵。那些以聖言為食的人永遠不飢不渴，也不會對更高、更豐厚的利益心生渴望。「你必因公義得堅立，必遠離欺壓，不致害怕；你必遠離驚嚇，驚嚇必不臨近你。即或有人聚集，卻不由於我；凡聚集攻擊你的，必因你仆倒……凡為攻擊你造成的器械必不利用；凡在審判時興起用舌攻擊你的，你必定他為有罪。這是耶和華僕人的產業，是他們從我所得的義。這是耶和華說的。」（賽54：14、15，17）——《手稿》81，1906年。

如果我知道某人在其生活的某個方面拒絕耶穌，我應當如何接近並幫助他？

深入思考

神聖的立法者

因為，耶和華是審判我們的；耶和華是給我們設律法的；
耶和華是我們的王；他必拯救我們。

以賽亞書 33：22

約翰所提到的「主日」乃是安息日，就是耶和華完成創造大工後休息的日子。上帝賜福給第七日，定為聖日，因為祂在這一天安息。約翰在拔摩島上守安息日為聖日，正如他在民中會在當天講道時一樣。他周圍荒蕪的石頭，使他想起多石的何烈山，以及上帝在那裡向祂的子民頒布祂的律法時的情形，祂說：「當記念安息日，守為聖日。」

上帝的兒子曾從山頂對摩西說話。上帝以岩石為祂的聖所。祂的殿宇是永恆的山嶺。**神聖的立法者**降臨在多石的山上，在百姓聽得見的地方，頒布祂的律法，使他們感受到上帝的權能和榮耀之顯赫可畏，以致不敢違背祂的誡命。上帝在山頂的雷鳴閃電和密雲中宣告祂的律法，祂的聲音彷彿是那發出巨大響聲的號角。耶和華的律法是不變的。祂書寫律法的石版乃是堅固的岩石，象徵著祂法則的不變性。多石的何烈山成為喜愛和敬重上帝律法之人的聖地。

正當約翰思考何烈山的景象時，那位將第七日定為聖日的上帝的靈就降在他身上。他想到亞當違犯上帝律法的罪，和那次犯罪的可怕後果。上帝無限的大愛令祂賜下祂的愛子救贖淪喪的人類，這愛真是太偉大了！是言語無法表達的。約翰在書信中講到這愛，呼籲教會和世人關注。——《成聖的生活》，74、75頁。

凡是把安息日看為自己與上帝之間的證據……的人，就必表現祂政權的原則；也必將祂國的律法，貫徹在日常生活之中。——《豐盛人生》，原文259頁。

深入思考

每次遵守安息日時，耶穌都在向我傳遞什麼信息？

世界醫治之恩的泉源

「人子來不是要滅人的性命，是要救人的性命。」

路加福音9：56

　　耶穌工作時總是愉快而機智的。人必須有極大的忍耐和靈力才能將《聖經》的教訓實踐在家庭生活和工作場所中，並在屬世事務的壓力之下，依然專注於上帝的榮耀。這就是耶穌所能助人之處。祂從不讓世俗的憂慮逼得祂沒有時間思考天上的事。祂時常吟詠詩篇或高唱聖歌來抒發心中的喜樂。拿撒勒的居民常聽見祂頌揚、讚美、感謝上帝的聲音。祂用詩歌與上天交通。當祂的同伴因工作的疲勞而口吐怨言時，耶穌唱出的優美歌聲就使他們愉悅。祂的讚美之聲能將惡天使驅逐出去，並像馨香一般，使祂所在之處充滿香氣，把聽眾的心思從地上的飄流之所引進天家。

　　耶穌是流向**世界醫治之恩的泉源**。在拿撒勒多年的清靜日子裡，從祂的生活中不斷湧出同情與仁慈的恩澤。老年人、憂傷者、心負罪擔者、天真爛漫嬉戲的兒童、樹林中的小動物，以及負重的牲畜，無不因與祂同在而感到愉快。祂曾用全能的命令托住萬有，竟也願屈身救助一隻受傷的小鳥。在慈悲的救主看來，沒什麼事不值得注意，也無一項服務是祂不屑從事的。

　　就這樣，耶穌在智慧和身量成長之時，上帝和世人喜愛祂的心，也隨之一同增長。祂能同情所有人，也贏得所有人的同情。環繞著祂的希望與勇敢的氣氛，使祂成為每個家庭的福惠。安息日在會堂裡，耶穌常應邀宣讀先知的教訓。於是，從眾人熟悉的經句中發出新的光輝，使聽眾心中振奮無比。

　　然而，耶穌一向是低調的；祂在拿撒勒多年，從未顯示過祂的神能。祂不謀求高位，也不要什麼頭銜。──《歷代願望》，原文73、74頁。

我將如何繼承和延續耶穌對全世界醫治憐憫的事工？今天我如何才能打開我的心，讓祂的愛藉著我湧流出去？

深入思考

奄奄一息的創造主

「我父啊，倘若可行，求你叫這杯離開我。
然而，不要照我的意思，只要照你的意思。」

馬太福音 26：39

撒但用猛烈的試探襲擊耶穌。救主此刻不能藉由墳墓的門看到未來。希望沒能讓祂看見自己以勝利者的姿態從墳墓裡出來，也沒能告訴祂天父會悅納祂的犧牲。祂只怕罪惡在上帝眼中極為可憎，甚至使祂必須與上帝永遠分離。基督這時所忍受的，就是將來祂不再為罪人代求時，每個罪人必要承受的慘痛。上帝兒子喝的苦杯之所以如此苦澀，甚至使祂心碎，乃是因為祂替人類「成為罪」，以致上帝的憤怒降在祂身上。

眾天使目睹救主絕望的悲痛就不勝驚異。天上的全軍掩面不忍再看這一幕可怕的景象。連自然界也向它受盡凌辱、**奄奄一息的創造主**表示同情。日頭也拒絕看這一可怕的慘景。正當中午燦爛的陽光普照大地時，忽然它被掩沒了。深沉的黑暗像棺罩一般，包圍著十字架。「從午正到申初，遍地都黑暗了。」那時並沒有日蝕（**譯者按：逾越節值正月十四，月望期；日蝕必定是在月朔。**），也並非任何自然現象造成這無月亮星光、黑如夜半的幽暗。這乃是上帝為了堅固後世眾人的信心，所賜下的神奇見證。

上帝的聖顏藏在深沉的黑暗中，祂以黑暗為藏身之處，使人的眼睛看不見祂的榮耀。那時，上帝和祂的聖天使都在十字架旁，有聖父與祂的聖子同在。然而，祂的聖顏並未顯露。祂的榮耀若從黑暗中顯出來，凡看見的必被毀滅。而且在那恐怖的時辰，基督不可得到天父與祂同在的安慰。祂獨自踹酒醡，眾民中無一人與他同在。

上帝用那次深沉的黑暗，來遮掩祂兒子人性的最後的慘痛。凡看見基督受苦的人，無不感悟到祂的神性。人一看到祂的面容，就永遠不會忘記。該隱的面孔怎樣表露他殺人的罪證，照樣，基督的面容也顯明祂的無罪、恬靜及慈祥——即上帝的形像。——《歷代願望》，原文753、754頁。

在耶穌死的那天，被造之物以什麼方式來為祂「哭泣」？

深入思考

199

謙卑的榜樣

「這不是木匠的兒子嗎？」

馬太福音 13：55

現今在自稱等候基督復臨的人中，大部分也會像法利賽人一樣急著止息門徒的聲音，並且一定要議論說：「狂熱主義！催眠術！催眠術！」他們必要認為那些將衣服和棕樹枝鋪在路上的門徒是太過分、太瘋狂了。其實上帝定意要在地上有一班子民，他們不是冷淡，死氣沉沉的，卻能讚美並榮耀祂。祂定意要從一些人的口中得到榮耀，所以如果那些祂所揀選遵守祂誡命的人閉口不說，連石頭也要喊叫起來。

耶穌要降臨，但這次不像祂第一次降世時以伯利恆嬰兒的面貌而來；也不像祂從前騎驢進入耶路撒冷，祂的門徒大聲讚美上帝說「和撒那」的時候；祂要在父的榮耀裡，帶著那護送祂到地上來的全體聖天使的隊伍降臨。那時全天庭所有的天使都要出動，而等候祂的聖徒要舉目望天歡迎祂，像耶穌從橄欖山上升時，那一小群加利利人一樣。那時唯有聖潔而完全遵照那**謙卑的榜樣**的人才能在看見祂時歡喜地喊叫說：「看哪！這是我們的上帝；我們素來等候他；他必拯救我們。」那時他們要「在一霎時，眨眼之間，號筒末次吹響的時候」改變，那個號筒必要喚醒一切睡了的聖徒，叫他們從塵埃中出來，披上光榮的不朽壞的生命，並喊叫說：「勝利！得勝死亡與墳墓！」改變了的聖徒要一同和眾天使被接升天，在空中與主相遇，永遠不再與他們所愛的主分離。

我們既有這樣的遠景，這榮耀的指望和基督用自己寶血為我們買來的救恩擺在眼前，我們怎能閉口不講呢？我們豈不應該大聲讚美上帝，像門徒在耶穌騎驢進入耶路撒冷時一樣嗎？我們當前的遠景豈不比他們當日所看到的光榮得多嗎？既然如此，誰敢禁止我們在如此滿有不朽和榮耀之指望時大聲榮耀上帝呢？我們已經嘗了上帝善道的滋味，覺悟來世權能，所以渴望再嘗。我的全部身體、心靈都渴求永生的上帝，我若不為祂的豐富所充滿，就不能滿足。——
《早期著作》，原文109、110頁。

因我在耶穌裡有福的盼望，我該如何大聲地讚美上帝？

深入思考

上帝的愛子

「我愛你們，正如父愛我一樣；你們要常在我的愛裡。」

約翰福音 15：9

猶太人等候救主降臨已經一千多年了；他們把最光明的希望，寄託在這件大事上。在詩歌和預言中，在聖殿的禮節和家庭禮拜中，他們都銘記救主的名。然而到祂降臨時，他們卻不認識祂。在他們看來，**上帝的愛子**「像根出於乾地。他無佳形美容」，在祂身上也看不出什麼美貌令人羨慕。「他到自己的地方來，自己的人倒不接待他。」（賽 53：2；約 1：11）

然而上帝早就揀選了以色列人，呼召他們在人間持守祂的律法，並保存有關救主的預言和表號的知識。上帝的美意是要叫這一切的啟示，成為全世界救恩的泉源。如亞伯拉罕在寄居之地、約瑟在埃及和但以理在巴比倫朝廷中所做的一樣，希伯來人也當在世人面前彰顯上帝。

上帝呼召亞伯拉罕時說：「我必賜福給你，……你也要叫別人得福。……地上的萬族都要因你得福。」（創 12：2、3）這教訓曾由眾先知反覆傳講。即使在以色列人戰敗被擄，由盛轉衰之後，這賜福的應許仍然屬於他們。「雅各餘剩的人必在多國的民中，如從耶和華那裡降下的露水，又如甘霖降在草上；不仗賴人力，也不等候世人之功。」（彌 5：7）論到耶路撒冷的聖殿，主曾藉著以賽亞宣布：「我的殿必稱為萬民禱告的殿。」（賽 56：7）

然而，以色列人只把希望寄託於屬世的強大上。進入迦南之後，他們竟離棄了上帝的誡命，而去隨從外邦的風俗。上帝雖差遣祂的眾先知去警戒他們，並使他們遭受異族壓迫的懲罰，卻仍是枉然。每當改過自新之後，以色列民族總是又一次陷入更嚴重的背叛。

如果以色列人效忠上帝，祂就必賜給他們尊榮和高位，以成就祂的美意。
——《歷代願望》，原文27、28頁。

如果我是「屬靈以色列」的一員，我該如何在古以色列人失敗的地方取得成功呢？我如何向我今天接觸的人啟示上帝呢？

深入思考

廣傳福音的基督

凡接待他的，就是信他名的人，他就賜他們權柄作上帝的兒女。

約翰福音 1：12

　　從保羅的日子直到如今，上帝一直藉著祂的聖靈在呼喚猶太人，也呼喚外邦人。保羅宣稱：「上帝是不偏待人。」使徒論到他自己說「無論是希臘人、化外人、聰明人、愚拙人，我都欠他們的債」，對猶太人當然也是一樣；但保羅從未忽視猶太人所享有的、超越其它民族的確定優先權，「第一是上帝的聖言交託他們。」他說「這福音本是上帝的大能，要救一切相信的，先是猶太人，後是希臘人。因為上帝的義，正在這福音上顯明出來；這義是本於信，以至於信。如經上所記：『義人必因信得生。』」保羅在〈羅馬書〉中所宣稱他不以為恥的，就是基督的福音，這福音對於猶太人和外邦人都是同樣有效的。

　　這福音一旦豐豐滿滿地傳給猶太人，許多人就必接受基督為彌賽亞了。在今日基督教的傳道人中，只有少數感覺自己有責任去為猶太人工作；但是對於那些常被疏忽的人們，也像對一切其他的人一樣，這使人靠基督而得憐憫和指望的信息必須傳給他們。

　　在傳福音的工作行將結束時，當那為過去被疏忽之人的特別工作將要完成時，上帝期望祂的信使們特別注意那些散布在世界各國的猶太人。當《舊約聖經》能配合著《新約聖經》來解釋耶和華的永恆旨意時，這必要成為猶太人新生的曙光，也就是心靈的復甦。當他們看到在舊約篇章中所描述的那位**廣傳福音的基督**，並看出新約是多麼清楚地解釋舊約時，他們那沉睡的意識就必覺醒，他們就必認明基督是世界的救主。許多人就要因信而接受基督為他們的救贖主了。以下的話將要應驗在他們的身上：「凡接待他的，就是信他名的人，他就賜他們權柄作上帝的兒女。」（約 1：12）——《使徒行述》，原文380、381頁。

我和猶太人有什麼共同之處，可以成為一座橋樑來與人們分享耶穌是彌賽亞的《聖經》真理呢？

深入思考

審判眾人的

因為我們眾人必要在基督臺前顯露出來，
叫各人按著本身所行的，或善或惡受報。

哥林多後書5：10

在撒但的鼓動下，猶太人選擇了一個強盜和殺人犯來代替基督，因此，他們必定要接受末日的審判。彼拉多指著基督說：「看哪，這是你們的王！」祭司長和官長卻堅決地喊著說：「除掉他！除掉他！釘他在十字架上！」彼拉多說：「我可以把你們的王釘十字架嗎？」祭司長回答說：「除了凱撒，我們沒有王。」（約19：14、15）彼拉多雖然說過自己在祂身上找不出什麼罪來，但仍把祂鞭打了，這是人所能受的最殘忍無情的刑罰。

但是，在天上的議會中，那在十字架上忍受羞辱和痛苦的將得到最充分的彌補；祂將登上寶座，被天上的宇宙承認為眾聖徒之王。祂已經擔負起了救贖的工作，並且在無罪的諸世界和天國的家庭面前顯明，祂能夠完成已開始的工作。

全宇宙和這墮落的世界，所有的聖徒和罪人，都應該認識祂，那位被釘十字架的主是**審判眾人的**。每一頂賜給至高者聖民的冠冕，都要由基督之手賜給他們——這雙手是殘忍的祭司和官長們所判釘在十字架上的。那傷口留下的疤痕，必像從祂手中發出的光。是基督賜給人悔改的恩典。祂的功績被天父所接受，這意味著每一個祂所拯救的生靈都將組成上帝的家庭。只有祂那受傷並佈滿傷痕的手，才能帶給他們生命的安慰，也就是永生。

這莊嚴的時刻將是做最後決定的日子……那麼，對我們個人來說，我們的工作是否是正確的工作，難道不是極其重要的嗎？——《手稿》39，1898年。

為何耶穌可以既作我的辯護者，又作我的審判官？

萬古磐石

匠人所棄的石頭已成了房角的頭塊石頭。

詩篇118：22

　　對相信的人，基督是穩固的根基。這些人就是跌在磐石上而且跌碎的。這就是歸順基督並相信祂的人所必有的經驗。跌在磐石上而且跌碎，就是放棄自以為義的心，存著孩子般的謙卑來到基督面前，悔改我們的過犯，並且相信祂赦罪之愛。照樣，我們也因著信心和順從，以基督為根基，並在其上建造。

　　猶太人和外邦人都可以在這活石上建造。這是唯一的根基，我們可以穩固地造在其上。這石頭廣大無邊，足供人人使用；堅強有力，能負荷全世界罪擔的重量。藉著與活的基石——基督相聯合，凡在這根基上建造的人，也就成了活石。許多人想靠自己的努力來斧削、琢磨、裝飾自己，但因為沒有與基督聯合，就不能成為「活石」。沒有這種聯合，就沒有人能得救。若沒有基督的生命在我們裡面，我們就經不起試探的風暴。我們永久的安全，有賴於我們是不是建造在穩固的根基之上。今日許多人建造在一些沒有經過試驗的根基上，於是在雨淋、風吹、水沖時，他們的房子就倒塌了。這是因為沒有建造在那**萬古磐石**、房角的頭塊石頭——基督耶穌身上。

　　「他們既不順從，就在道理上絆跌。」基督是一塊跌人的磐石。但「匠人所棄的石頭，已作了房角的頭塊石頭」。基督像那被棄的石頭一樣，他在地上作工時，曾被人輕視，受人凌辱。「他被藐視，被人厭棄；多受痛苦，常經憂患。他被藐視，……我們也不尊重他。」（賽53：3）但他得榮耀的時候近了，祂因從死裡復活，就「以大能顯明是上帝的兒子」（羅1：4）。在祂第二次降臨時，就要顯現為天地的主宰。到那日，那些現在準備釘死祂的人必承認祂的偉大。在全宇宙之前，那被棄的石頭要成為房角的頭塊石頭。——《歷代願望》，原文599、600頁。

深入思考

　　我能明確地指出我生命中的某個時刻，可以證明耶穌是我萬古的磐石，風暴中穩固的根基嗎？

屬靈寶藏的大賣家

深哉，上帝豐富的智慧和知識！

羅馬書11：33

那些忠心堅定為真理事業效忠的人，將會迎來勝利。「忍受試探的人是有福的，因為他經過試驗以後，必得生命的冠冕；這是主應許給那些愛他之人的。」（雅1：12）讓我們捫心自問，我們是否都是忠心的管家，堅定傳揚那要給這世界最後的慈悲信息，就是決定他們永恆命運的信息？我們是否忠心地仔細查驗自己，看我們的屬靈狀況究竟如何？我們是否致力表現出那在耶穌身上傳達的真理，亦或是屈從於人類工人的喜好？最後的熊熊烈火會不會將我們的工作毀於一旦？

每一個想從基督那裡得到誇獎——「好，你這又良善又忠心的僕人」（太25：23）——的工人，必須對上帝永保忠心，全心全意地事奉祂。提摩太在福音中的父親勸告他說：「你要謹慎自己和自己的教訓。」（提前4：16）最關鍵的問題是：我們應當如何迎接未來？唯一的安全之法就是在每天到來時做我們的工，工作、警醒、等待，每時每刻都要依靠那位曾經死而復活、且活到永遠之主的力量。每一步都必須小心翼翼：當我們前進時，腳步應當是堅定的，這樣我們就可以向前邁進或向上攀登。

但有許多老底嘉教會的人卻處於屬靈的自欺之中。他們以自己的義為衣披在身上，想想自己是富足、發了財的，什麼都不缺，但其實他們每天都需要學習耶穌的溫柔謙卑，否則就會發現自己早已破產，整個生命充斥著謊言。我們這些向有罪的世界傳遞最後憐憫信息的人，難道不應該在自我犧牲中顯明耶穌的純潔，使那些被上帝聖靈感動之人的口中發出「打開你的心門，將耶穌迎進來」這樣的呼聲嗎？**屬靈寶藏的大賣家**正希望得到你的認可。祂說：「我勸你向我買火煉的金子，叫你富足；又買白衣穿上，叫你赤身的羞恥不露出來；又買眼藥擦你的眼睛，使你能看見。」（啟3：18）——《信函》66，1894年。

耶穌賜給我哪些屬靈的財富？

深入思考

罪人的良友

「我對惡人說：『惡人哪，你必要死！』你──以西結若不開口警戒惡人，
使他離開所行的道，這惡人必死在罪孽之中，我卻要向你討他喪命的罪。」

以西結書 33：8

　　撒但唆使人心而設想出的種種侮辱、非難和殘酷手段都已施用在耶穌的信徒
身上了。而且這事也必顯著地再次重演；因為世人屬血氣的心依然與上帝的律法
為仇，不肯順服其中的命令。我們今日處在一個可允許我們自由地憑藉自己的良
知敬拜上帝的政府統治之下。但今日的世人並不比使徒時代的人們更迎合基督的
原則。那鼓動人喊叫「釘他十字架！釘他十字架！」的同一仇恨，那誘導人逼迫
門徒的同一仇恨，現今仍然在悖逆之子的心中激盪著。那在中古黑暗時代將人們
囚禁、放逐並處死，那發明宗教裁判所的慘烈酷刑，那發動並執行聖巴多羅繆節
大屠殺，並點燃史密斯菲爾一地之火刑柱的同一惡念，現今依然以惡毒的力量在
未曾重生的人心中伺機而動。

　　然而我們雖受命像基督那樣對待我們的敵人，卻不可以為了得到和平而遮掩
我們看見之犯錯者的過失。世界的救贖主耶穌從未藉由遮掩罪孽或以妥協的方式
來購買和平。雖然祂的心洋溢著對全人類的愛，卻從未縱容他們的罪惡。祂既是
罪人的良友，就不能在他們選擇會使他們靈魂滅亡的道路時保持沉默，他們的靈
魂是祂用自己的血買來的。祂為世上的人們辛勤工作，好使他們真實面對自己並
達成上帝要他們所成就的一切。身處一個因悖逆而受詛咒污染和玷污的世界，若
祂未能對悖逆進行警告、訓誡或責備就會使祂不得安寧。若保持沉默，就是用怠
忽職守交換安寧。祂的平安乃是意識到遵行了天父旨意，而不是一種因未能履行
自己的義務而得到的情境。──《評閱宣報》，1900年1月16日。

我如何與那些公開犯罪的人相處？

深入思考

上帝教會的建造者

「他……要建造耶和華的殿。」

撒迦利亞書6:12

在上帝的居所，就是天上的聖殿裡，上帝的寶座是以正義與公平為基礎的。在至聖所中有祂的律法，就是公理正義的大憲章，全人類都要按此受審判。在存放法版的約櫃蓋子上有施恩座，在施恩座之前，基督用祂的寶血為罪人代求。這樣就顯出在人類的救贖計畫中，有公義與慈愛相輔並濟。這種結合，唯有無窮的智慧才能想得出，也只有無窮的能力才能辦到，無怪乎天庭全體充滿驚奇與讚美。在地上聖所裡的基路伯尊敬地低頭看著施恩座，表明眾天使如何關心細察這救贖的工作。上帝怎能稱悔改的罪人為義，並與墮落的人類恢復交通，而同時自己仍不失其為公義？基督又怎能屈身拯救無數人類脫離毀滅的深淵，把自己無瑕疵的義袍給他們披上，使他們與從未墮落的天使聯合，並永遠存留在上帝面前？這真是慈悲的奧祕，是眾天使所切望察看的。

撒迦利亞的美妙預言曾論到基督為人類作中保的工作，說「那名稱為大衛苗裔的」先知說：「他要建造耶和華的殿，並擔負尊榮，坐在位上掌王權；又必在位上作祭司，使兩職之間籌定和平。」（亞6:12、13）……

由於基督的犧牲與代求的工作，祂自己就成為**上帝教會的建造者**和根基。使徒保羅指明祂「為房角石；各房靠他聯絡得合式，漸漸成為主的聖殿，」他說，「你們也靠他同被建造，成為上帝藉著聖靈居住的所在。」（弗2:20-22）

祂要「擔負尊榮」。救贖墮落人類的尊榮是屬於基督的。——《善惡之爭》，原文415、416頁。

耶穌創造了我，使我成為祂居住的聖殿。但我是否已開門讓祂進來？

深入思考

即將到來的救贖主

求你起來幫助我們！憑你的慈愛救贖我們！

詩篇 44：26

以賽亞論到基督受苦受難的預言，是多麼清楚而不容誤解啊！這位先知發問說：「我們所傳的（或譯：所傳與我們的）有誰信呢？耶和華的膀臂向誰顯露呢？他在耶和華面前生長如嫩芽，像根出於乾地。他無佳形美容；我們看見他的時候，也無美貌使我們羨慕他。他被藐視，被人厭棄；多受痛苦，常經憂患。他被藐視，好像被人掩面不看的一樣；我們也不尊重他。

「他誠然擔當我們的憂患，背負我們的痛苦；我們卻以為他受責罰，被上帝擊打苦待了。哪知他為我們的過犯受害，為我們的罪孽壓傷。因他受的刑罰，我們得平安；因他受的鞭傷，我們得醫治。

「我們都如羊走迷；各人偏行己路；耶和華使我們眾人的罪孽都歸在他身上。他被欺壓，在受苦的時候卻不開口，他像羊羔被牽到宰殺之地，又像羊在剪毛的人手下無聲，他也是這樣不開口。因受欺壓和審判，他被奪去，至於他同世的人，誰想他受鞭打、從活人之地被剪除，是因我百姓的罪過呢？」（賽 53：1-8）

甚至連基督死的方式也都預示過了。從前銅蛇怎樣在曠野裡被舉起來，**即將到來的救贖主**也必照樣被舉起來，「叫一切信他的，不致滅亡，反得永生。」（約 3：16）

「必有人問他說：『你兩臂中間是什麼傷呢？』他必回答說：『這是我在親友家中所受的傷。』」（亞 13：6）

「他雖然未行強暴，口中也沒有詭詐，人還使他與惡人同埋；誰知死的時候與財主同葬。耶和華卻定意將他壓傷，使他受痛苦。」（賽 53：9、10）

然而那要在惡人手中受死的一位，卻要以戰勝罪惡與墳墓者的身分而復活。——《使徒行述》，原文225-227頁。

我因接受基督為我犧牲而做出的順服，是否無愧於祂完全獻身的救恩？換句話說，我是否像基督一樣擔負起我個人的救恩之責？

深入思考

偉大的榜樣

> 「你們的光也當這樣照在人前，叫他們看見你們的好行為，
> 便將榮耀歸給你們在天上的父。」

馬太福音 5：16

保羅寫道：「凡所行的，都不要發怨言，起爭論，使你們無可指摘，誠實無偽，在這彎曲悖謬的世代作上帝無瑕疵的兒女。你們顯在這世代中，好像明光照耀，將生命的道表明出來，叫我在基督的日子好誇我沒有空跑，也沒有徒勞。」（腓 2：14-16）……

那些自稱是基督徒卻不接受上帝掌控的人，在與那些沒有信仰之人往來時，對福音的工作到底能有多大貢獻呢？在天國的紀錄冊上，有許多人的名字旁邊會寫著：不是生產者，而是消費者。他們並沒有為上帝的榮耀結出果子。主也無法與他們合作。他們像是石塊，在建築中佔了空間，卻不發光。他們無法向活石一樣發光，是因為他們沒有從房角的頭塊石頭那裡接受光。他們能一再的把自己的靈魂託付在這種不確定之中嗎？基督徒若非在基督的統治下，聽從祂的命令，做他們身為上帝的追隨者應該做的工，他們就是在仇敵的控制之下。他們不是在行善，就是在造成不可估量的傷害……

基督徒要成為擎光者，要對所有與他們接觸的人說：「來跟隨我，就像我跟隨基督一樣。」他們應當成為虔誠的典範，在與弟兄或陌生人的交往中，從言語、靈性、行為方面成為基督的代表。他們要表明自己的行為是效法了他們**偉大的榜樣**。這些都是基督對跟隨祂之人的要求。他們要表明天國的原則比世界的原則更為優越……

……真正的基督徒總像光一樣照耀世界。他們是擎光者，他們的行為標準要比非基督徒更加崇高。他們每一個行動中的純潔和正直就是光的來源。他們將自己所得的傳給他人，使人曉得基督徒的責任與特權。在生活的每一方面都浸潤著福音精煉且高貴的原則。——《信函》148，1899年。

如果我不忠於上帝，可能會造成哪些「不可估量的傷害」？

新約的中保

但現在基督已經來到，作了將來美事的大祭司，
經過那更大更全備的帳幕，不是人手所造，也不是屬乎這世界的。

希伯來書 9：11

那預指基督的獻祭禮節已經廢去，人的視線就被轉移到那為世人之罪而獻的真祭物上了。地上祭司的職任已不復存在。但我們可以仰望**新約的中保**耶穌，以及「所灑的血；這血所說的比亞伯的血所說的更美」。「頭一層帳幕仍存的時候，進入至聖所的路還未顯明。……但現在基督已經來到，作了將來美事的大祭司，經過那更大更全備的帳幕，不是人手所造，……乃用自己的血，只一次進入聖所，成了永遠贖罪的事。」（來 12：24；9：8-12）

「凡靠著他進到上帝面前的人，他都能拯救到底；因為他是長遠活著，替他們祈求。」（來 7：25）雖然祭祀從地上移到了天上的聖殿；雖然天上的聖所和我們的大祭司不是肉眼所能見的，但門徒絕不至因此蒙受損失，也不至因救主不在，而與天上斷了交往，或在能力方面有什麼減少。耶穌雖然在天上的聖所供職，同時卻藉著祂的靈，仍為祂在地上的教會服務。肉眼雖然看不見祂，可是祂與門徒分離時的應許卻應驗了：「我就常與你們同在，直到世界的末了。」（太 28：20）祂雖將權柄託付給比祂弱小的僕人，但祂那激勵人心的聖顏，依然與祂的教會同在。

「我們既然有一位……尊榮的大祭司，就是上帝的兒子耶穌，便當持定所承認的道。因我們的大祭司並非不能體恤我們的軟弱。他也曾凡事受過試探，與我們一樣，只是他沒有犯罪。所以，我們只管坦然無懼地來到施恩的寶座前，為要得憐恤，蒙恩惠，作隨時的幫助。」（來 4：14-16）——《歷代願望》，原文166頁。

今天，作為新約的中保，耶穌給了我怎樣的個人能力讓我與罪戰鬥？

深入思考

流血的受難者

耶穌大聲喊叫，氣就斷了。

馬可福音 15：37

　　祭司和官長們見基督已死，甚為驚愕。因為在十字架上釘死是死得很慢的；要斷定被釘者的生命何時完全停止是不太容易的。人被釘在十字架上，六小時之內就死去，是前所未聞的。祭司們要查明耶穌是否已死，就叫一個兵拿槍扎入救主的肋旁。從所扎的傷口中，流出來清濁分明的兩股液體，一股是血，一股是水。所有看見的人，都注意這事，約翰則明確地記載此事。……

　　基督復活之後，祭司和官長就散布謠言，說祂在十字架上並沒有死，只是昏厥過去之後又活過來。另外一個謠言則說那在墳墓裡的，並不是一個真實的、有骨肉的身體，不過是一個身體的模型。但羅馬兵的行動卻推翻了這些謠言。他們沒打斷祂的腿，因祂已死。他們為使祭司們滿意，就用槍扎了祂的肋旁。祂的生命若尚未斷絕，這一槍就足以立即致祂於死地了。

　　其實那真致耶穌於死命的不是槍扎，也不是十字架的痛苦。祂臨死的瞬間發出的「大聲喊叫」（太 27：50；路 23：46），以及從祂肋旁流出來的血和水，說明祂是因心臟破裂而死的。祂的心因受精神的劇痛而破裂。由此可知，祂是被世人的罪殺死的。

　　基督一死，門徒的希望就此破滅。他們望著那緊閉的眼、下垂的頭、結著血塊的頭髮和被釘穿的手腳時，他們的痛苦真是言語難以形容。直到最後，他們還是不相信祂會死；他們很難相信祂真的死了。他們因過度悲哀，竟忘了主預先告訴他們有關當前情景的話。祂所說過的話這時並沒有使他們得到安慰。他們只看見十字架和在十字架上**流血的受難者**。他們的前途因失望而黯淡。他們對耶穌的信心已經喪失；但他們從來沒像現在這樣愛他們的主，也從來沒這樣覺得祂的可貴，這麼需要祂與他們同在。──《歷代願望》，原文771、772頁。

深入思考

　　在這樣一個許多人仍然懷疑耶穌之降生和輕看祂犧牲的世界裡，我的生活怎樣才能證明耶穌是真實的並且祂至今仍然活著？

全天庭所尊崇的主

又將萬有服在他的腳下，使他為教會作萬有之首。

以弗所書1：22

在加利利海上，天剛破曉。耶穌的門徒整夜勞苦，卻一無所獲，疲憊地坐在湖上的漁船中。耶穌來到水邊，想要獲得片刻的安靜。清晨時分，祂希望暫時避開天天跟著祂的人群，稍事休息。但不一會兒，眾人又圍上來了，而且越來越多，把耶穌團團圍在中間。這時門徒也都上了岸。為避免擁擠，耶穌上了彼得的船，請他把船撐開稍微離岸，這樣，眾人就都容易看見和聽見了。耶穌就在船上教導岸上的眾人。

天上的使者目睹這幅情景，該有何等的感想啊！他們榮耀的元帥，坐在一葉扁舟上，被永無休止的海浪搖來搖去，向擠到水邊聆聽的人群傳講救恩的佳音。**全天庭所尊崇的主**，在露天的場景下，對百姓宣講天國的大事。祂工作的環境沒有比這再適合的了！那一望無際的田野，普照大地的陽光，以及湖光山色，都可作為講道的材料來引證祂的教訓，使人心受到更深刻的印象。基督的教導無不生效，祂口裡傳出來的每句話，總能在一些人心裡成為永生之道。

海灘上的人越久越多。扶杖而來的老者、山間壯實的農夫、湖上操作的漁人、商人和文士、學者和富戶，老老少少，帶著他們痛苦患病的人，都前來聽這位神聖教師的訓誨。古時的先知曾看到這景象，並寫道：「西布倫地，拿弗他利地，就是沿海的路，約旦河外，外邦人的加利利地——那坐在黑暗裡的百姓看見了大光；坐在死蔭之地的人有光發現照著他們。」——《歷代願望》，原文244、245頁。

深入思考

在我生命中有哪些方面需要耶穌近前來向我宣講平安的福音？

一切地上財富的主宰

「不要為自己積攢財寶在地上；
地上有蟲子咬，能鏽壞，也有賊挖窟窿來偷。」

馬太福音6：19

我們**一切地上財富的主宰**，曾以人的樣式來到我們的世界，道成肉身，住在我們中間。我們無法理解祂多麼深切地關懷人類的家庭。祂知道每一個靈魂的價值。當祂看見祂所買來的人被撒但的伎倆所迷惑，祂是多麼憂傷啊！

撒但在攫取人類靈魂的過程中所獲得的唯一滿足，就是傷基督的心。主本來富足，卻為我們的緣故成了貧窮，叫我們因祂的貧窮，可以成為富足。雖然如此，世上大多數人仍讓地上的財富遮住屬天事物的光彩。他們把感情投在屬世的事物上，離開上帝。人不願意醒悟過來，明白過分關注地上的事物，排除愛上帝之心，是多麼愚不可及且嚴重的罪行！愛上帝的心被排除之後，愛世界的心就迅速推進，取而代之。唯獨上帝能潔淨我們心殿中的道德污穢。

耶穌為世人的生命捨棄了自己的性命，賦予人以無限的價值。祂希望人重視自己，能考慮將來的福利。眼睛如果保持明亮，全身就會光明。屬靈的眼光若是清晰，就會看出那看不見之現實的真正價值，看到永恆的世界給這個世界所增添的喜樂。

基督徒將充滿喜樂；這喜樂是與他做上帝貨財之管家的忠心成正比的。基督渴望拯救每一個亞當的兒女。他揚聲警告，要打破那把生靈捆縛在罪惡之中的魔力。他懇勸人不要再糊塗，並把更高尚的世界呈現在他們面前說：「不要為自己積攢財寶在地上。」──《看見錢以外的CEO》（舊名：給管家的勉言），原文136、137頁。

當我和人分享上帝託付給我的物質財富時，我有多快樂？

深入思考

天上的建築師

耶和華說：「這一切都是我手所造的，所以就都有了。」

以賽亞書66：2

我們愛上帝，不僅是要盡心、盡性、盡意，也要盡力，就是聰明地善用體力。

基督在屬世和屬靈的事上都是真正的工人。祂在所做的一切工作中，都表現了遵行天父旨意的決心。天上的事與地上的事有著密切的聯繫，直接受基督所監管，這一點是許多人想像不到的。是基督設計規劃了地上的第一個聖幕。對於所羅門聖殿的建築，祂也作了詳細的說明。那一位降世時曾在拿撒勒村莊作木匠的主，乃是**天上的建築師**。祂為那使祂名得榮耀的神聖建築物繪製藍圖。

基督賜智慧給建造會幕的人，使他們能運用最高明、精湛的技巧。祂說：「看哪，猶大支派中，戶珥的孫子、烏利的兒子比撒列，我已經提他的名召他。我也以我的靈充滿了他，使他有智慧，有聰明，有知識，能做各樣的工。……我分派但支派中、亞希撒抹的兒子亞何利亞伯與他同工。凡心裡有智慧的，我更使他們有智慧，能做我一切所吩咐的。」（出31：2-6）

上帝希望祂各方面的工人都仰望祂作為他們擁有一切的施與者。凡是正當的發明與改革，都可以從那一位謀略奇妙、作為卓越的主身上找到根源。醫生的手熟練的動作，他處置神經與肌肉的能力，他對於人體奇妙結構的認識，都出於上帝大能的智慧，以便為勞苦的人服務。木匠使用錘子的技術，鐵匠使鐵砧叮噹作響的力量，都是上帝所賜的。上帝既然將才幹賜給人，就希望他們仰賴祂的指導。我們不論做什麼，被安排在什麼部門，祂都希望管理我們的思想，使我們能做出完美的工作。──《基督比喻實訓》，原文348、349頁。

在我今天的各樣勞作中，我要如何善用我的體力來證明我愛上帝？

深入思考

神聖的中保

「看哪，我將你銘刻在我掌上；你的牆垣常在我眼前。」

以賽亞書49：16

撒但熟悉他曾引誘上帝子民去犯的各種罪，所以他竭力控告他們，聲稱他們已因犯罪而喪失了神聖的保護，並斷言他有權毀滅他們。他宣稱他們都像他一樣，已被摒棄於上帝的恩眷之外。他說：「難道這些人就是將來要在天上代替我、以及與我聯合之使者的地位的嗎？他們自稱順從上帝的律法，但他們確實遵守了嗎？他們難道沒有愛自己過於愛上帝嗎？他們難道沒有將自己的利益置於他的服務以上嗎？他們難道沒有貪愛世俗？且看他們罪跡斑斑的一生。且看他們的自私自利，他們的惡意和彼此的仇恨。難道上帝要把我和我的使者驅離祂的面，反倒獎勵那些犯了同樣罪惡的人嗎？主啊，你憑公義絕不能如此行。公義要求定他們為有罪。」

基督的信徒固然都曾犯過罪，但他們並沒有讓自己完全受撒但爪牙的控制，他們已經悔改自己的罪，並且謙卑痛悔地尋求主，所以那位**神聖的中保**便為他們代求。那位曾因他們的忘恩負義而飽受侮辱、並深知他們的罪辜和懺悔之主說：「撒但哪，耶和華責備你。我已為這些人捨命。他們已被銘刻在我掌上。他們的品格也許不完全，他們過去所做的努力也許失敗，但他們已經悔改了，所以我已赦免並悅納他們了。」

撒但的攻擊是猛烈的，他的迷惑是狡猾的，但主的眼目看顧著祂的子民。他們的苦難極大，窯爐的火似乎要把他們燒盡，但耶穌必使他們成為火煉的精金。他們世俗的成分要被除淨，以便基督的形像可藉著他們完全反映出來。——《先知與君王》，原文588、589頁。

深入思考

我是否已向我的罪悔過，並將我的生命完全交給神聖的中保耶穌？

智慧和知識的泉源

你們中間若有缺少智慧的，應當求那厚賜與眾人、
也不斥責人的上帝，主就必賜給他。

雅各書1：5

工人每研究基督的生平並默想祂使命的性質，在每一次新的查考中都會發現一些前所未見的趣事。這題目是無窮盡的。基督道成肉身，祂的贖罪犧牲和中保工作，是勤勞的學生要終生學習的課程。他展望無窮的歲月，會感嘆道：「大哉，敬虔的奧祕！」（提前3：16）

我們談論第一位和第二位天使的信息，就會覺得自己有幾分明白第三位天使的信息了。但我們如果滿足於有限的知識，就無法獲得對真理更清晰的認識。傳揚生命之道的人必須用功研究《聖經》，並省察自己的心。他若忽略如此行，就不知道如何去服務需要的人。殷勤謙卑的學員，藉著切心祈禱和研究，尋求耶穌裡的真理，必然得到賞賜。他不從世上作者的作品中求助，而是向一切**智慧和知識的泉源**求助。在聖潔生靈的指導下，他對真理有了清楚的認識。

真理感動人心，不是依靠人的勢力，也不是依靠人的才能，「這是萬軍之耶和華說：『乃是依靠我的靈方能成事。』」（亞4：6）傳道人的工作取得成功，不是靠他的氣質或口才。保羅可以栽種，亞波羅可以澆灌，但唯有上帝才能使之生長。傳道人的努力獲得成功，是因為他熟悉《聖經》，並凡事順服上帝的旨意。

領受上帝聖言的心不像乾涸的水潭，也不像破裂不能存水的池子。它像山間的清泉，有永不枯竭的供給。它清涼閃爍的泉水從岩石之間湧流出來，使疲乏、乾渴、負重的人得到舒暢。——《傳道良助》，原文251、252頁。

懷愛倫寫道，耶穌是「智慧和知識的泉源」，祂希望讓所有人對真理有清楚的認識。如果我不飲這泉源的水，對我的靈命有何影響？

深入思考

舉世無雙的大教師

耶穌就用比喻教訓他們許多道理。

馬可福音4：2

　　基督的宗教絕不會使接受的人降低上帝對人類定的標準。它不會使人粗暴無禮，高傲自大，冷淡無情；反之，它能提升人的情感，聖化人的判斷力，潔淨並提高人的思想，使人順服耶穌基督。

　　上帝為祂兒女定的標準遠超過人類的最高理想。永生上帝已經在祂的神聖律法中顯示了祂的品格。基督耶穌乃是**舉世無雙的大教師**。祂給一切相信祂的人所立的標準是什麼呢？「所以，你們要完全，像你們的天父完全一樣。」（太5：48）上帝在祂的範圍內是完全的，所以人類也能在自己的範圍內成為完全。

　　基督徒品格的理想就是基督化。我們面前展開一條讓人不斷前進的道路。我們有一個目的要實現，有一個標準要達到，它包括一切良善、純潔和高尚的東西。我們必須向著完全的品格繼續努力不斷地邁進並向上成長。……

　　沒有上帝動工，人不可能做任何善事。上帝呼召各人悔改。但是若沒有聖靈在人心中作工，人不可能悔改。上帝希望人不要等到認為自己已悔改了再到耶穌跟前來。救主不斷地吸引人悔改。他們只要接受祂的吸引，祂們的心就會痛悔而軟化。

　　在這場爭奪永生的大鬥爭中，人也有一部分工作要做——他必須響應聖靈的感化。要打破黑暗權勢是要經過一場奮鬥的。聖靈在他心中運行，就是要完成這一工作，但是人不能處於被動，坐享救恩。在這場爭取永生的戰鬥中，他必須全力以赴。但賜人成功的乃是上帝，沒有人能懶懶散散地得救。上帝吩咐我們：「你們要努力進窄門。我告訴你們，將來有許多人要進去，卻是不能。」（路13：24）——《給家長、教師和學生的勉言》，原文365、366頁。

深入思考

　　如果今天耶穌可以教導我，我想從祂那裡學得什麼？

被釘之救贖主

亞基帕對保羅說：「你想少微一勸，便叫我作基督徒啊
（或譯：你這樣勸我，幾乎叫我作基督徒了）！」

使徒行傳26：28

全體聚集的人都凝神傾聽保羅述說他奇妙的經驗。使徒講論的正是他最喜愛的題目。沒有一個聽他講論的人能懷疑他的誠意。但正當他那勸服人的口才達到最高潮時，非斯都竟打斷他的話，大聲說：「保羅！你癲狂了吧。你的學問太大，反叫你癲狂了！」

保羅回答說：「非斯都大人，我不是癲狂，我說的乃是真實明白話。王也曉得這些事，所以我向王放膽直言，我深信這些事沒有一件向王隱藏的，因都不是在背地裡做的。」於是他轉向亞基帕王，直接對他說：「亞基帕王啊，你信先知嗎？我知道你是信的。」

亞基帕深受感動；他一時竟忘了周圍的景象和自己地位的尊嚴。他只感覺到所聽見的真理，只看到那站在他面前身為上帝使者的卑微囚犯。他不由自主地回答說：「你這樣勸我，幾乎叫我作基督徒了。」

保羅熱切地回答說，「無論是少勸是多勸，我向上帝所求的，不但你一個人，就是今天一切聽我的，都要像我一樣，」他又舉起他那帶著鎖鏈的雙手，加上一句：「只是不要像我有這些鎖鏈。」

按理，非斯都、亞基帕和百尼基應當帶上那捆綁保羅的鎖鏈。他們都犯過嚴重的罪。這些犯罪的人那一天都已聽到那藉著基督的名提供給他們的救恩。其中至少有一個人幾乎被勸服、接受所提供的恩典和赦免。可惜亞基帕放棄了那施與他的恩慈，拒絕接受**被釘之救贖主**的十字架。

王的好奇心既得了滿足，就從位上起來，表示這一次接見就此結束。聚集的人散開之後，他們彼此談論說：「這人並沒有犯什麼該死該綁的罪。」
——《使徒行述》，原文437、438頁。

深入思考

我有多少次「幾乎」回應了上帝的呼召？

律法的頒布者

「莫想我來要廢掉律法和先知。我來不是要廢掉，乃是要成全。」

馬太福音 5：17

　　耶穌在山上的時候，就受到奸細們的嚴密監視，而當祂闡明公義的原則時，法利賽人就唆使人散布耳語，說祂的教訓與上帝在西奈山上所頒的律例是相反的。但救主對於那藉著摩西而授予的宗教制度，從未講過一句動搖人信仰的話語。因為這位以色列的偉大領袖所傳給祂人民的每一絲神聖的亮光，都是從基督領受的。正當許多人在心裡說祂來要廢掉律法時，耶穌卻以清晰無誤的話語表明祂對神聖律法的態度。祂說：「莫想我來要廢掉律法和先知。」

　　那位宣稱自己無意要廢掉律法的主，原是人類的創造者，也是**律法的頒布者**。自然界的萬物，自浮游於陽光中的微塵直到太空中的諸世界，莫不處於律法之下。自然界的秩序與和諧，也都有賴於服從這些律法。同樣的，也有偉大的公義原則管理著一切具有理智者的生命，而全宇宙的福祉就在乎遵循這些原則。在這個世界尚未受造之前，上帝的律法就已經存在。天使都受其原則所管束，而為要使地與天和諧，人也必須服從這神聖的法度。基督曾在伊甸園中向人類闡明律法的條例，……基督在地上的使命並非要廢掉律法，乃要藉著祂的恩典使世人轉回服從律法的條例。

　　多年以後，那位曾在山上傾聽耶穌話語的蒙愛的門徒，在聖靈的感動之下，曾論及律法是具有永久遵行之義務的。祂說「違背律法就是罪」，並且「凡犯罪的，就是違背律法」（約壹 3：4）。祂說明祂所提及的律法「乃是你們從起初所受的舊命令」（約壹 2：7）。祂所講論的即是創造時就已存在，而在西奈山上重新宣布的律法。——《福山寶訓》，原文47、48頁。

我該如何向一個不信上帝的人解釋全宇宙的幸福是基於上帝的律法呢？

深入思考

基督徒生命之元首

聖經都是上帝所默示的，於教訓、督責、使人歸正、
教導人學義都是有益的。

提摩太後書 3：16

我蒙指示，那些有了真理知識卻仍容其一切能力專注於世俗事務的人，乃是不忠實的。他們沒有用好行為來使真理之光照耀別人。他們的才幹幾乎全用來成為精明奸巧的屬世之人。他們忘了自己的才幹原是上帝所賜，用以推進其聖工的。他們若忠於本分，就可拯救許多生靈歸於救主；但許多人卻因他們的疏忽而滅亡了。上帝呼召那些明白祂旨意的人，要作遵行祂話的人。軟弱無力、沒有誠意以及猶疑不決，會引起撒但的攻擊；凡容許這些惡習生長的人，必然毫無救助地被試探之兇猛巨浪所淹沒。每位稱呼基督之名的人，都必須長大成人，滿有基督長成的身量。祂乃是**基督徒生命之元首**。

我們在經歷人生的許多狹隘之處時都需要一個領導者，正如同水手在經沙洲或上溯多礁石的河流之時，需要一位領港員一樣，這位領導者在哪裡才能找到呢？親愛的弟兄們，我向你們指出，那就是《聖經》。《聖經》是出於上帝的默示，由聖人寫下來，向老幼之人極其清楚而肯定地指明其本分。它能提高思想，軟化人心，並使人的心靈有聖潔之喜樂與愉悅。《聖經》顯明品格的完全標準；無論在何種環境下，直到生命旅程結束之日，它均為絕無錯誤的領導者。應當用《聖經》作你們的顧問，為日常生活的準則。

應當殷勤善用各種恩典，使上帝的愛在心中充滿，多而又多，「使你們能分別是非，作誠實無過的人，直到基督的日子；並靠著耶穌基督結滿了仁義的果子。」（腓 1：10、11）你們的基督徒生活應當顯出強壯勇敢的樣式。你們可以達到《聖經》在你們面前所定的高尚標準，而且如果要作上帝的兒女，便必須如此。你們不能站立不動；若不前進勢必後退。你們必須有屬靈的知識，……以便「叫上帝一切所充滿的，充滿了你們」（弗 3：19）。——《教會證言》卷五，原文263、264頁。

如果軟弱無力、三心二意以及猶疑不決會引起撒但的攻擊，那麼我需要在我的生活中做什麼改變來抵禦撒但的詭計？

深入思考

立約的使者

「耶和華──以色列的上帝啊，天上地下沒有神可比你的！
你向那盡心行在你面前的僕人守約施慈愛。」

歷代志下6：14

這裡是一個幽靜的山陵地帶，是野獸出沒之地，是強盜和殺人者匿跡之處。雅各孑然一身，毫無保護，極其悲痛地俯伏在地。這時已是午夜了；他所有的親人都已離他很遠，而且受著危害和死亡的威脅。最使他悲苦的，就是這些無辜的人臨到這樣的危險，乃是因著他的罪。於是他懇切流淚地在上帝面前禱告。忽然有一隻粗壯有力的手抓住了他。他以為這是一個敵人來尋索他的性命。……

雙方一言不發，在黑暗中互相掙扎，都想佔據上風。雅各盡一切的力量應戰，片刻也沒有鬆懈，他在為自己的性命搏鬥時，有犯罪的感覺壓在他心上；他所犯的種種罪過都來到眼前，把他與上帝隔絕了。幸虧他在可怕的絕境中想起上帝的應許來，於是他傾吐心意，向上帝懇求恩典。這一場角力一直持續到天將破曉的時候，那時雅各的對手用指頭將他的大腿窩摸了一把，他的腿立時就扭了。

先祖這時才認出他對手的真面目。他知道自己是在與天上的使者角力，所以他雖然用了幾乎超人的力量還是不能得勝。這乃是**「立約的使者」**基督親自向雅各顯現。這時先祖雖然受了傷，感到劇痛不已，但是他總不肯放手。他滿心悔恨傷痛，抓住天使「哭泣懇求」（何12：4），求為他祝福。雅各必須確知他的罪已蒙赦免。肉體上的痛苦也不足以轉變他的意志。他的決心越堅定，他的信心就越來越懇切，越堅忍，一直到底。那天使設法掙脫，對他說：「天黎明了，容我去吧！」但是雅各回答說：「你不給我祝福，我就不容你去。」如果雅各這話是出於自負、僭越和傲慢，他必要立時被殺；但他是出於承認自己的不配，而信賴守約上帝的誠實。──《先祖與先知》，原文196、197頁。

深入思考

我會緊緊抓住上帝直到祂祝福我，還是會輕易放棄？

承受產業者

「這是承受產業的。來吧，我們殺他，佔他的產業！」

馬太福音 21：38

耶穌在葡萄園的比喻中將猶太人的真實狀況擺在他們面前。園主代表上帝，葡萄園代表猶太國，籬笆代表保護他們且使他們與地上的萬民有別的上帝的律法。葡萄園中的高樓代表聖殿。……

園主要求園戶繳交應納的一份葡萄園的果子。照樣，上帝也要求猶太人過與祂所賜給他們的神聖特權相稱的生活。然而園戶怎樣殺了奉主人的名來收果子的僕人，照樣，猶太人也殺害了上帝所差來傳信息給他們的先知。不僅這些人遭到了拒絕，當主人派他唯一的兒子——注定要**承受產業者**——到他們那裡去時，傲慢的猶太人——就是不忠心的僕人們——既想霸占葡萄園，獲得由此產生的尊榮和利益，就彼此推論說：「這是承受產業的。來吧，我們殺他，佔他的產業！」耶穌就這樣在祂的比喻中把猶太人反對祂的黑暗意圖揭露得淋漓盡致。

耶穌聽到他們在給兇惡的園戶定罪時宣布了他們自己的罪狀之後，便憐憫地望著他們，繼續說道：「經上寫著：『匠人所棄的石頭已作了房角的頭塊石頭。這是主所做的，在我們眼中看為希奇。』這經你們沒有念過嗎？所以我告訴你們，上帝的國必從你們奪去，賜給那能結果子的百姓。誰掉在這石頭上，必要跌碎；這石頭掉在誰的身上，就要把誰砸得稀爛。」（太 21：42-44）

這一段預言是猶太人在會堂裡教訓百姓時經常念誦的。他們把它用在將要來的彌賽亞身上。但耶穌卻把那位慘遭殺害的繼承人與匠人所棄的石頭聯繫起來，那塊石頭最終成了整個建築最主要的石頭。基督自己原是猶太制度的創作者，是聖殿寶貴的根基，一切獻祭制度所指向的實體。——《預言之靈》卷三，原文34、35頁。

深入思考

我會不會有一天像那些法利賽人一樣，拒絕上帝的兒子呢？

王的榮美

看哪，他駕雲降臨！眾目要看見他，連刺他的人也要看見他。

啟示錄1：7

噢，可惜有多少人因為未曾尋求解決靈性得救的問題，以致不久就要發出痛苦的悲呼說：「麥秋已過，夏令已完，我們還未得救。」（耶8：20）

我們現正生活在世界歷史的結局之中。預言正在迅速地應驗，恩典時期即將過去。我們再沒有時間——連一刻也沒有——可供虛擲了！千萬不要在看守的時候打盹！不要有人在心裡或從行為上表示說：「我的主人必來得遲。」（太24：48）要將基督即將復臨的信息，用懇切警告的言詞傳出。我們務要在各處勸說人們，使之悔改歸正，逃避那將要來的忿怒。我們要喚醒他們趕緊預備，因為我們很難料到前途的事。傳道人與平信徒都當到那莊稼已熟透的田地裡去，告訴凡冷淡而漠不關心的人，要他們趁耶和華可尋找的時候尋找祂。無論何處，工人們若宣傳那被人遺忘的《聖經》真理，就必尋得他們的收穫。他們必被發現有一班人樂意接受真理，而且甘願奉獻自己一生從事救人歸向基督的工作。

主就要降臨了，我們必須預備妥當，安然迎見祂。當決心竭盡自己的能力，將光分享給我們四周的人。我們不要憂愁，而要歡喜快樂，並且時常保持主耶穌在我們的面前。祂即將復臨，我們必須預備妥當，等候祂的顯現。唉，如果能親眼看見祂，又蒙祂悅納作為祂救贖的人，那該是何等榮幸的事啊！我們雖等候已久，但我們的希望仍不可磨滅。因為我們若能看見**王的榮美**，就必永遠蒙福。我覺得我必須高呼：「回家吧！」我們已經臨近基督有能力有大榮耀的降臨，來接祂贖民歸回那永遠家鄉的時候了。……

在這偉大的最後工作中，我們將要遭遇許多困惑，令我們不知所措而無法應付；但我們不要忘了：天上的三大權威正在動工，命運之輪乃操在神聖掌握之中，上帝必使祂的應許一一成就。祂要從世上招聚一班憑著公義事奉祂的百姓。——《教會證言》卷八，原文252-254頁。

我渴望迎見耶穌帶著一切的榮美降臨嗎？我現在的生活是否著重於基督的早日復臨？

深入思考

天國的統帥

反倒虛己，取了奴僕的形像，成為人的樣式。

腓立比書2：7

耶穌是生活在地上唯一的無罪者。但祂竟住在拿撒勒邪惡的居民中近三十年之久。這一事實，對那些認為無瑕疵的生活有賴於地點、運氣或順境的人是有力的駁斥。試探、貧窮和苦難，正是培育純潔堅定的品德必需的鍛煉。

耶穌生活在一個農民之家，忠心愉快地分擔家庭的負擔。祂原是**天國的統帥**，天使也樂意聽從祂的話。如今祂卻變成了一個聽命的僕人、孝順的兒子。祂學會了一門手藝，用雙手在木匠舖裡同約瑟一起勞作。祂穿著普通工人簡樸的衣服，在小鎮的街道上往來，從事卑微的工作，沒有運用祂的神能來減輕祂的重擔，或減少祂的辛勞。

童年和青年時期所從事的勞動，使耶穌的心智和體力得到了充分的發育。祂沒有浪費祂的體力，總是保持身體的健康，以便愉快地勝任每一項工作，並做得完美無瑕。祂不願有任何缺點，甚至在工具的使用上也是如此。祂的手藝盡善盡美，正像祂的品格完善一樣。祂以身作則地教導我們，勤勞是人生的本分。我們做事必須準確、周到，這樣的工作才是光榮的。應該訓練青年人的雙手，使之能分擔人生的重擔，這樣的操練能強健體魄，並使每一項才能得到發展。人人都應從事一種對人對己都有助益的工作。上帝使勞動成為一種福惠，所以只有殷勤勞動的人才能體驗到真正光榮和幸福的人生。凡以愉快的心情扛起一份家庭責任，為父母分憂的兒童和青少年，上帝必予以慈愛的嘉獎。這樣的孩子從家庭出去，必成為社會上有用的人。——《歷代願望》，原文72頁。

耶穌作為天國的統帥，甘願成為人類，為所有的罪人犧牲自己的生命，在品格和行為上為我們樹立了榜樣。我今天願意為祂放棄什麼呢？

深入思考

搖祭預表的對象

但各人是按著自己的次序復活：初熟的果子是基督；
以後，在他來的時候，是那些屬基督的。

哥林多前書 15：23

1844年夏，就是在復臨信徒起初以為二千三百日結束的春季，與後來發現預言實際延伸到這一年秋季之間，他們用《聖經》的話去傳「新郎來了！」的信息。

那發起這次運動的，乃是他們對於那確定二千三百日之起點的新發現，就是說：亞達薛西王重建耶路撒冷的命令是在公元前457年秋，而不是在他們失望前認為的春季生效。那二千三百年既從公元前457年秋算起，就必在1844年秋結束。

逾越節的羔羊被殺，乃是基督捨命的預表。保羅說：「我們逾越節的羔羊基督已經被殺獻祭了。」（林前 5：7）在逾越節期內所獻初熟莊稼的搖捆則預表基督的復活。保羅論到主的復活和祂百姓的復活，說：「初熟的果子是基督；以後，在他來的時候，是那些屬基督的。」（林前 15：23）正像那在收割莊稼之前最先割下來要搖的禾捆一樣，基督乃是那在將來復活時，被收入上帝倉庫的蒙贖之民初熟的果子。

這些預表不但在事實上，而且也在時間上應驗了。在猶太曆的正月十四，就是1500年來，宰殺逾越節羔羊的日子，基督既同門徒吃了逾越節的筵席，就設立了聖餐禮，這個禮節將要紀念祂的死，作為「上帝的羔羊，除去世人罪孽的」。在那同一天晚上，祂被惡人捉拿，要把祂釘死在十字架上。祂又作為**搖祭預表的對象**，在第三天復活了，「成為睡了之人初熟的果子。」──《善惡之爭》，原文398、399頁。

深入思考

在研究預言的時候，我怎樣才能避免錯誤的解經，就像復臨教會的先驅們曾誤信耶穌會在1844年10月22日復臨？

深愛的兒子

他救了我們脫離黑暗的權勢，把我們遷到他愛子的國裡。

歌羅西書 1：13

我蒙指示，看到上帝在賜下祂的兒子為人死，使人可以獲得赦免並存活的事上所顯出的大愛和屈尊。我蒙指示，看到亞當和夏娃曾有特權觀看伊甸園的榮美，並蒙允許吃園中所有樹上的果子，只有一棵樹除外。但是那蛇引誘了夏娃，夏娃又引誘了她丈夫，他們就都吃了那禁樹上的果子。他們既違反了上帝的命令，就成了罪人。消息傳遍了天庭，所有的金琴都靜默無聲。眾天使都感到悲傷，唯恐亞當和夏娃又會伸手摘生命樹的果子來吃，就成為不死的罪人。……

天上眾生既得知人類已經失喪，而且上帝創造的世界將要充滿著注定遭受痛苦、疾病與死亡的人群……，天庭便充滿了憂傷。亞當全家必須死亡。我看到可愛的耶穌，並看見祂臉上有同情和憂傷的表情。不久我又看見祂就近那環繞天父極輝煌的榮光。在我身旁的天使說，祂正與祂的父交談。當耶穌和天父會談時，眾天使似乎非常焦慮。祂曾三次被那環繞著聖父的光輝所包圍，當祂第三次從父那裡出來時，祂的形體就可以看清了。祂的容貌是恬靜的，沒有一點困惑與懷疑，卻煥發著慈祥與仁愛，是言語無法形容的。於是祂向全體天使說明：已經為失喪的人開了一條逃生之路。祂已向祂的父懇求，並且獲得了許可，要獻上祂自己的生命作為人類的贖價，擔當他們的罪惡，親自承擔死的刑罰，從而打開一條生路，使人類可以藉著祂流血的功勞，使他們先前的過犯得蒙赦免，並且藉著順從，得以重返他們曾被趕出的伊甸園。……

於是喜樂——說不出來的喜樂，就充滿了天庭。天上的詩班高唱頌讚和崇拜的詩歌。他們彈奏金琴，並歡唱音調比以前更高的詩歌，因為上帝有偉大的恩慈與謙卑，竟捨得讓自己**深愛的兒子**為背叛的人類受死。——《早期著作》，原文125-127頁。

我何必選擇為那十字架已償還的罪而死呢？

深入思考

忍耐的受難者

他誠然擔當我們的憂患，背負我們的痛苦。

以賽亞書53：4

在寶座上有十字架出現，於是亞當受試探與墮落的情景，以及救恩之偉大計畫各階段的發展，像一幕幕的電影放映。救主的卑微降生；祂幼年樸素和順命的生活；祂在約旦河受洗；祂的禁食和在曠野的試探；祂的公開服務，向世人顯示上天最寶貴的福分；祂白日忙於慈悲仁愛的事，黑夜在山間寂靜之處警醒禱告；人們用以報答祂恩德的嫉妒、陰謀、仇恨和惡毒；祂在客西馬尼園中因全世界的罪孽重負而感受的慘重異常的痛苦；祂的被賣和交在兇惡暴徒的手中；那恐怖之夜的種種驚人事件，這毫不抵抗的囚犯被自己心愛的眾門徒遺棄，在耶路撒冷的街道上被人粗暴拖行；上帝的聖子被人耀武揚威地帶到亞拿面前，在大祭司的庭院，彼拉多的公堂，又在那卑鄙怯懦且殘酷無道的希律面前受審，被人嘲笑、侮辱、折磨、判處死刑，這一切都要生動地顯現出來。

此後，在人山人海之前，出現最後的幾幕景象，那位**忍耐的受難者**踏上髑髏地的刑場；天庭之君竟被掛在十字架之上；驕傲的祭司和譏誚的暴徒在那裡嘲笑祂臨終的痛苦。那超乎自然的黑暗、那震動的地面、崩裂的岩石、敞開的墳墓，都是世界救贖主犧牲性命之時的顯著事件。

這殘酷恐怖的情景要源源本本地呈現。撒但以及他的使者和百姓不能不看這暴露他們罪行的描繪。其中的每一個人都要回想自己所充當的角色。那曾經屠殺伯利恆無辜嬰孩，妄想藉此除滅以色列之君的希律；和卑鄙下賤、心地邪惡，染了施洗約翰之血的希羅底；還有那懦弱無能、隨波逐流的彼拉多；和那些譏誚戲弄救主的兵丁、祭司、官長，以及瘋狂亂喊「他的血歸到我們，和我們的子孫身上」的群眾，這些人都看出自己罪惡的嚴重性。他們妄想藏身躲避救主那比日頭更輝煌的神聖威嚴。同時，得救的群眾卻要摘下自己的冠冕，置於救主的腳前，喊叫說：「他為我而死！」——《善惡之爭》，原文666、667頁。

我的生命冊能證明我對那位受難救主的愛嗎？

深入思考

良善的楷模

耶穌對他說：「你為什麼以善事問我呢？」

馬太福音 19：17

　　光明之君與黑暗之君的大鬥爭並不因時間的流逝絲毫減輕其劇烈程度。光明與黑暗，謬道與真理之間的嚴酷鬥爭愈演愈烈。撒但陣營的人正在積極行動。在這世代中，仇敵欺騙的勢力表現出最狡猾的方式。每一顆沒有向上帝降服的心靈、受上帝之靈管轄的人，都會因撒但爪牙的誘惑而敗壞。

　　仇敵不斷努力將耶穌基督從人心中排擠出去，安置他自己的性情，以取代上帝的性情。他將他強大的騙術施加於人心，以便加以控制。他企圖抹煞真理，去除公義和**良善的楷模**，讓自稱是基督教的世界因著與上帝分離而被毀滅。他正在使自私氾濫全世界，致使基督的使命和工作失效。

　　基督來到世上將上帝的品德帶回給世人，並在人的心靈上重新描繪祂的形像。基督的一生藉著恆切和殷勤的努力，設法引起世人對上帝和祂聖潔要求的關注，使人被上帝的靈充滿，被祂的愛激動，在生活與品格上反映上帝的美德。基督來到世上，成為這世界的光和生命，祂的一生就是不斷的克己犧牲。主耶穌看重每一個人，不願有一人沉淪。祂偉大的愛心將整個世界擁抱入懷，使祂為所有相信祂的人預備了完全的救恩。

　　在基督的品格中，神性與人性結合在一起。祂生活的一舉一動都表現出節制與自制。但祂的舉止絲毫不固執或冷漠，以致削減祂對所接觸之人的影響。世界的救贖主擁有超過天使的神性，但祂仍然將祂神性與溫柔謙卑相結合，吸引萬人來歸向祂。──《手稿》39，1894年。

對於耶穌重看我且無法忍受我可能會迷失之事，我該如何回應祂？

深入思考

一切命運的支配者

「耶和華必成全關乎我的事；耶和華啊，你的慈愛永遠長存！
求你不要離棄你手所造的。」

詩篇 138：8

在那永恆的歲月中，基督的十字架要作為得贖子民的學問與詩歌。在得了榮耀的基督身上，他們要看出被釘十字架的基督。他們永不忘記那位創造並托住無數世界的主，上帝的愛子、天庭的君王、基路伯與發光的撒拉弗所樂意尊重的神，曾屈尊虛己來拯救墮落的人類，他們永不忘記祂曾擔負罪的刑罰和羞辱，以至天父掩面不忍看祂，直到這淪亡世界的禍患使祂心碎，並在髑髏地的十字架上把祂害死了。祂是宇宙諸世界的創造主，**是一切命運的支配者**，竟願意因愛人而撒棄自己的榮耀並親自忍受屈辱，這是使宇宙眾生永遠感到驚奇而倍致欽崇的。當蒙救的眾民看到自己的救贖主，見祂臉上煥發著天父永遠的榮耀，又目睹祂永遠長存的寶座，並知道祂的國度永無窮盡時，他們就要唱出歡樂的詩歌，說：「那曾被殺，而藉著他的寶血救我們歸於上帝的羔羊，是配得榮耀的！」

十字架的奧祕足以解釋一切其他的奧祕。在髑髏地發出的光輝中，那曾使我們驚惶畏懼的上帝之品性，卻要顯為美麗而可愛了。同時也使人看出：在上帝的聖潔、公正和權柄之中，都有著憐憫、溫柔和父母般的慈愛。我們一面見到祂寶座的威嚴高大，一面也可看到祂品德的慈悲，便能比過去更清楚地體會到「我們的父」這個親密的稱呼有何意義。

到那時我們便要看出：這位智慧無窮的主，除了犧牲自己的兒子以外，沒有別的方法能救我們。這種犧牲的報酬就是祂能歡喜見到地上住滿了聖潔、快樂和不死的贖民。——《善惡之爭》，原文651、652頁。

上帝為救我而實行了唯一的方法——犧牲祂的愛子耶穌基督。
今天，我何時能停下手上的工來為此感謝上帝？

深入思考

神聖的替身

> 「他代替我們的軟弱，擔當我們的疾病。」

馬太福音 8：17

當基督維護律法的尊榮時，眾天使和未墮落的諸世界，是以何等緊張的心情關注著這場鬥爭啊！不僅為了這個世界，也為了天上的世界，要永遠解決這場鬥爭。黑暗的聯盟也在伺機戰勝人類這位兼具神性和人性的替身，那叛徒便可歡呼勝利。……

可是撒但只傷了主的腳跟，不能傷主的頭。基督受死的時候，撒但看到自己徹底失敗了。他看到自己的真面目在全天庭面前暴露無疑，天上的眾生靈和上帝創造的諸世界，將完全站在上帝一邊。他看到自己今後再也無法影響他們了。基督的人性將在永恆的時間裡見證這場鬥爭的止息。

基督取了墮落狀況中的人性，但祂絲毫沒有墮落人性的罪惡。祂承受了困擾人類的種種軟弱。「這是要應驗先知以賽亞的話，說：『他代替我們的軟弱，擔當我們的疾病。』」（太 8：17）祂體恤我們的軟弱，也曾凡事受過試探，與我們一樣，只是祂沒有犯罪。祂是「無瑕疵、無玷污的羔羊」（彼前 1：19）。如果撒但在最小的事上引誘基督犯了罪，他就傷了救主的頭。但他只能傷祂的腳跟。如果基督的頭受傷了，人類的希望也就破滅了。上帝的忿怒也必落在基督身上，如同臨到亞當一樣。基督和教會就會沒有指望。

我們對於基督人性的完全無罪，不應有任何疑慮。我們的信心必須是一種理智的信，要以完全的信心仰望耶穌，充分信靠那贖罪的犧牲。這樣，我們的心靈就不會被黑暗所包圍。這位**神聖的替身**能拯救我們到底，因為祂向驚訝的宇宙展現了祂人性品格中完美的謙卑，以及祂完全順服上帝的一切要求。——《信息選粹》卷一，原文255、256頁。

我怎樣才能在我自己所及的領域裡，像基督在自己的領域中那樣完全呢？

深入思考

全能中保

因為只有一位上帝，在上帝和人中間，只有一位中保，
乃是降世為人的基督耶穌。

提摩太前書2：5

在審判之時，要詳細察看人們是否善用自己的才能。……我們曾否增進了那委託給我們的體力、心力和腦力來榮耀上帝，造福世人呢？我們的光陰、文筆、口才、金錢和感化力是怎樣使用的呢？在貧窮困苦的人和孤兒寡婦身上，我們為基督做了什麼呢？上帝已經委託我們保管祂的聖言，我們是否曾經善用這賜給我們的亮光和真理來使人有得救的智慧呢？單是口頭承認信仰基督是毫無價值的，唯有用行為來表現的愛心才算為真實。在上天看來，唯有愛心才能使任何行動顯為可貴。凡是出於愛心的行為，無論在人的衡量中是何等微小，都必蒙上帝的悅納與報賞。

人心中所隱藏的私念，在天上的案卷中都要顯露出來。人對於同胞未盡的義務，以及對於救主忽略的責任，都要記在那裡。在這些案卷中，人們將要看出自己是怎樣時常將那應歸給基督的光陰、心思和精力獻給了撒但。眾天使送到天上的紀錄是真實可參照的。許多身為萬物之靈，自稱為基督門徒的人，竟然專心致志於世俗的財利，或沉溺迷戀於地上的享樂。金錢、光陰和精力，大都犧牲在誇耀和縱慾的事上，而很少用在祈禱、查經、自卑和認罪的事上。

撒但發明無數的計謀，要佔據我們的思想，使我們不去想我們應當最熟悉的工作。這大騙子痛恨那足以使人仰望一位贖罪羔羊和**全能中保**的偉大真理。他知道自己的成功全在乎能否引誘人的思想離開基督和祂的真理。

凡欲領受那作為中保的救主所賜之幫助的人，不可讓任何事物妨礙他們敬畏上帝得以成聖的義務。不要把寶貴的光陰耗費在享樂、誇耀或得利的事上，卻要以懇切祈禱的精神研究真理的道。——《善惡之爭》，原文487、488頁。

深入思考

我是否曾有意識地將我的一部分力量貢獻在撒但的事工上？

渠道

基督在創世以前是預先被上帝知道的，卻在這末世才為你們顯現。

彼得前書1：20

　　人因反叛和背道而喪失了上帝的眷愛；人無權這樣做，因為若不是上帝的愛子賦予人價值，人就毫無價值。我們必須明白這一點；人喪失了上帝本著祂的仁慈憐憫白白賜給他的那些特權，也就喪失了所委託給他，要他用來推進祂聖工、增進祂榮耀、使祂所造之人受益的那種財富。上帝的手所造的人拒絕順從上帝國度律法的那一刻，便是他不忠於上帝的政權且使自己完全不配享有上帝所惠賜他一切福氣的那一刻。

　　這就是人類因犯罪而與上帝分離之後的處境。……而人之所以沒有被消滅，是因為上帝愛他，賜下祂的愛子遭受人犯罪的刑罰。基督提議成為人類的中保和替身，好叫人藉著無比的恩典接受另一次考驗——第二個考察期——並有亞當夏娃的經驗警告他們，不要像他們一樣違反上帝的律法。人既享受上帝所賜的陽光和食物之福，就有本分在上帝面前屈身，滿心感激地承認萬物都由上帝而來。……

　　人違背了上帝的律法，卻因救贖主而在另一個根基上得到了新的應許。一切福氣都須藉著一位中保而來。如今人類家庭的每一個成員都完全被交在基督手中，我們在今生所擁有的一切——無論是錢財、房屋、地產，還是推理能力、體力或智力才能——和來生的福氣，都作為上帝的財寶令我們擁有，要我們忠心地用來造福人類。每一恩賜都有十字架的印記，並且帶有耶穌基督的形像和名號。萬物都從上帝而來。從最小的好處到最大的福氣，一切都藉著一個**渠道**湧流——一位超人的中保流出了價值無法估計的寶血，因為那是上帝在祂兒子裡的生命。
——《信心與行為》，原文21、22頁。

今天我需要上帝透過神聖的渠道為我帶來什麼？

深入思考

上帝臨格的使者

「據我們看，自己就如蚱蜢一樣；據他們看，我們也是如此。」

民數記 13：33

「當下，全會眾大聲喧嚷；那夜百姓都哭號。」暴亂和公然的叛變很快就接著發生了；因撒但完全支配了他們，百姓就似乎失了理智。他們咒罵摩西和亞倫，忘記上帝已經聽見他們的惡言，那隱在雲柱裡的、**上帝臨格的使者**已經看見他們恐怖的暴動。他們在悲哀中喊叫說：「巴不得我們早死在埃及地，或是死在這曠野。」於是他們轉而埋怨上帝，說：「『耶和華為什麼把我們領到那地，使我們倒在刀下呢？我們的妻子和孩子必被擄掠。我們回埃及去豈不好嗎？』眾人彼此說：『我們不如立一個首領，回埃及去吧！』」

人民的反叛刺痛了摩西和亞倫的心，他們感受到人民罪惡的嚴重性。「摩西、亞倫就俯伏在以色列全會眾面前。」這時迦勒和約書亞欲安撫叛亂；他們就撕裂了衣服表示悲憤，衝到百姓中間，以高過那哀號的試探及叛亂悲呼的聲音說：「我們所窺探、經過之地是極美之地。耶和華若喜悅我們，就必將我們領進那地，把地賜給我們；那地原是流奶與蜜之地。但你們不可背叛耶和華，也不要怕那地的居民；因為他們是我們的食物，並且蔭庇他們的已經離開他們。有耶和華與我們同在，不要怕他們。」

但會眾不聽他們懇切的祈求。那些不忠的探子高聲的斥責迦勒和約書亞，於是，全會眾喊叫起來，要用石頭打死他們。暴徒拿了石頭要殺那兩個忠心的人，他們大聲吶喊，衝向前去，忽然石頭從他們手中落了下來，眾人寂靜無聲，戰慄不已。因為上帝親自干涉，阻止了他們殺人的計畫，祂的榮光像火焰一般照徹會幕。……有一位比他們更大的主已經顯示了自己，再沒有人敢繼續反抗了。——《評閱宣報》，1902年5月20日。

我曾因忤逆而使聖靈擔憂嗎？我的憤怒曾阻擋過上帝對我的祝福嗎？

深入思考

永生之道

「我為此而生，也為此來到世間，特為給真理作見證。」

約翰福音 18：37

基督是人類有史以來最偉大的教師，祂曾來到這個世界傳播真理的亮光，使人能獲得進天國的資格。祂聲稱「我……為此來到世間，特為給真理作見證」（約18：37）。祂來顯示父的品格，引導人以心靈和誠實敬拜上帝。

上天知道人類需要一位神聖的教師。上帝深深憐憫和同情墮落而被綁在撒但戰車上的人類。及至時候滿足，祂就差祂的兒子，天上的決議所指定的一位來到地上作人類的導師。上帝憑著豐盛的慈愛把祂賜給我們的世界。為了應付人類的需要，祂取了人性。天上全軍不勝驚異，**永生之道**竟來到這個世界作一個無助的嬰孩。經過充分的準備，祂離開了尊貴的天庭，神祕地與墮落的人類同在一起。……

基督既撇下崇高的地位，就可以任意選擇自己的身分。可是對於尊榮和高位祂毫不動心。祂選擇了最卑微的身分。在祂的經歷中，沒有奢侈、安逸和享受。天國的真理要作祂的中心話題。祂來是向世人傳播真理。……

基督在童年時，祂的智慧並上帝和世人喜愛祂的心都一齊增長。這並不奇怪。因為祂增長才能、提高能力，都是按照祂自己所設立的定律。祂並沒有在拉比學校裡受教，因為上帝是祂的導師。隨著祂的年齡增長，祂的智慧也增長了。祂勤奮地研究《聖經》，因為祂知道其中有無價的寶貴教訓。祂忠心地實行家中的本分。早晨時光，祂並沒有躺在床上睡覺，而是經常到隱密的地方去，查考《聖經》，向天上的父祈禱。——《給家長、教師和學生的勉言》，原文259、260頁。

如果耶穌自己就是永生之道，為什麼祂還需要學習《聖經》？

深入思考

照亮外邦人的光

「那坐在黑暗裡的百姓看見了大光；
坐在死蔭之地的人有光發現照著他們。」

馬太福音4：16

尼哥底母設法在晚上去見耶穌，說：「拉比，我們知道你是由上帝那裡來作師傅的；因為你所行的神蹟，若沒有上帝同在，無人能行。」（約3：2）這句話說得不錯。但耶穌怎麼說呢？祂回答說：「我實實在在的告訴你，人若不重生，就不能見上帝的國。」（約3：3）他是一個位高權重的人，被視為精通猶太的學問，充滿智慧。他確有超人的才幹。他不願白天到耶穌那裡去，因為怕受人議論。作為一個猶太人的官長，承認自己同情這個被人藐視的拿撒勒人實在太失顏面了。尼哥底母想，我要親自探知這位教師的使命和主張。祂是否確實是**照亮外邦人的光**和以色列民的榮耀。

耶穌實際上是對尼哥底母說：辯論對你並無幫助，論證也不會給心靈帶來亮光。你必須有一顆新心，否則你就不能看見天國。能使你轉到正確立場的，並不是更大的證據，而是新的宗旨、新的動機。你必須重生。在這種改變發生、令一切都變成新的之前，即使最強而有力的證據也無濟於事。虧欠在你自己心裡。一切都必須改變，否則你就不能見上帝的國。

尼哥底母聽到這一句話，感到很屈辱。他惱怒接過基督的話題說：「人已經老了，如何能重生呢？」他沒有屬靈的心，不能理解基督話語的意思。但救主並不用辯論對付辯論。祂嚴肅、從容、莊重地舉起手，以更大的力度闡明了真理：「我實實在在地告訴你，人若不是從水和聖靈生的，就不能進上帝的國。」──《給牧師和傳道人的證言》，原文259、260頁。

你上一次為某件事來到耶穌面前，卻得到了不同且出乎意料的結果是什麼時候？

深入思考

235

啟示真理的主

我們若說是與上帝相交，卻仍在黑暗裡行，
就是說謊話，不行真理了。

約翰一書1：6

如果金銀足以換來人類的得救，則一位宣稱「銀子是我的，金子是我的」的主（該2：8）該是多麼輕而易舉就能完成這事。但是違背律法的罪人唯有憑藉上帝兒子的寶血，才能得蒙救贖。救贖計畫乃是以犧牲為基礎的。使徒保羅寫道：「你們知道我們主耶穌基督的恩典：他本來富足，卻為你們成了貧窮，叫你們因他的貧窮，可以成為富足。」（林後8：9）基督為我們捨了自己，為要救贖我們脫離一切的罪孽。因此救恩的最高福惠，就是「上帝的恩賜，在我們的主基督耶穌裡，乃是永生」（羅6：23）。

彼得繼續說：「你們既因順從真理，潔淨了自己的心，以致愛弟兄沒有虛假，就當從心裡彼此切實相愛。」上帝的道——真理——乃是主彰顯祂的聖靈與能力的媒介。順從真理就結出好的果子，「愛弟兄沒有虛假。」這種愛是出於上天的，並使人有高尚的動機和無私的行為。

當真理成了人生的固定原則時，這人就「蒙了重生，不是由於能壞的種子，乃是由於不能壞的種子，是藉著上帝活潑常存的道」。這種新生乃是接受基督為「上帝的道」的結果。當上帝的真理藉著聖靈而銘刻在人的心版上時，新的觀念就必被喚起，那至今仍然潛伏的力量也必被激起而與上帝合作。

這就是彼得以及與他同工之門徒的經驗。基督乃是向世人**啟示真理的主**。那不能壞的種子——上帝的道——已藉著祂撒在人的心裡。但這位偉大教師許多最寶貴的教導，卻是向一班當時還不能領會的人講述的。及至祂升天之後，聖靈就使門徒想起祂的教導來，於是他們昏沉的悟性就覺醒了。——《使徒行述》，原文519、520頁。

深入思考

在聖靈真理的光照下，我在態度或行為的表現上有何最新的改變？

自然律的制訂者

「主耶和華啊,你曾用大能和伸出來的膀臂創造天地,
在你沒有難成的事。」

耶利米書 32：17

　　健康乃是一個福分。很少人欣賞它的價值。然而我們智力和體力方面的效能大都有賴於健康。我們的情感是以身體為基地的。為了使我們的才能得到充分的運用,應當把身體保持在最健康的狀態中,使之處在最屬靈的影響之下。

　　任何降低體力的事物都會削弱人的智力,減弱他分辨善惡的能力。我們擇善的能力因而降低。我們實行自己所認為正確之事的毅力也減弱了。

　　濫用體力會縮短我們的壽命,使我們無法以自己的生活來榮耀上帝,完成上帝交託我們的任務。我們若任憑自己養成不良的習慣晚睡晚起,放縱食慾,損害健康,就埋下了身體衰弱的禍根。我們若忽略身體的鍛煉,過度使用體力或腦力,就會使神經系統失衡。凡這樣忽略自然規律而縮短自己壽命的,使自己無法勝任工作的人,乃是犯了掠奪上帝之物的罪。他們同時也虧負了他們的同胞。他們造福他人的機會,即上帝差他們來到世間去做的工作,就因他們的行為而受到了阻礙。他們使自己無法做那本來能在短時期內完成的工作。當我們因有害的習慣而剝奪了世人的福惠時,上帝是算我們為有罪的。

　　違犯自然的定律,就是違犯道德的律法,因為上帝既是**自然律的制訂者**,也是道德律的制訂者。祂用祂的手指將祂的律法寫在祂所託付給人的每一根神經、每一塊肌肉和每一種天賦才能上。所以我們如果濫用身體的任何一部分,都是違犯了那律法。

　　所有的人都應了解人體的組織,以保持身體的健康,好從事主的工作。——
《基督比喻實訓》,原文346-348頁。

我是否因不愛惜自己身體的殿而剝奪上帝使用我的機會?我需要從今天開始養成什麼好的健康習慣?

深入思考

神聖的使者

> 「因為我從天上降下來，不是要按自己的意思行，
> 乃是要按那差我來者的意思行。」
>
> 約翰福音6：38

我們難道不知道有因必有果嗎？難道我們看不出由於我們怠惰地對待主的買賣，自私自利，不願將屬祂的歸還給祂，而導致祂的工作被拖延嗎？

當基督如凱旋者一般進入耶路撒冷的時候，眾人歡聲雷動，口中發出「和散那」的歡呼，但救主卻不覺得喜樂。祂注視著這座城，為她哀哭，說：「巴不得你在這日子知道關係你平安的事；無奈這事現在是隱藏的，叫你的眼看不出來。」祂看到這個注定要毀滅的城很快會將成千上萬的人捲入滅頂之災。當祂想到這個國家鑄就了自己的枷鎖，注定了自己的厄運，聚集了耶和華忿怒的烏雲時，祂的心是多麼悲痛啊！「我所有的懇求，你們全然蔑視抵制，」他說，「我一次又一次讓你們免遭正義的雷霆。我在愛中等待著你們懺悔、歸回。我寬容你們，就如同人寬容服事自己的兒子一樣。但你們卻不肯到我這裡來得生命。」

但基督痛苦的眼淚不只是為耶路撒冷而流的。當祂想到這個不肯悔改的世界將受到的可怕刑罰時，也落淚了。祂如今仍以忍耐的愛心為罪人的得救作工。那位**神聖的使者**不是正在敲響你的心門等待進入嗎？聖靈豈不是正在同罪人較力嗎？基督不是邀請那些有罪的靈魂坐在祂腳前效法祂，負上祂溫柔順從的軛嗎？祂豈不是走遍全地，沿途將祝福賜下嗎？祂的忍耐並不疲倦，祂的愛也沒有壓抑。聽聽祂對軟弱疲憊、無助之人所說的話：「凡勞苦擔重擔的人可以到我這裡來，我就使你們得安息。我心裡柔和謙卑，你們當負我的軛，學我的樣式；這樣，你們心裡就必得享安息。」你難道不願讓恩典軟化鐵石之心嗎？——《評閱宣報》，1901年12月3日。

耶穌的心究竟有多溫柔？當祂叩響我的心門時，我能聽見嗎？

深入思考

恆久忍耐之主

耶和華有憐憫，有恩典，不輕易發怒，且有豐盛的慈愛。

詩篇103：8

在救人的工作上，上帝已盡其所當行的，現在祂呼召教會與祂合作。在一方面有基督的血，真理的道及聖靈，而在另一方面卻有正在滅亡的生靈。每位基督徒都應盡一種本分，使世人接受天庭所預備的福氣。我們應仔細省察自己有否作成這份工作。讓我們審問自己的動機及生活上的每一行動。在記憶的廳堂上是否掛著許多不愉快的圖畫呢？

你們是否把基督及其大愛拒於人生之外，以致機械式的儀文已取了心靈的服務而代之？當初一提耶穌聖名，你們就覺得靈性火熱，這種熱忱現今又在哪裡呢？在你們獻身歸主之初，你們愛人的心是多麼熱烈！多麼懇切地設法向人表揚救主的愛！因為失了那種愛，以致你們變成冷淡苛刻、吹毛求疵。應當設法找回這愛，然後才盡力去引人歸向基督。你們若不如此行，那些亮光少，經驗薄，機會寡的別人就要起來，取你們而代之，行你們所疏忽的事！因為拯救那些被試探、受考驗及淪亡之人的工作，是必須作成的。基督向祂的教會提請服務；今日有誰樂意接受呢？

教會以往的善行及克己的表現，上帝並沒有忽略，一切都在上面留有紀錄。但是這些還不夠。何時教會停止奉行其使命，這些都不能救她。教會若非停止以前所表現的無情疏忽及冷淡態度，就不會力上加力，反而要繼續退化，成為軟弱與虛假的。……

弟兄們哪，你們若不堅決努力改良，你們自己的燈光就必閃動、黯淡，終至在黑暗之中熄滅。「所以應當回想你是從哪裡墜落的，並要悔改，行起初所行的事。」現今呈現的時機也許是短促的。若錯過這個恩典悔改的時辰，主的警告是：「我就臨到你那裡，把你的燈檯從原處挪去。」這些話是從那**恆久忍耐之主**的口中說出的。──《評閱宣報》，1886年11月30日。

深入思考

我是否仍然對我的救主以及見到迷失之人得救而感到興奮呢？

一切真教義的中心

你的話是我腳前的燈，是我路上的光。

詩篇 119：105

基督是**一切真教義的中心**。一切真宗教都是從祂的話中和自然界中找到的。祂是我們永生盼望的基礎。凡向祂學習的教師必找到安全的海港。

凡人心所能明白的，《聖經》都向我們啟示了。這是我們的屬靈糧食。我們應當默想上帝奇妙的作為，向孩子們重述自己學習的教導，使他們從祂創造的萬物中看見祂的智慧、能力和威嚴。

我們的上帝是何等偉大啊！祂勤勞細心的治理著祂的國度，在祂的子民周圍築了籬笆，就是十條誡命，使他們免遭犯罪的報應。上帝要求祂的子民順從祂國度的律法，同時賜給他們健康和幸福，平安和喜樂。祂教導他們：只有熟悉祂的話，才能獲得祂所要求的完美品格。

先知書上記著說：「你這受困苦、被風飄蕩不得安慰的人哪，我必以彩色安置你的石頭，以藍寶石立定你的根基；又以紅寶石造你的女牆，以紅玉造你的城門，以寶石造你四圍的邊界。你的兒女都要受耶和華的教訓；你的兒女必大享平安。你必因公義得堅立，必遠離欺壓，不致害怕；你必遠離驚嚇，驚嚇必不臨近你。」（賽 54：11-14）

「我與以色列家所立的約乃是這樣：我要將我的律法放在他們裡面，寫在他們心上。我要作他們的上帝，他們要作我的子民。他們各人不再教導自己的鄰舍和自己的弟兄說：『你該認識耶和華』，因為他們從最小的到至大的都必認識我。我要赦免他們的罪孽，不再記念他們的罪惡。這是耶和華說的。」（耶 31：33、34）——《給家長、教師和學生的勉言》，原文453、454頁。

如果不花時間學習上帝的話語就不能體驗完美的品格，我該如何改變我的時間表，才能有更多時間學習《聖經》呢？

深入思考

為我們信心創始成終的主

「我勸你向我買火煉的金子，叫你富足；
又買白衣穿上，叫你赤身的羞恥不露出來。」

啟示錄 3：18

耶穌指出謬道破壞人賞識真理、愛慕真理之心的作用。祂說：「沒有人喝了陳酒又想喝新的；他總說陳的好。」由列祖和先知所傳給世人的全部真理，在基督的話裡顯出了新的美。然而文士和法利賽人不愛慕這可貴的新酒。他們若不從心靈和意念中倒空舊的傳統、風俗和習慣，就沒有容納基督之教導的餘地。……

專靠律法的宗教，絕不能引人歸向基督。因為它是沒有愛心、沒有基督的宗教。以自稱為義的精神為動機的禁食禱告，是上帝所憎惡的。他們那種嚴肅的禮拜聚會，例行的宗教禮節，外表的謙卑，莊嚴的祭禮，都證明了那行這事的人自稱為義，以為自己有進天國的資格；其實這都是自欺欺人。我們靠自己的行為，永遠不能換取救恩。

基督的時代如何，現今的時代也如何。法利賽人沒有覺悟出自己靈性的貧乏，現今也有這等人。經上記著說：「你說：我是富足，已經發了財，一樣都不缺；卻不知道你是那困苦、可憐、貧窮、瞎眼、赤身的。我勸你向我買火煉的金子，叫你富足；又買白衣穿上，叫你赤身的羞恥不露出來。」（啟3：17-18）信心和愛心是火煉的金子。但許多人的金子已經黯淡變色了。他們的財寶已經丟失了。基督的義袍他們沒有穿上，祂活水的泉源他們也沒有飲用。……

人必須消除自我，然後才能作真正的耶穌的信徒。人必須完全捨己，上帝才能使他成為新造的人。……基督的愛必以新的生命鼓舞相信的人。人若仰望那**為我們信心創始成終的主**，基督的品格就必彰顯在他身上。——《歷代願望》，原文279、280頁。

深入思考

我是否已經將自己交給基督，使我可以在祂裡面重生？

保障

> 「錫安哪，我因與你立約的血，將你中間被擄而囚的人
> 從無水的坑中釋放出來。你們被囚而有指望的人都要轉回保障。
> 我今日說明，我必加倍賜福給你們。」
>
> 撒迦利亞書9：11、12

　　每一個教會都應為自己會內或會外的將亡之人作工。信徒們要作為上帝殿中的活石發光，反射天上的亮光。不要做任何漫不經心、雜亂無章的工作。挽救將亡的人不只是為醉酒的人禱告，或因為他哭泣並承認自己心靈的污穢就宣布他得救。有接二連三、一場又一場的硬仗要對付。

　　但願每一位教會的成員都感覺到自己對周圍社區居民做工的特殊責任。但願每一個自稱要站在基督旗下的人都感到自己與上帝進入立約的關係。要做救主的工作。但願那些開始從事這工作的人在善事上不要厭倦。當得贖之民站在上帝面前之時，那些寶貴的生靈將被點名應聲而出，站在那些曾為其下過忠心耐心之苦功，殷勤迫切地勸請其逃到**「保障」**之人們的身邊。如此，那些曾在今生世上與上帝同工的人們，將領取他們的報賞。

　　一般教會的傳道人將無法使真理從他們的講台上傳給人們；因仇敵引導他們苦毒惡意地抗拒真理。種種謊言編造出來；基督在猶太官長手中的遭遇重演了。撒但竭力遮蔽上帝照耀祂子民的每一線亮光。他藉著傳道人工作，就像在基督的日子藉著祭司和官長們工作一樣。認識真理的人豈能加入撒但，妨礙、為難和阻撓那些按上帝指定方式努力推進聖工，將真理的旗幟插在黑暗地區的人呢？——《健康勉言》，原文356、357頁。

　　當我和那些一直努力留在上帝堡壘中的人一起工作時，我如何避免對行善感到厭倦？

深入思考

唯一的真嚮導

上帝對巴蘭說：「你不可同他們去，
也不可咒詛那民，因為那民是蒙福的。」

民數記 22：12

摩押人是一個墮落並拜偶像的民族；但他們表現出真誠和認真，堅持不懈地努力，確保獲得占卜的力量來對付以色列人。就他們所領受的亮光而論，他們的罪在上天看來還沒有巴蘭的罪那麼嚴重。因為巴蘭既自稱是上帝的先知，他所講的話都要被人認為是出於上帝的威權。故此上帝不准他隨便講話，只許傳講上帝所賜給他的信息。耶和華見這狂妄的先知心中被詭詐偽善玷污，就照他乖僻頑梗的行為待他。

這件事記錄下來，是為了後世的益處。為了遵行頑梗固執的意志而戲弄上帝是危險的。今天有千萬人正在採取巴蘭那樣的行動。他們自行其是，隨心所欲，裝出被上帝的靈引導控制的樣子。那些故意受騙之人的禱告，必照著那激勵他們的精神得著應允。主出於智慧的目的，常常允許他們走自己的道路。他們就走在撒但在人周圍散布的濃霧中。

每一個離棄**唯一的真嚮導**、試圖以自己的智慧之光找到一條安全之道來通過這個世界的危險和困難的人，都將被危險重重包圍。這樣的人將自己置於一種遠比沿著光滑的懸崖攀爬的旅行者更危險的境地，在這種境地中，一旦他失去平衡，就會摔得粉身碎骨。大衛描繪那些不與上帝同行之人的危險。但他們暫時可能在罪惡的道路上亨通：「你實在把他們安在滑地，使他們掉在沉淪之中。他們轉眼之間成了何等的荒涼！他們被驚恐滅盡了。」——《時兆》，1880年11月25日。

我還能聽到上帝的聲音嗎？祂在引導我的生活嗎？我怎麼能確定我是在追隨天國唯一的真嚮導呢？

深入思考

盼望已久的拯救者

義人呼求，耶和華聽見了，便救他們脫離一切患難。

詩篇 34：17

當救主開始祂的傳道服務時，一般人對於彌賽亞及其工作的所有觀念，是會使他們完全不配接待祂的。真正敬虔的精神已在傳統和繁文縟節之中喪失了；預言的解釋也都出自驕傲而貪愛世俗之心的指示。猶太人所仰望的、即將到來的那一位，並不是拯救人脫離罪惡的救主，而是使萬國降服在猶大支派之獅統治下的大君。施洗約翰雖以古代先知刺透人心的能力呼召他們悔改，但終屬徒然。他在約旦河邊指明耶穌是除去世人罪孽的上帝的羔羊，也終歸無效。上帝力圖引導他們注意以賽亞所說關於救主受難的預言，但他們卻不肯聽。

假如以色列的教師和領袖們肯降服在耶穌改變人心的恩典之下，祂就要使他們成為祂派駐在世人中的使節。天國近了和悔改的恩召，首先是在猶大地方宣揚的。耶穌在將那班褻瀆者從耶路撒冷聖殿趕出去的事上，就已宣布自己是彌賽亞——要清除心靈的罪污，使祂的子民成為主的聖殿的那位救贖主。可是猶大的領袖們卻不肯虛己，接待這從拿撒勒來的卑微師傅。在祂第二次上耶路撒冷時，祂在公會面前被控告，這些首領們僅因懼怕百姓，所以不敢下手除滅祂。於是祂就離開猶大地，前往加利利去開始祂的傳道工作。

祂在這裡工作了數月之後，才登山向眾人宣講教訓。祂在各處宣講「天國近了」的信息（太 4：17），已博得了各階層之人的注意，更燃起了他們希望的火焰。這位新教師的名聲已傳到巴勒斯坦境外，並且不論一般祭司的態度如何，普羅大眾的意見都認為祂可能就是那位**盼望已久的拯救者**。——《福山寶訓》，原文1-3頁。

我是否渴望有一天耶穌將我從罪中拯救出來？

深入思考

天使的崇拜

「你想，我不能求我父現在為我差遣十二營多天使來嗎？」

馬太福音 26：53

在基督的聽眾中，有許多是耶路撒冷的居民，他們對官長要謀害祂的計謀，心裡是清楚的。這時他們覺得有一股難以抗拒的力量在吸引他們歸向祂。他們深深感覺到祂就是上帝的兒子。可是撒但時刻準備挑起他們的疑心；他利用的就是人們對彌賽亞和祂的降臨所持的錯誤觀念。一般人都相信基督是要降生在伯利恆的，但過些時候，祂就不見了；到祂再出現時，就無人知道祂是從哪裡來的。還有不少人認為，彌賽亞是不會與人類有血親關係的。……

當眾人正徘徊於半信半疑之中時，耶穌針對他們的思想回答說：「你們也知道我，也知道我從哪裡來；我來並不是由於自己。但那差我來的是真的。你們不認識他。」（約 7：28）他們自以為明白基督應有的來歷，其實他們根本一無所知。如果他們一直照上帝的旨意做人，那麼上帝的兒子向他們顯現時，他們就會認識祂。

聽眾對基督的話心知肚明。耶穌這些話明明是在重述幾個月前，祂在猶太公會裡宣布自己是上帝兒子時講的話。那時官長想怎樣殺害耶穌，如今他們也照樣打算捉拿祂。但他們被一種看不見的力量扼止，限制他們的狂怒。……

民眾間有多人信祂，說：「基督來的時候，他所行的神蹟豈能比這人所行的更多嗎？」當時在場嚴密注意事態發展的法利賽人首領們，聽到群眾有同情耶穌的，就趕快到大祭司那裡策劃捉拿耶穌的辦法。但他們打算趁耶穌單獨在一處時捉拿祂，因為他們不敢當眾下手。這時耶穌又向他們顯明，祂已洞悉他們的陰謀。他說：「我還有不多的時候和你們同在，以後就回到差我來的那裡去。……」不久祂就要到一個安全之所去，那裡是他們的仇恨和侮辱不能及的地方。祂將要升到天父那裡，再受**天使的崇拜**。──《歷代願望》，原文457、458頁。

深入思考

天使們看到耶穌受難會是什麼感覺？

富有同情心的醫師

在基列豈沒有乳香呢？在那裡豈沒有醫生呢？
我百姓為何不得痊癒呢？

耶利米書8：22

《聖經》說要「常常禱告，不可灰心」（路 18：1）。人在筋疲力盡、生命沒有把握時，會感到需要禱告。人在健康時往往就會忘記上帝日復一日、年復一年的奇妙恩典，不為祂的福惠而讚美祂。但當疾病臨到時，他們就想起了上帝。在人的能力失敗之際，人就會覺得需要上帝的幫助。我們慈悲的上帝，絕不會拋棄凡誠心向祂求助的人。祂是我們在健康和患病時的避難所。……

……基督與祂在地上服務時一樣，依然是**富有同情心的醫師**。在祂裡面，有治療任何疾病的良藥，有克服一切軟弱的能力。現在的基督門徒應該像祂從前的門徒一樣為病人祈禱，病人就會得到痊癒，因為「出於信心的祈禱要救那病人」（雅 5：15）。我們有聖靈的能力和信心的可靠保證，能提出上帝的應許。主應許我們「手按病人，病人就必好了」（可 16：18）。這個應許現在與使徒的時代一樣可靠。這是上帝兒女的特權。我們要憑著信心把握其中所有的權利。基督的僕人是祂作工的通道。祂要藉著他們施展祂的醫治之能。我們的工作就是用信心的膀臂把生病受苦的人帶到上帝面前。我們要教導他們信靠那位大醫師。救主要我們鼓勵生病、受苦、絕望的人把握住祂的大能。……

然而我們只有在生活中順從祂的吩咐，才能要求祂實現自己的應許。詩人說：「我若心裡注重罪孽，主必不聽。」（詩 66：18）若是我們三心二意地順從祂，祂的應許就不會實現在我們身上。

《聖經》中有為病人康復而特別禱告的指示。但這樣的禱告是非常嚴肅的，非經慎重考慮，不可貿然進行。——《論健康佈道》（舊名：服務真詮），原文225-227頁。

深入思考

我該為那些因放縱自己而患病的人祈求上帝嗎？恢復健康會改變他們的行為嗎？

最可靠的朋友

「上帝啊，開恩可憐我這個罪人！」

路加福音 18：13

　　有許多人因為經常犯罪而患病，於是良心發現，心中不安，喊著說：「主啊，開恩可憐我這個罪人；使我作你的兒女。」這時信心堅強的傳道人就要預備好告訴病人，悔改的人是有盼望的。在耶穌裡，一切希望得到幫助與接納的人，都會獲得拯救和平安。如此溫柔仁愛地將福音傳給極需盼望信息的病人，就是代表為世人捨命的主發言；當他說出有益合宜的話，為臥病在床的人祈禱時，耶穌就使之生效。上帝藉著人的口說話，打動了病人的心。人性與神性就有了接觸。

　　傳道人應當體驗基督恩典安慰的能力。這種能力會帶來健康、平安和滿足的喜樂。他應當知道基督邀請勞苦擔重擔的人到祂那裡得安息，絕不可忘記救主的愛常圍繞著上帝委派傳遞屬靈福分的人。記住這一點，他的信心就活躍，祈禱就懇切。

　　這樣，他就能將上帝真理賜健康的能力分給前來求助的人。他能述說基督所行的醫病工作，把病人的心引向那位大醫師，就是光和生命，也是安慰與平安。他能告訴他們不必失望，因救主愛他們。他們若肯歸順祂，就必得到祂的慈愛、恩惠和保守的能力。他當勸勉他們信靠上帝的應許，知道發出應許的乃是我們最好、**最可靠的朋友**。當他努力將人的思想轉向天國時，他就會發現，思考那一位知道如何運用醫治膏油的主所發的溫柔同情，會給病人帶來安息和平靜。——《傳道良助》，原文213、214頁。

維持好的友誼需要投入時間和注意力，需要分享和關心。我與耶穌的友誼夠好嗎？

深入思考

賜生命的主

因為知道我所信的是誰。

提摩太後書1：12

使徒仰望著那偉大的將來，沒有一點懷疑或畏懼，只有喜樂的盼望和熱切的期待。當他站在殉道的地點時，他沒有看劊子手的刀，也沒有看那即將吸收他鮮血的地；他的眼光卻穿透那夏日靜謐的藍天，看見了永生上帝的寶座。

這個信心英雄看到雅各異象中那代表基督的梯子，祂已將地和天、也將有限的人和無限的上帝聯結起來。他回想到眾先祖和先知如何依靠那位祂所依賴以得到支持和安慰、也就是他即將為之殉身的主，他的信心就愈加堅強。他從這些古聖先賢歷代以來為自己信仰所作的見證中得到保證，證明上帝是信實的。那些與他同作使徒的人曾經為了傳講基督的福音，出去對付宗教的偏見和異教的迷信、逼迫和藐視；他們不以性命為念，也不看為寶貴，只在不信的黑暗迷惑之中高舉十字架的火炬，他聽見這些人作見證，證明耶穌是上帝的兒子，為世界的救主。從拷問台、火刑柱和牢獄，從山洞和地穴中，有殉道者勝利的呼聲傳入他的耳中。這時，他聽見那些堅貞之人的見證，他們雖然遭受窮困、苦難、折磨，但仍為信仰作無畏而嚴肅的見證……這些為信仰而捨棄生命的人向世界聲明：他們所信靠的主乃是能拯救到底的。

保羅既因基督的犧牲得蒙救贖，既在祂的寶血裡得蒙洗淨，並披上祂的義，他本人就有把握知道自己的生命在救贖主的眼中看為寶貴。他的生命與基督一同藏在上帝裡面，他深信那已經勝過死亡的主必能保全所交付祂的。他的心緊握住救主的應許：「在末日我要叫他復活。」（約6：40）他的思想希望都集中在主的復臨上。當劊子手手起刀落，死亡的陰影籠罩在這殉道者的身上時，他最後的思想一躍而進到那偉大復活的清晨，去迎見**賜生命的主**，祂必歡迎他進入那蒙福之人的喜樂。──《使徒行述》，原文511-513頁。

深入思考

我是否認識那一位我所相信且是我唯一希望的主？

唯一的援助者

上帝怎樣以聖靈和能力膏拿撒勒人耶穌，這都是你們知道的。
他周流四方，行善事，醫好凡被魔鬼壓制的人，因為上帝與他同在。

使徒行傳 10：38

這位光明榮耀的主在祂的子民中間出入三年之久。祂「周流四方，行善事，醫好凡被魔鬼壓制的人」（徒 10：38），安慰傷心的人，叫受壓制的得自由，使瞎眼的得看見，瘸腿的能行走，耳聾的能聽見，長大痲瘋的得潔淨，死了的人復活，並傳福音給貧窮的人（路 4：18；太 11：5）。祂向各階層的人發出同樣的慈聲：「凡勞苦擔重擔的人可以到我這裡來，我就使你們得安息。」（太 11：28）

雖然祂所得的報答是以惡報善，以恨報愛（詩 109：5），但祂還是堅決執行祂慈悲的使命。凡向祂求恩的人，祂從來沒有拒絕。祂是一個無家可歸的人，日日忍受著辱罵與貧困；祂活著是要服務窮苦的人，減輕他們的愁苦，請求他們接受生命的恩賜。這恩典的波濤既被剛愎的心所抗拒，就以更高的浪潮，即無可形容的憐愛，湧流回來。但以色列人已經離棄了他們最好的朋友與**唯一的援助者**。祂那出於愛心的勸勉被人藐視，祂的忠言被人拒絕，祂的警告被人譏誚了。

希望與赦罪的時辰快要過去；上帝久已容忍的忿怒之杯快要滿溢了。那歷代以來背道與叛逆所積累的兇惡烏雲，即將籠罩在這犯罪作惡的子民頭上；而那唯一能救他們脫離厄運的主，卻被他們輕視、侮辱、拒絕，並且快要被釘在十字架上了。及至基督被掛在髑髏地十字架上的時候，以色列國蒙上帝恩眷與賜福的時日也就滿了。原來就是一個人的沉淪也是莫大的不幸，因為一個人的性命比全世界的財寶還要貴重得多；何況當基督俯瞰耶路撒冷時，全城與全國的厄運都呈現在祂面前，更何況這個城與這個國，曾一度被上帝揀選作為祂特別的產業！——《善惡之爭》，原文20、21頁。

我是否曾拒絕了耶穌仁慈的呼召之後，又看到祂帶著更大的憐憫和愛再次回來？

深入思考

全天庭所愛戴的元帥

你看父賜給我們是何等的慈愛，使我們得稱為上帝的兒女；
我們也真是他的兒女。世人所以不認識我們，是因未曾認識他。

約翰一書3：1

拉比們曾說，當一個得罪上帝的人滅亡時，天上就有快樂。耶穌卻教導說：毀滅在上帝乃是一件奇異的事。諸天所喜悅的，是在上帝所創造的人身上恢復祂的形像。

當一個遠離上帝的罪人想要回歸祂的時候，必要遭受批評和不信任。總有人懷疑他的悔改是否出於真心，或悄悄地說：「他沒有定性；我不相信他會堅持到底。」這些人所做的不是上帝的工作，而是那控告弟兄的撒但的工作。惡者希望藉著這種人的批評而使人灰心，變得更加失望，遠離上帝。悔改的罪人應當想到，當一個失喪的人回歸時，天上要為他快樂。他應當依靠上帝的慈愛，絕不可因法利賽人的藐視和猜疑而灰心。

拉比們知道基督的比喻指的是稅吏和罪人。但它還有更廣泛的意義。基督不僅用迷失的羊來代表有罪的個人，也代表這個悖逆而被罪惡敗壞的世界。在上帝統治的浩大宇宙中，這個世界就像一粒微塵。但是這個墮落的小小世界裡的一隻迷羊在祂看來，竟要比九十九隻安臥羊房的羊更加寶貴。**全天庭所愛戴的元帥**基督，為了拯救這個失喪的世界，竟屈尊捨棄祂與天父所共享的尊榮，離開天上無罪的諸世界，就是那愛祂的九十九隻羊，來到地上，「為我們的過犯受害，為我們的罪孽壓傷。」（賽53：5）上帝在祂兒子身上捨棄了自己，以便能得享尋回迷羊的喜樂。「你看父賜給我們是何等的慈愛，使我們得稱為上帝的兒女。」（約壹3：1）──《基督比喻實訓》，原文190、191頁。

天國在上一次因我的悔改而喜樂是什麼時候？

深入思考

赦罪與平安的真源頭

耶和華啊，求你因你的名赦免我的罪，因為我的罪重大。

詩篇 25：11

那一度輕易忘記自己在基督裡曾蒙崇高恩召的哥林多信徒，這時已養成堅強的基督徒品格了。他們的言語行為顯明了上帝恩典改變人心的能力，而且這時他們在那異教和迷信的中心已成了一股堅強的向善之力。使徒既得與他親愛的同伴以及這些忠心的信徒團聚，他那疲憊憂煩的心靈就得到了安憩。

保羅在哥林多逗留的時候，得有餘裕展望更寬廣的新工作園地。他特別考慮到往羅馬去的旅程。他最深切的宿願與計畫之一，就是要看到基督的信仰堅立在當時世界的大中心。那時羅馬已成立教會，所以保羅希望獲得該地信徒的合作，以便在義大利及其他國家完成聖工。這些弟兄中既有許多是他尚未認識的，因此他為自己將來在他們中間的工作鋪路，便事先寫了一封信給他們，聲明他訪問羅馬的決心，以及他要在西班牙樹立十字架旗幟的希望。

保羅在致羅馬人的書信中說明了福音的大原則。他對於當時猶太和外邦教會議論紛紛的一些問題表達了自己的立場，並說明那曾一度專屬於猶太人的指望和應許，現在也已提供給外邦人了。

這位使徒非常清楚而有力地闡明因信基督而稱義的道理。他希望其他教會也能因他寄給在羅馬之信徒的教導而得到幫助；但他對於自己話語的遠大影響，當時所能預料到的是多麼模糊啊！歷代以來，因信稱義的偉大真理像強大的燈塔一樣，一直在引領著悔改的罪人走向生命之道。那驅散路德（馬丁·路得）心靈中的黑暗，並向他彰顯基督寶血洗除罪惡之能的，也就是這光。這同一道光也已引領成千上萬背負罪擔的生靈找到**赦罪與平安的真源頭**。——《使徒行述》，原文372-374頁。

因信耶穌而稱義的真理是否為我的生命帶來平安？

深入思考

拯救我們的主

惟獨見那成為比天使小一點的耶穌；因為受死的苦，
就得了尊貴榮耀為冠冕，叫他因著上帝的恩，為人人嚐了死味。

希伯來書2：9

　　在這個危險的時代，當外表的敬虔在世上極其普遍，口頭的基督教蔚為流行時，只有少數人會認識克己和背十字架的生活方式。「儆醒禱告」是那為我們忍受試探之主的命令。基督知道我們的危險，因為祂曾與我們大能的仇敵爭戰。祂知道我們的仇敵正在追踪所有為正義而努力的人。撒但用他一切似是而非的陰謀詭計，企圖誘捕上帝的僕人，使他們離開基督，走上通往滅亡的寬闊道路。他察看我們的出入，我們雖然看不見他，他卻極其懇切和殷勤，要滅絕那些不知道他計畫的人。……

　　許多自稱認識真理、順從真理的人，因那惡者的影響，就在心裡扭曲了基督的宗教。無論你們說得多麼好聽，你們都經不起考驗，除非你們遵行上帝的道。人若在心中有活潑常存的原則，不行任何有一絲邪惡在其中的事，不敢用污穢沾染自己的心，便是用羔羊的血，洗淨自己的袍子，使之潔白。我們必須天天洗身上的衣服，好叫我們在主面前毫無玷污、皺紋之類的病，乃是無可指責的（弗 5：27）。我們每個人都要承擔起這項潔淨自己的工作，像祂那樣潔淨。我們應該根據上帝神聖的律法，檢查我們的動機和行為。我們應該問：「這是主的道路嗎？」每一個真誠的尋求者都會得到上帝的回答。誠實求告者的祈求，總能被**拯救我們的主**聽見。祂應許說：「他必按公平引領謙卑人，將他的道教訓他們。」上帝的使者在注視著我們品格的發展；他們在衡量我們道德的價值；願上帝的大日顯明我們沒有被天平稱過的，並顯出我們的虧欠。——《時兆》，1891年5月25日。

深入思考

今天，我什麼時候才願意審查自己行為背後的動機？

將要到來的王

那時，有施洗的約翰出來，在猶太的曠野傳道，
說：「天國近了，你們應當悔改！」

馬太福音 3：1、2

在這一片擾攘不安之中，忽然有一個驚人而嚴肅的聲音從曠野傳出，其中飽含著希望：「天國近了！你們應當悔改。」這聲音透出一股新奇的力量，激盪著人心。根據眾先知的預言，基督的降臨是在遙遠的將來。約翰卻說，此事已近在眼前。他奇特的外表使聽眾想到古代的先知先見。……

約翰宣布彌賽亞即將降臨並勸告眾人悔改。他在約旦河裡為他們施洗，作為從罪中得潔淨的表號。他用這一個富有意義的具體儀式，宣布那些自稱為上帝選民的人已被罪惡玷污，他們的心靈和生活若不潔淨，就在彌賽亞的國裡無分。

貴族、拉比、兵丁、稅吏和鄉民，都來聽這位先知的講論。這從上帝而來的嚴肅警告，一時之間使他們惶恐不安。許多人就此悔改領受了洗禮。各色人等，為了加入施洗約翰宣告即將建立的國，就都履行了他所提出的條件。

許多文士和法利賽人也來承認他們的罪，並要求受洗。他們曾高抬自己，看自己比別人強，並使百姓仰慕他們的虔誠，如今他們生活中隱密的罪惡暴露出來了。約翰被聖靈感動，知道其中許多人沒有真正悔改認罪。他們不過是投機份子，希望以先知朋友的資格，得到那**將要到來的王**的青睞。同時想藉著這位著名青年教師的手受洗，來鞏固其在民間的勢力。

約翰嚴厲地質問他們說：「毒蛇的種類！誰指示你們逃避將來的忿怒呢？你們要結出果子來，與悔改的心相稱。不要自己心裡說：『有亞伯拉罕為我們的祖宗。』我告訴你們，上帝能從這些石頭中給亞伯拉罕興起子孫來。」（太 3：7、8）
——《歷代願望》，原文104-106頁。

深入思考

如果連耶穌時代的文士和法利賽人都不肯承認自己有罪，那我如何在我的一生中避免這同樣的想法呢？

上帝羊圈的門

他必像牧人牧養自己的羊群，用膀臂聚集羊羔抱在懷中，
慢慢引導那乳養小羊的。

以賽亞書40：11

基督把這些預言用在自己身上，並顯明自己與以色列領袖們在品德上的差別。法利賽人剛剛從祂圈裡趕出一個人，因為他竟敢見證基督的權能。真牧者正吸引到自己身邊的一個人，他們竟把他趕走了。在這件事上，他們表現出自己對上帝交託他們的工作毫無認識，不配為羊群的牧人。現在耶穌要把一個好牧人和他們之間的顯著區別，擺到他們眼前，並指明自己才是上主羊群真正的守護者。於是，在這樣做之前，祂先用另一個比喻來說明自己。

祂說：「人進羊圈，不從門進去，倒從別處爬進去，那人就是賊，就是強盜。從門進去的，才是羊的牧人。」（約10：1、2）法利賽人沒有察覺這些話是針對他們講的。當他們心裡還在琢磨其寓意時，耶穌就明明告訴他們說：「我就是門；凡從我進來的，必然得救，並且出入得草吃。盜賊來，無非要偷竊，殺害，毀壞；我來了，是要叫羊得生命，並且得的更豐盛。」（約10：9、10）

基督就是那進**上帝羊圈的門**。自古以來，上帝一切兒女們，都是從這門進去的。從舊約的各樣表號和象徵，從眾先知的啟示和耶穌本人給門徒的教導，以及祂在世人面前所行的神蹟中，他們都已看出耶穌是「上帝的羔羊，除去世人罪孽的」（約1：29），而且他們都是藉著祂，才得進入上帝恩典的羊圈……

法利賽人不是從這個門進去的。他們是從基督之外的路爬進羊圈的，而且沒有盡到真牧者的責任。——《歷代願望》，原文477頁。

深入思考

如果耶穌是上帝羊圈的門，那麼我在這位牧者手下的角色是什麼？如何與祂同工？

天上的播種者

「有一個撒種的出去撒種。」

馬太福音13：3

「有一個撒種的出去撒種。」當時的中東地帶局勢動盪、盜匪橫行，所以百姓大都住在城裡。農民每天要到城外去勞動。**天上的播種者**也是這樣出來撒種。祂離開了既祂平安又安全的家，撒下了那未有世界以先就與天父同享的榮耀，拋棄了祂宇宙的寶座，來作一個多受痛苦、常經憂患的人。祂獨自出去，流淚撒種，用自己的血，澆灌播撒在淪亡世界中的生命種子。

祂的僕人也要這樣出去撒種。當上帝呼召亞伯拉罕播撒真理的種子時，祂吩咐他說：「你要離開本地、本族、父家，往我所要指示你的地去。」（創12：1）他「出去的時候，還不知往哪裡去」（來11：8）。保羅在耶路撒冷聖殿裡祈禱的時候，上帝的信息臨到他說：「你去吧！我要差你遠遠地往外邦人那裡去。」（徒22：21）照樣，凡蒙召與基督聯合的人，為了跟從祂，就必須撒下一切所有的。舊有的交往必須斷絕，謀生的計畫必須放棄，屬世的希望必須打消。要勞苦流淚，孤獨犧牲，把種子播撒出去。

「撒種之人所撒的就是道。」基督來把真理播撒在世上。人類墮落以後，撒但一直在散播謬道的種子。最初他用了一句謊言控制了人類，如今他仍然這樣在地上顛覆上帝的國度，好使人類受他的權勢控制。基督作為一個播種者，從天上來散佈真理的種子。祂本列在上帝的議會中，住在自有永有的聖所裡，當然能給人帶來真理的純潔原則。自從人類墮落以來，基督一直向世界顯示真理。那不能壞的種子，就是「上帝活潑常存的道」，藉著祂得以傳播人間（彼前1：23）。基督在伊甸園向墮落人類發出第一個應許時，就撒下了福音的種子。但是這個撒種的比喻特別適用於祂親自在人間所做的服務，以及祂藉此創立的聖工。——《基督比喻實訓》，原文36-38頁。

深入思考

我今天能為上帝的國撒什麼種子呢？

上帝的羔羊

「各家要取點血，塗在吃羊羔的房屋左右的門框上和門楣上。」
出埃及記 12：7

當滅命的使者經過埃及地的時候，希伯來人的各家要吃羊羔，他們奉命要把整隻烤了。這羊羔應當沒有任何的疾病或瑕疵，要和無酵餅及苦菜同吃。這是要使他們記住自己因忘記上帝和違背祂誡命之罪而受的殘忍奴役。吃苦菜是要提醒他們，他們必收穫自身行為的結果，無論這對他們來說是多麼難受。吃苦菜也是為了激發他們的孩子詢問這麼做的原因，然後父母就要向他們講述他們在埃及所受的苦難，以及在那個值得記念的夜晚，當他們被埃及人趕出埃及時，上帝拯救他們時所施行的奇妙大能。……

門框上被殺羊羔的血是要代表他們應當盼望基督的血。

在這一晚過後的一千五百年之後，逾越節羊羔的實體——耶穌，為世人的罪死在了十字架上。那沒有瑕疵的羊羔代表毫無罪污、無瑕疵的**上帝的羔羊**。以色列各家怎樣灑血以便滅命的天使越過他們，我們也照樣必需悔改我們的罪，並且利用基督之血的功效，在殺戮的日子保護我們免受上帝施行報復的天使傷害。我們唯有藉著基督才能得到赦免。祂的血必保護我們，使我們不受對罪施行報應之上帝的傷害。

逾越節的設立，一方面是為了回顧上帝對希伯來人的奇妙拯救，另一方面是預表上帝兒子的死。我們的主與祂的門徒一起過最後的逾越節時，設立了聖餐禮以取代逾越節，為的是記念祂的死。但他們不需要再守逾越節，因為祂這個偉大的真羔羊，已經預備好為世界的罪而犧牲。基督的死將表號化為實體。——《青年導報》，1873年5月。

基督為我的罪做了贖罪祭，這樣的贖罪祭我要接受多少次？

深入思考

被釘之拿撒勒人

我們卻是傳釘十字架的基督。

哥林多前書1：23

保羅打算向哥林多的希臘人傳講為基督的這位耶穌，乃是一個出身卑微而生長在惡名昭彰之鄉鎮中的猶太人。祂曾為自己的國人所棄絕，最後被當作罪犯釘在十字架上。希臘人固然相信人類需要上進；但他們認為哲學與科學的研究，乃是人類達到真高貴的不二法門。保羅能否使這些人相信：只要信靠這位默默無名之猶太人的能力，就可使人的每一項能力達到高貴的地步呢？

在現代許多人的心目中，髑髏地的十字架足以引起許多神聖的回憶。基督釘十字架的景象總是附帶著許多神聖的聯想。但在保羅的時代，十字架卻是令人感到嫌棄與懼怕的。要主張說人類的救主就是一個死在十字架上的人，自然會招來人們的嘲笑和反對。

保羅明知哥林多的猶太人和希臘人將要如何看待他所傳的信息，他承認：「我們……傳釘十字架的基督，在猶太人為絆腳石，在外邦人為愚拙。」（林前1：23）在他的猶太聽眾中，許多人聽見他所傳的信息定會感到憤怒。而在希臘人看來，他的話必是荒誕可笑的妄言。他若試圖說明十字架與提高民族或拯救人類有任何關係，那肯定會被視為是癡人說夢了！

但對保羅來說，十字架是一個他高度關注的題目。自從他逼迫那**被釘之拿撒勒人**的門徒之行動被制止以來，他始終未曾停止以十字架誇口。他曾經從基督捨命的事上獲得了有關上帝無限之愛的啟示；因此他的生活就起了奇妙的改變，而使他將自己一切的計畫與目的都與上天和諧一致。從那時起，他就是一個在基督裡新造的人了。他在自己的經驗中體會到：一個罪人若一度在上帝兒子的犧牲上看到天父的慈愛，並順服神聖的感化，他的心就必發生一種改變，而且從此之後對他來說，基督便是包括一切，又住在各人之內的了。──《使徒行述》，原文244、245頁。

關於上帝無限的愛，十字架給了我什麼新的教訓？

深入思考

合一的基礎

基督是分開的嗎？

哥林多前書1：13

祂說，你的弟兄若得罪你，就勸誡他。他若悔改，就饒恕他。不要把他拒之門外，認為他不再值得你吐露心事。你當自己小心，恐怕也被引誘。你們要記住，唯有基督能讀懂人心。人的行為只能由祂來衡量。

教會應該避免帶有偏見，這種偏見在與他們所重視的觀點相左之政治議題被引入時，就會像閃電一樣閃現。任何人都不應該持有民族仇恨和宗派情緒。凡站在基督旗幟下的，不可再站在別的旗幟下。他們要承認萬王之王和萬主之主的最高權威。他們不能向凱撒或彼拉多申訴。基督要在祂所定的時候，給那晝夜呼求祂的選民伸冤。基督一直是教會**合一的基礎**，是亙古以來最重要的磐石。

《聖經》中的先祖、利未人的祭司、基督的教會，都以基督為中心。祂要成為一切，並在一切之中。「因為上帝救眾人的恩典已經顯明出來，教訓我們除去不敬虔的心和世俗的情慾，在今世自守、公義、敬虔度日，等候所盼望的福，並等候至大的上帝和我們救主耶穌基督的榮耀顯現。他為我們捨了自己，要贖我們脫離一切罪惡，又潔淨我們，特作自己的子民，熱心為善。」（多2：11-14）

保羅問：「基督是分開的嗎？」（林前1：13）我們不是只有一位屬靈的元首嗎？當我的心發昏的時候，「求你領我到那比我更高的磐石！」（詩61：2）祂為我們所流的血是寶貴的。祂的救贖犧牲是寶貴的，祂的公義是寶貴的，祂無限的豐富和完全是寶貴的。「你們在他裡面也得了豐盛。」（西2：10）「從他豐滿的恩典裡，我們都領受了，而且恩上加恩。」（約1：16）其他的地基都是沙土。在基督裡，沒有猶太人、希臘人、自主的、為奴的，或男或女。我們在基督耶穌裡都成為一，基督是我們的頭。——《手稿》89，1898年。

今天，我該做些什麼，才有助於基督為我的家庭、教會或社區帶來基督徒的合一？

深入思考

人類的導師和救主

「我的教訓要淋漓如雨；我的言語要滴落如露，
如細雨降在嫩草上，如甘霖降在菜蔬中。」

申命記 32：2

主對祂現代的兒女說：「你們都當剛強作工，因為我與你們同在。」基督徒在主裡面經常有一位有力的幫助者。主幫助的方法，我們未必明瞭，但有一點是我們可以確知的，祂絕不至使凡信靠祂的人失望。如果基督徒認清主曾多少次安排他們的道路，使仇敵對他們的企圖不能得逞，他們就再也不會怨天尤人地蹣跚前行了。他們的信心就必寄托在上帝身上，而任何試煉也不足使他們動搖了。他們必承認祂為他們的智慧與效能，而祂也必使祂所期望藉著他們成就的事得以實現。

那藉由哈該而賜下的懇勸和勉勵，後來又經撒迦利亞加以強調並補充，他是上帝興起為輔助哈該、敦促以色列實行那「起來建造」的命令的。撒迦利亞的第一道信息乃是一個保證，說明上帝的聖言絕不落空。也是一個應許，就是要賜福給凡聽從這確實無誤之預言的人。

以色列人雖然田地荒涼，僅存的餘糧即將吃完，四周受到懷有敵意的民族包圍，但他們仍然憑著信心向前邁進，響應上帝使者們的號召，殷勤地致力於修建荒廢的聖殿。這乃是需要堅定依賴上帝的工作。當眾民克盡本分，全心尋求在心靈和生活上重得上帝的恩典時，就有一道又一道的信息藉著哈該和撒迦利亞賜給他們，保證他們的信心必可大得賞賜，而且上帝說到和他們正興建聖殿圍牆未來的榮耀有關的話語時，都不致落空。在日期滿足的時候，那位為萬國所羨慕的主，必以**人類的導師和救主**的身分，出現在這座聖殿之中。

因此，建造聖殿的人並沒有被撇下而獨自奮鬥，「有上帝的先知在那裡幫助他們。」（拉5：2）並且萬軍之耶和華也曾親自宣稱：「你們都當剛強作工，因為我與你們同在。」（該2：4）——《先知與君王》，原文576、577頁。

我是否珍惜上帝藉古時先知所賜的訓誨？

深入思考

幸福之源

敬畏耶和華的，得著生命；他必恆久知足。

箴言 19：23

在有些人看來，宗教是不能增進健康或今生幸福的，這種看法乃是一個惡意的錯誤。經上說：「敬畏耶和華的，得著生命；他必恆久知足。」（箴 19：23）「有何人喜好存活，愛慕長壽，得享美福，就要禁止舌頭不出惡言，嘴唇不說詭詐的話。要離惡行善，尋求和睦，一心追趕。」（詩 34：12-14）

真宗教使人在靈、智、體三方面，都與上帝的律法一致；教導人自制、鎮定和節制。宗教使人的思想高尚，愛好文雅，判斷正直，並使人分享上天的純潔。信靠上帝的愛，並信靠祂能使萬事互相效力，這種信心足以減輕人煩惱和掛慮的重擔，使人無論在順境或逆境之中，都可以充滿喜樂和知足的心。真宗教能直接使人增進健康，延年益壽，使我們對它一切的幸福有高度的享受。它能為人開啟一個永不枯竭的**幸福之源**。唯願一切還未曾決定跟從基督的人們，能看明祂有一種比他們自己所追求的、更為優越的福惠，要賜給他們。人的思想行為若違反上帝的旨意，那麼，這人就是在使自己遭受極大的損傷和侵害了。上帝知道什麼是善是美，祂為一切受造之物謀求利益；所以人在祂所禁止的道路上是絕不能得到真正快樂的。犯法必要招致痛苦與毀滅；但智慧「她的道是安樂；她的路全是平安」（箴 3：17）。

在希伯來的學校裡實行的身體和宗教的訓練是值得我們去研究的。一般人還沒有充分認識這種訓練的價值。人的身體與心智有密切關係，為要充分發展道德和智力起見，我們必須注意那管束我們身體的定律。人要得到堅強而均衡的性格，就必須操練並發展他的智力和體力。對青年人而言，還有什麼知識比研究上帝所委託給他的奇妙身體，以及如何保持健康的定律更重要呢？──《先祖與先知》，原文600、601頁。

深入思考

我花了多少心思去刻意培養我的體力和腦力？

將要來的那一位

希律……差人將伯利恆城裡並四境所有的男孩……都殺盡了。

馬太福音 2：16

　　基督降生時，撒但看見伯利恆平原被眾多天使的榮耀光輝所照亮。他聽見他們唱：「在至高之處榮耀歸於上帝！在地上平安歸與他所喜悅的人。」（路 2：14）黑暗之君看到吃驚的牧羊人滿心敬畏地注視著被照亮的平原。他們在眩目耀眼的榮光面前戰兢不已，似乎被擄獲了。這叛逆的魁首自己也因天使向牧羊人的宣告而顫抖。「不要懼怕！我報給你們大喜的信息，是關乎萬民的；因今天在大衛的城裡，為你們生了救主，就是主基督。」他在制定計畫以敗壞人類的事上取得了很大的成功，於是他越發強勢與膽大妄為。從亞當直到基督第一次顯現，他已控制了人類的身心。但撒但如今要為他的國度和他的生命憂愁及驚慌了。

　　撒但知道，天使向墜落的世界所宣告救主降臨的歌聲，以及對此重大事件所表現出的歡喜，對於他來說並不是好兆頭。他心中就基督降世會對他國度造成的影響產生了不祥的預感。他對**將要來的那一位**是否會爭奪他的權勢及推翻他的國度懷有疑問。他從基督一出生就把祂當作競爭對手。他激起希律王的猜忌和嫉妒，暗示他的權力和他的王國要交給這位新王，意欲藉此除滅基督。撒但向希律灌輸的情緒和惶恐，使他心神不寧。他鼓動希律敗壞的心，將伯利恆城裡兩歲以下的男孩盡都屠殺，妄想用此法將聖嬰君王從地上除掉。

　　但是與他的計畫相反，撒但看到一種更高的能力在運行。上帝的天使保護了聖嬰救贖主的性命。約瑟在夢中得到警告要逃往埃及，好讓他在異教之地為世界的救贖主找到一處避難之所。──《爭鋒》，原文27、28頁。

我是否給撒但機會，讓他把邪情私慾塞進我的心？我怎樣才能保護我的心靈不受罪惡的影響？

深入思考

天上來的新郎

「請分點油給我們，因為我們的燈要滅了。」

馬太福音25：8

　　我們如何傾聽並看待上帝的真理，這對我們來說是一件至關重要的事。因為我們若不珍惜臨到我們的亮光，誤解真理，或者不欣賞它，那就是在沙土上建造根基。聰明的建造者不管有什麼不便，都要建造在磐石——基督耶穌之上。他不是建造在人之上，而是建造在上帝的功勞上，接受基督的義作為他自己的義，作為他得救的唯一希望。愚昧的建造者在沙土上建造，因著他的粗心、偏見或自然之心的欺騙，他懷著一種自以為是的精神，把人的智慧放在原本應是上帝的智慧高於一切的地方，其後果是多麼可怕啊！

　　有許多不明智的建造者，當面對誘惑的風暴來襲時，他們的地基就明顯的只是滑動的沙土。他們被留在黑暗中，沒有信仰，沒有原則，沒有根基。那五個愚拙的童女對福音真的很感興趣。她們知道什麼是公義的完美標準；但她們的精力卻因自愛麻木了；因為她們活著是要討人的喜悅，要榮耀自己，並且器皿裡沒有恩典的油，來補充她們的燈。她們常常受到仇敵的困擾，仇敵知道她們的弱點，把黑暗當作光明擺在她們面前。真理——賜生命的寶貴真理——在她們看來似乎是無關緊要的，撒但利用了她們信心的盲目、無知和軟弱，使她們在不確定的原則上有了起伏不定的經驗。

　　在比喻中，一切等候**天上來的新郎**的人都打盹了，因為他們的主來遲了。但是聰明的童女一聽到新郎來的消息就清醒並回應。她們沒有完全喪失屬靈的辨別力，立時起來加入行列。她們得到了基督的恩典之後，宗教經驗就變得活躍而豐富。她們的感情集中在天上的事物。——《聖經迴聲》，1894年11月5日。

深入思考

那些聰明的童女們在最需要亮光的時候就擁有亮光。我們有什麼責任將我們的燈照亮在深陷道德深淵中的人面前？

秉行公義之王

「在他的日子，猶大必得救，以色列也安然居住。
他的名必稱為『耶和華——我們的義』。」

耶利米書23：6

以賽亞對彌賽亞的榮耀引人入勝的描寫，是約翰晝夜研究的主題——從耶西的根所發的枝條，要憑公義行政，「以正直判斷世上的謙卑人。」祂是「避暴雨的隱密處，……像大磐石的影子在疲乏之地」。以色列必不再稱為「撇棄的」，她的國土也不再稱為「荒涼的」，卻要被耶和華稱為「我所喜悅的」，她的國也必稱為「有夫之婦」（賽11：4；32：2；62：4）。獨處曠野的約翰心中充滿了光輝的異象。

他既見了宇宙之君的榮美，就忘卻自己。他看到天父聖潔的威儀，更感到自己的無能和不配。他已準備好作天庭的信使；他不懼怕世人，因他已觀見過上帝。他能毫無懼色地屹立在世上的君王面前，因他已在萬王之王腳前俯伏跪拜。

約翰並不完全明白彌賽亞國度的性質。他固然渴望以色列從敵人手中被拯救出來，但必有**秉行公義之王**來到，並把以色列建立為聖潔的國度，這才是他最大的希望。他堅信這樣就能實現他出生時所啟示的預言——

「記念他的聖約，……叫我們既從仇敵手中被救出來，就可以終身在他面前，坦然無懼的用聖潔公義侍奉他。」

約翰看到同胞們受騙上當、自負自滿，沉睡於罪惡之中，就渴望喚醒他們過更聖潔的生活。上帝交給他的信息，原是要他們從醉夢中驚醒，並為自己的滔天大罪而戰慄。在福音的種子未能紮根之前，必須將心田的土壤鬆開。在他們願意向耶穌求醫之前，必須覺悟自己因罪惡所受的創傷是何等危險可怕。——《歷代願望》，原文103、104頁。

對耶穌的看法會如何改變我對人類同胞的看法？會如何改變我服侍基督的渴望？

深入思考

天上的至尊

他所行的是尊榮和威嚴；他的公義存到永遠。

詩篇 111：3

　　教會組織的初步就是十二使徒的設立，以便在基督離世之後繼續進行祂在地上的工作。關於這次設立使徒的事，經上記著說：「耶穌上了山，隨自己的意思叫人來；他們便來到他那裡。他就設立十二個人，要他們常和自己同在，也要差他們去傳道。」（可3：13、14）

　　請看這動人的一幕：這位**天上的至尊**被祂所揀選的十二個人環繞著；祂正要將他們分別出來擔任工作。祂計畫使用這班脆弱的代理人，藉著祂的道和靈，使救恩普及萬民。

　　上帝和眾天使也以歡喜快樂的心情注視這一幕。天父知道天上的光要從這班人身上照射出來；他們為祂兒子作見證時所說的話，將要世世代代響應，直到末時。門徒將要出去作基督的見證人，向世人宣布他們所見所聞有關祂的事。他們的職分極其重要，僅次於基督本身，是人類從未擔任過的。他們要為救人而與上帝同工。這十二位使徒正如舊約時代十二位族長作為以色列人的代表一般，要成為福音教會的代表。

　　基督在世上傳道時曾著手拆毀猶太人與外邦人之間的隔牆，將救恩傳給全人類。祂雖身為猶太人，卻自由地與撒瑪利亞人來往，而將猶太人對這被蔑視之民族的法利賽派習俗拋諸腦後。祂在他們的家中住宿，與他們同桌用餐，並在他們的街市上教訓人。

　　救主切望向祂的門徒說明，那有關拆毀以色列人與其它民族「中間隔斷的牆」的真理，也就是那「外邦人」和猶太人「在基督耶穌裡，藉著福音，得以同為後嗣……同蒙應許」的真理。（弗2：14；3：6）——《使徒行述》，原文18、19頁。

深入思考

我是否已完全明白天上的君王想要與我建立個人關係的這一事實？

偉大的榜樣

所以，你們該效法上帝，好像蒙慈愛的兒女一樣。
也要憑愛心行事，正如基督愛我們，為我們捨了自己。

以弗所書5：1、2

你或許會說，你曾受騙，把錢財給了不配得你施捨的人，因此已在設法幫助貧乏之人的事上變得灰心了。我把耶穌擺在你面前；祂來到世上是要拯救墮落的人類，將救恩帶給祂自己的民族，但他們卻不願接受祂。他們以侮辱和輕蔑對待祂的憐憫，並最終還將賜他們生命的這一位置於死地。我們的主就因此轉臉不顧墮落的人類了嗎？儘管你行善的努力失敗了九十九次，你所得到的只有侮辱、責備和仇恨，但一百次裡若有一次是成功的，一個靈魂得到拯救，就獲得了何等的勝利啊！有一個靈魂掙脫了撒但的魔掌並且受益，還受到鼓勵，這就會千倍報償你一切的努力。耶穌會對你說：「這些事你們既做在我這弟兄中一個最小的身上，就是做在我身上了。」（太25：40）我們難道不應歡喜快樂地盡自己一切努力效法我們神聖恩主的生活嗎？許多人在捨己助人的念頭前退縮了。他們不願為幫助別人而受苦。他們自以為主沒有要求他們損己利人。對這樣的人，我們說：耶穌是我們的榜樣。

當西庇太的兩個兒子求在耶穌的國裡，一個坐在祂右邊，一個坐在祂左邊時，耶穌回答說：「你們不知道所求的是什麼。我將要喝的杯，你們能喝嗎？我所受的浸，你們能受嗎？」他們說：「我們能。」耶穌對他們說：「我所喝的杯，你們必要喝；我所受的浸，你們必要受；只是坐在我的左右，不是我可以賜的，乃是我父為誰預備的，就賜給誰。」（太20：22、23；編註：參照英王欽定本聖經）有多少人能回答說：你所喝的杯，我們也能喝；你所受的洗，我們也能受；而且使人明白他們的回答呢？有多少人效法那**偉大的榜樣**呢？凡自稱跟從基督腳蹤的人，在邁出這一步時，都是在保證自己行事為人要如祂一樣。——《教會證言》卷二，原文31、32頁。

在我嘗試與人分享基督的時候，怎樣才能更妥善地處理我必會遇到的侮辱和仇恨？

深入思考

復活之救主

> 「撒在好地上的，就是人聽道明白了，後來結實，有一百倍的，
> 有六十倍的，有三十倍的。」

馬太福音 13：23

　　基督將聖靈的應許賜給祂的門徒，正是祂在地上工作行將結束之時。那時祂已置身於十字架的陰影之下，而且充分感覺到那將要放在祂這背負眾罪者身上的罪擔。祂在尚未獻上自己作為祭牲之前，先指示門徒有關祂要賜給凡跟從祂之人的、一種極重要且完備的恩賜——就是那足以使他們達到祂無窮恩典之泉源的恩賜。祂說：「我要求父，父就另外賜給你們一位保惠師，叫他永遠與你們同在，就是真理的聖靈，乃世人不能接受的；因為不見他，也不認識他。你們卻認識他，因他常與你們同在，也要在你們裡面。」（約 14：16、17）救主在此預先指明：將來有一天，聖靈要來作祂的代表，施行大事。那歷代以來所累積的罪惡，將要受到聖靈神聖之能的抵禦。

　　五旬節那一天聖靈沛降的結果如何呢？**復活之救主**的喜訊被帶到世界的地極。門徒一傳揚救恩的信息，人們的心就順服了這信息的能力。教會眼見悔改的人從各方蜂擁而來；離道叛教的也重新悔改了。罪人與信徒聯合一致尋找那重價的珠子。一些原來強烈反對福音的人，現在竟變成它的擁護者了。這正應驗了預言所說：「他們中間軟弱的必如大衛；大衛的家必如……耶和華的使者。」（亞 12：8）每位基督徒都從他弟兄的身上，看到神聖眷愛與慈悲的彰顯。大家都有志一同；一個值得效法的對象已抹殺其他一切。這時信徒們的志向就是要表現酷肖基督的品格，並要為擴大祂的國度而努力。

　　「使徒大有能力，見證主耶穌復活；眾人也都蒙大恩。」（徒 4：33）。在他們的努力之下，有許多蒙揀選的人加入了教會，這些人既接受了真理的道，便獻身從事將那使自己內心充滿平安與喜樂的希望傳給他人的工作。——《使徒行述》，原文 47、48 頁。

聖靈的能力現在有澆灌在我身上嗎？

深入思考

為百姓興起一位救主

這是耶穌所行的頭一件神蹟，是在加利利的迦拿行的，
顯出他的榮耀來；他的門徒就信他了。

約翰福音 2：11

基督為這次筵席所預備的酒，和最後遞給門徒代表祂寶血的「杯」，都是純淨的葡萄汁。先知以賽亞論到「葡萄中」的新酒這樣說：「不要毀壞，因為福在其中。」（賽 65：8）（譯者按：《聖經》中的「酒」也包括未經發酵的葡萄汁。這是除酵節所用的，就是未曾發過酵的。）

在舊約時代，向以色列人發出以下警告的是基督：「酒能使人褻慢，濃酒使人喧嚷；凡因酒錯誤的，就無智慧。」（箴 20：1）所以祂自己絕不會給人這樣的酒喝。撒但引誘人放縱酒癮，藉以蒙蔽人的理智，並麻痺屬靈的見識。基督教導我們，要克服肉體的情慾。祂的一生為我們留下了克己的榜樣。為了戰勝食慾，祂為我們忍受了世人所能受的最嚴峻的考驗。那指示施洗約翰清酒濃酒都不可喝的是基督；那將此令吩咐瑪挪亞妻子的也是基督。祂宣布，那將酒遞給鄰居喝的人有禍了。基督並不曾違背自己的教訓，祂為赴婚宴所預備的是沒有發過酵的清新飲料，能促進人健康的食慾。

賓客們對美酒讚不絕口，並從佣人口裡聽說這件神蹟的原委。眾人對這奇妙的工作甚感驚異，一時之間竟忘了行神蹟的人。後來才知道祂已悄然離去，連祂的門徒也沒有注意。

於是眾人的注意力就轉向了門徒。他們第一次有機會承認自己對耶穌的信心。他們述說了在約旦河邊的見聞，使許多人心中燃起了希望，相信上帝已經**為祂的百姓興起一位救主**。這水變酒的神蹟傳遍了那一帶，連耶路撒冷也聽說了。於是祭司和長老們懷著新的興趣，著手研究那預指基督降臨的預言。——《歷代願望》，原文149頁。

今天我需要耶穌在我家裡行什麼神蹟呢？

深入思考

堅固的磐石

> 「耶和華是活神，願我的磐石被人稱頌！
> 願上帝——那拯救我的磐石被人尊崇！」
>
> 撒母耳記下 22：47

　　我讀過你們的信，深感興趣與同情。我要說，你們的兒子現在正空前地需要父親。他犯了錯誤，你們是知道的。他也曉得你們知道。你們在他清白之時對他所說的話，可能無害而不致發生不良後果，如今卻似銳利殘酷的尖刀。……我知道父母對於兒女犯了錯誤，造成羞恥，深感傷痛。然而這犯錯的孩子帶給父母的傷心，豈能比身為上帝兒女的我們使天父傷心更甚？祂一直愛我們，現在仍繼續愛我們，邀請我們回轉，悔改我們的罪惡過犯，這樣祂就會赦免我們的罪孽。

　　現在請不要收回你們的愛。他現在比以往任何時候都更需要愛心和同情。當別人以冷眼看待你們的孩子，對他所犯的錯誤抱最壞的想法時，父母豈不該以溫柔和憐憫設法引導他的腳步走上安全的道路嗎？我不知道你們的孩子犯了什麼性質的罪。但我完全可以說，不論他犯什麼樣的罪，你們都不應該聽那班自認是在維持公正之人的評論，並受制於他們行為的壓力，而採取一種行動，讓孩子以為你們太傷感太羞恥，不再信任他，不願忘記他的過錯。無論在什麼情況下，都不要絕望，而切斷你們對犯錯孩子的愛心與柔情。正因為他犯了錯，才需要你們，希望父母來幫助他脫離撒但的羅網。你們當以信心和愛心拉住他，並緊握那位憐憫為懷的救贖主，記住有一位甚至比你們更關心他。……

　　不要說灰心失望的話。要談論勇氣。告訴他仍可改過向善。告訴他你們是他的父母，會幫助他握住從上頭來的能力，使他的腳穩穩地站在**堅固的磐石**——耶穌基督身上，並在耶穌裡獲得可靠的支持和無窮的能力。——《兒童教育指南》，原文266、267頁。

為什麼我永遠都不該把上帝的恩典和憐憫視為理所當然呢？

深入思考

嚮導

耶和華啊，求你將你的道指示我，將你的路教訓我！

詩篇 25：4

上帝說：「要在患難之日求告我。」（詩 50：15）祂邀請我們把煩惱、欠缺和對於上帝幫助的需要都告訴祂。祂囑咐我們要經常禱告。一旦遭遇困難，就要向祂獻上誠摯懇切的祈求。要用恆切的禱告來表明我們對於上帝堅定的信靠。我們既察覺自己的需要，就會誠懇禱告。天父一定會被我們的呼求所感動。

那些為了信仰而遭受毀謗和逼迫的人，往往受到試探，以為上帝離棄了他們。在世人的眼中，他們是少數人。表面上看來，他們的仇敵已經戰勝了他們。但是他們不可違背自己的良心。那位曾為他們受難並擔負他們憂患和痛苦的主並沒有離棄他們。

上帝的兒女並沒有拋棄在孤獨無助之中。祈禱能夠感動全能者的臂膀。祈禱曾「制伏了敵國，行了公義，得了應許，堵了獅子的口，滅了烈火的猛勢，……打退外邦的全軍」（來 11：33、34）。當我們聽到古代為信仰犧牲之殉道者的故事時，我們必明白這些話的意義。

如果我們獻身為上帝服務，就絕不會身處在祂沒有預備好的地方。不論我們的境遇如何，總要一位**嚮導**來指引我們的路。我們不論多麼困惑，總有一位可靠的顧問。不管遭到怎樣的憂愁、喪亡和孤獨，總有一位同情我們的朋友。如果我們因無知而走錯了路，基督絕不會離棄我們。祂明確地對我們說：「我就是道路、真理、生命。」（約 14：6）、「因為，窮乏人呼求的時候，他要搭救；沒有人幫助的困苦人，他也要搭救。」（詩 72：12）

上帝宣布說，祂必因那些親近祂、忠心為祂服務的人而得榮耀。——《基督比喻實訓》，原文172、173頁。

> 我「絕不會處在祂沒有預備好的地方」。如果這是真的，為什麼我在面臨困難時會變得焦慮？

深入思考

傳道者的大君

差役回答說：「從來沒有像他這樣說話的！」

約翰福音7：46

選召了門徒之後，基督就在山邊佈道。這番話是說給人聽的，對他們來說就是責任的法則和天國的光，是他們在絕望中的希望和安慰。這是天堂對世界的祝福——從上帝寶座發出的聲音。在這裡，**傳道者的大君**、偉大的教師，說了一番天父賜給祂的話語。祂是永恆的智慧，在世界被創造以先，就與天父同在。祂認識天父，因為祂與父原為一。

「八福」是基督的問候，不僅是給那些相信的人，也是給全人類的。祂一時似乎忘了祂非在天庭乃在世上；祂使用了光明世界所熟悉的招呼。從祂口中流出的祝福，如同豐盛的生命之泉久已封閉之後終於湧流傾注一般。

基督讓我們確切無疑地看清祂向來認證和祝福的品格具有什麼樣的特徵。祂轉離那些在此世界上野心勃勃的寵兒，卻向著他們否認和疏遠的那些人，宣布一切接受祂亮光和生命之人有福了！向那些虛心的人，溫柔的人，謙卑的人，哀慟的人，被藐視的人，受逼迫的人，祂張開庇護的雙臂，說：「可以到我這裡來，我就使你們得安息。」（太11：28）

為祂所創造的人類，基督並沒有帶著悲哀的陰影來看待這個世界的痛苦。祂在人心中看到的，並不僅僅是罪，也並不僅僅是痛苦。在祂無限的智慧和愛中，祂看到了人類的可能性，及其所能夠達到的高度。祂知道，雖然人類濫用了他們的恩惠，毀壞了天賜的尊嚴，但是他們的得救仍將榮耀他們的造物主。

這段話是我們應當如何教學的一個範例。基督煞費苦心地使奧祕不再是奧祕，而是簡單明白的真理。在他的訓誨中沒有含糊不清的，也沒有難懂的。「他就開口教訓他們。」（太5：2）祂說話時，既不是低聲細語，也沒有用生硬或令人生厭的語氣。祂的話語好似從上帝寶座發出的聲音。祂說話清晰有力，語氣莊嚴，帶有令人信服的力量。——《信函》96，1902年。

深入思考

我從耶穌分享真理的方式中能學到什麼？

大君

「他要為大，稱為至高者的兒子；主上帝要把他祖大衛的位給他。」

路加福音 1：32

　　我們要將我們的品格與上帝律法無誤的標準相對照。若要這麼做，我們就必須查考《聖經》，用上帝的道衡量我們的成就。靠著基督的恩典，在品格上達到最高的造詣是可能的；因為每一個在聖靈塑造人心之感化力影響下的人，都可以在心思意念上得到改變。為了理解你們自身的狀況，你們必須研究《聖經》，並且要警醒禱告。使徒說：「你們總要自己省察有信心沒有，也要自己試驗。豈不知你們若不是可棄絕的，就有耶穌基督在你們心裡嗎？」（林後 13：5）無知的人不要留在無知裡。他們若留在無知裡，就不會符合上帝的心意。他們要仰望髑髏地的十字架，並依照在那裡所獻上的祭物價值計算生靈的價值。耶穌對全體信徒說：「你們是我的見證。」（賽 43：10）、「我們是與上帝同工的。」（林前 3：9）確實如此，我們各人應當多麼認真地、設法充分利用每一項能力、善用每一個機會，變得極有效率，以達到「殷勤不可懶惰。要心裡火熱，常常服事主」啊！

　　上帝交給人運用的每一項才幹都可以增加價值，所增加的都需交還給上帝。你若在儀態、聲音、教育上有缺陷，也不會總是如此。你必須繼續努力，以便在教育和宗教經驗上達到更高的水平，成為良善之事的教師。作為**大君**的僕人，你們都要個別地認識到：你們有責任藉著觀察、學習和與上帝交流來提升自己。上帝的道能使你們聰明，指導你們並使你們在基督裡達到完全。可稱頌的救主乃是所有跟從祂的人要效法的無誤楷模。上帝的兒女有明白屬靈之事的特權，他們能明智地管理可能委託給他們的事。——《基督教育原理》，原文214頁。

深入思考

假如在發展上帝賜給我的每一項才能上我都能效仿基督，這將如何改變我個人的生活和職業生涯？

應許已久的救主

「我是用水施洗，但有一位站在你們中間，是你們不認識的。」

約翰福音 1：26

　　約翰賦有以利亞的心志和能力，他的使命也與以利亞的相似。如果猶太人接受了他，這番工作就必成全在他們身上。他們既然不接受他的信息，約翰對於他們就不是以利亞了。這樣，他的使命就無法實現在他們的身上。

　　這次聚集的人群中，有許多人曾參加耶穌受洗的那次集會，不過當時沒有幾個人認得那天賜的記號。在施洗約翰幾個月來的傳道中，許多人不肯響應那悔改的呼召，他們就硬起心腸，使自己心眼黑暗，無法理會耶穌受洗時上天為祂所作的見證。那從未憑著信心轉向那不能看見之主的眼睛，就看不到上帝榮光的顯現；那從未聽過祂聲音的耳朵，也聽不見祂見證的話語了。現今何嘗不是這樣呢？信徒聚會時，常常有基督和服役的天使蒞臨，許多人卻不知道，也看不出什麼特別現象。但一些人能覺察救主同在的啟示。於是他們被平安和喜樂所鼓舞，就得到安慰、勉勵和福惠了。

　　耶路撒冷來的代表們質問約翰：「為什麼施洗呢？」他們還在等他回答。忽然間，約翰向人群中掃視一周，隨即眼神發亮，容光煥發，強烈的情感激動胸間。他伸出手，大聲說：「我是用水施洗，但有一位站在你們中間，是你們不認識的，就是那在我以後來的，我給他解鞋帶也不配。」（約 1：26、27）

　　宣言斬釘截鐵、毫不含糊，代表們盡可以回去報告公會了。除了那**應許已久的救主**之外，這話不能用在任何其他人身上。彌賽亞已經來到眾人中間！祭司和領袖們驚異地環顧四周，想找出約翰所指的人。但在眾人之中，他們無法認出祂來。在耶穌受洗時，約翰曾稱祂為上帝的羔羊，新的亮光照明了彌賽亞的工作。先知想到以賽亞的話：「他像羊羔被牽到宰殺之地。」（賽 53：7）——《歷代願望》，原文135、136頁。

> 深入思考
>
> 如果你來到耶穌的面前，卻完全不認識祂，會是什麼感覺？

偉大中保

「我勸你向我買火煉的金子。」

啟示錄3：18

　　讓教會的每一個人都明白這嚴肅的問題：我如何以基督的信徒的身分站在上帝面前？我的光芒是否清晰、穩定地照耀著這個世界？作為一個宣誓效忠上帝的族群，我們是否維護了我們與萬物之源的連接？在現時代的基督教會中，墮落和腐敗的症狀不正在被我們痛苦地目睹嗎？許多人都在經歷屬靈的死亡，他們本應成為熱心、純潔和奉獻的榜樣。他們的實踐比他們的身分更能說明問題，並且見證了這樣一個事實：一些力量已經切斷了將他們固定在萬古磐石上的纜繩，他們正在沒有地圖或指南針的情況下漂流。

　　誠信真實的見證者希望將這些自稱是祂子民的人，從所處的危險境況中拯救出來，祂說：「有一件事我要責備你，就是你把起初的愛心離棄了。所以，應當回想你是從哪裡墜落的，並要悔改，行起初所做的事。你若不悔改，我就臨到你那裡，把你的燈檯從原處挪去。」基督將不再記錄那些沒有悔改，也沒有做最初工作之人的名字，也不再在父面前為他們代求。……然而，那些被責備的人的景況並不是完全沒有希望的。這並不是**偉大中保**的能力所不能及的。祂說：「我勸你向我買火煉過的金子，使你富足；又穿白衣，使你赤身的羞恥不露出來。又用眼藥擦你的眼睛，使你能看見。」雖然那些自稱是基督信徒的人處境悲慘，但他們還沒有像那些愚拙的童女陷入絕望的境地，她們的燈快要熄滅了，沒有時間給容器加滿油。新郎到了，所預備的人就同他進去赴筵。但是當那些愚拙的童女來的時候，門被關上了，她們來不及進入。但這位誠信真實之見證者的忠告並不代表那些不冷不熱的人已經處於絕望之中。他們的處境還有補救的機會，老底嘉的信息是充滿鼓勵的。因為那墮落的教會，還可以買代表信心和愛心的金子，還可以買基督公義的白衣。——《評閱宣報》，1894年8月28日。

我知道我生命裡真實的屬靈狀況嗎？

深入思考

罪人的救主

> 耶和華向撒但說：「撒但哪，耶和華責備你！就是揀選耶路撒冷的
> 耶和華責備你！這不是從火中抽出來的一根柴嗎？」
>
> 撒迦利亞書3：2

先知在異象中看見「大祭司約書亞」，「穿著污穢的衣服」（亞3：1、3），站在耶和華的使者面前，代他那些受苦的子民祈求上帝的恩典。當他懇求上帝實現祂的應許時，撒但則大膽地站起來與他作對。他指出以色列的罪，作為他們不應再蒙上帝恩眷的理由。他宣稱他們是他的獵物，所以要求將他們交在他的手中。

大祭司不能為自己或他的子民反駁撒但的控告。他沒有聲稱以色列是毫無過錯的。他是民眾的代表，穿著那象徵背負他們罪孽的污穢衣服，站在使者面前，一面承認他們的罪，一面也指出他們的悔改與自卑，並倚靠那位赦罪之救贖主的恩典。他憑著信心請求上帝實現祂的應許。

於是那位「使者」，也就是**罪人的救主**——基督本身，堵住了控告祂子民者的口，說：「撒但哪，耶和華責備你！就是揀選耶路撒冷的耶和華責備你！這不是從火中抽出來的一根柴嗎？」（亞3：2）以色列落在苦難的熔爐中已久。由於他們的罪孽，他們在撒但和他的爪牙為毀滅他們而點燃的烈火中，幾乎被燒盡了，但這時上帝卻伸手將他們救出來了。

約書亞的代求既蒙悅納，便有命令發出說：「你們要脫去他污穢的衣服。」於是那使者對約書亞說：「我使你脫離罪孽，要給你穿上華美的衣服。」、「他們就把潔淨的冠冕戴在他頭上，給他穿上華美的衣服。」（亞3：4、5）他自己和他子民的罪孽都蒙赦免了。以色列穿上了「華美的衣服」，就是基督所歸給他們的義。那戴在約書亞頭上的「冠冕」，就是祭司們所戴的，上面寫有「歸耶和華為聖」的字樣（出28：36），表明他過去雖然犯過罪，但現在卻有資格在上帝的聖所中侍奉祂。——《先知與君王》，原文583、584頁。

深入思考

我對耶穌選擇解救我脫離罪孽的時間和地點滿意嗎？

工作的成就者

耶穌嘗了那醋，就說：「成了！」

約翰福音 19：30

　　主並沒有帶金銀來到世上推進他的工作。祂把資源供應給人，好藉著他們的禮物和奉獻使祂的聖工保持前進。關於運用上帝的恩賜，有一個超乎其它一切的目的，就是養活在做工園地進行大收割的工人。如果人們願意成為渠道，使上帝的福惠藉以流傳給別人，那麼主就一定會保持這通道的供應滿足。把上帝自己的東西歸還給祂並不會使人貧窮；扣留上帝的東西才容易使人貧窮。

　　把所領受的施予出去，這工作會使每個信徒成為與上帝同工的人。出於你自己你什麼也不能做；但基督是偉大的工人。每個接待基督的人都有特權成為與祂同工的人。

　　救主說過：「我若從地上被舉起來，就要吸引萬人來歸我。」（約 12：32）基督因見人得贖的喜樂，而忍受了十字架。祂為一個墮落的世界成了活祭。基督的心投入到自我犧牲的行動中的，乃是上帝的愛；藉著這一犧牲，世人才得蒙賜予聖靈大能的感化力。正是藉著犧牲，上帝的聖工必得到推進。上帝的每個兒女都需要自我犧牲。基督說：「若有人要跟從我，就當捨己，天天背起他的十字架來跟從我。」（路 9：23）基督賜給一切相信的人一個新的品格。這個新品格，因為祂的無限犧牲，乃是祂自己品格的再現。

　　那為我們救贖之工的「創始者」，也必成為這—**工作的成就者**。一項真理流入人心之後，就必為另一項真理預備地方。而且真理一經接受，就必使接受之人的能力活躍起來。我們的信徒一旦真正愛慕上帝的道，就會表現出最完善堅強的特質，並且他們為人愈高尚，就必在精神上愈像嬰孩，既相信上帝的道，就必反對一切自私自利。上帝的道正發出燦爛的光輝，這對於那久經忽略的機會，必能引起一番覺醒。——《教會證言》卷六，原文448-450頁。

　　我是否將上帝的工作視為一種無比的特權，一種天賜的良機，為要與那位救贖之工的「成就者」一起同工？

深入思考

耶和華以馬內利

耶和華必作全地的王。那日耶和華必為獨一無二的，
他的名也是獨一無二的。

撒迦利亞書14：9

上帝恩典的國現今正在建立中，因為日復一日地，那些原來充滿罪惡和悖逆的心都歸順了祂慈愛的統治。但是祂榮耀之國的完全建立，卻要到基督第二次降臨這個世界時才告實現。那時「國度、權柄，和天下諸國的大權必賜給至高者的聖民」（但7：27）。他們要承受「那創世以來」為他們所預備的國（太25：34），並且基督也必親自執掌大權而作王了。

天上的門戶要再度被舉起，而我們的救主將以萬王之王、萬主之主的身分，帶著千千萬萬的聖者而來。**耶和華以馬內利**「必作全地的王。那日耶和華必為獨一無二的，他的名也是獨一無二的」。「上帝的帳幕」要設在人間，「他要與人同住，他們要作他的子民。上帝要親自與他們同在，作他們的上帝。」（亞14：9；啟21：3）。

耶穌說，在祂復臨之前，「這天國的福音要傳遍天下，對萬民作見證。」（太24：14）在祂恩典的佳音尚未傳遍天下之前，祂的國必不會降臨。因此，當我們將自己獻與上帝，並引領他人歸向祂的時候，我們就是在催促祂的國降臨。唯有那些獻身為祂服務而說「我在這裡，請差遣我」（賽6：8），開啟盲了的眼，使人「從黑暗中歸向光明，從撒但權下歸向上帝；……得蒙赦罪，和一切成聖的人同得基業」的人（徒26：18），——唯有他們才真是誠心的禱告說：「願你的國降臨。」——《福山寶訓》，原文108、109頁。

我是否正在為耶和華以馬內利的復臨積極預備和工作呢？有人能看得出來嗎？

深入思考

生命的泉源

不要醉酒，酒能使人放蕩；乃要被聖靈充滿。

以弗所書5：18

身心的真正醫治和康復，並不是靠既不自然又不衛生的刺激所產生的興奮或麻醉，也不是靠放縱低級的食慾和情慾。在病人中有許多人既不認識上帝，也沒有指望。他們的願望得不到滿足，情慾得不到控制，又受到良心的譴責。他們對於今生的把握一天天地喪失，又沒有來生的希望。醫護人員不要想用無益、刺激的放縱來幫助這種病人。這些本是他們生命的禍害。如果想從中得到滿足，飢渴的心靈將繼續飢渴。凡到自私快樂之泉喝水的人，是受了欺騙的。他們把狂歡誤解為力量。但是興奮一停止，他們的快樂也就結束了，結果就更覺惆悵抑鬱。

持久的平安和心靈的真正安息只有一個泉源；正如耶穌說：「凡勞苦擔重擔的人可以到我這裡來，我就使你們得安息。」（太 11：28）、「我留下平安給你們；我將我的平安賜給你們。我所賜的，不像世人所賜的。」（約 14：27）平安不是祂的身外之物；它就在基督裡。我們只有得到基督，才能得到平安。

基督是**生命的泉源**。許多人迫切需要的，是對祂有更清楚的認識。要仁慈、耐心、誠懇地教導他們怎樣以全副身心投靠上天的醫治功能。上帝之愛的陽光一旦照亮人黑暗的心房，不安的疲憊和不滿就會結束；滿足的喜樂會給心靈帶來活力，給身體帶來健康和力量。

我們生活在苦難的世界；在我們前往天家的道路上，有困難、試煉和憂傷等待著我們。但有許多人因不斷地預期即將到來的艱難而加重了生活的擔子。……他們的視線應當轉離想像中的黑暗畫面，觀看上帝散布在他們道路上的恩惠，再遙望那看不見的永恆世界。——《論健康佈道》（舊名：服務真詮），原文246、247頁。

在我生活中的哪些方面是焦慮不安或不滿足的呢？

深入思考

逾越節的真羔羊

耶穌對他們說：「我很願意在受害以先和你們吃這逾越節的筵席。」

路加福音 22：15

　　在耶路撒冷一所住宅的樓房裡，基督正和門徒一同坐席。他們在一起過逾越節。救主單同十二門徒守這節，是因為祂知道自己的時候已經到了；祂自己就是**逾越節的真羔羊**，在吃逾越節筵席的那天，就要被獻祭了。祂不久將要喝那憤怒之杯，必須領那末後痛苦的洗禮。可是祂現在還有一點安靜的時間，要用來幫助祂所深愛的門徒。

　　基督的一生是無私服務的一生。「不是要受人的服事，乃是要服事人」（太20：28），這是祂每一舉動的訓誨。可是祂的門徒至今尚未學到這個教訓。在這最後一次逾越節的筵席上，耶穌用實例來重新發揮這個教導，使之永遠銘刻在他們的心版上。

　　耶穌同門徒的會晤，通常是靜穆愉快的時辰，大家非常珍視。過去幾次逾越節的筵席皆是其樂融融；這次耶穌卻感到不安。祂心情沉重，臉上籠罩著一層陰影。當祂在樓房與門徒聚餐時，他們看出祂有極重的心事。他們雖然不知其原因，但對祂的憂愁深表同情。

　　坐席時，祂用令人傷感的聲調說：「我很願意在受害以先和你們吃這逾越節的筵席。我告訴你們：我不再吃這筵席，直到成就在上帝的國裡。」耶穌接過杯來，祝謝了，說：「你們拿這個，大家分著喝。我告訴你們：從今以後，我不再喝這葡萄汁，直等上帝的國來到。」

　　基督知道自己離世歸父的時候到了。祂既然愛世間屬自己的人，就愛他們到底。——《歷代願望》，原文642、643頁。

如果你知道你的整個生命正朝著一個痛苦、受傷和死亡的時刻前進，那會是什麼感受？

深入思考

拿撒勒的孩童

「因今天在大衛的城裡，為你們生了救主，就是主基督。」

路加福音2：11

　　每個兒童都能像耶穌一樣獲得知識。當我們竭力藉著天父的話認識祂時，就必有天使來臨，使我們的心志堅強起來，我們的品格也必蒙陶冶，變得高尚而純潔。我們就越發與我們的救主相似。我們看到自然界的宏大與美麗時，就能對上帝生出敬愛。每當我們在大自然中接觸無限的上帝而肅然起敬時，我們的心靈就必因而振奮。藉著禱告與上帝交通，我們的智力和道德力得以發展。當我們思念屬靈的事時，我們屬靈的能力就必加強。

　　耶穌的一生是與上帝和諧的一生。當祂還是孩子時，思想、言語和行為都像孩子。但祂生活中始終沒有絲毫罪惡毀損在祂裡面的上帝的形像。可是祂並非免於試探。拿撒勒居民的邪惡是人盡皆知的。從拿但業所發的疑問中就可見一斑：「拿撒勒還能出什麼好的嗎？」（約1：46）耶穌所處的環境使祂的品格受到考驗。為了保持純潔，祂必須時刻警惕。為了作兒童、青少年和成年人的榜樣，祂必須經歷我們所要應付的一切鬥爭。

　　戰勝這拿撒勒的孩童，是撒但奮而不疲的事。耶穌雖然自幼有天使保護，但祂的一生是對黑暗勢力的一場持久戰。地球上竟有一個不受罪惡玷污的人生，這是黑暗之君不能容忍的，也使他大惑不解。他用盡一切手段要使耶穌陷入羅網。世上的兒童沒有一個能像我們的救主那樣與試探作如此劇烈的搏鬥，仍能保持聖潔的人生。

　　耶穌的父母是窮人，每天必須靠勞作度日，所以貧窮、克己和缺乏都為祂所熟悉。這種經驗正是祂的保障。祂勤勞的生活中沒有空閒的時間來招惹試探。
——《歷代願望》，原文70-72頁。

我怎樣才能避免讓我所生活的環境和文化對我的品格產生不良影響？

深入思考

生命的主

這見證就是上帝賜給我們永生；這永生也是在他兒子裡面。

約翰一書5：11

神聖的園主在巴勒斯坦的山上種植了一棵上好的葡萄樹。但以色列人藐視這從天上來的樹。他們大發雷霆，把它扔在葡萄園的牆外；他們毀了它，把它踐踏在腳下，以為如此就永遠毀了它。結果園主把斷了的葡萄樹挪去，藏在他們看不見的地方。祂又重新栽種它，以致樹幹不再為人所見。樹的枝子則越過牆外，使別的枝子可以接在其上，但樹幹本身已非人手所能及，也非人力所能傷。

上帝的兒子帶著寬恕、和平和不朽生命的光來到了這個充滿罪惡、悲傷和死亡的黑暗世界。「父怎樣在自己有生命，就賜給他兒子也照樣在自己有生命。」（約5：26）但世人憎恨基督，因為祂的純潔與他們的邪惡形成鮮明的對比。他們拒絕了**生命的主**並將祂釘在十字架上。上帝叫祂從死裡復活，從世人的眼前隱藏。但祂仍是人類的救世主，是葡萄樹、屬靈生命的源頭和維護者。恩典、力量和救恩仍從祂的圓滿中出來。雖然看不見葡萄樹本身，卻能看見它的枝子。當基督從人們的視線中消失時，祂的生命和能力卻在祂的追隨者身上顯現出來。

嫁接的枝子仍然可以與樹幹結合。正如砍斷了的樹枝沒有葉子，似乎也沒有生命，被接在有生命的樹幹上，它的纖維與脈絡不斷吸收葡萄樹的生命和能力，直到長出蓓蕾並開花結果，同樣，罪人也能藉著悔改和信心與基督聯合，與上帝的性情有分，在言行上結出聖潔生活的果實。

耶穌「在自己有生命」。祂將這生命白白賜給死在罪孽過犯中的人。祂讓他們分享祂的純潔、尊榮和高貴。「你看父賜給我們是何等的慈愛，使我們得稱為上帝的兒女。」（約壹3：1）沒有汁液的枝子被嫁接到活葡萄樹上後，就變成葡萄樹的一部分。它與葡萄樹既有了連繫就得以存活。照樣，基督徒也靠著與基督聯合而存活。有罪的人性亦和聖潔的神性得以連結。——《評閱宣報》，1883年9月11日。

深入思考

是否有人曾告訴過我，他們在我身上看到了耶穌？

一切真快樂與滿足之源

你必將生命的道路指示我。在你面前有滿足的喜樂；
在你右手中有永遠的福樂。

詩篇16：11

在我們學校所表現的一切教育特色中，宗教活動乃是最重要的。應當以最嚴肅、帶著敬畏的態度看待這些訓練，但又當盡量使它們愉快。不可使其延長太久，使人厭倦，因為那樣會給青年人一種印象，使他們以為宗教是枯燥無趣的；許多人會被引誘，將他的影響力傾於仇敵一邊，其實這些人若蒙適當的教導，就可造福世人及教會。安息日的聚會，在宿舍及禮拜堂中的早晚靈修，若非有完善的安排及上帝聖靈的活潑的力量，就會成為學校的一切活動中徒具形式，不快樂、不動人，令青少年最厭煩的活動。禱告見證聚會以及一切宗教活動，都當有最好的計畫與管理，以致它們不但是有益處，同時也是積極動人，令人十分欣慰愉快的。祈禱會要使大家的心與上帝持久相聯；公開地勇於承認基督，在我們的品格上表現他的溫柔、謙卑與仁愛，就可使別人也受聖潔之美的薰陶。

在這一切的場合上，應當把基督表現為「超乎萬人之上」且「全然可愛」（歌5：10，16）。應當彰顯祂為**一切真快樂與滿足之源**，各種善良全備恩賜之賞賜者，是所有真實福樂和滿足的根源，亦是我們永生希望所寄之主。在每一次宗教活動中，應當以上帝的愛及基督徒經驗的喜樂，來表現它們真正的美好。要把救主表現為救我們脫離一切犯罪後果的恢復者。

要實現這種效果，必須避免一切狹隘的觀念。必須有誠摯、懇切及專一的心。教師們要有熱心活潑的敬虔。有一種能力是我們若肯擁有便可得到的。有一種恩典是我們若肯感激就可享有的。聖靈正在等候我們的要求，只要我們能照自己追尋之目標的價值，用與之相稱的決心去要求，就可得著。——《教會證言》卷六，原文174、175頁。

在我與上帝的個人靈修時間中，我覺得什麼最有意義？在教堂敬拜上帝時，我最享受的又是什麼？

深入思考

唯一安全的嚮導

誰敬畏耶和華，耶和華必指示他當選擇的道路。

詩篇 25：12

　　使徒在他的弟兄面前高舉基督，說明上帝曾藉著祂創造萬物，並藉著祂成就救贖他們的大工。他宣稱那隻在太空中托住諸世界、並維持上帝所造全宇宙萬有之秩序與運轉的手，也就是那為他們釘在十字架上的手。保羅寫道：「因為萬有都是靠他造的，無論是天上的、地上的、能看見的，不能看見的、或是有位的、主治的、執政的、掌權的，一概都是藉著他造的，又是為他造的。他在萬有之先，萬有也靠他而立。」……

　　上帝的兒子竟不惜屈身抬舉墮落的人類。祂因此而離開了那在高天之上無罪的諸世界，就是那愛祂的「九十九隻」而到這個地上來，「為我們的過犯受害，為我們的罪孽壓傷。」（賽 53：5）祂在凡事上都與祂的弟兄相同。祂成為肉身，就像我們一樣。祂嘗過飢餓、乾渴和疲乏的滋味。祂也靠食物維持生命，靠睡眠恢復精力。祂在地上作客旅、作寄居的，雖在世上，但不屬世界；也像今日的人們一樣受過試探和試煉，但仍過著無罪的生活。祂柔和、慈悲、富有同情，始終為他人設想，表現著上帝的聖德。「道成了肉身，住在我們中間，充充滿滿地有恩典有真理。」（約 1：14）

　　歌羅西的信徒為異教的邪惡風俗所包圍，大有受引誘偏離福音純一清潔之心的危險，所以保羅在警告他們嚴加提防時，就向他們指出基督為他們**唯一安全的嚮導**。他寫道：「我願意你們曉得我為你們和老底嘉人，並一切沒有與我親自見面的人，是何等的盡心竭力；要叫他們的心得安慰，因愛心互相聯絡，以致豐豐足足在悟性中有充足的信心，使他們真知上帝的奧祕，就是基督；所積蓄的一切智慧知識，都在他裡面藏著。」──《使徒行述》，原文471、472頁。

為何保羅可以如此勇敢無懼地為耶穌作見證？我會害怕向別人談論耶穌嗎？

深入思考

捍衛者

耶和華是我的巖石，我的山寨，我的救主。

詩篇 18：2

感謝主，祂沒有任憑我們對於如何獲得祂的祝福一無所知。讀完〈哥林多後書〉第8章和第9章，你就會看到這個問題用幾句話就講清楚了。讀一讀信徒們是如何找到使徒，將他們的奉獻放在他們腳前，再三懇求他們能收下獻禮。當上帝藉著聖靈攪動祂子民的心，引導他們看到這項工作的需要時，就會產生克己之心，而奉獻也會流入庫房，用於當代福音的傳講。

如果有人認為他們為聖工作出了巨大的犧牲，那麼就想想基督為他們所作的犧牲。人類被宣判死刑，但上帝的兒子以人性遮蔽其神性，來到這個世界，為我們而生，為我們而死。祂來是為了對抗一群墮落的天使。我們必須有一位**捍衛者**，當我們的捍衛者來到時，祂以人性為外衣，因為祂必須忍受人所受的誘惑，為要知道怎樣將敬虔的人從試探中解救出來。祂將自己置於墮落人類的首位，使人類能夠站在有利的位置上。

基督並沒有帶著大批天軍來到世間。祂撇下自己的王袍和王冠，從祂最高統帥的位置下來，為我們的緣故成為貧窮，叫我們因祂的貧窮可以成為富足：這就是在天庭制定的計畫。人類的救贖主要降生在貧窮人家，成為一個用雙手做工的工人。祂跟祂的父親一樣作木匠，把一切都做得盡善盡美。祂的同伴有時會為了祂的周到和完美而挑祂的毛病。他們說，這麼講究有什麼用呢？但是祂寧願工作到盡善盡美，然後臉上帶著從天上來的亮光舉目仰望，使原來批評祂的人自覺羞愧而退到一旁。在別人挑祂毛病的時候，祂並不反駁，而是開始唱一首詩篇，使得那些人也不自覺地跟著唱了起來。——《手稿》58，1905年。

耶穌心甘情願地成為全人類的捍衛者，甚至取了我們的軟弱。還有什麼原因使祂自願來到這個被罪惡詛咒的世上呢？

深入思考

加利利先知

「這真是那要到世間來的先知！」

約翰福音6：14

　　許多有學問、頗具影響力的人物都來聽這位**加利利先知**的講道。其中有些人好奇地看著基督周圍的群眾。那時基督正在海邊教導人。在這廣大的群眾中，有來自社會各個階層的人：有窮人、文盲、衣衫襤褸的乞丐、面容兇惡的強盜、身有殘疾的、浪蕩的、還有商人和懶漢；不論貧富貴賤，大家都彼此擁擠，為要得著立足之地，好聽到基督的講論。那些有學問的人看著這群奇怪的會眾時就議論說，上帝的國難道就是由這樣的人組成的嗎？於是救主就再用一個比喻來答覆他們：「天國好像麵酵，有婦人拿來，藏在三斗麵裡，直等全團都發起來。」

　　猶太人有時用酵來象徵罪惡。在逾越節的時候，百姓奉命要從家裡除去一切的酵，就像從心中除去罪惡一樣。基督曾警告門徒說：「你們要防備法利賽人的酵，就是假冒為善。」（路12：1）使徒保羅也曾提到那「惡毒、邪惡的酵」（林前5：8）。但在救主的比喻中，麵酵是用來代表天國的，並說明上帝的恩典喚醒和感化人心的能力。

　　沒有人會邪惡墮落到連這股力量都不能挽回的地步。上帝要將一種新的生命原則植入凡順從聖靈的人心中，要在人身上恢復那喪失了的上帝形像。

　　但是人不可能靠自己的意志來改變自己；他自己並沒有改變的能力，必須有麵酵——完全是從外頭來的能力——放在麵裡，才能發生所希望的改變。同樣，罪人也必須先接受上帝的恩典，才有資格進入榮耀的國度。世界所提供的文化和教育都不能使犯罪墮落的人成為天國的子民。更新的能力必須來自上帝。唯有聖靈才能成就這種變化。——《基督比喻實訓》，原文95-97頁。

深入思考

上帝恩典的酵如何改變了我的態度和行為？

那義者

「你們知道主曾顯現，是要除掉人的罪，在他並沒有罪。」

約翰一書 3：5

當司提反為被告的事受審問時，他就以清晰動人、響徹廳堂的聲音開始為自己申辯。他用了令全場凝神傾聽的言辭繼續描述上帝選民的歷史。他表現出自己對猶太制度及其因基督而顯明的屬靈意義瞭若指掌。他重述摩西預言彌賽亞的話說：「耶和華你的上帝要從你們弟兄中間，給你興起一位先知像我；你們要聽從他。」他顯明自己是忠於上帝和猶太人信仰的，同時他也指明猶太人賴以得救的律法未能拯救以色列脫離拜偶像的罪。他將耶穌基督與猶太人的全部歷史結合起來。他提到所羅門建造的殿宇，並引用所羅門和以賽亞的話說：「其實至高者並不住人手所造的；就如先知所言，主說：『天是我的座位，地是我的腳凳；你們要為我造何等的殿宇，哪裡是我安息的地方呢？』」……

當司提反講到這一點時，民眾中間就起了騷動。當他將基督連結到這些預言上，並說到有關聖殿的話時，大祭司就假裝驚嚇萬狀，撕裂了自己的衣服。在司提反看來，這一行動乃是一個信號，指明他的聲音很快就要永遠靜止了。他看出他的話語遭受抗拒，並且知道他是在作他最後一次的見證。這時他雖然僅講了一半，也只好立即結束講論。

於是他忽然中斷了他正在講述的歷史順序，轉向那些憤怒的審判官說：「你們這硬著頸項，心與耳未受割禮的人，常時抗拒聖靈；你們的祖宗怎樣，你們也怎樣。哪一個先知不是你們祖宗逼迫呢？他們也把預先傳說**那義者**要來的人殺了；如今你們又把那義者賣了，殺了。你們受了天使所傳的律法，竟不遵守。」

祭司和官長們因此極其惱怒。……這個囚犯從他周圍凶狠的臉色上察覺了自己的命運；但他並未動搖。——《使徒行述》，原文99、100頁。

為什麼我沒有因為耶穌基督的信仰而遭受更多的反對？

深入思考

可愛救主

> 「但願頌讚、尊貴、榮耀、權勢都歸給坐寶座的和羔羊，
> 直到永永遠遠！」
>
> 啟示錄5：13

對於這個苦苦逼迫的仇敵，基督雖在極度痛苦之中，卻仍未屈服分毫。惡使者的大軍包圍住上帝的兒子，但那些聖天使卻被約束，不許離隊參戰，去和那侮辱謾罵的仇敵決鬥。天庭的使者被禁止前往服務上帝兒子的憂苦心靈。在這個黑暗可怕的時辰中，天父向祂掩面，大隊的惡使者圍逼著祂，世人的罪重重地壓在祂身上，以致從祂口中發出了痛苦的呼聲：「我的上帝！我的上帝！為什麼離棄我？」（太27：46）

那些殉道者的死與上帝兒子所忍受的痛苦是無法比較的。我們對於上帝愛子的生平、苦難及死亡，應當有更廣泛深刻的見解。對於贖罪之道若有正確的見解，就會覺得人的得救有無限的價值。一切事物若與永生大計相比，就都要淪為毫無意義的了。然而這位**可愛救主**的忠言，卻是怎樣被輕視啊！人們一心致志於世俗，以至自私自利之念關閉了心門，拒絕了上帝之子。許多人的心中充斥著虛偽、驕傲、自私、財利、嫉妒、惡毒及情慾，以致基督無法立足。

祂本有永恆的富足，卻為我們成了貧窮，叫我們因祂的貧窮，可以成為富足。祂本來披戴著光明與榮耀，並為聽候奉行祂命令的眾天軍所圍繞，但祂卻取了我們的人性，來到犯罪必死的世人中間寄居。這愛真是言語無法形容，過於人所能測度。大哉，敬虔的奧祕！我們的心要為天父和聖子愛人的宗旨而歡呼、振奮和高興。基督徒應在今生學習返照幾分這種神祕之愛，預備與一切得蒙救贖的人同聲說：「但願頌讚、尊貴、榮耀、權勢都歸給坐寶座的和羔羊，直到永永遠遠。」（啟5：13）——《教會證言》卷二，原文214、215頁

我什麼時候能騰出時間來默想耶穌的生與死？

深入思考

袍子民的救贖主及拯救者

你們得救是本乎恩，也因著信；
這並不是出於自己，乃是上帝所賜的。

以弗所書2：8

心裡的溫柔謙卑是得著能力和勝利的條件。榮耀的冠冕正在等待著屈身於十字架下的人。這些哀慟的人有福了，因為他們必得安慰。……

當上帝的子民在袍面前刻苦己心，祈求清潔之心時，有命令發出說：從他們身上「脫去污穢的衣服」，並有鼓勵的話說：「看哪，我使你脫離罪孽，要給你穿上華美的衣服。」基督無玷染的義袍要加在受苦難試探，卻仍然忠心之上帝子民的身上。那被人輕視的餘民要穿上榮美的衣服，永不再被世俗的敗壞所玷污。他們的名將留在羔羊的生命冊上，被載入歷代忠心子民之列。他們已拒絕那欺騙者的詭計，也沒有因龍的咆哮而懾服，而改變其忠貞不貳之心。他們從此永遠安全，不再受試探者詭計之害。他們的罪已歸給罪的始作俑者了。

餘民不但得赦免蒙接納，也要被尊榮。「潔淨的冠冕」要戴在他們的頭上。他們要作君王，作祭司，並歸於上帝。當撒但堅決控告及設法毀滅這群人的時候，聖天使在冥冥之中來來往往，給他們蓋上永生上帝的印記。這些人要與羔羊一同站在錫安山上，有父的名字寫在他們的額上。他們在寶座前唱新歌，「除了從地上買來的那十四萬四千人以外，沒有人能學這歌。他們是從人間買來的。」……

現今是那位使者的話已到完全應驗之時了！「大祭司約書亞啊，你和坐在你面前的同伴都當聽（他們是作預兆的）我必使我僕人大衛的苗裔發出。」這裡表明基督是**袍子民的救贖主及拯救者**。現今餘民確實是「作預兆的」，他們在旅途中的眼淚和恥辱，要在上帝和羔羊面前被快樂及尊榮所代替。——《教會證言》卷五，原文475、476頁。

當撒但指責我們是罪人的同時，上帝卻給我們蓋上屬袍的印記，在你知道這件事實時，對你來說是什麼感受？

深入思考

拯救的亙古磐石

「只有耶和華為聖；除他以外沒有可比的，也沒有磐石像我們的上帝」。

撒母耳記上2：2

上帝經常把我們放在不同的位置，好激勵我們作出更大的努力。在祂的天意安排中，有時會出現特別煩人的事，為要考驗我們的耐心和信心。上帝讓我們學習倚靠的功課。祂希望教我們知道在需要時該到哪裡尋求幫助和力量。這樣，我們就獲得關於祂神聖旨意的實際知識，這是我們的人生經驗中非常需要的。信心在與疑惑和懼怕的嚴肅鬥爭中變得強壯。弟兄啊，你若謹慎留意自己的道路，就可成為一位得勝者。你應將自己年輕的生命奉獻於上帝的聖工並且祈求成功。你應睜眼看出自己的危險，而毅然準備對付你基督徒進程中的每一個困難。要花時間反省和謙卑懇切地祈禱。你才幹卓著，將來有望成功；但你若不了解自己本心的軟弱，就注定會失望。

你的人生才剛剛開始；已到了要自己負責任的年齡。這是你人生中的一個關鍵時期。而今，你正用自己的青春在人生的園地中撒種。你種的是什麼，收的也將是什麼；因為種子如何，結果也會如何。你若疏忽不顧永恆的事，你自己就會遭受巨大損失，且會藉著你的影響，阻止他人盡他們對上帝的義務。

兩個世界都在你面前。你願意選擇哪一個呢？要有智慧持定永生。無論你的責任在當前的緊急情況中看來多麼令人不悅，也不要偏離你的正直。你或許要作出大犧牲才能保持自己心靈的純正，但是不要猶豫；要本著敬畏上帝的心奮力前進，祂就會祝福你的努力並且報償你千倍。不要放棄你宗教的要求和特權去滿足你未獻身之親友的心願。你蒙召要採取支持真理的立場，即使這會使你與你所親近的人直接衝突。……

要在那**拯救的亙古磐石**上打下你基督徒品格的根基，且要把房屋建得堅固穩定。——《教會證言》卷四，原文116、117頁。

我該如何為今天屬靈歷程中的困難做好準備？

比所羅門更有智慧的主

但在那蒙召的，無論是猶太人、希臘人，
基督總為上帝的能力，上帝的智慧。

哥林多前書1：24

約翰所宣布的奇妙的那一位，在他們中間已有三十多年，他們卻沒有認識到祂就是上帝所差來的。門徒心中覺得非常痛悔，因為他們讓當時社會上普遍的不信影響了自己的思想，蒙蔽了自己的認知。這黑暗世界的光，已在這幽暗之中閃閃發光，而他們竟未能認出這光的來源。他們責問自己，為什麼一定要做基督所責備的事呢？他們常想起與祂的談話，並自怨自艾地說，我們過去為什麼讓屬世的利益及祭司和拉比們的反對來擾亂我們的思想，以致沒有認出有一位比摩西更大的主在我們中間，有一位**比所羅門更有智慧的主**在教導我們呢？那時我們的耳朵真是太遲鈍，悟性也太薄弱了！

多馬若非伸手探入耶穌身上被羅馬士兵所刺的傷痕，就不肯相信。彼得曾在耶穌受凌辱、被棄絕時否認祂。這些慘痛的回憶都歷歷在目。他們雖曾與耶穌在一起，竟沒有認識祂，也沒有珍重祂。現在他們既看出自己的不信，這些事是如何憾動他們的心啊！

當祭司和官長們聯合起來反對基督的門徒，把他們交給公會、下在監裡時，他們反倒歡喜，「因被算是配為這名受辱。」（徒5：41）他們歡喜，因為能在人和天使面前，證明自己認識了基督的榮耀，甘願犧牲一切來跟從祂。

世人不受聖靈的啟發，就不能認識基督的榮耀，使徒的時代如此，現今亦然。上帝的真理和作為，絕不是貪愛世俗和與罪惡妥協的基督徒所能領會的。真正跟從主的人，絕不行在貪圖安逸、追求虛榮、迎合世俗的路上。他們卻力爭上游，走在辛勞、屈辱和受責罵的路上；站在最前列，與「那些執政的、掌權的、管轄這幽暗世界的，以及天空屬靈氣的惡魔爭戰」（弗6：12）。——《歷代願望》，原文508頁。

> 我怎樣才能使耶穌的智慧成為我自己的智慧，並以此來引導我的生命？

深入思考

新生之王

進了房子，看見小孩子和他母親馬利亞，就俯伏拜那小孩子。

馬太福音 2：11

博士們離開了耶路撒冷。他們出城的時候，黑夜的暗影已籠罩下來。他們又看到了那一顆明星，就大大歡喜。那明星一路引領，帶他們到了伯利恆。博士們並沒有像牧羊人一樣，得到關於耶穌卑微處境的預示。在漫長的旅行之後，他們曾因猶太領袖們的冷淡態度而失望，所以離開耶路撒冷時，他們的信心比初到時不免有所減退。他們來到伯利恆，竟看不見有皇家的侍衛看護**新生之王**，也沒有世上的貴人在旁侍立。耶穌竟睡在馬槽裡！只有祂的父母——無學問的平民作祂的保護者。難道先知所說「使雅各眾支派復興，使以色列中得保全的歸回」，「作外邦人的光」，「施行我的救恩，直到地極」（賽 49：6）的那一位就是祂嗎？

博士們「進了房子，看見小孩子和祂母親馬利亞，就俯伏拜那小孩子」。在耶穌卑微的外表之下，他們看出了神性的威儀，便向祂奉獻己心，認祂為自己的救主，「拿黃金、乳香、沒藥為禮物獻給他。」他們具有何等的信心啊！基督後來論到羅馬百夫長的話——「這麼大的信心，就是在以色列中，我也沒有遇見過」（太 8：10），正可以用在這些從東方來的智者身上。

博士們並沒有識破希律王對耶穌所懷的毒計。這趟旅程的目的既已達到，他們就準備回到耶路撒冷，將他們的成就告訴希律。但在夜間的夢中，上帝指示他們不要再和他見面。於是，他們就繞過耶路撒冷，從別的路回本地去了。

約瑟也同樣在夢中得到警告，要他帶著馬利亞母子逃往埃及。天使對他說：「住在那裡，等我吩咐你，因為希律必尋找小孩子要除滅他。」約瑟立即遵命，為了確保安全無虞，一家人就在夜裡出發了。上帝藉著東方博士來引導猶太人注意祂兒子的降生。——《歷代願望》，原文 63、64 頁。

上帝會不會使用一個非基督徒來做祂想讓我做的事？

深入思考

被棄的石頭

「他是你們匠人所棄的石頭，已成了房角的頭塊石頭。」

使徒行傳4：11

彼得本著聖善的勇敢，並靠著聖靈的能力，一無所懼地宣稱：「你們眾人和以色列百姓都當知道，站在你們面前的這人得痊癒，是因你們所釘十字架、上帝叫他從死裡復活的拿撒勒人耶穌基督的名。他是你們匠人所棄的石頭，已成了房角的頭塊石頭。除他以外，別無拯救；因為在天下人間，沒有賜下別的名，我們可以靠著得救。」（徒4：10-12）

這一番彼得得著能力後所做的勇敢辯護，使猶太人的領袖們感到惶恐。他們原本以為這些門徒是一些無知的漁夫，被帶到公會面前時，一定會張皇失措的。然而這兩個見證人說話正如基督過去說話一樣，反倒具有一種令人折服的能力，使對方啞口無言。當彼得論到基督說「他是你們匠人所棄的石頭，已成了房角的頭塊石頭」時，他的聲音竟沒有一絲懼怕的跡象。

彼得在這裡採用了祭司們所熟悉的比喻。先知們曾論到這塊**被棄的石頭**；基督自己有一次和祭司長老們講話時也曾說：「匠人所棄的石頭，已作了房角的頭塊石頭；這是主所做的，在我們眼中看為希奇：這經你們沒有念過嗎？所以我告訴你們，上帝的國必從你們奪去；賜給那能結果子的百姓。誰掉在這石頭上，必要跌碎；這石頭掉在誰的身上，就要把誰砸得稀爛。」（太21：42-44）

祭司們聽了使徒大無畏的言詞，就「認明他們是跟過耶穌的」。《聖經》記載門徒在基督登山變像的那幕奇妙景象結束之後，「他們舉目不見一人，只見耶穌在那裡。」（太17：8）「只見耶穌」——這幾個字已涵括早期教會史上，所有生活與能力的祕訣。在門徒最初聽到基督的訓言時，他們就感覺需要祂。——《使徒行述》，原文63、64頁。

我怎樣才能使「唯有耶穌」成為我生命中的指導原則？

深入思考

生命之君

耶穌走遍加利利，在各會堂裡教訓人，傳天國的福音，
醫治百姓各樣的病症。

馬太福音 4：23

凡參加主的工作的人，都負有實現這個使命的責任：「所以，你們要去，使
萬民作我的門徒，奉父、子、聖靈的名給他們施洗。凡我所吩咐你們的，都教訓
他們遵守。」（太 28：19、20）

基督親自為我們樹立了如何作工的榜樣。請讀〈馬太福音〉第4章，學習**生命
之君**基督在祂的教導中所遵循的方法。「（耶穌）離開拿撒勒，往迦百農去，就住
在那裡。那地方靠海，在西布倫和拿弗他利的邊界上。這是要應驗先知以賽亞的
話，說：西布倫地，拿弗他利地，就是沿海的路，約旦河外，外邦人的加利利地
──那坐在黑暗裡的百姓看見了大光；坐在死蔭之地的人有光發現照著他們。」
（太 4：13-16）

「耶穌在加利利海邊行走，看見弟兄二人，就是那稱呼彼得的西門和他兄弟
安得烈，在海裡撒網；他們本是打魚的。耶穌對他們說：『來跟從我，我要叫你
們得人如得魚一樣。』他們就立刻捨了網，跟從了他。從那裡往前走，又看見弟
兄二人，就是西庇太的兒子雅各和他兄弟約翰，同他們的父親西庇太在船上補
網，耶穌就招呼他們，他們立刻捨了船，別了父親，跟從了耶穌。」（太 4：18-22）

這些卑微的漁夫是基督最初的門徒。祂並沒有說他們要為自己的服務得到一
定的薪水。他們要與祂分擔祂的捨己和犧牲。……

基督是完全意義上的醫療佈道士。祂來到這個世界是要傳福音和醫治病人。
祂來既作人類身體的醫治者也作人類心靈的醫治者。祂的信息乃是順從上帝國度
的律法會給人們帶來健康和興盛。──《健康勉言》，原文316、317頁。

我是否曾經研究過耶穌用來滿足失喪者在身體和屬靈需求上的
方法？我能從耶穌的事工中學到什麼？

深入思考

唯一援助之源

「然而，你們不肯到我這裡來得生命。」

約翰福音5：40

你們反對、拒絕的不只是僕人、代表和先知，而是以色列的聖者，你們的救贖主。如果你們遭到毀滅，那是咎由自取。……

基督以耶路撒冷代表全世界；就是因不信、叛逆而剛硬，並將遭受上帝刑罰的世界。墮落人類遭遇的禍患，壓在主的心上，從祂口中逼出極慘痛的呼喊。在人類的痛苦與血淚之中，祂看到罪惡的軌跡；祂的心因受無窮之愛的激動，就憐憫地上受苦受難的人；祂渴望拯救每一個人。然而這時連祂的手也無法挽回人類禍患的狂瀾；因為來向這**唯一援助之源**求助的人實在太少了！祂極願捨棄自己的生命，將救恩帶給他們；但是很少有人肯來到祂面前，以便得到生命。

天上的大君流淚了！無窮上帝的聖子心中憂傷，因悲痛而垂首！這種情景使天庭全體充滿了驚奇。這情景向我們說明罪的窮凶極惡；使我們看出拯救罪人脫離干犯上帝律法的後果是多麼艱難，甚至使能力無窮的主也感到棘手。耶穌展望到末世，看到世人受了欺騙，正像那造成耶路撒冷毀滅的欺騙一樣。猶太人所犯的大罪，就是拒絕基督；今日基督教界所犯的大罪，就是拒絕上帝的律法，這律法乃是祂天上與地上之政權的基礎。耶和華的誡命將要被人輕視、廢棄。千萬的人雖然受了罪惡的捆綁，作了撒但的奴僕，注定要受第二次死亡的痛苦，但在蒙眷顧的日子他們竟不肯聽從真理的道。這種盲目真是可怕！這種執迷不悟真是怪異！

在逾越節的前兩天，基督最後一次離開聖殿，並痛斥猶太領袖的虛偽之後，祂又同門徒去到橄欖山上，與他們一同坐在綠草如茵的斜坡上，眺望著耶路撒冷城。祂注視著城牆、城樓和宮殿，再度看到那耀目的輝煌聖殿，這殿像是聖山上一頂極光榮的美麗冠冕。——《善惡之爭》，原文22、23頁。

在我生命的哪些方面有可能會拒絕耶穌的呼求？

深入思考

人類的支持者

「凡勞苦擔重擔的人可以到我這裡來，我就使你們得安息。」

馬太福音 11：28

基督作為偉大的模範站在我們之前——要以基督為你的榜樣。祂經常周遊四方行善事——供應飢餓的人，醫治患病的人。凡到祂面前來求同情的人，沒有一個失望的。祂本為天庭的統帥，卻道成了肉身住在我們中間，祂畢生的工作乃是我們要做之工的榜樣。祂慈憐的愛譴責我們的自私自利和殘酷無情。

基督披上人性的外衣站在人類的首位。祂的態度充滿同情和慈愛，連最貧窮的人也不怕靠近祂。祂對眾人滿懷仁慈，容易被最卑微的人接近。祂挨家挨戶醫治病人，供應飢餓的人，安慰傷心的人，撫慰受苦的人，對灰心的人說平安的話。……祂甘心降卑、捨己。祂不追求個人的顯赫。祂是眾人的僕人；安慰別人，使祂每天所接觸的憂傷負重的人喜樂，乃是祂日常的飲食。

基督是偉大的醫療佈道士，祂是我們的榜樣，是所有的人應當效仿的。祂的慈愛、純全和聖潔，嘉惠於一切受其影響的人。祂的品格是絕對完美的，毫無一點罪的痕跡。祂表現上帝完全的愛。祂不是來壓制、論斷和指責人，而是來醫治軟弱有缺陷的品格，把人從撒但的轄制下拯救出來。祂是**人類的支持者**、創造者和救贖者。祂向所有的人發出邀請說：「凡勞苦擔重擔的人，可以到我這裡來，我就使你們得安息，我心裡柔和謙卑，你們當負我的軛，學我的樣式，這樣，你們心裡就必得享安息。因為我的軛是容易的，我的擔子是輕省的。」

那麼，我們應當在世上樹立什麼樣的榜樣呢？我們應當做那位偉大的醫療佈道士為我們所做的同樣工作。我們應當走基督所走過的、克己犧牲的道路。——《論慈善事工》，原文53、54頁。

是什麼因素阻止我背負耶穌的軛和學習祂的樣式？

深入思考

奇妙的策士

你要以你的訓言引導我，以後必接我到榮耀裡。

詩篇73：24

上帝呼召人類要與邪惡的勢力對抗。祂說：「所以，不要容罪在你們必死的身上作王，使你們順從身子的私慾。也不要將你們的肢體獻給罪作不義的器具；倒要像從死裡復活的人，將自己獻給上帝，並將肢體作義的器具獻給上帝。」

基督徒的人生乃是戰鬥的人生。「我們並不是與屬血氣的爭戰，乃是與那些執政的、掌權的、管轄這幽暗世界的，以及天空屬靈的惡魔爭戰。」在這場義與不義的的鬥爭中，我們只有靠上帝的幫助，才能取得勝利。我們有限的意志必須順服無窮上帝的旨意。人的意志必須融合在上帝的旨意中。這樣，我們就能得到聖靈的幫助。我們每一次的勝利，都有助於收回上帝所贖的產業，在心中恢復上帝的形像。

主耶穌藉由聖靈工作，因為聖靈是祂的代表。祂藉著聖靈將屬靈的生命注入人心，喚醒它向善的機能，潔淨它品德上的污穢，使它配進入祂的國度。耶穌有巨大的福氣和豐富的恩賜要散布在人間。祂是**奇妙的策士**，有無窮的智慧和能力。我們接受祂的陶冶，就會在祂裡面得以完全。這是何等的感念！「因為上帝本性一切的豐盛，都有形有體地居住在基督裡面，你們在他裡面也得了豐盛。」

人心如果不接受上帝聖靈的陶冶，就絕不會懂得幸福。聖靈要使更新之後的心與耶穌基督相符。藉著聖靈的感化，對上帝的敵意變為信心和愛心，驕傲變為謙卑。人的心認識到真理的美，基督完美優秀的品格就得到了尊榮。當這些變化實現時，天使就唱出歡樂的詩歌；上帝和基督就會因人按神聖的形像塑造而歡喜快樂。──《評閱宣報》，1896年8月25日。

上一次天使們因聖靈在我生命中帶來積極的改變而歡欣鼓舞是什麼時候？

深入思考

看不見的主

不愛他所看見的弟兄，就不能愛沒有看見的上帝。

約翰一書 4：20

在基督升天之後，約翰顯明自己是一個忠心且為主熱切效勞的人。他在五旬節那天，曾和其他門徒一同領受聖靈的澆灌，於是他以新的熱忱和能力繼續向人講論生命之道，設法引領他們思念那位**看不見的主**。他是一個頗有能力的傳道人，熱心而且極其誠懇。他以美妙的言辭與音樂般的聲調講述基督的真理和工作，而講話的方式竟使凡聽他的人將其深印於心。他那精簡的言辭，他傳講真理的卓絕能力，以及他教導中所表現的熱忱，使他能接近各種不同階級的人。

這位使徒的生活是與他的教導相符的。那在他心中熾熱的、對於基督的愛，促使他不知疲倦地誠懇而恆切地為同胞，尤其是為基督教會內的弟兄們作工。

基督曾吩咐祂的第一批門徒要彼此相愛，像祂愛他們一樣。他們要向世人證明有基督在他們心裡「成了榮耀的盼望」。祂曾說：「我賜給你們一條新命令，乃是叫你們彼此相愛；我怎樣愛你們，你們也要怎樣相愛。」（約 13：34）當救主說這話的時候，門徒還不能領會，但及至他們目睹基督受苦之後，在祂被釘、復活並升到天上之後，以及在五旬節聖靈傾降他們身上之後，他們對於上帝的愛，並對於他們彼此之間必須保持的愛的性質，才具有更清楚的觀念。於是約翰才能對一般同作門徒的人說：「主為我們捨命，我們從此就知道何為愛；我們也當為弟兄捨命。」

在聖靈降下之後，門徒出去宣講一位永活的救主時，他們唯一的願望乃是救人。他們在與聖徒交往的甜美經驗中歡喜快樂。他們是溫柔、體貼、克己的，甘願為真理的緣故作任何犧牲。——《使徒行述》，原文546、547頁。

深入思考

我如何才能像使徒約翰那樣向各個不同階層的人作主的見證？

天上頭生的

知道你們得贖，脫去你們祖宗所傳流虛妄的行為，不是憑著能壞的金銀等物，乃是憑著基督的寶血，如同無瑕疵、無玷污的羔羊之血。

彼得前書1：18、19

基督降生約四十天左右，約瑟和馬利亞帶祂上耶路撒冷，按猶太教規把祂奉獻給主，並獻上祭物。基督作為人類的替罪者，必須在各方面按律法行事。此時祂已受割禮作為遵守律法的承諾。

按律法規定，母親應獻一隻一歲的羊羔作為燔祭，一隻雛鴿或斑鳩作為贖罪祭。父母若因貧窮無力奉獻羊羔，律法規定可獻一對斑鳩或兩隻雛鴿。一隻為燔祭，另一隻為贖罪祭，這樣也可蒙悅納。

凡奉獻的祭物，必須是沒有瑕疵的，因牠是預表基督，表明祂的身體是沒有殘缺的。祂是「無瑕疵、無玷污的羔羊」（彼前1：19）。祂的體格沒有任何缺點，是強健有力的。耶穌過著一種順從自然律的生活。上帝的計畫是要人類順從祂的律法，從而在身體和靈性上都達到上天的標準。耶穌在這方面為我們樹立了完美的榜樣。

奉獻長子的禮從人類歷史初期就已存在。上帝曾應許賜下**天上頭生的**來拯救罪人。每一家庭藉由奉獻長子的禮答謝天父這無比的恩賜。長子要獻身於祭司的職分，在人間作基督的代表。

上帝拯救以色列人出埃及時，曾重申奉獻長子的禮。以色列民在埃及為奴之時，耶和華吩咐摩西去見埃及的法老王，說：「耶和華這樣說：以色列是我的兒子，我的長子。我對你說過：容我的兒子去，好事奉我。你還是不肯容他去。看哪，我要殺你的長子。」（出4：22、23）——《歷代願望》，原文50、51頁。

若耶穌是我完美的榜樣，那麼我如何才能在生命中效法祂？

深入思考

聖殿院宇的真護衛

「那右手拿著七星、在七個金燈檯中間行走的。」

啟示錄2：1

七教會的名字代表基督教時代中七個不同時期的教會。「七」是一個表示完全的數目，象徵這信息展延到末時這一事實；而所用的表號則顯明教會在世界歷史各時期的情況。

〈啟示錄〉提到基督是常在各金燈檯中間行走的。這足以象徵祂與各教會所有的關係。祂是經常與祂的子民交往的。祂洞悉他們的真實情況。祂觀察他們的秩序、敬虔與忠誠。祂固然是天上聖所的大祭司和中保，但也被形容為是在祂地上眾教會中間往來行走的。祂以不息不倦的警醒留意，要看祂守望者的燈光是否有黯淡或熄滅的。如果這些燈檯僅交由世人看守，它們的星星之火就必漸漸消滅；但祂乃是上帝家裡的真守望者，是**聖殿院宇的真護衛**。祂不斷的照顧和保守的恩典乃是生命與光明的來源。

基督被描述為右手拿著七星。這就向我們保證：只要教會忠於她所受的委託，她就不必懼怕歸於無用了；因為沒有一顆受全能者保護的星能從基督手裡被奪去。……

這些話乃是對教會的教師們──就是上帝賦予重大責任之人說的。教會所富有的優美感化力都與上帝的傳道人息息相關，他們要表現基督的愛。原來天上的眾星都在祂的管轄之下。祂使它們充滿光明，指引並督導它們運轉；若不如此行，它們就要變成隕落的星了。祂的傳道人也是如此。他們不過是祂手裡的器皿，所成就的善事也都是靠祂的能力而成的。……只要他們仰望祂，像祂仰望天父一樣，他們就必得著能力去做祂所做的工。當他們以上帝為他們的倚靠時，祂就必將祂的光明賜給他們去反照世界。──《使徒行述》，原文585-587頁。

深入思考

無論教會面臨怎樣的挑戰，耶穌始終居住在祂的教會當中。這給我們什麼樣的安慰？

合法的統治者

「撒但，退我後邊去吧；因為經上記著說：
『當敬拜主──你的上帝，單要事奉他。』」
路加福音4：8（編註：參照英王欽定本聖經）

撒但傾其全力進行最後的試探，因為他成敗與否在此一舉。他聲稱世界歸他所管，他是空中掌權者的首領。

他把耶穌帶到極高的山上，向祂展示了他長期統治的地上萬國的全景，說要把這一切作為大禮送給祂。他對基督說，祂可以不經過任何痛苦或危險而承受世上的萬國。撒但承諾放棄自己的統治權，只要滿足一個條件，基督就會成為**合法的統治者**。將那天向基督展示的萬國轉讓給祂，只需要一個條件，就是基督把他作為上位者向他下拜。

耶穌看了一下眼前的榮華；祂很快就轉身不理睬這迷人的景象。祂不願與試探者周旋，動搖自己的堅貞。撒但要基督下拜，激起了祂神聖的義怒。祂再也不能忍受撒但的僭越，甚至不容祂繼續留在跟前。此時基督使用了自己神聖的權威，命令撒但到此為止。祂說：「撒但退去吧！因為經上記著說：『當拜主你的上帝，單要事奉他。』」

撒但曾狂妄地自稱是這世界合法的永久主宰，擁有世上的一切榮華富貴，要求得到地上全體居民的崇拜，好像是他創造了這個世界和其中的萬物似的。他對基督說：「這一切的權柄、榮華我都要給你，因為這原是交付我的，我願意給誰就給誰。」他企圖與基督訂立一個特殊的協議，只要祂肯向他叩拜，他就馬上把他自稱擁有的一切轉讓給祂。

對創造主的這種侮辱激怒了上帝的兒子，於是祂斥退了他。──《爭鋒》，原文52、53頁。

當耶穌接管這個世界並使它更新，變成一個罪惡不再佔據的完美世界時，會是什麼樣子呢？

深入思考

奇妙教師

清早又回到殿裡。眾百姓都到他那裡去，他就坐下，教訓他們。

約翰福音 8：2

猶太人的祭司和官長們仇恨耶穌；但群眾卻蜂擁而來，要聽祂智慧的訓言，看祂大能的作為。民眾因深切的興趣而激動，急欲跟隨耶穌，聆聽這位**奇妙教師**所說的訓誨。有許多官長也相信祂，但不敢坦白承認自己的信念，惟恐被趕出會堂。祭司和長老們決定他們必須採取行動，使民眾的注意力轉離耶穌。他們恐怕人人都要相信祂了。他們很為自己的安全擔心。他們若不將耶穌治死，就難免要喪失自己的地位。而且在耶穌被治死之後，還有那些作為祂大能之明證的人。

耶穌曾使拉撒路從死裡復活，所以他們恐怕如果他們殺死耶穌，拉撒路就會為祂的大能作見證。民眾都會蜂擁去看他這個從死裡復活的人，因此官長們決定將拉撒路也殺害，藉此鎮壓民眾的激動之情。然後他們再使民眾回歸傳統和人的道理，以及將薄荷茴香獻納十分之一的瑣事，藉此恢復他們在民間的勢力。他們商議要趁耶穌獨自在一處的時候逮捕祂；因為如果他們試圖在人數眾多而民眾全關注祂的時候捉拿祂，他們就會被眾人用石頭打死。

猶大知道他們極欲捉拿耶穌，便向祭司長和長老們獻策，願為幾錠銀子而出賣祂。他愛財的心使他同意將他的主交到祂最惡毒的仇敵手中。撒但正在直接利用猶大活動；在那最後晚餐的動人場面中，這個叛徒正在設計出賣他的主呢！耶穌憂傷地告訴門徒說，他們當晚都要因祂而跌倒。但彼得強烈地堅持說，縱然其他眾人都因主而跌倒，他絕不會。耶穌對彼得說：「撒但想要得著你們，好篩你們像篩麥子一樣；但我已經為你祈求，叫你不至於失了信心。你回頭以後，要堅固你的弟兄。」（路 22：31、32）——《救贖的故事》，原文209、210頁。

深入思考

我是否曾經因為聖靈使用他人來為上帝做大事而嫉妒？

取之不盡的泉源

「認識你——獨一的真神，
並且認識你所差來的耶穌基督，這就是永生。」

約翰福音 17：3

「日子滿足，我尼布甲尼撒舉目望天，我的聰明復歸於我，我便稱頌至高者，讚美尊敬活到永遠的上帝。他的權柄是永有的；他的國存到萬代。……那時，我的聰明復歸於我，為我國的榮耀、威嚴，和光耀也都復歸於我；並且我的謀士和大臣也來朝見我。我又得堅立在國位上，至大的權柄加增於我。現在我尼布甲尼撒讚美、尊崇、恭敬天上的王；因為他所做的全都誠實，他所行的也都公平。那行動驕傲的，他能降為卑。」（但 4：34-37）

參與上帝聖工的人所得的善果都是由於有上帝作為他們的後盾，工作是祂做的。我們是否時常稱讚、感謝人，卻忽略了上帝呢？若是如此，上帝不會與我們合作。何時世人視自己為第一，而上帝為第二，便顯明他正失去了自己的智慧與公義。凡所作成在人身上恢復上帝道德形像的工夫，都是因有上帝為工作者的效能。基督在向天父禱告時說，「認識你——獨一的真神，並且認識你所差來的耶穌基督，這就是永生。」

偉大的使徒保羅說：「人應當以我們為基督的執事，為上帝奧祕事的管家。所求於管家的，是要他有忠心。」要讓每一位管家都明白，當他努力在人的世界中推進上帝的榮耀時，無論他是站在基督徒或異教徒的面前，面對的是農民還是王公貴族，他都要以上帝在每一件事上為始、為終，為所有的一切中最好的。人如果認為將上帝排除在他們的集會之外，就能得到同胞們更大的接納，那麼這就是最軟弱的表現。上帝必須佔據最崇高的位置。即使是最偉大之人的智慧在祂看來也是愚不可及的。真正的基督徒會意識到，只有當他以穩定、堅韌和不斷增加的力量高舉基督的時候，自己才有權利享有名聲。任何極具抱負的動機都不會使他的能力減弱；因為它來自一個**取之不盡的泉源**——「生命的光」。

——《現代真理》（英國），1899年9月7日。

深入思考

我如何在高舉基督的同時謙卑自己？

榮耀之主

「若這樣由著他，人人都要信他，
羅馬人也要來奪我們的地土和我們的百姓。」

約翰福音 11：48

猶太的領袖們原以為基督一死，祂的事工便終結了；誰知不然，他們竟目睹這五旬節令人驚奇的景象。他們聽到門徒以舉世未聞的天賦傳講基督，他們的話都由神蹟奇事得以證實，以致在這猶太教的大本營耶路撒冷城中，竟有數千人公開宣稱他們相信拿撒勒人耶穌為彌賽亞。

門徒們也因救靈的偉大收穫而感到驚奇，並大為歡喜。他們並不認為這一奇妙的收穫是他們自己努力的成績；反而承認他們是在享受別人辛勞的成果。自從亞當墮落以來，基督常將祂聖言的種子交託祂所揀選的僕人，要撒播在世人的心裡。當祂在世時，祂也曾撒下真理的種子，並用自己的血加以澆灌。五旬節所發生的悔改乃是這一撒種的結果，這是基督工作的收穫，顯明了祂教導的能力。

單靠使徒們的論證，縱然清楚明白而令人信服，仍不足以解除那反對證據如山的偏見。但聖靈卻以神的能力使這些論證得以深入人心。因此使徒的話語便如全能者的利箭一般，使人為其拒絕並釘死**榮耀之主**的大惡知罪悔過。

門徒在基督的訓練之下，曾受引導感覺到自己需要聖靈。他們在聖靈的教導之下，獲得了結業的資格，出去從事其畢生的工作。他們不再是愚昧無知與不學無術的了，他們不再是一班各自為政、互不協調、彼此衝突的烏合之眾了。他們的希望也不再寄託在屬世的偉大上。他們是「同心合意」，且是「一心一意的」（徒 2：46；4：32）。基督充滿了他們的思想；他們的目的乃是促進祂的國。他們在思想和品格上已經與他們的夫子相似，並且眾人也「認明他們是跟過耶穌的」（徒 4：13）。——《使徒行述》，原文44、45頁。

深入思考

門徒們在開始拯救生命的事工之前領受了「結業資格」。在我開始同樣的事工之前，我需要領受什麼資格？

一切美善之事的根源

各樣美善的恩賜和各樣全備的賞賜都是從上頭來的。

雅各書1：17

亞當和夏娃的罪使人與上帝之間產生了可怕的隔絕。基督則走進墮落的人類和上帝中間，對人說：「你還可以重新回到天父那裡；有一個計畫可使人類與上帝和好。藉著一位中保，你可以接近上帝。」……

我感謝上帝，因為我們有一位救主。除了藉著基督，我們再無別的法子可以得蒙提拔。因此，但願沒有人以為接受基督是一種極大的羞辱；因為我們何時邁出那一步，何時就能抓住那條能把有限人類和無限上帝連結的金繩；我們就邁出了真正使我們提高的一步，使我們可以在榮耀的國中與純潔的天使為伴。

不要氣餒灰心；不要怯懦膽小。雖然遭遇試探，雖然被那狡猾的仇敵包圍，只要你敬畏上帝，大有能力的天使就會奉差遣來幫助你，那黑暗的勢力便不是你的對手。耶穌活著。祂的犧牲為墮落的人類開出了一條逃生之路，而且祂今天活著，要為我們代求，好使我們可以被提拔到祂右邊。要在上帝裡有盼望。世人正行走在寬闊的大路上；而當你行走在窄路上，不得不與執政的、掌權的爭戰，且要對付仇敵的反對時，要記得上帝已為你作了準備。救助之力已加在那有能者的身上，藉著祂你就能夠得勝。

上帝說：你們要從他們中間出來，並與他們有別，我就接納你們，使你們成為全能者的兒女。這是一個多麼奇妙的應許啊！這應許向你保證，你將成為王室的成員，天國的後嗣。若有人受屬世的君主所尊重，或與他們有關係，便會為媒體所關注，或引起一些沒有這福分之人的羨慕。然而，有一位萬有之王，宇宙之君，**一切美善之事的根源**，對我們說：「我要使你們作我的兒女；我要使你們與我聯合；你們將成為王室的成員，天上君王的兒女。」──《教會證言》卷二，原文591、592頁。

深入思考

今天我怎樣才能融入到與天使為伍的天國呢？

無窮心意的啟示者

只有在父懷裡的獨生子將他表明出來。

約翰福音1：18

　　自天而來的使者藉著不同的媒介與世界各處都有了活潑的交往，而當世人以真誠的心向主呼喚時，有話形容上帝，說祂從天上的寶座上俯身垂聽。祂側耳傾聽每一次懇求的呼聲，並且回答說：「我在這裡。」……

　　基督在祂所教授的每項真理中，都闡明祂自己的人生。這位活生生的代表使上帝聖潔的律法為尊為大。祂是**無窮心意的啟示者**。祂陳述的並非是未經確認的感想或見解，而是純淨聖潔的真理。祂說：「凡屬真理的人，都聽我的聲音。」祂從未建造任何高牆使得世界各國無法從祂的擎光者和代表那裡獲得益處。祂邀請世人在祂自己身上密切地觀察上帝，發現其中所表達的無窮的愛。「上帝愛世人，甚至將他的獨生子賜給他們，叫一切信他的，不致滅亡，反得永生。」祂是何等深愛這個世界，所以沒有什麼是祂不能給的。天父既著手作成救贖人類的工夫，就沒有什麼捨不得的，不拘怎樣貴重，只要是為完成祂大工所必要的便在所不惜。祂要為世人安排機會；祂要將祂的福惠傾降在他們身上；祂要恩上加恩，直到整個天國的寶庫都敞開來供應祂要拯救的人們。上帝既已蒐集全宇宙的珍寶，並展示祂神性的一切資源，祂就將這一切全賜予人類使用。這一切都是祂白白的恩賜。這是何等浩瀚似海的愛，如神聖的氛圍環繞世界！這是何等的愛，永生上帝竟在祂兒子的身上披上了人性，並將這人性帶進最高的天上！

　　天上眾生都以熱切的關懷注視著世界——就是撒但宣稱屬他管轄的世界正在進行的戰爭。……不料，憐憫竟佔了優勢。上帝的兒子本來可以降世定罪，但祂卻本著公義與平安而來，不但要拯救亞伯拉罕、以撒和雅各的後裔，也要拯救全世界的人。——《青年導報》，1897年7月29日。

當我知道人類的世界，乃至整個地球，都籠罩在上帝如海洋般的大愛之中時，我該如何善用這福分呢？

深入思考

諸般應許的印證

「我心裡甚是憂傷，幾乎要死；你們在這裡等候，和我一同警醒。」

馬太福音26：38

當基督感到祂與天父的聯合受到破壞時，祂唯恐單憑自己的人性對付不了眼前與黑暗權勢的鬥爭。從前在曠野的試探中，人類的命運一度陷入危機，那時基督得勝了；如今撒但要來作最後的掙扎。他曾在基督三年的服務時期中為這次的鬥爭作準備。這次鬥爭對撒但關係重大。他若失敗，他掌權的希望即告斷絕；世上的國終必成為基督的國；他自己則要被擊敗，被趕出去。但如能獲勝，世界就要成為撒但的國，人類也必永遠處在他的權勢之下。這場決定勝負的鬥爭已擺在基督面前，祂的心因怕與上帝隔絕而充滿恐懼。撒但告訴基督，祂若成了罪惡世界的保人，這種隔絕將是永久的。祂將與撒但的國同列，永不再與上帝為一了。

再者，這次的犧牲所能得的收穫是什麼呢？世人的犯罪作惡和忘恩負義，看來是多麼沒有希望啊！撒但向救贖主強調當前局勢最惡劣的狀況：那自稱在屬世和屬靈的權利上都超過他人的百姓，已經拒絕了你。你本是**諸般應許的印證**、中心和基礎。這些應許原是以他們為特選的子民而向他們發的，這些人竟設法殺害你。你自己的一個門徒，雖然聽過你的教訓，並曾積極參加教會的工作，現在卻要出賣你。你最熱心的門徒之一將要不認你。而且所有的門徒都要離棄你。基督想到這裡，不禁肝腸寸斷，又想起那些祂所要拯救並深為愛護的子民，竟參與撒但的陰謀，這使祂痛苦萬分，心如刀割。這次的鬥爭是非常可怕的；其劇烈的程度，應以猶太國的罪惡，控告基督和出賣祂之人的罪惡，以及臥在那惡者手下全世界的罪惡來衡量。世人的罪惡都重重地壓在基督身上；上帝對罪惡的忿怒，幾乎把祂的生命摧毀了。

看哪，基督正在考慮為人類的生命所要付的代價。祂在極度痛苦之中，緊緊伏在冰冷的地上，似乎是免得自己被迫離開上帝太遠了。——《歷代願望》，原文686、687頁。

深入思考

我是否能承受因我自己的罪而產生的負罪感？

赦罪救主

我們若認自己的罪，上帝是信實的，是公義的，
必要赦免我們的罪，洗淨我們一切的不義。

約翰一書1：9

上帝並沒有因為我們的罪而放棄我們。我們可能會犯錯，使祂的靈擔憂。但當我們悔改，帶著痛悔的心來到祂面前時，祂絕不會拒絕我們。種種障礙必須清除。我們可能抱有錯誤的情感，在心中藏有驕傲、自滿、急躁和怨尤。這一切都使我們與上帝隔絕。我們必須認罪，讓恩典在我們心中展開更深入的工作。那些自覺軟弱灰心的人，可以成為屬上帝的強者，為他們的夫子成就豐功偉業。但他們工作的出發點必須是高尚的，動機必須是無私的。

我們必須在基督的學校裡學習。唯有祂的公義才能使我們承受恩典之約的種種福氣。我們長久盼望並試圖獲得這些福氣；我們得不到，是因認為自己必須有所作為才配得到。我們沒有把視線從自己身上轉移，相信耶穌是永活的救主。我們不可認為自己的善意和功勞能救我們。基督的恩典是我們得救的唯一希望。主藉著祂的先知應許說：「惡人當離棄自己的道路；不義的人當除掉自己的意念，歸向耶和華，耶和華就必憐恤他；當歸向我們的上帝，因為上帝必廣行赦免。」（賽 55：7）我們必須相信這明確的應許，不要把感覺當作信心。當我們完全信賴上帝，依靠耶穌這位**赦罪救主**的功勞時，就會得到一切所盼望的幫助。

我們在指望自己，好像我們有能力救自己似的。其實耶穌為我們死，正是因為我們無力自救。我們的希望、稱義和成義都寄託在祂身上。我們不要失望，擔心自己沒有救星，或救主不肯憐憫我們。此時此刻祂正在為我們工作。祂邀請我們帶著自己的無助到祂那裡得蒙拯救。我們若不信祂，就是侮辱祂。——《信息選粹》卷一，原文350、351頁。

在我的屬靈經驗中，「感覺」扮演什麼角色？我該如何讓信仰成為我行動力的來源而不是靠感覺？

深入思考

維護真理的

律法本是藉著摩西傳的；恩典和真理都是由耶穌基督來的。

約翰福音 1：17

　　基督給祂所有子民一個從事祂救人工作時在態度上應有的榜樣。上帝聖子表明自己與那有組織之教會的職權一致。祂藉著自己所立的代理人施行福惠，這樣就使人類得以與祂降福的管道連結。

　　當上帝的靈感動保羅，使他明白其所從事之殘忍工作時，他那苦苦迫害聖徒之舉，雖是嚴格遵循良心行事，仍不能免除其罪。他應當向門徒們學習。他就明白自己先前盲目視為騙子的耶穌，原來真是自亞當以來上帝選民全部信仰的創始者和基礎，又是這真道的成終者。

　　他看出基督是**維護真理的**，也是實現一切預言的。他曾以為基督是使上帝的律法作廢；但自上帝的手指觸摸了他屬靈的眼睛之後，他從門徒身上得知，基督乃是猶太人全部獻祭制度的創始者及基礎，基督的死使表號與實體合而為一，而基督降世顯明的目的，乃是維護天父的律法。在律法的光中，保羅就看出自己是一個罪人。他看出自己先前那樣熱心守法，原來竟是犯法。他便悔改，向罪死去，變成順從上帝律法的要求，並信仰基督為其救主。他受了洗，並迫切熱心傳揚耶穌，正如他從前攻擊祂那樣迫切一樣。

　　在保羅的悔改上，主給我們一些應當銘記的重要原則。在已有教會之處，人若在宗教事項上獨立行動，脫離主所設立及承認的教會，這種經驗與作風，世人的救贖主是不允許的。——《信函》54，1874年。

　　我親眼見過主耶穌嗎？如果有，這對我實踐信仰的方式會有什麼不同？

深入思考

教師之王

他在各會堂裡教訓人，眾人都稱讚他。

路加福音 4：15

「從來沒有像他這樣說話的！」（約 7：46）假如基督所教導的，只是體力和智力，或只是理論和推測方面的事情，這句話也是正確的。祂本可以向人展示一些需要好幾世紀的辛勤鑽研才能探明的奧祕，提示一些科學方面的題材，作為世人的精神糧食和發明的啟示，直到末日。但祂沒有這樣做。祂沒有說一句話來滿足人的好奇心，或刺激人自私的野心。基督沒有發表空洞的理論，卻只講述發展品格所需要的真理。這些真理能提高人對上帝的認識，增強人行善的能力。祂向人講述的真理都涉及人生的行為，並以永恆與人性聯合。

祂沒有叫人研究那些世人講論上帝、祂的話語和作為的學說。祂指教他們直接從上帝的作為，祂的聖言，以及祂神聖旨意的運作來瞻仰祂。祂使人的心與無窮上帝的心接觸。……

從來沒有人說話像祂那樣有能力啟發思想、鼓舞志向，激發人靈、智、體的各項才能。

基督的教導和祂的同情心一樣，將全世界都納入祂的懷抱當中。絕沒有什麼生活環境及人生經驗中的危機，是祂的教導沒有預先提到，及其原則沒有涵蓋的。這位**教師之王**的話，乃是祂同工的指南，直到世界的末了。

對祂來說，無論遠近、現在或將來，都是一樣的。祂了解人類的一切需要。在祂的心目中，人類的努力與成功，試探與鬥爭，困惑與危險都一覽無遺。所有人的心思、家庭、快樂與抱負，祂都一清二楚。

祂不僅為全人類說話，也對全人類說話。祂向天真快樂的兒童，朝氣蓬勃的的青年，身強力壯、肩負重任的成人，體弱力衰的老人……傳達祂的信息。——《教育論》，原文81、82頁。

耶穌是一位奇妙的教師。在祂看來，我會是一個什麼樣的學生？

深入思考

308

以色列救恩的磐石

「我還告訴你，你是彼得，我要把我的教會建造在這磐石上。」

馬太福音 16：18

「彼得」就是石頭的意思——一塊轉動的石頭。彼得不是教會建立在其上的那磐石。在他發咒起誓不承認主時，陰間的權柄確已勝過了他。教會是要建立在一位陰間的權柄所不能勝過的主身上。

救主降世前一千多年，摩西已指出**以色列救恩的磐石**。詩人大衛歌頌「我力量的磐石」。以賽亞也寫道：「主耶和華如此說：『看哪，我在錫安放一塊石頭作為根基，是試驗過的石頭，是穩固根基，寶貴的房角石。』」（申 32：4；詩 62：7；賽 28：16）彼得自己在受聖靈感動寫書時，引了這一段預言來用在耶穌身上，他說：「你們若嘗過主恩的滋味，就必如此。主乃活石，固然是被人所棄的，卻是被上帝所揀選、所寶貴的。你們來到主面前，也就像活石，被建造成為靈宮。」（彼前 2：3-5）

「因為那已經立好的根基就是耶穌基督，此外沒有人能立別的根基。」（林前 3：11）耶穌說：「我要把我的教會建造在這磐石上。」基督在上帝和天上的諸靈，以及看不見的陰間眾靈面前，將祂的教會建造在活的磐石上。那磐石就是祂自己——祂自己的身體，就是為我們壓傷捨棄的身體。建造在這個根基上的教會，是陰間的權柄不能勝過的。

基督說這話時，當日的教會顯得多麼脆弱啊！信徒寥寥無幾，並有魔鬼和惡人的勢力向他們猛烈攻擊；但基督的門徒無須懼怕。他們的力量既是造在磐石上，他們就不可能被推翻。

六千年來，上帝子民的信仰是建立在基督身上的。六千年來，撒但憤怒的狂濤和風暴不住地衝撞我們救恩的磐石，這磐石卻屹立不動。

彼得已經說明教會信仰基礎的真理，於是耶穌就褒獎他為全體信徒的代表。——《歷代願望》，原文413頁。

深入思考

在幫助基督維持和保護祂的教會方面，我扮演什麼角色？

屬靈生長的源頭

當春雨的時候，你們要向發閃電的耶和華求雨。
他必為眾人降下甘霖，使田園生長菜蔬。

撒迦利亞書10：1

全能者的靈正在世人心中運行，凡響應祂感化力的就成了上帝和祂真理的見證人。在許多地方，都可看到獻身的人們將那曾向他們顯明、透過基督得救之道得的光傳與他人。當他們繼續發光，猶如那班在五旬節接受聖靈洗禮之人所行的一般時，他們就必領受愈來愈多聖靈的能力。這樣，地就因上帝的榮耀而發光了。……

到了末期，當上帝在地上的工作即將結束時，獻身的信徒在聖靈引導之下所做的熱心努力，將帶有神恩的特殊證據。希伯來的眾先知，曾借用東方地帶在撒種及收割時所降的早雨和晚雨為表號，預言靈恩將要格外大量降賜給上帝的教會。使徒時代聖靈的沛降乃是早雨或秋雨的開始，其結果是輝煌的。聖靈也要與真教會同在，直到末時。

但是在地上莊稼臨近收割時，也有應許要賜下特別的靈恩，以便預備教會迎接人子的降臨。這種聖靈的沛降，正如晚雨的降下；因此「當春雨的時候」，基督徒要為這增加的能力祈求莊稼的主。「發閃電的耶和華」必答應，「為眾人降下甘霖」，祂必「降下甘霖，就是秋雨、春雨」（亞10：1；珥2：23）。

然而，除非今日上帝教會中的教友與**屬靈生長的源頭**有活潑的聯絡，否則他們就無法為收割的時期作好準備。除非他們將自己的燈剔淨點燃，他們在特別需要的時候就不能接受增加的恩典。——《使徒行述》，原文54、55頁。

晚雨有沒有可能落在我周圍的人身上，卻單單繞過我？我上一次為得著晚雨澆灌而禱告是什麼時候？

深入思考

等待的拯救者

「主的靈在我身上，因為他用膏膏我，叫我傳福音給貧窮的人；
差遣我醫好傷心的人。」

路加福音 4：18（編註：參照英王欽定本聖經）

從耶路撒冷守逾越節回來的加利利人，將耶穌奇妙的作為傳開了，耶路撒冷議員們對耶穌的評斷，為祂在加利利開了路。許多人看見聖殿被褻瀆和祭司們貪財傲慢的情形，就心中悲嘆。他們希望這個把首領們趕走的人，就是他們**等待的拯救者**。如今傳來的消息似乎證明了他們最光明的期盼。據說，這位先知已宣稱自己為彌賽亞了。

然而拿撒勒的居民仍不相信祂。為此，耶穌往迦拿去的時候，就沒有取道拿撒勒。救主對祂的門徒說：先知在本地是沒有人尊敬的。世人總是憑自己能理解的程度來衡量別人的品格。一般眼光短淺、心思庸俗的人，就根據基督卑微的出身、儉樸的服裝和平日的勞作來評定祂。至於祂純潔無暇、毫無罪惡的心靈，他們就不重視了。

基督回到迦拿的消息，很快就傳遍了加利利，給受苦的民眾帶來希望。在迦百農，這消息引起了一個猶太貴族的注意，他是王家的官吏。他的一個兒子患了不治之症，群醫束手無策。但是這位父親一聽說耶穌，就決定去求祂幫助。那時孩子已奄奄一息，恐怕等不到他回來了，可是這位大臣覺得這件事非他親自辦不可。他希望以一個父親的懇求來喚起那位大醫師的惻隱之心。……

他也像雅各一樣得勝了。凡倚靠救主而為自己迫切的需要哀求的人，救主絕不推辭。耶穌對他說：「回去吧！你的兒子活了」。那貴族聽了這話，就離開救主回去，心中充滿從未有過的安寧和喜樂，不但相信他的兒子必得痊癒，而且堅信基督就是救贖主。——《歷代願望》，原文196-199頁。

深入思考

為什麼耶穌有時把我留在苦難的火爐裡？

無罪的救贖主

「你們中間誰能指證我有罪呢？
我既然將真理告訴你們，為什麼不信我呢？」

約翰福音 8：46

　　從耶路撒冷城陷落的情景中，耶穌想到更大的審判。這惡貫滿盈的城邑被毀，正是預指那必將臨到全世界的最後毀滅。祂說：「那時，人要向大山說：『倒在我們身上！』向小山說：『遮蓋我們！』這些事既行在有汁水的樹上，那枯乾的樹將來怎麼樣呢？」（路 23：30、31）耶穌用有汁水的樹代表自己——**無罪的救贖主**。上帝既讓祂對罪的憤怒落在祂愛子身上，耶穌既然要為人類的罪釘上十字架，那繼續犯罪的罪人將要受何等的痛苦呢？頑固不化、拒不悔改的人，將要承受言語無法形容的痛苦。

　　跟隨救主到髑髏地的群眾中，有許多人在祂騎著驢並榮耀地進入耶路撒冷時，曾歡呼「和散那」，手裡搖著棕樹枝伴隨著祂。但不少當時因為情勢而隨聲讚美祂的人，如今卻又呼喊：「釘他十字架！釘他十字架！」當耶穌騎驢進耶路撒冷時，門徒的希望達到了頂點。他們貼近夫子，覺得與祂聯合是無上榮耀的事。現在祂受屈辱時，反倒遠遠落在後面，不敢緊跟祂了。他們心中充滿憂傷，並因失望而垂頭喪氣。這種情景是多麼確切地應驗了耶穌所說的話：「今夜，你們為我的緣故都要跌倒。因為經上記著說：『我要擊打牧人，羊就分散了。』」（太 26：31）

　　到了刑場，犯人就被綁在苦刑的架子上。那兩個強盜在綁他們的人手下拼命掙扎，但耶穌卻不抵抗。耶穌的母親由那蒙愛的門徒扶著，步步跟著兒子到髑髏地。她看到耶穌因十字架的重負暈倒，就恨不得能用手托住祂受傷的頭，擦洗那在嬰孩時常依偎在她懷裡的額。但她沒有得到最後安慰兒子的權利。她和門徒一樣，希望祂施展權力，救自己脫離仇敵之手。但她一想到耶穌對當前的事講過的預言，她的希望就再次破滅了。——《歷代願望》，原文743、744頁。

深入思考

當我愛的人傷害我時，我該如何對待他們？

多受痛苦的人

他被藐視，被人厭棄；多受痛苦，常經憂患。
他被藐視，好像被人掩面不看的一樣；我們也不尊重他。

以賽亞書53：3

由於上帝的安排，約翰被放逐的地方，正是基督能奇妙地將自己和神聖真理啟示給他，藉以開導教會的地方。

真理的仇敵將約翰放逐海外，希望藉此永遠止息這位上帝忠僕的聲音；但在拔摩島上，這位使徒卻領受了一個信息，其影響力會不斷地堅固教會，直到末時。那些放逐約翰的人固然不能逃脫他們惡行的責任，但他們終究成了上帝手中的工具，實現了上天的旨意；而他們熄滅真光的企圖反而使之更顯光明了。

榮耀的主向這位被放逐的使徒顯現，乃是在安息日。約翰在拔摩島上依然謹守安息聖日，正如他在猶大各城鎮中向民眾傳道時一樣。約翰稱有權領受有關那日所賜的寶貴應許為他自己的。「當主日，我被聖靈感動，」約翰寫到，「聽見在我後面有大聲音如吹號，說：『我是阿拉法，我是俄梅戛，是昔在今在以後永在的全能者。』……我轉過身來，要看是誰發聲與我說話；既轉過來，就看見七個金燈檯。燈檯中間有一位好像人子。」（啟1：10-13；編註：參照英王欽定本聖經）

這位蒙愛的門徒所得的恩典是極豐厚的。他曾在客西馬尼園看見他的夫子臉上流著慘痛的血點，「他的面貌比別人憔悴；他的形容比世人枯槁。」（賽52：14）。他曾看見祂在羅馬兵丁手中，身穿舊紫袍，頭戴荊棘冠冕。他曾看見祂掛在髑髏地的十字架上，作為眾人殘酷譏刺和侮辱的對象。如今約翰又再度獲准看見他的主。但祂的形貌已有何等的改變！祂不再是被藐視、被人厭棄、**多受痛苦的人**。祂身上穿的乃是煥發著天上光輝的衣袍。他的頭與髮皆白……祂的聲音如同眾水的響聲。祂的面貌如同烈日發光。祂手中拿著七星；從祂口中出來一把兩刃的利劍，象徵祂話語的能力。拔摩島竟因復活之主的榮耀而光輝燦爛了！──《使徒行述》，原文581、582頁。

上帝如何在試煉的環境中向我啟示祂自己？

深入思考

以馬內利大君

「他不灰心，也不喪膽，直到他在地上設立公理；
海島都等候他的訓誨。」

以賽亞書42：4

想在主的侍奉上取得成功的教會，必須是積極進取的教會。教友們絕不能讓自己對作工的興趣退縮。天上有智慧的生靈已經做好準備與人間的代表合作，來共同推進這項工作。要不惜一切代價，將戰鬥推進到敵人的城下；沒錯，要直衝入敵人的堡壘。不要讓自己失敗，也不要氣餒。耶穌的權柄至高無上，祂的力量不可阻擋。主藉著聖靈與人間的代表一同合作。「他叫我傳好消息給謙卑的人，差遣我醫好傷心的人，報告被擄的得釋放，被囚的出監牢；報告耶和華的恩年，和我們上帝報仇的日子；安慰一切悲哀的人，賜華冠與錫安悲哀的人，代替灰塵；喜樂油代替悲哀；讚美衣代替憂傷之靈，使他們稱為公義樹，是耶和華所栽的，叫他得榮耀。」公義的日頭已經升起。基督正等待著為祂的子民披上救恩的外衣。而且「他不灰心，也不喪膽，直到他在地上設立公理；海島都等候他的訓誨」。祂的榮耀必在你身上顯現。外邦人也要來見你的光。君王要來看你興起的光輝。

主不願任何一位真正的十字架戰士留在無知或黑暗之中。祂從高天之上呼召我們，為要叫我們看清那列陣攻擊我們的龐大邪惡聯盟。祂提醒我們，「我們並不是與屬血氣的爭戰，乃是與那些執政的、掌權的、管轄這幽暗世界的，以及天空屬靈氣的惡魔爭戰。」但祂向我們所有參與這場戰鬥的人保證，我們是在「耶和華萬軍之統帥」的領導下作戰，天庭的天使正在幫助他們為「永不衰殘的冠冕」而鬥爭。讓我們在**以馬內利大君**的旗幟下團結起來，以耶穌基督的名義和力量將戰爭推向終點。——《聖經培訓學校》，1911年6月。

當上帝的子民為失喪之人作工時，當我們將戰鬥堅持到底時，整個天庭都會與我們同在。知道這一事實讓我有何感覺？

深入思考

榜樣

「上帝的選民晝夜呼籲他，他縱然為他們忍了多時，
豈不終久給他們伸冤嗎？」

路加福音 18：7

「並且公平轉而退後，公義站在遠處；誠實在街上仆倒，正直也不得進入。誠實少見；離惡的人反成掠物。」(賽 59：14、15) 這段經文曾應驗於基督地上的生活中。祂忠於上帝的誡命，不理會世人推崇來代替誡命的傳統和規條。為此祂受到仇視和迫害。這一段歷史現今正在重演。人的律法和傳統被高舉在上帝的律法之上，凡忠於上帝誡命的人反而受到指責和迫害。基督因忠於上帝，竟被人指控為干犯安息日和褻瀆上帝的。人說祂是被鬼附著的，並且罵祂是別西卜。同樣，跟從祂的人也會受到控告和污衊。撒但希望用這種手段引他們犯罪，羞辱上帝。

基督在比喻中提出那既不懼怕上帝、也不尊重世人之法官的品行，來說明當時司法界的狀況，這種狀況不久後在祂受審時得到證實。祂希望祂各時代的子民認識到，在他們遭到患難時，地上的官吏和法官是多麼地不可靠！上帝的選民往往不得不站在那些不以《聖經》為嚮導和顧問、我行我素、不聖潔、放蕩情慾的官吏面前。

基督在不義法官的比喻中告訴我們應當怎樣做。「上帝的選民晝夜呼籲他，他縱然為他們忍了多時，豈不終久給他們伸冤嗎？」我們的**榜樣**——基督——沒有做什麼來自證清白或解救自己。祂把自己的案子交託給上帝。同樣，祂的門徒也不可控告人或定人的罪，用武力來解救自己。

當我們遭遇似乎難以理解的試煉時，切不可失去平靜的心態。我們的遭遇不論多麼委屈，也不要意氣用事。我們若有報復之心，就會傷害自己，影響自己對上帝的信靠，並使聖靈擔憂。必有天上的使者在我們旁邊觀察。祂必為我們向仇敵舉起旗幟。祂要用公義日頭的光輝普照我們。撒但無法衝過這一道屏障。他不能越過這聖潔光輝的盾牌。——《基督比喻實訓》，原文170-172頁。

深入思考

如果我蒙受冤屈卻不報復，上帝會如何為我伸冤？

偉大的中心

他在萬有之先；萬有也靠他而立。

歌羅西書1：17

眾門徒在耶穌呼召他們跟從祂時都有嚴重的缺點。連那位與柔和謙卑之主最親近的約翰，也不是生來就溫柔謙讓的。他和他的兄弟被稱為「雷子」。他們與耶穌同在時，只要有人對耶穌表示輕視，就會激起他們的憤恨和好鬥之心。壞脾氣、復仇心、好批評，這一切在耶穌所愛的門徒心裡一樣不缺。約翰很驕傲、有野心，要在上帝的國中佔首位。但他天天看見耶穌那種慈愛容忍的態度，又聽祂謙卑和忍耐的教導，與自己暴躁的脾氣一比，他就打開心門，領受了上帝神能的感化。他不只是聽，也實行救主的教導。他將自己隱藏在基督裡面，並學會負基督的軛，挑祂的擔子。

耶穌常責備門徒，也常警告和勸誡他們，但約翰和他的弟兄沒有離開耶穌。他們雖然受到申斥，但仍跟從耶穌；救主也沒有因他們的軟弱和過失而離開他們。他們分擔耶穌的艱難，學習祂生活的教訓，一直到底。他們因仰望耶穌，在品格上就有了很大的變化。

使徒們的習慣和性情彼此大不相同。有做過稅吏的利未馬太；有強烈痛恨羅馬政權的奮銳黨人西門；有豪爽急躁的彼得；有卑鄙詭詐的猶大。此外，多馬誠實但害羞膽小；腓力遲鈍多疑；還有野心勃勃、直言無隱的西庇太的兩個兒子和他們的弟兄。這些人有不同的缺點，帶著先天的傾向及後天的惡習。他們因救主召集在一起，卻藉著基督、在基督裡，一同住在上帝的家，學習在信仰、真道和心志上同歸於一。他們固然有各自的試煉、牢騷和不同的意見，但若有基督住在心中，就不至於有紛爭。基督的愛會引導他們彼此相愛；主的教訓會引導一切分歧融合一致，使眾門徒合而為一，直到他們都有一樣的心思和意念。基督是**偉大的中心**，他們越接近中心，彼此之間也就越相近了。——《歷代願望》，原文295、296頁。

自從我開始與耶穌同行以來，我的生命有什麼改變？我的家人有注意到什麼不同嗎？

深入思考

賜平安的上帝

「你們來，同我暗暗地到曠野地方去歇一歇。」

馬可福音6：31

基督沒有說任何話來顯示自己的重要性或表達自己的卓越。祂絕不忽略自己的同胞。祂沒有因自己與上帝的關係而盛氣凌人。祂的言行表明祂知道自己的使命和品格。祂講述天國的事，表明祂對天上事物非常熟悉。在論到與天父的親密關係時，祂就像孩子講述自己與父母親的關係。祂說話時，彷彿是要用自己的榮耀光照世界。祂從未受教於拉比的學校，因為祂是上帝所派來教導人類的教師。一切恢復的能力都在基督身上。祂說到要吸引萬民來歸祂，並賜給他們永遠的生命。在祂裡面有醫治身心所有疾病的能力。

基督來到世上，以一種超越人間至偉的意識，完成一件效果無限的工作。你在哪裡看到祂從事這項工作呢？在漁夫彼得的家中。祂在雅各井旁休息時，對撒瑪利亞婦人談到活水。祂經常在空曠之地施教，有時也在聖殿裡，因為祂出席猶太人的集會。然而祂最常坐在山邊或在漁船裡講道。祂深入這些卑微漁夫的生活之中。祂同情貧窮、困苦、受厭棄的人，並吸引許多人跟從祂。

在制訂救贖計畫時，基督決定不以祂的神性出現，否則祂無法結交受苦受難的人類。祂必須作為一個窮人降世。祂本可用祂在天庭的崇高身分蒞臨，可是祂要進入人類痛苦和貧窮的深淵，讓那些負重失望的人，還有那些疲乏、被罪傷害的靈魂聽到祂的聲音，向他們顯明自己是復興的主，是萬國所盼望的、**賜平安的上帝**。那些今日渴望得到安息和平安的人，正如昔日在猶太地聽到祂話語的人一樣，祂正對他們說：「凡勞苦擔重擔的人可以到我這裡來，我就使你們得安息。」（太11：28）——《手稿》14，1897年。

我對於放棄身分的特權轉而服務有需要之人的意願有多少？

深入思考

那看不見的主

他因著信，就離開埃及，不怕王怒；
因為他恆心忍耐，如同看見那不能看見的主。

希伯來書11：27

摩西在埃及所受的教育，在許多方面對他是有益的。但是那裝備他、使他勝任一生工作最有價值的教育，乃是他作牧人時接受的。摩西生來性情急躁。他在埃及是一個成功的軍事領袖，受到國王和國民的愛戴，習慣於接受讚揚和奉承。他把百姓吸引到自己身邊，希望靠自己的力量來成就拯救以色列人的工作。但他作為上帝的代表，必須學習一門完全不同的功課。當他帶領羊群穿過荒野，進入谷中綠色的草地時，他就學到了信靠、溫柔、忍耐、謙虛和忘我的教訓。他學會了看顧軟弱的，照料患病的，找回迷路的，寬容頑梗的，伺候幼小的，照顧年老體弱的。

這種工作使摩西與那大牧人基督更加親近。他與以色列的聖者密切聯合。他不再只想著成就大事，只求忠心地盡上帝所交給他的責任。他意識到在他身邊有上帝的同在。大自然都向他講述**那看不見的主**。他所認識的上帝是一個有位格的上帝。他越思考上帝的品德，就越覺得上帝在他旁邊。……

這樣的經歷使摩西預備好聽從上天的呼召，把他牧羊的杖換成權柄的杖，離開他的羊群，去擔任以色列人的領袖。聽到上帝的命令之後，他缺乏自信，覺得自己拙口笨舌，沒有勇氣，根本無法勝任作上帝的代言人。但他接受了任務，完全信賴主。偉大的使命讓他運用了全副精力。上帝因他樂意順從就賜福給他。他就變成有口才，有希望，鎮定自若，配擔任這項人間最偉大的工作了。《聖經》論到他說：「（以後）以色列中再沒有興起先知像摩西的，他是耶和華面對面所認識的。」（申34：10）——《論健康佈道》（舊名：服務真詮），原文474、475頁。

為了更好地服事上帝，我必須忘掉哪些知識？

深入思考

萬王之王，萬主之主

「新郎來了，你們出來迎接他！」

馬太福音 25：6

〈但以理書〉第8章14節說我們的大祭司基督來到至聖所，作潔淨聖所的工作；而〈但以理書〉第7章13節提到人子來到亙古常在者面前；先知瑪拉基則預言主來到祂的殿；這三處經文都是敘述同一件事，也就是基督在〈馬太福音〉第25章十個童女的比喻中所說、新郎來到婚筵的事。

在1844年的夏季和秋季，有「新郎來了」的呼聲發出。聰明的童女和愚拙的童女所代表的兩等人此時便顯明出來了。有一等人歡喜仰望主的顯現，他們始終殷勤預備要迎見祂；還有一等人卻出於畏懼心理，或出於感情衝動，只滿足於真理的理論，而缺乏上帝的恩典。在比喻中，新郎來的時候，「那預備好了的，同他進去坐席。」從這裡就可以看出新郎的來臨乃是在舉行婚禮之前。這婚禮是代表基督承受祂國度的事。這國的首都與代表，乃是聖城新耶路撒冷，也被稱為「新婦，就是羔羊的妻」。天使對約翰說：「你到這裡來，我要將新婦，就是羔羊的妻，指給你看。」先知說：「我被聖靈感動，天使就帶我到一座高大的山，將那由上帝那裡、從天而降的聖城耶路撒冷指示我。」（啟21：9、10）在這裡可以很明顯看出，新婦是代表聖城，那去迎接新郎的童女，則代表教會。〈啟示錄〉的預言稱上帝的子民為婚姻筵席上的賓客（見啟19：9）。他們既是「賓客」，則自然不能也是「新婦」。先知但以理宣稱，基督要從天上亙古常在者那裡承受「權柄、榮耀、國度」，並要承受這國度的首都——新耶路撒冷，因她「預備好了，就如新婦妝飾整齊，等候丈夫」（但7：14；啟21：2）。在祂承受國度之後，祂便要在榮耀中降臨，作**萬王之王，萬主之主**，來救贖祂的子民，使他們……共享羔羊的婚筵。——《善惡之爭》，原文426、427頁。

深入思考

單獨與耶穌共進一餐會是什麼感覺？

公義的日頭

「那坐在黑暗裡的百姓看見了大光。」

馬太福音 4：16

我們必須多禱告，行事為人更謙卑，且更憑著信心。基督在他的人性中是完全的；我們對他的豐盛越有信心，就越謙卑地與上帝同行，我們的獻身越完全，自我就越少介入上帝和人之間。基督的恩典必須一天天成為心靈中持久的同在。只有這樣，我們才能恆心忍耐，如同看見那不能看見的主。

基督來到我們的世界，要將上帝向世人彰顯，引人歸向上帝。祂宣布：「我是世界的光。」（約 8：12）是什麼使祂獻身為世界的光呢？祂從天上下來。祂是上帝所差來的、真正的教師。祂是蒙揀選、要向世人彰顯上帝品格的那一位。祂是明亮的晨星。祂是**公義的日頭**，照亮外邦人的光，又是祂民以色列的榮耀。論到祂，約翰宣稱：「那光是真光，照亮一切生在世上的人。」（約 1：9）

我們既知道必得著，就可以祈求我們的主。我們需要擁有更多基督的謙卑與柔和，好使我們自己中間有熱烈的愛心；然後我們才會祈禱，並且向上帝求情。這樣我們才會證明這話的真實性：「義人祈禱所發的力量是大有功效的。」（雅 5：16）「耶和華與敬畏他的人親密。」（詩 25：14）然而主願意使用的那些人，卻處於站在人為支柱之上的危險中。有認真的工作要做成；需要與上帝同行，然後再發行符合人心需要的單張。

祈禱和信心能夠成就地上任何權勢都成就不了的事。我們不必焦慮煩惱。人力能及之處有限，能做成的事也有限。各種缺點常常在工作中表現出來，然而我們若是表現出對上帝毫不動搖的信賴，不依靠人的能力或才幹，真理就必前進。讓我們把一切的事都放在上帝手中，讓祂以祂自己的方式、按照祂自己的旨意、藉著祂可能揀選的任何人去做工吧！那些看似軟弱的人若是謙卑，上帝就會使用他們。——《手稿》120，1898年。

深入思考

禱告和信心如何影響我為基督作見證的方式？這些屬靈的福氣如何改變了我與上帝同行的經歷？

總工程師

因為房屋都必有人建造，但建造萬物的就是上帝。

希伯來書3：4

猶太人的聖殿是用山中鑿成的石頭造的；每塊石頭在帶到耶路撒冷之前，早已按著配合的位置打磨好且試驗過了。所以等到一起運到建築地之後，聖殿的建造並不會發出錘子斧頭的聲音。這聖殿也代表上帝的靈宮，其建造的材料乃是從各國、各方、各民，無論貧富高下、智愚貴賤，各色人等中蒐集來的。這些材料並不是用斧錘來修改的無生命物質。他們都是活石，是用真理從世上開採出來的。那靈宮的主人就是那**總工程師**，現今正在從事削鑿琢磨的工夫，要將他們各按其位配置在靈宮之中。及至建築告成，各部無不完善，可受天使和世人的讚賞；因為其經營建造者乃是上帝。……

因為世上沒有人或國家在思想和習慣上是完美的。必須彼此學習，故此上帝才要不同國籍的人在一起，在見識和宗旨上同歸於一。這樣才能表現在基督裡的聯合。

我有些怕到這裡來，因我曾聽許多人說歐洲各民族的情形很是奇特，必須用特別方法才可以接近他們。可是上帝已應許賜智慧給凡自覺缺乏而向祂求助的人。上帝能引人願意接受真理。我們當讓主佔有我們的思想，塑造我們的心思意念猶如窯匠的手塑造泥土一樣，那麼這些差別就不會存在了。弟兄們哪，你們要仰望耶穌，效學祂的樣式和精神，這樣你們與各種人接觸時，就不至犯難。

我們並沒有五、六種典範要效法，而是只有一個，就是耶穌基督。不論是義大利、法國或是德國的弟兄，只要竭力效法祂，他們的腳就會立在同一個真理根基上；彼此心中都存有共同的精神——就是基督在他們心裡成了有榮耀的盼望。弟兄姊妹啊，我勸你們不要因國籍的不同，造成彼此隔離的牆；反倒連已有的也要竭力撤除。我們應當竭力使所有人都在耶穌裡團結一致為同一目標——就是為營救我們的人類同胞而努力。——《教會證言》卷九，原文180、181頁。

是哪些種族或文化上的差異一直在使教會產生分裂？

深入思考

無罪的一位

「父不審判什麼人，乃將審判的事全交與子。」

約翰福音 5：22

基督第一次和第二次降臨是迥然不同的。人類的語言無法描述人子駕天雲復臨時的場面。祂要帶著自己、聖父和聖天使的榮耀來臨。祂要穿著從亙古就披覆的光明衣袍而來。有眾天使護衛著祂。成千上萬的使者一路護送祂。號筒要吹響，從墳墓中召喚睡了的死人。基督的聲音要穿過墳墓達到死人耳中，「凡在墳墓裡的，……就出來。」

那為罪人而死的主在末日要審判他們；因為父已「將審判的事全交與子」，並且「因為他是人子，就賜給他行審判的權柄」。當那些拒絕耶穌的人仰望被他們的罪所刺傷的主時，那日將是怎樣的景況啊！那時他們就要明白，祂把全天庭都給了他們，只要他們肯作為順服的兒女站在祂這一邊。祂為救贖他們已付上了無限的代價。但他們不肯接受自由，脫離罪的苦役。……

當猶太的領袖們看見祂的榮耀時，他們就回想起人子披覆人性的日子：他們曾如何待祂，如何緊隨那大叛徒拒絕祂。基督生平的場面，將一幕幕清晰地浮現在他們面前。祂所做的事，祂所說的話，祂為拯救他們脫離罪污的屈尊降卑，這一切都要再現，定他們的罪。……

他們將再度聽見彼拉多的聲音說：「我查不出這人有什麼罪來。」他們也看見審判庭中可恥的場面；巴拉巴站在基督身邊。他們曾有特權可以選擇那**無罪的一位**。他們再度聽見彼拉多說：「你們要我釋放哪一個給你們？是巴拉巴呢？是稱為基督的耶穌呢？」他們聽見回答：「除掉這個人！釋放巴拉巴給我們！」彼拉多說：「那稱為基督的耶穌我怎麼辦他呢？」他們都說：「把他釘十字架！」

（約 18：38；太 27：17；路 23：18；太 27：22）——《評閱宣報》，1899年9月5日。

在這個審判的場景中，最打動我的是哪一幕？

深入思考

有一位比摩西更偉大

「若有難斷的案件，可以呈到我這裡，我就判斷。」

申命記 1：17

我們要相信上帝會垂聽我們齊心合一的祈求。在祂那裡沒有什麼難成的事。摩西曾經說過的話，那位全能的策士如今也對我們說，「若有難斷的案件，可以呈到我這裡，我就判斷。」（申 1：17）這句話聽來是多麼令人振奮且充滿希望！我們難道不應欣然接受這盛情的邀請嗎？**有一位比摩西更偉大**的說了這些話，它便隨著時間的長河流傳到今天上帝的以色列民耳中。若有一件事對人類的智慧來說太難以理解，對人類最敏銳的技巧來說也過於困難的話，就把它交給耶穌吧！因祂既說過「呈到我這裡」這樣鼓舞人心的話，就絕不會令我們失望。

祂對我們的要求只是相信祂的話，祂就會除去我們一切的困難和困惑，讓所有複雜的事情變得清晰，黑暗也變得光明。在祂那裡沒有什麼是不可能的。我知道，我們必須堅定不移地依靠上帝的應許仰望並生活。「仰望為我們信心創始成終的耶穌。」（來 12：2）我們在這裡安歇，就像站在堅實的基礎上；信心可以在那樣的地方發揮作用──那兒沒有陽光也沒有星星，一切事物的外表都是錯綜複雜的荒野。「信就是所望之事的實底，是未見之事的確據。」（來 11：1）

憑著信心我們就能夠經受試煉、忍受誘惑，背負失望而活下去；在看似可怕的不測風雲下依舊振作，說：「你是我的避難所，在你裡面我全然相信祂的聖言，因為信心的眼目在耶穌身上看到了人類的替代品和擔保人，耶穌是上帝真實存在的永恆見證。」這應許就是在耶穌基督裡給我們的，阿們。

試煉和誘惑的浪濤可能正在我們的腳下翻滾，乍看之下，我們似乎正在與死亡對話的鎧鎧巨浪下沉沒，我們的靈魂正痛苦呼喊：主不再眷顧我們嗎？祂要停止施恩了嗎？祂在憤怒中不再有慈悲了嗎？抬起頭仰望那受膏者的臉。看哪，上帝真實的榮耀、祂的真理、美善的慈愛和溫柔的憐憫正在耶穌基督的面上閃耀，我們就無需再懷疑了。──《信函》80，1893年。

深入思考

今天有什麼事對我而言是難以承受的？為什麼我不把它帶到耶穌的面前？

天上的大君

因我們的大祭司並非不能體恤我們的軟弱。
他也曾凡事受過試探，與我們一樣，只是他沒有犯罪。

希伯來書4：15

依照撒但自私的心，他無法理解基督竟存著對受騙的人類如此偉大的仁愛與慈憐，以致這位**天上的大君**離開祂的家而來到一個被罪惡污損、被咒詛摧殘的世界。他知道人類所不知道的永恆財富具有不可估量的價值。他曾體驗過天上居所那純潔的滿足、平安、尊貴的聖潔和純粹的喜樂。他體驗過在他反叛以前，為上帝完全悅納的滿足。他……深知祂的能力是無限的。

撒但知道他所失去的是什麼。他開始擔心他對這個世界的統治要受到挑戰，他的權力要受到爭議，他的權勢要被打破。他從預言中得知將有一位救主。祂的國並不是建立在屬世的戰功上，也不帶有世俗的尊榮與炫耀。他知道古時的預言說天上的大君要在祂自稱為領土的地上建立一個國度。這個國度將包括世上所有的王國，撒但的權勢和榮耀將要結束。他要得到把罪孽引進世界，把不幸帶給人類的報應。他知道自己的成敗完全取決於他能否在曠野中用試探戰勝基督。他要千方百計以強烈的試探引誘基督離開祂的忠貞。

人類不可能了解撒但用來對付上帝之子的強大試探。那在日常生活中如此折磨人，使人難以抵抗和勝過的每一試探，都加在了上帝之子身上，其嚴重程度要比墮落人類最優越之品格所受到的試探更多。

基督曾凡事受過試探……作為人類的代表，祂經受了上帝最嚴峻的考驗和驗證。祂遭遇了撒但最強大的力量，為人類受了撒但最狡詐的試探並得了勝。當人倚靠耶穌——那位無窮的得勝者時，他受試探就不可能超過他所能承受的。——《爭鋒》，原文30、31頁。

深入思考

有什麼我不願放棄的罪，成了我最脆弱的試探？

熬煉人的主

鼎為煉銀，爐為煉金；惟有耶和華熬煉人心。

箴言17：3

我們對基督快要降臨深信不疑。這對於我們並非寓言，而是事實。……祂這次來，不是要潔淨我們的罪惡，或除去我們品格的缺點，也不是要救治我們脾氣及性情上的軟弱。因為這一切工作，要做的都在此前完成了。

在主降臨時，凡聖潔的，就要仍舊聖潔。那些已保守自己身體和靈性完全聖潔尊貴的人，那時就要接受主完成他們進入永生的最後接觸。但那些不義、不聖潔、污穢的，也要依然故我，直到永遠。那時再不能為他們做什麼工作，無法除去他們的缺點，也不能賜他們以聖潔的品格了。這位**熬煉人的主**，不再坐下從事精煉的工作，以潔淨他們的罪惡和敗壞了。這一切都應當在寬容的時期中作成，也就是在現今要為我們作成的。……

我們所處的是一個與正義和純全的品格為敵的世界，它會妨礙我們在恩典上長進。眼界所及，全都是敗壞、污穢、缺失和罪惡。在此將要接受永生的前夕，我們應當做一番什麼工作呢？我們應當保守身體聖潔，心靈純淨，以便能夠在這末世四圍腐敗的環境中，挺身直立，不染污穢。……

「豈不知你們的身子就是聖靈的殿嗎？這聖靈是從上帝而來，住在你們裡頭的；並且你們不是自己的人，因為你們是重價買來的。所以，要在你們的身子上榮耀上帝。」（林前6：19、20）

我們的身體並不屬於自己。我們是花重價買來的，那代價就是上帝聖子的受苦和犧牲。我們若明白這一點，並充分了解這情形，我們就會覺得自己有重大的責任，應當保守自己處在最佳的健康狀態，以便為上帝作完全的服務。如果我們採取任何足以消耗生機、降低精力、蒙蔽理智的行動，我們就是得罪了上帝。——《教會證言》卷二，原文354-356頁。

過聖潔的生活如何影響我做見證的能力？

深入思考

上帝所差來的

萬軍之耶和華說：「在我所定的日子，他們必屬我，特特歸我。」

瑪拉基書3：17

　　基督是尋找好珠子的、來自天上的買賣人。祂從喪亡的人類身上看到了貴重的珍珠。祂從被罪惡玷污敗壞的人身上，看出了救贖的可能性。那些曾經成為與撒但鬥爭之戰場的心靈，經過愛的能力拯救之後，在救贖主看來，要比從未墮落的生靈更加寶貴。上帝看人，並不看他的卑劣和不配，而是看他在基督裡面，看他藉著救贖之愛所能達到的狀況。祂收集了宇宙間所有的財寶用來購買那顆珍珠。耶穌找到了這顆珍珠，就把它鑲嵌在自己的冠冕上……萬軍之耶和華說：「在我所定的日子，他們必屬我，特特歸我。」（瑪3：17）

　　但是我們最需要思考的題目，乃是那比作貴重珍珠的基督，以及我們獲得這天國財寶的權利。聖靈向人顯明這顆好珠子的價值。聖靈能力顯示之時，也就是人尋找並尋見這天上禮物的時候。在基督的時代，許多人聽見了福音，可是他們的思想被虛假的教訓蒙蔽了，沒有看出這卑賤的加利利教師乃是**上帝所差來的**。基督升天之後，他登上中保王位的信號就是聖靈的沛降，聖靈在五旬節賜下了。基督的見證人們宣布了復活之救主的大能。天國的亮光就照進了被基督仇敵欺騙所蒙蔽的心。這時他們看出他已經被高舉「作君王，作救主，將悔改的心和赦罪的恩賜給以色列人」（徒5：31）。他們看見他被天上的榮耀所環繞。在他的手中有無窮的財寶要賜給一切願意轉離叛逆之途的人。當使徒們將父獨生子的榮耀彰顯出來時，當下就有三千人悔改。他們都看出了自己罪惡污穢的本相，也看出基督是他們的朋友和救贖主。藉著降在人身上的聖靈大能，基督得到了高舉和榮耀。

——《基督比喻實訓》，原文118-120頁。

聖靈是否讓我明白耶穌是多麼寶貴？在我的屬靈生活中，有什麼可以證明耶穌對我是寶貴的？

深入思考

眾人的服務者

「我是你們的主，你們的夫子，尚且洗你們的腳，你們也當彼此洗腳。」

約翰福音 13：14

「我給你們作了榜樣，叫你們照著我向你們所做的去做。我實實在在地告訴你們，僕人不能大於主人，差人也不能大於差他的人。你們既知道這事，若是去行就有福了。」（約 13：15-17）

人都有一種習性，愛看自己比弟兄強，專為自己打算，攀登高位，結果造成猜疑和心懷怨毒的弊病。聖餐之前的洗腳禮，就是要消除彼此的猜疑，除掉私心和妄自尊大的思想，存心謙卑，就會使他們樂意為弟兄服務。

天上聖潔的守望者必來參加這種聚會，使聚會成為反省、悔過和蒙赦罪之恩的良好時機。在謙卑禮中，基督要親自臨格，來轉移人們出於私心之源的各種念頭。凡照主的榜樣去行的人就有聖靈來增強他們的靈感。我們記念救主為我們所受的屈辱時，必會聯想起許多事來：上帝的大恩、友人的幫助和安慰⋯⋯

⋯⋯每逢上帝兒女正式、合宜地舉行這禮節時，他們就建立神聖的關係來相互幫助，彼此祝福；並且就此立約獻身從事無私的服務。這服務不限於彼此之間。他們的工作園地有如他們夫子的工作範圍之廣。世界到處是需要得到我們服務的人。遍地皆是貧困、無助和無知的人。凡在吃聖餐的「樓房」上與基督交通的人，必要像祂一樣出去為人群服務。

耶穌是眾人所侍奉的，竟來作**眾人的服務者**。而正因為祂為眾人服務，祂將要得到眾人的服侍和尊敬。凡想分享祂神性之屬性，並分享祂因見多人得救而得享喜樂的人，必須效法祂無私服務的榜樣。——《歷代願望》，原文650、651頁。

來到世上拯救墮落人類的耶穌，常常服事失喪之人，並且不求任何回報。當我服事那些有需要的人時，我是否實踐了這種服務的精神？

深入思考

真教育者

因為，耶和華賜人智慧；知識和聰明都由他口而出。

箴言2：6

「他們必修造已久的荒場，建立先前淒涼之處，重修歷代荒涼之城。」、「你必稱為補破口的，和重修路徑與人居住的。」（賽61：4；58：12）聖靈啟示的這些話，向篤信現代真理的信徒指明現今在青少年與兒童教育上所當做的工。當我們傳揚第一，第二，及第三位天使的信息，而向世人闡明關於這些末日的真理之時，我們曾蒙指示，在本會兒童的教育上，當採取與世俗不同的規制；也曾費了很多的工夫，要明白在這件事上到底該作什麼樣的改革。

本會的工作就是改革；上帝的旨意就是要我們藉著本會各教育機構所做的優秀的工，來吸引人們注意這末後拯救即將滅亡之人的最大努力。在本會的學校中，教育的標準切不可降低。應當不斷提高，高而又高，遠超過現今的地位；但我們所施的教育不應以課本上的知識為限。單是研究課本並不能使學生得到所需要的訓練，也不會給人真正的智慧。本會學校的目的，就是使主家庭內的年輕分子得到機會，按上帝所訂之成長及發展的計畫而受訓練。

撒但已運用最巧妙的方法，把他的計畫與原理編入教育的制度中，因此就牢牢地控制了兒童及青少年的心。**真教育者**的工作，就是要挫敗撒但的詭計。我們對上帝有嚴肅而神聖的約；應當為祂、而不是為世界培養我們的兒女；要教導他們不可伸手去握住世界的手，乃當敬愛上帝，遵守祂的誡命。務須使他們明白，他們是照創造主的形像陶鑄的，基督是模型，他們應當照基督的模型受到塑造。應當特別留心注意教育的工作，它會賜人得救的知識，並使人的生命及品格與神聖的形像相符。上帝的愛及純潔的心靈，彷彿金線交織在生命裡，這才有真正的價值。──《教會證言》，卷六，原文126-127頁。

我是依循上帝的成長和發展計畫接受教育的嗎？

深入思考

慈悲的代求者

父親怎樣憐恤他的兒女，耶和華也怎樣憐恤敬畏他的人！

詩篇 103：13

有人要對基督正在天庭為之代求的人漠不關心嗎？你們難道要在自己的行為上效法無憐憫的法利賽人，和希望控告人並毀滅人的撒但嗎？你們願意親自在上帝面前謙卑己心，使鐵石心腸融化嗎？

要遠離撒但的聲音，不要遂了他的意願，而要站在耶穌這一邊，具有祂的特質。祂擁有敏銳溫柔的情感，以受痛苦之人的事為祂自己的事。那赦免多的，愛也多。耶穌是一位**慈悲的代求者**，一位慈悲忠信的大祭司。祂是天上的至尊，榮耀的王，祂既體驗過撒但詭計的能力，便能看顧有限的、遭受撒但試探的人。「所以，他凡事該與他的弟兄相同（以人性披覆了他的神性），為要在上帝的事上成為慈悲忠信的大祭司，為百姓的罪獻上挽回祭。他自己既然被試探而受苦，就能搭救被試探的人。」（來 2：17、18）

所以，我的弟兄們，我呼籲你們按基督的方針作工。你們絕不可端起嚴屬、定罪和公開指責的架子，把可憐的、受試探的人從羊欄趕走；而要與上帝同工，醫治屬靈的疾病。你們若有基督的心，就必如此行（來 4：15；同參賽 40：28）。祂「並不疲乏，也不困倦」。——《手稿》34，1893年。

如果我有一顆愛好責備他人的心，我要如何克服呢？如果我的教會傾向於譴責犯錯之人，我能做些什麼來改變這種趨勢呢？

深入思考

罪惡世界的擔保人

「我父啊，倘若可行，求你叫這杯離開我。
然而，不要照我的意思，只要照你的意思。」

馬太福音26：39

耶穌驚訝地對他們說：「怎麼樣？你們不能同我警醒片時嗎？」他們稍稍振作起來，神情悲傷地看著他們的主。「總要警醒禱告，」祂說，「免得入了迷惑。」接著這位受苦的上帝為門徒開脫說：「你們心靈固然願意，肉體卻軟弱了。」基督第二次出去，懇切地禱告說：「我父啊，這杯若不能離開我，必要我喝，就願你的意旨成全。」黑暗伴隨著難以忍受的痛苦再次重重地壓迫祂的靈魂，祂又一次渴望有人陪伴，希望有人來說幾句安慰祂的話，打破那幾乎壓倒祂的黑暗魔咒。祂「又來見他們睡著了，因為他們的眼睛甚是困倦；他們也不知道怎麼回答」。他們看到祂的臉上因痛苦滿了血汗，就滿心憂愁，因為「他的面容比別人憔悴」。

基督再一次離開去禱告，但願這杯能夠挪去。祂的靈裡充滿了強烈的恐懼，害怕因罪惡而與上帝分離。撒但告訴祂，假如祂成為這**罪惡世界的擔保人**和代替者，就不能再與上帝合一，而是會落在他的掌控之下。

祂的禱告上達天庭整整三次：「我父啊，倘若可行，求你叫這杯離開我。」但之後總有這一句話：「然而，不要照我的意思，只要照你的意思。」可這苦杯能從受難的主那裡挪去嗎？在創世以先就定下的祭物耶穌，象徵著自從亞當犯罪以來，人類向上帝所獻的每樣祭物的耶穌，難道要被放棄嗎？天使們急切想要查看了解，那所預言的一切表號和影兒的基礎，難道最終將會失敗？並將最終的勝利拱手讓給撒但和他的反叛勢力以及邪惡的聯盟嗎？

噢，作為人子的基督已經受了多少苦難，只為將世人贖回並拯救！——《時兆》，1897年6月3日。

在人類命運懸於一線的每個關鍵時刻，耶穌都做出了正確的選擇。我如何才能在經受考驗的時候保持忠誠？

深入思考

慈悲救主

> 「鬼屢次把他扔在火裡、水裡，要滅他。
> 你若能做什麼，求你憐憫我們，幫助我們。」

馬可福音 9：22

「你若能做什麼，求你憐憫我們，幫助我們。」多少身負罪擔的人，都曾發過這樣的祈求！仁慈為懷的救主回答每一個人說：「你若能信，在信的人，凡事都能。」那使我們與天庭相接並給我們力量抵抗黑暗勢力的，乃是信心。無論罪與試探來勢多麼猛烈，上帝在基督裡已為人預備了克制每一種罪、抵制每一試探的方法。但許多人自覺缺少信心，故離基督很遠，但要讓這些自知不配、無能為力的人投靠**慈悲救主**，相信祂的憐愛。不要看自己，要單單仰望基督。那在世為人時，治癒病人，驅逐鬼魔的主，現今仍然是大有能力的救贖主。信心是藉著上帝的話而來的，所以要握住祂的應許：「到我這裡來的，我總不丟棄他。」（約6：37）你當俯伏在祂腳前說：「我信！但我信不足，求主幫助！」你能這樣行，就絕不至滅亡。

在短短的時間內，那三位蒙恩的門徒，看到了榮耀和屈辱的兩個極端。他們看見人性變成上帝的形像，又看見人性墮落到撒但的樣子。他們看見耶穌在山上和天上的使者談話，聽見從榮耀的雲彩發出的聲音，宣布祂為上帝的兒子。又看見祂下山遇到那最可憐可怕的景象，就是那抽瘋的孩子。他容貌醜陋，抽瘋發狂，咬牙切齒，受著無人能解除的痛苦。但這位全能的救贖主，幾小時之前還在驚奇的門徒面前，滿有榮耀；這時彎腰把那被撒但殘害隨地亂滾的孩子扶起來，使他身心恢復健康，回到他父親的家裡。

這件事是救贖計畫的縮影——聖潔的救主從父的榮耀裡屈身拯救失喪的人。這也說明了門徒的使命；基督的僕人要過的生活，不僅是與耶穌在山上享受屬靈的光照，在山下的平原還有工作等待他們去做。撒但所俘擄的罪奴，正等著他們藉著祈禱和出於信心的話，去釋放他們。——《歷代願望》，原文429頁。

深入思考

為了拯救身邊的迷失者，我願意成為多麼「卑微」之人？

最愛的兒子

「摸你們的就是摸他眼中的瞳人。」

撒迦利亞書2：8

恐懼會使弱者視人生為重擔；唯有感受到上帝的同在，才能消除恐懼。讓他記住這個應許：「耶和華的使者在敬畏他的人四圍安營，搭救他們。」（詩34：7）讓他閱讀以利沙在山城中的奇妙故事。當時有大隊的天使，駐紮在他與敵軍之間。讓他閱讀彼得被定死罪、關在監獄中時，上帝的使者顯現了，領著祂的僕人安全地越過武裝的衛兵和緊鎖的鐵門。讓他閱讀那身為囚犯的保羅，在前去受審赴難的途中，仍向那些在狂風巨浪中飢餓疲勞、筋疲力盡的士兵和水手們，說出鼓勵與希望的豪言壯語：「現在我還勸你們放心！你們的性命，一個也不失喪。……因我所屬所事奉的上帝，他的使者昨夜站在我旁邊說：保羅，不要害怕，你必定站在凱撒面前；並且與你同船的人，上帝都賜給你了。」……

這些事記錄下來，不僅要讓我們閱讀和驚訝，還要讓這種昔日在上帝僕人身上運行的信心，也在我們的身上運行。只要人的信心成為祂能力的管道，祂就會像古時一樣，以顯著的方式行事。

當教導那些懷疑自己、缺乏自信，在操勞和責任面前畏縮不前的人倚靠上帝。這樣，許多世界上本來無足輕重，甚至僅為累贅的人，竟能與使徒保羅同說：「我靠著那加給我力量的，凡事都能做。」（腓4：13）

對於那容易因傷害而生氣的孩子，信心也具有寶貴的功課。抵制罪惡、復仇或抱怨的天性，往往出於敏銳的正義感和積極活躍的精神。要教導這樣的孩子，說：上帝永遠是正義的維護者；祂愛人類，甚至賜下自己**最愛的兒子**去拯救他們，所以祂必關懷他們。祂必親自處置每一個犯錯的人。——《教育論》，原文255-257頁。

在一個正義似乎難以實現的世界裡，我怎樣才能幫助那些受冤屈的人能在天父的愛子裡找到希望？

深入思考

安息日的主

「因為人子是安息日的主。」

馬太福音12：8

基督囑咐聽眾不要把這事看作希奇；還為他們打開更寬廣的視野，將未來的奧祕指示他們，說：「時候要到，凡在墳墓裡的，都要聽見他的聲音，就出來：行善的，復活得生；作惡的，復活定罪。」（約5：28、29）

以色列人長久等待的，希望彌賽亞來賜予他們的，就是來生的保證。那能照亮幽暗墳墓的唯一光亮，正照在他們身上。然而固執己見的人是盲目的。耶穌違背了拉比們的傳統，不顧他們的權勢，所以他們不肯信祂。

這件事發生的時間、地點、機遇和瀰漫全場的緊張情緒，都使耶穌在公會前所講的話更有力。全國宗教界的最高威權，正圖謀殺害宣稱自己是復興以色列的那一位。**安息日的主**竟在屬世的法庭上因被指控犯了安息日的律法而為自己辯護。當祂大無畏地宣告自己的使命時，審判祂的人驚奇而憤怒地望著祂，但祂的話是無可辯駁的。他們不能定祂的罪。祂否認祭司和拉比有權審問祂，或干涉祂的工作。他們根本沒有這權柄，只不過是憑自己的妄自尊大作威作福而已。耶穌不服他們控告祂的罪，也不接受他們的盤問。

耶穌沒有為在安息日醫病的事向告他的首領們認錯，也沒有向他們解釋祂行這事的目的，反而向他們發出質問，於是被告變成了原告。祂責備他們心地剛硬，不明白《聖經》；又聲明祂自己是上帝所差來的，他們既然拒絕了祂，就是拒絕了上帝的道。「你們查考聖經，因你們以為內中有永生；給我作見證的就是這經。」（約5：39）

《舊約聖經》的每一頁——無論是歷史、律法或預言——都有上帝兒子的榮光照耀其上。猶太教的整套系統，其中凡是上帝所設立的神聖制度，都是這福音的雛形。——《歷代願望》，原文211頁。

深入思考

我能從耶穌應對猶太公會的方式中學到什麼？

無窮的幫助者

我們的主為大，最有能力；他的智慧無法測度。

詩篇147：5

　　許多基督教徒以為羅馬教是沒有吸引力的，以為她的敬拜儀式是一套枯燥而沒有意義的形式。他們的看法錯了。羅馬教固然以欺騙為基礎，但她的騙術卻不是粗劣笨拙的。羅馬教會的宗教儀式是最動人的；她那種華麗的炫耀和嚴肅的禮節，足能蠱惑人的視聽，並止息理智與良心的聲音。它的外表足使人的視覺陶醉。壯麗的教堂，盛大的遊行，黃金的聖台，珠玉的神龕，精彩的壁畫，細巧的雕刻，都足以喚起人的愛美之心。在那裡，人的聽覺也能入迷；崇高無比的音樂，宏亮的琴聲和大眾和諧的雄壯歌聲，響徹屋宇，餘音繞梁，使人油然生出肅敬尊崇之感。

　　其實這種外表上的富麗堂皇和隆重的儀式，對於苦惱罪人的心靈不過是望梅止渴，畫餅充飢而已，反倒是該教會內部腐化的一個徵兆。原來基督的真宗教毋需這些動人的外表作為推薦。在十字架所發的光輝之下，真實的基督教顯明其純潔可愛，甚至任何外表的裝飾都只能埋沒其真正的價值。上帝所重視的乃是聖潔的美，是溫柔恬靜的心靈。

　　外在的顯赫不一定是純潔高尚之思想的標誌。藝術上的高度鑑賞，品味的清幽雅緻，往往出於屬世與荒淫的人心中。撒但常利用這些事物來引誘、迷惑人，使他們忘記心靈上的需要，以致想不到不朽的來生，並遠離那位**無窮的幫助者**，專為今世而活。

　　看重外表的宗教，是每個未經重生的人所歡喜的。羅馬教隆重的崇拜儀式，確有一種蠱惑人心的力量，許多人因而受了欺騙，就把羅馬教會看為天堂的門戶一般。唯有那些已穩穩地立在真理基礎上，並且心地已因上帝的靈重生的人，才能抵擋她的影響。──《時兆》，1898年6月30日。

深入思考

生活中的美好事物模糊了還是照亮了我對上帝的看法？

以色列的王

> 「雅各啊，你的帳棚何等華美！以色列啊，你的帳幕何其華麗！
> 如接連的山谷，如河旁的園子，
> 如耶和華所栽的沉香樹，如水邊的香柏木。」

民數記 24：5、6

這裡巴蘭用自然界中最美麗的象徵，來說明上帝百姓的興盛。先知將以色列民比作遍滿豐收莊稼的肥沃山谷；比作永不枯竭之泉水所灌溉的繁茂田園；比作芬芳的檀香木和高大的香柏樹。而最後提到的象徵，更是《聖經》中所能找到最美麗最合適的比方。

黎巴嫩的香柏樹向來是東方人所看為珍貴的。這種樹木在地球上、凡人類足跡所至之處，均可見到。從寒帶到熱帶，這一類的樹到處生長。在炎熱的氣候中能欣欣向榮，在嚴寒的侵襲中也能屹立無恙；它在河邊發出繁茂的枝葉，在乾旱的荒野也能長成參天的大樹；它紮根於高山的磐石之中，勇敢地抵禦暴風雨的打擊。當其樹木在歲寒中凋謝時，香柏樹的葉子仍然青翠欲滴。黎巴嫩香柏樹之所以超越眾樹之上，是因它的高大、堅實和生氣蓬勃；《聖經》用它來象徵那些將「生命與基督一同藏在上帝裡面」的人（西 3：3）。《聖經》說：「義人……生長如黎巴嫩的香柏樹。」（詩 92：12）上帝曾立香柏樹為眾樹之王。「松樹不及它的枝子；楓樹不及它的枝條；上帝園中的樹都沒有它榮美。」（結 31：8）香柏樹多次被用作君王的象徵。《聖經》用它代表義人，足以說明上天何等重視那些實行上帝旨意的人！

巴蘭曾預言**以色列的王**，將要比亞甲更強盛。亞甲是當時一個最強大的民族——亞瑪力人的王，但以色列人若忠於上帝，就必能制服他一切的仇敵。以色列的王乃是上帝的兒子；有一天，祂的寶座必要設立在地上，祂的權柄要超過地上一切的王國。——《先祖與先知》，原文450頁。

> 你有沒有想過，罪是如何阻擋耶穌設立祂的寶座，成為地球合法的統治者的？基督的統治要到何時能重新建立？

深入思考

日月星辰之光

上帝就是光，在他毫無黑暗。
這是我們從主所聽見、又報給你們的信息。

約翰一書1：5

上帝向祂的百姓顯現時，總是以光作為祂臨格的象徵。起初上帝創造天地時，只說一句話，光就從黑暗中照耀出來了。以色列的大軍出埃及時，光也在白天的雲柱和晚上的火柱裡，做他們的嚮導。在西奈山上有強烈的火光從耶和華周圍發出，令人望而生畏。在聖幕的施恩座上，有光停留。在所羅門奉獻聖殿時，有光充滿殿宇。天使向牧羊人報告救贖的佳音時，也有光照遍伯利恆的山野。

上帝就是光。基督說：「我是世界的光。」這表明祂與上帝原為一，也表明祂與人類大家庭之間的關係。那從起初「吩咐光從黑暗裡照出來的上帝」（林後4：6），就是基督。祂是**日月星辰之光**。祂是在表號、象徵、預言中照亮以色列人的靈光。然而，這光不是單給猶太一國的。陽光怎樣照耀地球的每個角落，公義的日頭也怎樣照亮每個人的心靈。

「那光是真光，照亮一切生在世上的人。」世上固然出過不少偉大的聖賢，及智力卓越、才學超群的人物，他們的言論曾啟發人的思想，開拓廣大的知識園地；他們曾被尊為人類的嚮導和福星。但還有一位遠在他們之上。

「凡接待他的，就是信他名的人，他就賜他們權柄作上帝的兒女。」、「從來沒有人看見上帝，只有在父懷裡的獨生子將他表明出來。」（約1：12、18）我們能根據人類歷史的記載，追溯歷代聖賢的踪跡，但是，那「光」遠在他們以先。太陽系的月亮和一切星辰，如何反射太陽的光線；照樣，世上大思想家的教訓，只要是符合真理的，無非是在反射那「公義的日頭」的光輝。每一思想的結晶，每一知識的發現，都是從這「世界的光」那裡來的。——《歷代願望》，原文644、645頁。

聖靈如何在我自身的軟弱上幫助我？

深入思考

336

眾聖徒的王

「主上帝——全能者啊，你的作為大哉！奇哉！
萬世之王啊，你的道途義哉！誠哉！」

啟示錄15：3

上帝計畫讓那在人性中經受苦難的聖子擔任全地的審判者。祂曾從天庭下來救人脫離永遠的死亡。祂曾受世上的人們厭棄、拒絕，且人們因受撒但的鼓動，曾把人心所能有的最大蔑視強加在祂的身上。祂曾被解往地上的法庭，遭受十字架恥辱的死。唯有祂能宣布賞罰的判決，因祂曾在人間忍受十字架的苦難和恥辱。在上帝的計畫中，祂將得到充足的補償，登上寶座，並且被全宇宙承認為**眾聖徒的王**。祂曾擔負拯救的工作，向未曾墮落的諸世界和天家顯示祂能完成祂所開始的工作。是基督給了人悔改的恩典；祂的功勞被天父接納，成為有助於組成上帝大家庭的每一個靈魂的代表。

在最後賞罰的日子，聖徒和罪人都必承認被釘的主是一切活人的審判者。那賜給至高無上者之聖徒的每一頂冠冕，都將由基督親手賜予——就是被殘忍的祭司和統治者下令釘在十字架上的手。只有祂能給予世人永生的慰藉。

來自東方尋找基督的智者，有天上的神蹟顯給他們。那在伯利恆的山上放羊的牧羊人，有天使向他們顯現。整個天堂都知道基督的降臨。在審判廳裡也有看不見的眾天使。看著基督被人用皮鞭殘忍地鞭打時，他們幾乎無法忍受。在祂死時，天使也在場。當祂被釘死在十字架上時，那遮天蔽日的黑暗也遮蔽了陪伴在祂左右的天上大能的天使；但大地卻在天上大軍的腳下顫抖起來。就連巨大的岩石也破裂了。在那三個鐘頭裡，大地被無法穿透的黑暗緊緊裹住，大自然用她的黑袍遮掩了上帝之子的苦難。——《評閱宣報》，1898年11月22日。

深入思考

當耶穌把生命的冠冕賜給我時，我要對祂說什麼？

極純潔之主

凡向他有這指望的，就潔淨自己，像他潔淨一樣。

約翰一書3：3

講完道，耶穌轉過身來，吩咐彼得把船開到水深之處下網打魚。但彼得早已灰心了，他整夜勞力，並沒有打著什麼。在那漫長的夜裡，他惦念著牢獄中孤獨焦慮的施洗約翰的命運。他想到耶穌和祂門徒的前途，想到耶穌在猶太地工作沒有多大的成功，以及祭司和拉比們的惡毒。就連自己的勞作，也使他失望。當他面對空網，前途顯得格外黯淡，就不覺心灰意冷，便說道：「夫子，我們整夜勞力，並沒有打著什麼。但依從你的話，我就下網。」

在清水湖中打魚，夜間下網是最合適不過的了。整夜勞力既一無所獲，白天再下網還會有什麼希望呢？但吩咐下網的是他們的夫子，門徒出於敬愛的心，自然就服從祂的話。西門和他的兄弟一同把網撒下去，到拉上來時，這一網圍住許多的魚，使網險些裂開；他們只好招呼雅各和約翰來幫助。既拉起了網，就把魚裝滿了兩隻船，甚至船幾乎要沉下去。

此時彼得顧不得船或魚了。這神蹟超過他以前所見過的，對於他實在是神力靈驗的表現。他感悟到耶穌確是掌管天地萬物的主。在神性面前彼得的不聖潔暴露出來了。他對夫子的敬愛，對自己不信所抱持的慚愧，對基督眷顧的感激，尤其是在這位**極純潔之主**面前，彼得對自己的污穢的覺悟，交織在一起，使他情不自禁。當同伴們收網取魚時，彼得就俯伏在救主膝前，說：「主啊，離開我，我是個罪人！」

就是這位神聖的主，在古時顯現，曾使先知但以理仆倒在上帝的使者面前，如同死人。——《歷代願望》，原文245、246頁。

深入思考

我自己的「彼得時刻」是什麼時候——就是當我與耶穌的純潔相比較而感到自己是多麼罪惡的時刻？

見證者

夏甲就稱那對她說話的耶和華為「看顧人的上帝」。
因而說：「在這裡我也看見那看顧我的嗎？」

創世記 16：13

我們不應該灰心，即使有叫人難受的事出現；不要讓你的情緒激昂起伏、要控制自己。當有似乎令人費解的事出現，看起來與《聖經》不符時，不要允許這件事破壞你的平安。要記住有一位**見證者**、一位天上的使者在你身邊，祂是你的盾牌，你堅固的堡壘。你可以跑進去，就得安全。但一句報復的話就會摧毀你的平安和你對上帝的信心。於是誰就因此受傷了呢？——你自己。而誰又因此擔憂傷心了呢？——上帝的聖靈。

在每一個場合都要穿好軍裝，裝備好「經上記著說」。上帝是你的軍裝，在你左右。急躁之言的洪潮可能在尋找發洩之處，但你要說：「不行。我不願踏足於撒但的陣地。我不願犧牲我作為上帝之子的平安和尊榮。我要持守那唯一安全的道路，緊貼耶穌身旁，祂已為我做了那麼多。」……

不要驚訝，即使作出了重大的改變。不要奇怪，即使那些認為自己能操縱同胞良心、控制上帝賜給他們的心智和才幹之人離去，不再與這些相信真理的人同行。真理對他們的要求太大了！當他們看出必須向著自己死，並且實行捨己的原則時，他們就不高興了，因為他們無法滿足想要統治別人的野心。他們的真面目就會顯露。有些人的信仰會完全破滅。「他們從我們中間出去，卻不是屬我們的，」約翰說。因此這樣的事還會發生。

要堅持真理，寶貴的、使人成聖的真理。於是你就在最好的團體中，最崇高的智者們正在注視你的行為。你成了一台戲，給世人和天使觀看。受到刺激時，你的任務是要常存信心和無虧的良心，「有人丟棄良心，就在真道上如同船破壞了一般。」——《基督化的領導》，原文64頁。

上帝是否希望我在受到錯誤的攻擊和嘲笑時也能成為見證？

深入思考

天上的訪客

他在世界，世界也是藉著他造的，世界卻不認識他。

約翰福音 1：10

你們可曾懼怕聖靈？你們可知祂曾經帶著廣泛的感化力進入巴特爾克里克（Battle Creek）和其他地方的學校？你們是否把祂作為天上的使者而尊榮祂？當你看到聖靈在感動青年人的時候，你有沒有說：「讓我們把學業置於一旁，因為天上的貴賓顯然在我們中間，我們來頌讚尊榮上帝。」你們是否懷著悔改的心，與你的學生們一起跪下祈禱，懇求領受主要賜給你的福氣？

大教師基督曾親自到你們中間，你們是怎樣尊敬祂的呢？祂對於一些教師而言是否是一位陌生人？是否需要請他們所認可的權威人士來決定歡迎或拒絕這位天上的使者？雖然看不見，祂仍在你們中間。然而你們是否有人說，在學校中的時間應當用在學習上，一切活動都要遵守時間？──彷彿是說用在一般課程上的時間似乎太寶貴了，不應用來讓天上的使者動工！

你們若這樣限制和拒絕了上帝的聖靈，我勸你們趕快悔改。你們若有什麼人向聖靈關閉並緊鎖了心門，我勸你們趕快開門，懇切求主「與我同居」。……

我要把我對這位聖靈所了解的事來告訴你們。聖靈正在上課時間運行在青年人身上。可是有些人的心地剛硬冷淡，不希望聖靈降臨，以致上帝的真光收回了。**天上的訪客**巴不得能啟發人的思想，賜給人各方面的智慧和知識，使人能用來榮耀上帝。祂來使人為罪自責，軟化那因長期疏遠上帝而剛硬的心。祂來顯明上帝對於那些青年人的大愛。──《給家長、教師和學生的勉言》，原文363、364頁。

當耶穌藉著居住在心理的聖靈之能來拜訪我時，我能看出祂的顯現嗎？

深入思考

偉大的贖罪祭

摩西便製造一條銅蛇，掛在杆子上；
凡被蛇咬的，一望這銅蛇就活了。

民數記 21：9

上帝吩咐摩西遵照祂的聖言，依照活蛇的形狀製造一條銅蛇，在百姓中間高舉起來。凡被蛇咬的，只要望一望這蛇，就必見效。摩西便遵照吩咐做了，於是有喜樂的信息傳遍全營，說，凡被咬的人只要仰望這銅蛇，就必得生。這時許多人已經死了，而且當摩西把蛇掛在桿子上時，也有一些人不相信單看這金屬的像，就可以得到醫治；所以這些人就在不信之中滅亡了。但是另外有許多人相信上帝所定的辦法。父母、弟兄姊妹都急忙幫助他們受苦垂死的親友，叫他們睜開朦朧的雙眼定睛仰望那條銅蛇。這些人雖然已經到了昏迷垂死的地步，但只要能仰望一下，他們就完全復原了。

百姓明知銅蛇本身沒有什麼能力，足以使那些仰望的人產生這樣的改變。唯有上帝能使人痊癒。上帝憑著祂的智慧，用這種方法彰顯了祂的能力。上帝用這個簡單的辦法使百姓看出他們這次所遭受的苦難，是因他們自己的罪。上帝也應許他們，只要他們服從祂，他們就沒有懼怕的必要；因為祂一定會保護他們。

銅蛇的舉起，是要給以色列人一個重要的教訓。他們無法救自己脫離被蛇咬傷的致命毒害，唯有上帝才能醫治他們。然而他們必須對上帝所定的辦法表示信心；他們必須仰望，才能得生。上帝悅納的乃是他們的信心，而他們的信心要藉著仰望銅蛇來表現。他們明知銅蛇本身毫無功能，這不過是基督的一個預表；這樣，他們心中就感悟到相信基督之功勞的必要了。以前許多人曾奉獻他們的祭物給上帝，並覺得這樣做就能充分地為自己贖罪。他們並沒有依靠那將要來的救贖主，就是這些祭物所預表的救主。所以這時耶和華要教訓他們，使他們知道祭物本身並不比銅蛇有更大的能力或功德，只是像銅蛇一樣，指引他們去仰望那**偉大的贖罪祭**——基督。——《先祖與先知》，原文430頁。

深入思考

上帝是否曾以一個看似奇怪的命令為我帶來隱藏的祝福？

像人子的那位

你們知道我們主耶穌基督的恩典：他本來富足，卻為你們成了貧窮，
叫你們因他的貧窮，可以成為富足。

哥林多後書8：9

　　耶穌雖是天父榮耀所發的光輝，但祂「不以自己與上帝同等為強奪的；反倒虛己，取了奴僕的形像」（腓2：6、7）。祂甘願經歷人生一切卑微的經驗，在人間往來，並不像君王苛求他人的臣服，乃像負有使命、要服事他人的人。祂在態度上並無偏拗固執，或冷酷苛刻。世界的救贖主原具有較比天使更崇高的本性，然而祂神聖的尊嚴仍摻合著吸引萬人歸向祂的溫柔與謙卑。

　　耶穌虛己，在祂所行的一切事上，毫不炫露自我。祂使萬事都依附於祂天父的旨意之下。因此當祂在世的使命行將結束之時，祂可以說：「我在地上已經榮耀你，你所託付我的事，我已成全了。」（約17：4）祂也囑咐我們：「我心裡柔和謙卑，你們當……學我的樣式。」、「若有人要跟從我，就當捨己。」（太11：29；16：24）但願我們能棄絕自我，不再容它管轄心靈。

　　凡仰望基督而認清祂如何克己謙卑的人，就必受感動，如但以理見到**像人子的那位**時一樣，說：「我……面貌失色，毫無氣力。」（但10：8）我們所誇口的自恃自主以及唯我獨尊的心理，其可憎的真相便顯露出來，足以證明我們已作了撒但的奴僕。時常盡力炫耀，爭競誇勝，乃是人類的本性；但是凡向基督學習的人，卻已除去自我、驕傲和好勝之念，心靈中便寂靜了。於是自我就順服聖靈的管教。我們再也不求最高的位份，也不再存著出人頭地的野心以博眾望，反而認清自己所能享有的最高地位，便是在我們救主的腳前。於是我們就仰望耶穌，靜待祂聖手的引領，聽候祂慈聲的指導。——《福山寶訓》，原文14、15頁。

耶穌的任何行為都不是為了祂自己。我如何在我的生命中踐行如此高標準的無私呢？

深入思考

天庭之君

「我與父原為一。」

約翰福音 10：30

天庭全體本來是樂於反照創造主的榮耀並宣揚祂的尊名的。當上帝受到這樣崇敬之時，全天庭都是和平而喜樂的。但這時忽然有一個不協之音，破壞了天上的和諧。路錫甫這種事奉並高抬自己的心意，是與創造主的計畫相反的，使那些以上帝的榮耀為至上的眾天使警覺到不祥之兆。天庭的議會向路錫甫作了多次的懇勸。上帝的兒子也向他說明了創造主的偉大、良善、公正以及祂律法的神聖性與不變性。天庭的秩序原是上帝親自設定的，路錫甫若偏離這個秩序，就必褻瀆他的創造者，並毀滅自己。然而這出於無窮慈愛和憐憫的警告，結果只有激起他叛逆的精神。路錫甫讓妒忌基督的心思得勢，並且愈加頑強。

路錫甫對於自己榮耀的驕傲，助長了他貪圖高位的慾望。他不以自己所得的尊榮為上帝的恩賜，對於創造主竟沒有一點感激的心。他以自己的光耀和高位自豪，妄想與上帝同等。他原來享有眾天軍的愛戴和尊敬。眾天使都樂於奉行他的命令，他也賦有智慧和榮耀，超過一切的天使。但上帝的兒子卻是公認的**天庭之君**，在能力和權柄上，祂原與天父為一。在上帝的一切計畫中，基督都是有分的，但路錫甫則不得像基督一樣參與上帝的一切旨意。因此這位大能的天使便疑問說：「為什麼基督是至上的呢？為什麼要這樣尊重他過於我路錫甫呢？」

路錫甫離開了他在上帝面前的本位，出去到眾天使中間散布不滿的精神。他神祕地進行工作，有一個時期還用敬畏上帝的偽裝來掩飾自己的真面目，他竭力激起眾天使對於那管理天上眾生的律法生出不滿之念，並暗示這律法使他們受到一種不必要的約束。他主張：眾天使的本性既是聖潔的，他們就可以順從自己的意志行事。……上帝本著祂的大憐憫長久容忍了路錫甫。——《善惡之爭》，原文494、495頁。

我是否曾被撒但利用，在我的家人、朋友或同事之間散布紛爭？我如何避免被撒但利用？

深入思考

真基礎

並且被建造在使徒和先知的根基上，有基督耶穌自己為房角石，
各（或譯：全）房靠他聯絡得合式，漸漸成為主的聖殿。

以弗所書 2：20、21

在加拉太的各教會中，公開、毫不隱藏的謬道已經取代福音的信息了。那作為信仰**真基礎**的基督實際上已被棄絕，而代之以猶太教的陳腐儀式。保羅看出如果要搶救加拉太信徒脫離那威脅他們的危險影響，就必須採取最具決斷力的措施，並發出最嚴厲的警告。

每一個作基督執事的人應當學習的重要教訓，乃是要適應他所要造福之人的情況而對症下藥。溫柔和忍耐，果斷和堅毅，都是不可或缺的；但這些都必須與正確的辨別配合而酌情運用。要在各種不同的情況之下，聰明地應付各種不同的人，就需要經過上帝聖靈啟迪與聖化的智慧及判斷。

保羅在他寫給加拉太信徒的書信中，簡略地檢討了那有關他自己悔改和早年基督徒經驗的重要事件。他藉此說明他之所以能看清並了解福音的偉大真理，乃是由於上帝大能的特別彰顯。保羅這次以如此嚴肅而確定的方式警告並勸誡加拉太人，也是由於他從上帝那裡所領受的訓示。……

這位使徒懇勸加拉太人務要離開那將他們引到錯路上的假嚮導，而轉回到那帶有上帝悅納之確據的信仰。那些曾企圖率領他們偏離福音信仰的人，都是一些心地不潔而生活腐化的偽善者。他們的宗教無非是以一套儀式編造而成，他們妄想藉著遵行這些儀式來博得上帝的眷愛。他們根本就不羨慕那叫人順從上帝話語的福音……

……撒但深思熟慮地設法要使人心轉離那因信基督並順從上帝律法而得的救恩。——《使徒行述》，原文385-387頁。

深入思考

我如何利用上帝在我生命中的彰顯，讓別人看到我信仰的根基？

上帝之子

那賜諸般恩典的上帝曾在基督裡召你們，得享他永遠的榮耀，
等你們暫受苦難之後，必要親自成全你們，堅固你們，賜力量給你們。

彼得前書5：10

自從亞當被逐出伊甸之後，他在世上的生活是充滿憂患的。每一片凋殘的樹葉，每一個獻祭的犧牲，以及自然美景中的每一道創痕，人類純潔品性上的每一個污點，都使亞當清楚地想起自己的罪來。當他見到地上惡貫滿盈，聽見世人怎樣拒絕他的警告，指責他為罪惡的禍首時，他的悔恨悲傷是非常劇烈的。他曾謙卑地忍受犯罪的刑罰近一千年之久。他曾誠實地痛悔己罪，信靠上帝應許之救主的功勞，並懷著復活的希望而死。現在**上帝之子**已經救贖了人類的失敗和墮落；所以藉著祂贖罪和好的工作，祂已使亞當得以恢復他起初的國權。

亞當喜出望外地看到自己從前喜愛的樹木，這些樹上的果子是他在無罪而快樂的日子摘取食用的。他見到自己親手修理過的葡萄樹，和自己曾愛護的花卉。他充分地體會到當前的現實，他認明這確是光復了的伊甸園，並且比他被逐時更為美麗可愛。救主領他到生命樹前，並摘下那榮美的果子請他吃。他觀看周圍的情景，只見蒙贖的子子孫孫都站在上帝的樂園中。於是他摘下燦爛的冠冕，放在耶穌腳前，並投身在祂的懷裡，擁抱著救贖主。他隨後就彈奏金琴，廣大的穹蒼便響應那凱旋之歌：「被殺而又復活的羔羊，是配得榮耀的！」然後，亞當的全家都同聲歌唱，把自己的冠冕放在救主腳前，俯伏崇拜。

眾天使都見到了這次的團聚。在亞當墮落的時候，他們曾為他痛哭流淚，及至耶穌復活升天，為一切信靠祂名的人敞開墳墓之後，他們便為之歡喜快樂。現今他們既見到救贖之工已經完成，便同聲歌頌讚美了。——《復臨信徒的家庭》，原文540、541頁。

在看到了亞當與上帝在天國裡的奇妙重聚後，你想對亞當說什麼呢？

深入思考

我們在天上的代表

「父啊，我在哪裡，願你所賜給我的人也同我在那裡。」

約翰福音 17：24

上帝有一個教會，一班選民；要是所有人都像我一樣曾看見基督將自己多麼密切地與祂的子民視為一體，就不會聽到指責本會是巴比倫的這種信息了！上帝有一班子民與祂同工。他們以祂的榮耀為念，勇往直前。請聽**我們在天上的代表**的祈禱：「父啊，我在哪裡，願你所賜給我的人也同我在那裡，叫他們看見你所賜給我的榮耀。」天上的元首多麼渴望祂的教會與祂同在啊！他們曾與祂同患難，共屈辱。祂最大的喜樂就是有他們與祂同在，分享祂的榮耀。基督要求有權與祂的教會在一起。「父啊，我在哪裡，願你所賜給我的人也同我在那裡。」讓他們與祂在一起，是根據祂與天父立約的承諾和協議。祂將救贖祂子民之功，恭敬地呈獻在施恩的寶座前。有應許的彩虹環繞著我們的替身和中保。祂傾吐愛的懇求說：「父啊，我在哪裡，願你所賜給我的人也同我在那裡，叫他們看見你所賜給我的榮耀。」我們應看到王的榮美。教會也必得到榮耀。

我們現在可以像大衛一樣祈禱說：「這是耶和華降罰的時候，因人廢了你的律法。」世人違犯上帝的律法，將達到無比傲慢的地步。他們變本加厲地悖逆，快要越過上帝容忍與慈愛的限度。上帝必要出面干預。祂一定會維護自己的尊嚴，平息普遍的罪孽。難道上帝守誡的子民會被到處充斥的罪孽捲走嗎？難道他們會因人們普遍蔑視上帝的律法而受到誘惑，以致輕看那作為上帝天上地下政權基礎的律法嗎？不。當世人嘲笑和蔑視祂的律法時，祂的律法在祂教會眼中將更加寶貴、聖潔、可敬。──《給牧師和傳道人的證言》，原文20、21頁。

深入思考

如果耶穌渴望祂的教會與祂同得榮耀，我今天能做什麼來帶領更多的人加入上帝的餘民教會中呢？

踏腳石

「看哪，我把所揀選、所寶貴的房角石安放在錫安。」

彼得前書2：6

摩西從這個上帝曾宣稱為高貴的民族、特殊的子民、聖潔的祭司中所聽見的，是要流基督之血的呼聲。他看到他們釘死了他的救主。他看到基督被掛在十字架上受苦。⋯⋯

當他看見救主升天，看見自己也在那迎接救主的行列中並向他打開那永久的門戶時，他臉上的表情發生了何等的改變啊！他的臉上煥發出語言無法形容、筆墨也難以描繪的喜悅、榮耀和光彩。摩西是在變像的山上安慰基督的人之一。

接下來他看到許多在耶穌從死裡復活時一同復活的俘虜。他們進入城中，向多人顯現。雖然那些看守墓穴、以免門徒夜間來把基督遺體偷走的羅馬守衛被教唆撒了謊，但這些復活的俘虜有力地證明了基督已經從死裡復活⋯⋯

但是當眾多的人開始相信聖子並接受耶穌門徒所講述的神聖真理時，撒但就看到自己必須另行設法阻止門徒們的工作。因此他決定誘導世人拒絕天父和他的律法，如同猶太人拒絕基督那樣。⋯⋯由於他的欺騙，世人未能藉著遵守上帝天上和地上政權之根基的律法來榮耀祂。

含有基督復臨預言的舊約，現在不被人重視。眼下人們喊的是：「基督，基督！福音，福音！」但福音的教誨從〈創世記〉到〈啟示錄〉貫穿了整部《聖經》。關於基督第一次降臨的所有預言都揭示了基督作為人類救主的福音。舊約制度幫人脫離罪惡或獲得赦免的每一禮節，都是預表那位將要來臨的救主。祂是人類通往高貴的**踏腳石**。──《手稿》卷十，原文155、156頁。

我怎樣才能完全仰賴基督這一踏腳石而不是我自己呢？

深入思考

人類禍患的偉大醫治者

聖靈和新婦都說：「來！」聽見的人也該說：
「來！」口渴的人也當來；願意的，都可以白白取生命的水喝。

啟示錄22：17

「我——耶穌差遣我的使者為眾教會將這些事向你們證明。我是大衛的根，又是他的後裔。我是明亮的晨星。」聖靈和新婦都說：「來！」聽見的人也該說：「來！」口渴的人也當來；願意的，都可以白白取生命的水喝（啟22：16、17）。

這是你的工作——將人帶到生命之水的泉源。凡有真理在心中成為活的原則和主導影響力的人，都要向處在謬誤黑暗中的人作活潑的見證。感謝上帝，有永活的聖靈引導我們進入一切的真理。然而應當傳達真理，而不是閉關自守。聖靈會引導我們進入一切的真理，必須叫人知道祂，祂也要引導人。要將主的道——寶貴的道——當作上帝兒子的肉吃了。不要有無精打采、昏昏欲睡的見證。

我們不要助長懷疑，要用每一言行和態度加強信心。要表明我們有一位永活的救主，一種真實的屬靈生活，要領受和給予。要引導正站在流沙上的人站在穩固的磐石上。有生靈需要喚醒。許多人需要把救恩的喜樂接到心裡。他們犯了錯，沒有培養正確的品格。但上帝要使他們重享喜樂，就是祂受膏者的喜樂。這會給他們果效、喜樂和聖潔的保證，是活生生的見證。要告訴那些可憐、沮喪、偏離正路的人不必絕望。每一個來到基督面前的人都能得到醫治和潔淨……

當烏雲包圍心靈時，基督離我們每個人並不遠。我們若不到擔罪者——**人類禍患的偉大醫治者**那裡去，要到誰那裡去呢？「你有永生之道。」（約6：68）。凡信靠祂並以信心產生仁愛和潔淨心靈的人，都有喜樂。耶穌說：「要叫我的喜樂存在你們心裡，並叫你們的喜樂可以滿足。」、「人非有信，就不能得上帝的喜悅。」（約15：11、來11：6）麻木的症狀已經襲擊了上帝兒女的屬靈神經和肌肉。現在就醒來，不要遲延。——《信函》93，1896年9月3日。

深入思考

我的每一句話、每一個態度和行為是否都能增強信心？

永無錯謬的智慧泉源

「我對你們所說的話就是靈，就是生命。」

約翰福音6：63

基督的話沒有一句是不重要的。登山寶訓是一段出色的教導，而且簡明得連小孩子也能明白而不致誤會。耶穌站在山上教訓人帶有屬靈含意，表明祂一直站在屬靈的高山之上。祂所說的每一句話都是從上帝那裡來的。祂說話帶著天國的權威。祂說：「我對你們所說的話就是靈，就是生命。」（約6：63）祂的教訓充滿了高尚的救人真理。人類最高遠的抱負和最淵博的研究也無法與之相比。祂深深意識到人類所瀕臨的可怕災難。祂用自己的義來救人，帶給全世界人類明確的盼望和完全的解救。

由於在教育工作中忽視了基督的教訓，把上帝的話放在次要地位，結果造成了不信的風氣流行，不法的事氾濫。無關緊要的事物塞滿了今日許多教師的心。大量只含部分類似真理的傳統編入世界學校的課程之中。許多世人的教導，其份量不是根據事實，而是個人的主張。今日的教師只能運用過去教師的學識。儘管人間最偉大的作家們所說的話被人當作是重要的，但是人總是無法追溯到這些話的終極根源，就是那**永無錯謬的智慧泉源**。人們苦於不確定、永不休止地尋求，要獲得只有在上帝身上才能找到的可靠保障。屬世偉人的號筒可能吹響，但吹出的總是不確定的號角聲，是不可靠的。人也不能從它獲得得救的保證。

世上的男女為了獲得了地上的知識，就是獲得了重大的寶藏，就這樣，他們把《聖經》撇在一邊，殊不知其中有比其他一切更有價值的財寶。人們不研究不順從上帝的話，結果世界上一片混亂。人已經離開了基督的守護，去接受大叛徒——黑暗之君的守護。有凡火摻入聖火之中。——《給家長、教師和學生的勉言》，原文439、440頁。

如果耶穌不是那永無錯謬的智慧泉源，我又能向誰請教才能幫助我在生活中做出正確的決定呢？

深入思考

守望的聖者

耶和華的眼目無處不在；惡人善人，他都鑑察。

箴言 15：3

　　每一個曾經登上歷史舞台的國家，都蒙允許在地上佔有相當的地位，以便決定它是否願意成全那位**守望的聖者**的旨意。預言已經描述了世界大帝國——巴比倫、瑪代波斯、希臘和羅馬的興起與發達。在這幾個國家中，猶如在較小的國家中一般，歷史都已重演。每一個國家都經過一段試驗時期；結果都以失敗告終，它的光榮消退，它的權力也喪失了。

　　列國雖然都拒絕了上帝的原則，並因而造成其自身的敗亡，但歷代以來，上帝控制一切的旨意顯然仍在運行著。這是先知以西結流亡於迦勒底國時在異象中所見到的，那時在他驚異的注視之下，有一些表號出現，顯明一個支配萬有的「權力」如何掌管著地上一切統治者的事務。

　　以西結在迦巴魯河邊看見狂風似乎從北方刮來，「隨著有一朵包括閃爍火的大雲，周圍有光輝；從其中的火內發出好像光耀的精金」，還有幾個「輪中套輪」的輪，由四個活物推動著。在這一切以上，「有寶座的形像，彷彿藍寶石；在寶座形像以上有彷彿人的形狀。」、「在基路伯翅膀之下，顯出有人手的樣式。」（結 1：4、26；10：8）輪的結構極為複雜，初看似乎混亂，但它們轉動時卻完全協調。那些屬天的「活物」，由那隻出現在基路伯翅膀之下的手支持、引導著，經常在推動那些輪。在這一切之上，有亙古常在者坐在藍寶石的寶座上，寶座的上方有一道代表神恩的虹環繞著。

　　那像輪的複雜結構怎樣受那出現在基路伯翅膀之下的手引導，照樣，人世間的一切紛繁活動也受上帝控制。那位坐在基路伯以上的主，至今仍在邦國的紛亂與擾攘中指導世上的事。——《先知與君王》，原文535、536頁。

深入思考

我擁有的平安是否出自於因相信上帝掌管萬有？

受苦之人的王

「他為我們的罪作了挽回祭，不是單為我們的罪，
也是為普天下人的罪。」

約翰一書2：2

　　基督孝敬父母的完全榜樣，在歷代的幽暗中綻放出明亮的光輝。三十年來，耶穌以每日的辛勞幫助母親肩負家庭的重擔。現在，就是在祂最後的慘痛中，還想著為祂憂傷寡居的母親作妥善的安排。主的每個門徒也必須表現同樣的精神。凡跟從基督的人都會感受到，孝敬並照顧父母，必須是他們宗教生活的一部分。凡心中存有基督之愛的人，他們的父母應永遠得到細心周到的事奉，和深切柔和的孝順。

　　此時，榮耀的主正在十字架上，即將作為人類的贖價犧牲。基督捨棄寶貴的生命時，並沒有勝利的喜樂鼓舞著祂。雖然此刻對祂來說盡是殘酷和幽暗，然而那壓在祂身上的重擔，並不是對死亡的恐懼；使祂遭受言語無法形容之慘痛的，也不是十字架的疼痛和恥辱。基督是**受苦之人的王**。祂此時的痛苦，是因感到罪的極度凶險，和深知人類因習於行惡已看不出罪惡的可怕。基督深知罪在人身上的勢力是多麼根深蒂固，而願意掙脫罪惡勢力的人又是何等稀少！祂也知道，若不得上帝的幫助，人類必然滅亡。但祂又看到，千萬人在可能得幫助時竟趨於沉淪。

　　我們眾人的罪孽，都放在我們的替身和中保基督身上了。為了救贖我們脫離律法的咒詛，祂被稱為有罪的。因此，亞當每個子孫的罪，這時都重重地壓在祂心上。上帝對罪惡的憤怒，對不法之事顯出的憎惡，使祂的兒子心中驚恐不已。基督一生都在向墮落的世界宣講天父的憐憫和赦罪之愛的佳音。祂講論的主題是罪魁得蒙救恩的喜訊。可是，如今祂既擔負著可怕的罪擔，就看不見天父慈愛的聖顏了。上帝在救主受最劇烈痛苦的時刻向祂掩面，使祂心碎，其傷痛是世人永不能充分明白的。祂心靈上的劇痛，使祂幾乎感覺不到肉體上的痛苦。──《歷代願望》，原文752、753頁。

當我思想到主雖在最痛苦的時候與父隔絕，卻不願讓任何事物使我與祂的愛分開，這是多麼奇妙的愛啊！

深入思考

客人

「看哪，我站在門外叩門，若有聽見我聲音就開門的，
我要進到他那裡去，我與他，他與我一同坐席。」

啟示錄3：20

　　我們的救主喜愛安靜的家庭和興致盎然的聽道人。祂渴望人間的溫暖、禮貌和友情，祂隨時都樂意講述天上的教訓。凡接受的人，無不大蒙救主的賜福。當眾人跟著基督經過田野時，祂向他們講解自然界的美。祂要打開他們的心眼，使他們看出上帝大能的手是如何托住萬有的。為要引人尊重上帝的良善和慈愛，祂使聽眾注意到那降給好人也降給歹人的甘露、時雨和明媚的陽光。祂渴望人們能更充分地認識到上帝是如何重視祂所造的人類。但是因為聽眾太遲鈍了，基督只有在伯大尼的這一家才能得到休息，避開公眾生活中緊張的對抗。這裡，祂就向幾個能領悟真理的聽眾打開上天的寶卷，以私下談心的方式，向他們講解祂未曾向烏合之眾講過的道理……

　　每當基督講述祂奇妙的教導時，馬利亞總是坐在腳前恭敬地聽講。有一次，馬大因為作飯心緒忙亂，就到基督面前說：「主啊，我的妹子留下我一個人伺候，你不在意嗎？請吩咐她來幫助我。」這是基督第一次到伯大尼時的事。那時救主和祂的門徒才從耶利哥長途跋涉而來。馬大忙著招待他們，所以心裡慌亂。她因思慮煩擾，就忽略了對**客人**應有的禮貌。耶穌柔和忍耐地回答說：「馬大，馬大！你為許多的事思慮煩擾，但是不可少的只有一件，馬利亞已經選擇那上好的福分，是不能奪去的。」馬利亞把救主說的金玉之言存記在心。……

　　馬大所不可少的「一件」，就是安詳虔誠的精神，她更深的思慮應該用在探討關於將來不朽之生命的知識，和靈程長進所必需的恩典。她應少為暫時的事考慮，多為永恆的事焦急。——《歷代願望》，原文524、525頁。

深入思考

今天我要做什麼來迎接耶穌進入我的家和我的心？

所應許的那一位

「這就是我曾說：『有一位在我以後來、反成了在我以前的，
因他本來在我以前。』」

約翰福音1：30

耶穌和施洗約翰原是表兄弟，而且降生的情況也彼此密切相關，然而他們卻沒有直接認識對方。耶穌是在加利利的拿撒勒長大的，約翰則是在猶大的曠野成長。在不同的環境裡，他們過著隱祕的生活，彼此從沒有來往，這是上帝的旨意，免得給人藉口說他們曾同謀，互相支持彼此的身分。

約翰知道耶穌降生時的種種事蹟。他聽過耶穌童年上耶路撒冷，在拉比學校中發生的事。他深知耶穌無罪的生活，且相信祂就是彌賽亞。不過，對這一點他沒有確切的把握。多年來耶穌一直默默無聞，並沒對祂的使命顯露特別的憑據。這就令人懷疑祂究竟是否是**所應許的那一位**？儘管如此，施洗約翰仍抱著信心等候，相信到了上帝預定之時，一切都必顯明。他蒙啟示，知道彌賽亞必在他手裡受洗，那時必有徵兆顯明祂的神性，這樣，他就能將祂告之於天下。

耶穌來受洗時，約翰就看出祂有一種純潔的品格，是他在任何人身上都未曾見過的。連祂所在之處的氣氛，也是聖潔而令人肅然起敬的。在約旦河邊聚集的人群中，約翰聽見過各種犯罪作惡的悲慘故事，也遇見過許多被沉重的罪擔所壓傷的人，卻從未接觸過有如此神聖之影響力的人。這一切都與約翰所受的、關於彌賽亞的啟示相符。然而他不敢應承耶穌的要求。因自己是個罪人，怎能為這無罪者施洗呢？再說，這本是承認需要洗除罪惡的禮，耶穌既無罪需悔，又何必受這禮呢？——《歷代願望》，原文109、110頁。

當耶穌來到施洗約翰面前時，約翰從祂身上看出了他從未見過的純潔品格。哪怕是一小部分也行，我可能擁有如耶穌一樣的純潔品格嗎？如何才能擁有呢？

深入思考

真理的創始者

道成了肉身，住在我們中間，充充滿滿的有恩典有真理。
我們也見過他的榮光，正是父獨生子的榮光。

約翰福音 1：14

在基督身上，神性與人性是結合在一起的。神性沒有降格至人性；神性有自己的地位。但是，在曠野中，人性與神性聯合起來對付最猛烈的試探。這世界的王來到長時間禁食、甚感飢餓的基督跟前，提議祂命令石頭變成餅。可是上帝拯救人類的計畫，就是要讓基督體驗飢餓、貧困和人生各方面的經驗。祂用人所能夠支配的力量來對付試探。祂握住上帝的寶座，使任何一個人都可以因信靠上帝而得到同樣的幫助。人可以變得與上帝的性情有分。任何人在經受試探和考驗時，都可以求得上天的幫助。基督來（到世上）是為要顯示祂能力的源頭，好使人絕不依賴孤立無援的人力。

凡要獲得勝利的人，必須全力以赴，跪在上帝面前懇求得到神聖的力量。基督來是要做我們的榜樣，使我們知道可以與上帝的性情有分。該怎麼做呢？就是要脫離世上從情慾而來的敗壞。撒但未能勝過基督，也不能踐踏救贖主的生命。他雖然傷了基督的腳跟，卻不能傷祂的頭；基督藉著自己的榜樣證明人是可以保持忠貞的。他們可以得到抵擋罪惡的力量。這種力量是世界、死亡和地獄所無法勝過的，這種力量能使他們像基督那樣得勝。人性和神性能在他們身上結合。

基督的工作，就是要在福音的框架裡表明真理，向墮落的人類顯明祂曾給予他們的律例和原則。祂所講的每一個觀念都是祂自己的。祂毋須從別處借來這些觀點，因祂本是一切**真理的創始者**。祂能提出先知和哲人的觀點，並保持祂的獨創性；因所有智慧都屬祂；祂是一切真理的泉源。祂本在萬有之先，祂藉著自己的教訓成為歷代以來的屬靈導師。——《信息選粹》卷一，原文408、409頁。

如果說，耶穌是所有真理的創始者，那麼誰又是所有謊言的源頭？

深入思考

救贖主

使我認識基督，曉得他復活的大能，
並且曉得和他一同受苦，效法他的死。

腓立比書3：10

保羅在以弗所的工作就此結束。他在那裡的服務時期，乃是一個操勞不斷、多受考驗和深切痛苦的時期。他曾公開教訓眾人，也曾挨家拜訪，多多的流淚教導並警戒他們。他一直遭受猶太人的反對，他們也不遺餘力地想盡方法煽動眾人來反對他。

保羅就是這樣一面與反對勢力作戰，以不息不倦的熱忱推進福音的工作，並看守一個在真道上尚屬弱小的教會，同時另一方面，在他的心上還要一直為眾教會背負重擔。

那從他所建立的某些教會傳來的離道反教的消息令他深為憂傷。他唯恐他為他們所作的努力將要歸於徒然。當他聽說有人用各種方法反對他的工作時，他時常徹夜不眠，整夜地祈禱和沉思默想。他一遇到機會，就根據各教會情形的需要寫信給他們，責備、指導、勸誡並勉勵他們。使徒很少在這些書信中講論自己所受的磨煉，然而其中也偶爾提到他在基督聖工上的辛勞和遭受的痛苦。鞭打和監禁、寒冷和飢渴、陸上與海上的危險、城市和曠野的遭遇、自己同胞和外邦邪教徒以及假弟兄的陷害，這一切他都為福音的緣故忍受了。他曾「被人毀謗」、「被人咒罵」、「被人看作萬物中的渣滓」、「心裡作難」、「遭逼迫」、「四面受敵」、「時刻冒險」、並且「常為耶穌被交於死地」。

在經常遭受反對的暴風雨、仇敵的騷擾與友人的遺棄之下，這個剛毅的使徒幾乎灰心喪膽。但只要他一追想髑髏地，便以新的熱忱向前挺進，要宣揚有關釘十字架之主的知識。他只是在追隨基督在他之前走過的、那血跡斑斑的道路。他絕不退出戰鬥，直到他必須在**救贖主**腳前卸下盔甲為止。——《使徒行述》，原文296、297頁。

> 我如何在試煉中繼承先賢們忠心的遺產，就好像保羅在他長久的事奉中所表現的那樣？有誰會因看到我應對苦難的方式而產生信心呢？

深入思考

永不落敗的幫助者

「你不要害怕，因為我與你同在。」

以賽亞書 41：10

牧人如何走在羊群前面去面對路上的危險，耶穌對祂的子民也是如此。「既放出自己的羊來，就在前頭走。」通向天國的路，已由主神聖的腳印開闢出來。這條路雖然崎嶇險峻，滿是泥濘，但耶穌已經走過，祂的腳已經踏平沿路傷人的荊棘，使我們更容易行走。我們所要肩負的一切重擔，祂都已經親自背負過。

耶穌現在雖然已經升到上帝面前，執掌宇宙的王權，但祂卻絲毫沒有減少慈悲的心懷。今日，面對人類一切的患難，祂依然敞開祂那溫慈同情的心。今日祂所伸出的，依然是那曾被釘穿的手，要將更豐盛的恩慈賜給祂世上的子民。「他們永不滅亡，誰也不能從我手裡把他們奪去。」凡將自己獻給基督的人，在祂眼裡，就比整個世界更寶貴。即使只為救一人進入祂的國，救主也甘願忍受髑髏地的慘痛。祂所替死的每個人，祂絕不丟棄。跟從祂的人若不是自己要離開祂，祂總是緊緊地保守著他們。

在一切考驗中，我們有一位**永不落敗的幫助者**。祂不讓我們單獨在試探中掙扎，獨自與邪惡搏鬥，被重擔和憂傷壓倒。我們肉眼雖不能看見祂，但信心的耳朵仍能聽見祂的聲音說：「你不要害怕，因為我與你同在。」、「我是首先的，我是末後的，又是那存活的；我曾死過，現在又活了，直活到永永遠遠。」（賽 41：10；啟 1：17-18）你們的憂傷我已忍受，你們的掙扎我已經歷，你們的試探我已遭遇。我知道你們流的眼淚，因為我也曾哭過。你們心中難以告人的隱痛，我都知道。你們不要以為自己是孤苦伶仃，被人撇棄的，你們的痛苦雖不能得到世人的同情，但你若仰望我，就必存活。「大山可以挪開，小山可以遷移；但我的慈愛必不離開你；我平安的約也不遷移。這是憐恤你的耶和華說的。」（賽 54：10）

牧人無論多麼愛他的羊，總不如愛自己的兒女那麼深。耶穌不僅是我們的牧人，也是我們「永在的父」。——《歷代願望》，原文480-483頁。

我若將我的生命獻給基督，在上帝看來，我就比整個世界更為寶貴。我在上帝眼中的價值有多少？

深入思考

真正的詮釋者

上帝的言語句句都是煉淨的。

箴言 30：5

在猶太國以外，有人預言將有一位神聖的教師出現。這些人既追求真理，就有預言的靈賜給他們。這樣的教師相繼興起，如同明星閃現在黑暗的天空。他們的預言在千萬外邦人心中燃起了希望。

在救主降生數百年之前，《舊約聖經》已被譯成羅馬帝國通用的希臘文。猶太人散居在世界各處，使外邦人也多少受到猶太人的影響，和他們同有彌賽亞降臨的指望。甚至在猶太人所輕視的外邦人中，竟有人比以色列的教師們更明白關於彌賽亞降臨的神聖預言。他們盼望祂以把人從罪惡中救出來的拯救者身分降臨。也有哲學家潛心研究希伯來宗教制度的奧祕。可是猶太人的頑梗不化，阻礙了福音真光的傳播。他們一心想要保持與別國之間的隔離狀態，不願把他們禮節中所有關於表號的知識傳給別人。因此那位**真正的詮釋者**必須來臨。這一切表號所預指的主必須親自來解釋這些表號的真義。

上帝曾藉由自然界、表號和象徵，以及眾族長和先知向世人說話。上帝教訓人，不得不用人的語言。那位「立約的使者」必須發言；眾人必在上帝自己的殿中聽見祂的聲音。基督必須降臨，用清晰明瞭、確切明白的話講解福音。祂是真理的源頭；世人的言論卻如糠粃，已使真理失效。所以祂必須將真理從人的言論中分別出來。上帝政權的原則和救贖人類的計畫必須加以清晰地解說。《舊約聖經》的教訓必須完完全全地向人宣講明白。——《歷代願望》，原文33、34頁。

基督來到世上，是要讓人直接從祂口中聽到生命之道。我有多少次祈求耶穌直接對我說話？當上帝的沉默變得振聾發聵時，我該如何做？

深入思考

莫可言喻的禮物

「人子來不是要滅人的性命，是要救人的性命。」

路加福音 9：56

又到了一年即將結束之時，聖誕節和新年馬上就要來臨。就讓我們坦誠且仔細地回顧自己這一年的生活，因為這段歲月也將背負著歷史的重擔進入永恆，也要回想我們在上帝賜予的祝福中所得到的許多恩典的記號。上帝所能賜給這世界的最**莫可言喻的禮物**就是祂的愛子。

而我們卻對宏偉的救贖計畫沒有半點欣賞。那位與天父合一的主從天上的榮耀寶座上走下來，脫掉祂的皇袍與冠冕，以人性遮蔽祂的神性，使自己靠近人類的軟弱。「他本來富足，卻為你們成了貧窮，叫你們因他的貧窮，可以成為富足。」天父的犧牲是無限的，聖子的犧牲同樣也是無限的！上天所能賦予人類的最寶貴的禮物已經為贖回墮落的人類而付上了。噢，這是何等神聖的仁慈！比起改變這個世界，毀滅它更加輕而易舉。但基督卻說：「人子來不是要滅人的性命，是要救人的性命。」上帝的兒子了解這種絕望的處境，祂親自來到這個世界，使人類藉著祂可以獲得永生。雖然祂是至高者的兒子，但祂依然甘願受到侮辱、嘲弄，面對殘酷的死亡，因為祂愛人，要將他們從毀滅中拯救出來。但是，祂來拯救的這個世界彷彿下定決心切斷自己與天國的一切聯繫，好像是在藐視上帝的憐憫與全能，因為世人將榮耀的主釘死了。親愛的弟兄姐妹，當我們看到這樣的愛，這無限的犧牲時，還能無動於衷嗎？噢，上帝的大能為這墮落的種族傾注了多麼豐富的資源啊！

讓我們注目於耶穌，看看髑髏地的十字架向我們這墮落的人類顯明了多麼深厚的愛！基督已經作出了偉大的犧牲，用無限的代價贖回了世上的人。「你們是重價買來的」，代價就是上帝兒子的寶血。如今耶穌說「我有權要求人的心……」，因此祂宣稱對人類的良心有所有權。——《評閱宣報》，1888年12月11日。

飽受罪惡影響的我，在上帝眼中的價值為何呢？

深入思考

個人的救主

你們受洗歸入基督的都是披戴基督了。

加拉太書 3：27

古時亞伯拉罕、以撒、雅各、謙和智慧的摩西、多才多藝的約書亞，都參與了上帝的聖工。米利暗的音樂、底波拉的勇敢和虔誠、路得的孝順、撒母耳的順從與忠貞、以利亞的忠誠、以利沙溫柔服人的感化力——這一切都是需要的。照樣，今日凡蒙受上帝福惠的人也應當報之以實際的服務。要運用各種恩賜來推進祂的國度，增進祂名的榮耀。

凡接受基督為**個人的救主**之人，應當在生活上彰顯福音的真理，及其救人的能力。上帝既然提出了條件，祂必然為履行條件作好準備。藉著基督的恩典，我們可以實現上帝的每一項要求。天上所有的財富都應藉著上帝的子民顯示出來。基督說：「你們多結果子，我父就因此得榮耀，你們也就是我的門徒了。」（約 15：8）

上帝稱全世界為祂的葡萄園。如今雖然落在篡奪者手裡，它仍然是屬於上帝的。祂的主權不但來自創造，也來自救贖。因為基督曾為了這個世界作出犧牲。「上帝愛世人，甚至將他的獨生子賜給他們。」（約 3：16）藉著這個禮物，其他一切恩賜也都賜給了世人。全世界每天都從上帝領受福惠。那降與我們這不知感恩的人類身上的每一滴雨露，每一線陽光，以及每一片樹葉，每一朵花和每一顆果實，都證明上帝的恆久忍耐和偉大愛心。

世人怎樣報答這位偉大的施予者呢？他們怎樣對待上帝的要求呢？芸芸眾生是在獻身為誰服務呢？他們是在侍奉瑪門。他們的目標是屬世的財富、地位和享樂。他們用掠奪的手段從上帝和同胞身上獲取財富。世上的人正在利用祂的恩賜來滿足私慾。他們所能得到的一切，都用為滿足自己的貪心和自私的享受。——《基督比喻實訓》，原文301、302頁。

我當如何避免在消費主義和物質主義這兩座祭壇前敬拜？

深入思考

無罪的主

「婦人，那些人在哪裡呢？沒有人定你的罪嗎？」

約翰福音 8：10

耶穌直起身來，望著那婦人，說：「婦人，那些人在哪裡呢？沒有人定你的罪嗎？」她說：「主啊，沒有。」耶穌說：「我也不定你的罪，去吧！從此不要再犯罪了。」

婦人一直畏縮恐慌地站在耶穌面前，耶穌所說「你們中間誰是沒有罪的，誰就可以先拿石頭打她」這句話，無異於判了她死刑。她不敢抬頭看救主的臉，只是沉默等待她的厄運。不料卻看見那些告她的人都一言不發，神色倉惶地走開，就覺得驚奇。隨後又聽見帶來希望的話：「我也不定你的罪，去吧！從此不要再犯罪了。」她的心融化了。她伏在耶穌腳前，一邊哭泣一邊表達她的感激和敬愛，痛哭流涕地承認自己的罪。

對她來說，這是她的新生——純潔、和平、效忠上帝之生活的開始。耶穌拯救這個墮落的女子，實在是行了一件比醫治身上最可怕的病症更為奇妙的神蹟。這次祂治好的，是致人於永死的靈性疾病；從此那悔改的婦人成了耶穌最堅定的跟隨者。她以克己犧牲的忠誠和摯愛，來報答耶穌對她的赦罪之恩。

在耶穌赦免這個婦人，鼓勵她過更高尚的生活這件事上，主的品德以完全公義的榮美顯現出來。祂並不袒護罪惡，不減輕人對自己罪惡的感悟。但祂不是要定人的罪，而是要救人。世人對這個迷失的婦人只知鄙視、輕慢；但耶穌卻對她說安慰和希望的話。**無罪的主**憐惜這罪人的軟弱，向她伸出援手。當偽善的法利賽人控告她時，耶穌卻吩咐她說：「去吧！從此不要再犯罪了。」

看見別人犯錯而轉眼不顧，任憑他們墮落，這不是耶穌門徒應有的作風。喜愛控告他人、熱衷審判人者在生活上往往比別人的罪還多。世人常恨惡罪人而喜愛罪惡，基督卻恨惡罪惡，憐愛罪人。這必須成為跟從耶穌之人的精神。——《歷代願望》，原文461、462頁。

深入思考

上帝什麼時候饒恕了我的罪，保守我不受公開的羞辱和嘲笑？

最具智慧的教師

上帝的道是活潑的，是有功效的，比一切兩刃的劍更快。

希伯來書4：12

上帝的旨意是要藉著祂的話語，讓那些窮困、未受教育之人也能在義的道路上有可靠的嚮導。如果他們是真心實意，渴望明白上帝的旨意，那麼他們絕不會被留在黑暗之中。每個人都有為了自己來了解上帝話語的特權。與救贖有關的偉大真理，朗朗如日之中天，沒有人一定會犯錯或迷失，除了那些遵循自己的判斷而將上帝明確啟示之旨意拋諸腦後的人。一句簡單的經文，如同活的香氣使許多生靈得以存活，過去證明是如此，將來也必如此。隨著人們的勤奮尋求，《聖經》必敞開新的真理寶藏，成為人心中璀璨的寶石。

假如貧窮和沒有學識的人不能明白《聖經》，那麼基督到我們世上來的使命就沒有用處了。……

基督吩咐人要查考《聖經》，這命令不單是對法利賽人和撒都該人說的，也是對擠在祂周圍的廣大民眾說的。《聖經》若不是或貧或富的各色人等都能明白的，救主為何還要告誡人，要查考《聖經》呢？查考那絕不能懂的東西有什麼益處呢？如果研究聖經並不能驅散錯誤的烏雲，也不能使人明白上帝所揭示的旨意，那麼這命令的一致性又在哪裡呢？

讓每一個蒙上帝賦予理智之恩惠的人都拿起《聖經》，翻閱每一頁，好使他們了解上帝對於他們的旨意。在這本聖書中，上帝的旨意是給所有人的。《聖經》是為每一個人寫的——寫給社會的每個階層，以及每個地方各個時代的人。《聖經》是上帝要對你說的話。而且基督已將這話語明明白白表露出來，因而人在閱讀時，不會產生誤解。讓那卑微的山野村夫閱讀並理解有史以來**最具智慧的教師**所宣講的話語；即便是世上的君王、總督、政治家，也沒有任何一個人能比祂更偉大。——《時兆》，1906年7月11日。

深入思考

學習《聖經》如何改變了我的思想？

應許之後裔

我們的主分明是從猶大出來的；但這支派，摩西並沒有提到祭司。

希伯來書7：14

當那入口有天使守護的伊甸園尚在人眼前時，懷疑派是無法否認其存在的。創造的程序，伊甸園中的事物，園中兩棵與人類命運息息相關之樹的歷史，都是無可辯駁的事實。當亞當還在人間的時候，上帝的存在和權威，以及人對祂律法的義務，都是不容世人輕易懷疑的真理。

那時雖然罪孽充斥，但仍有一族聖潔的人們，藉著與上帝交往而成為高尚尊貴之人，他們住在世上好像是與上天為鄰為友。這些人有高超的智力和非凡的造詣。他們負有重大而神聖的使命，要發展公義的品格，將敬虔的教訓不但傳給當時的眾人，也要留給將來的世代。《聖經》中只提到多數最傑出的人物；但是上帝在各世代都有忠心的見證人和誠心的敬拜者。

據《聖經》記載，以諾活到65歲，生了一個兒子，此後又與上帝同行三百年。在起初幾十年中，以諾就已敬愛上帝，並遵守祂的誡命。他是那聖潔的世系之一，也是純正信仰的保存者和所**應許之後裔**的先祖。他曾從亞當的口中聽到人類墮落的黑暗歷史，並在上帝的應許中看出恩典的快樂信息；於是他便信賴那將要來的救贖主。及至以諾生了第一個兒子之後，他的經驗達到了更高的境地；他與上帝的關係也更加親密了。他充分地明白自己作上帝兒子的本分和責任。他看到兒子對父親的愛，以及兒子對他單純的信靠；同時感覺自己心中對這頭生的兒子極其疼愛，就得了一個寶貴的教訓：明白了上帝賜下祂的兒子給世人的大愛，以及上帝的兒女對天父所應有的信賴。上帝藉著基督所顯明的廣大無邊、不可測度的愛，已成了他晝夜深思默想的主題；於是他就用心靈中一切的熱情，將這大愛向他四圍的人表現出來。——《先祖與先知》，原文84頁。

如果我每天默想耶穌所賜給墮落之人的禮物，將對我的屬靈經驗產生什麼改變？

深入思考

合法的君主

「……至高者在人的國中掌權，要將國賜與誰就賜與誰。」

但以理書4：17

撒但對基督說，世界萬國和其中的榮華都交給我了，我願意給誰就給誰。這話只有一部分是正確的，而且是為了要達到他欺騙的目的而說的。撒但的統治權原是從亞當手中奪取而來，但亞當並不獨自行使王權，他是創造主的代理人。地球本屬於上帝，而上帝已將萬有交給祂的愛子。所以，亞當的統治權隸屬於基督。在亞當將統治權斷送給撒但時，基督仍然是**合法的君主**。……撒但只能在上帝的許可之下行使他所篡奪的權柄。

試探者表示，願意將世界和其中的榮華賜給基督，他其實是企圖要基督讓出祂真正的王權，而在撒但的權下作王。這也是猶太人所盼望的王權，他們希望得到屬世的國度。如果基督答應給他們這樣的國，他們就會欣然接待祂了。殊不知在這樣的國中，依然有罪惡的咒詛和一切的禍患存在。基督對試探者說：「撒但退去吧！因為經上記著說：『當拜主你的上帝，單要侍奉他。』」

這曾在天上挑起背叛的撒但，企圖將地上的萬國送給基督，從而收買祂，使祂臣服於罪惡的權勢。但基督絕不出賣自己。祂是來建立一個公義之國的，這個宗旨祂絕不會放棄。相比之下，撒但用同樣的策略引誘世上的人們時就容易得逞得多了。撒但將世界上的國權賜給人，是以承認他的主權為條件的。他要他們犧牲正義、罔顧良心、放任私慾。基督吩咐世人先求上帝的國和祂的義，撒但卻湊到他們身邊說：考慮永生的問題固然不錯，不過若想在世界上獲得成功，你就必須侍奉我。……他用獲得屬世權柄的希望引誘世人，藉以轄制人心。但是，撒但給人的權柄，本不屬於他自己，而且很快就要從他手中奪去。——《歷代願望》，原文129、130頁。

我該對那些看著惡人亨通，義人受苦的人說什麼呢？

深入思考

上帝無瑕疵的羔羊

凡住在地上、名字從創世以來沒有記在
被殺之羔羊生命冊上的人，都要拜牠。

啟示錄13：8

當我們讀到有關路德、諾克斯和其他著名宗教改革家的事蹟時，我們感佩於上帝的這些忠僕擁有的剛毅、力量和勇氣，我們也會感染到那鼓舞了他們的精神。我們想知道使他們從軟弱變為剛強的源頭是什麼。雖然上帝使用這些偉人作為祂的器皿，但他們並不是沒有缺點。他們是會犯錯的人，並且是犯過嚴重錯誤的。我們應該追求效法他們的美德，但不應使他們成為我們的標準。這些人擁有罕見的才幹，用以推進宗教改革的工作。他們曾受到在他們之上的權能感動；但應該受到高舉和尊榮的，不是被上帝使用作為器皿的人，而是讓亮光和能力臨到他們身上的主耶穌。讓那些喜愛真理和公義、收集上帝賜給這些旗手且承襲這些亮光的人讚美上帝，就是那所有亮光的源頭。

如果現在宣布，天使要在人類面前打開有關天上之事的知識寶庫，就會在基督教世界引起何等的轟動啊！我們要看到天上的事了！天上的氛圍要在使者們周圍，許多人會多麼急切地聆聽那要從他們口中發出的話啊！世上的人們會寫出許多書籍要人注意天使的話，但是比眾天使更偉大的一位已來過我們的世界；主曾親自來將天上的亮光反照給人。祂已宣告自己與父原為一，充滿恩典和真理，是上帝在肉身顯現。

主耶穌是那看不見之上帝的真像，竟捨身拯救喪亡的人類。噢！祂帶著何等的真光和能力啊！三一真神本性一切的豐盛，都有形有體地居住在祂裡面。這真是一眾奧祕中最大的奧祕！人的頭腦實在難以測透基督的尊榮、救贖的奧祕。羞辱的十字架已經舉起來；鐵釘釘透了祂的雙手和雙腳；殘忍的槍頭刺入了祂的心臟。人類的贖價已經支付了。**上帝無瑕疵的羔羊**將自己的身體掛在木頭上，背負了我們的罪孽，擔當了我們的憂患。——《信息選粹》卷一，原文402、403頁。

試想，沒有犯過罪的人在背負罪時會是什麼感覺？當我的罪慢慢侵蝕耶穌的純全之時，耶穌是什麼感覺？

深入思考

光源

「光在你們中間還有不多的時候，應當趁著有光行走。」

約翰福音 12：35

　　基督的福音是活潑的，也是積極進取的。那些專顧自己的人，沒有一個在上帝的大日裡能得到原諒。每個人無論是勞心或是勞力，都有工作要做。不同的心智和才幹都有適合的工作。每一位與上帝聯絡的人，都要向別人發出亮光。若是什麼人無光可發，那是因為他們沒有與**光源**聯絡。既有這麼多的人專顧自己，埋頭於自己的利益，上帝不以祂更大的權能來眷顧各教會又有什麼好奇怪的呢？他們的虔誠就這樣變得平淡軟弱了，他們也漸漸變得頑梗自顧了。他們在為別人工作時才能保有活潑的心智。他們如果願意成為耶穌的同工，我們就會看到亮光在我們的各教會中越照越明，將她們的光線射入自己範圍之外的黑暗中。

　　噢，如果教會能夠起來穿上基督公義的美麗外袍，那麼她的影響力和屬靈狀況將會有多麼大的改變啊！嫉妒與挑剔，心靈的焦灼，妒忌與紛爭，爭權奪利的心，都會止息。對基督和祂愛與憐憫的使命產生同理心，也會讓工人們彼此共情，如此以來，就不會有閒情逸致抓著這些罪惡的事不放。這些罪惡若被放縱，就會成為教會的詛咒。他們若一心致力在拯救靈魂的事業上，就會受到激勵，變得更加虔誠、純潔；他們會產生一致的目標，會把拯救寶貴靈魂的工作看得無比重要，以至於所有小的分歧都將被完全消除。

　　主要求教會要對她可能拯救的靈魂負責。如果上帝的子民以上帝的眼光看待自己，就無法忍受自己的責任和過失。自責的心會將他們壓倒……你們若自稱是上帝的兒女，就是看守弟兄的。上帝將這神聖的真理託付於你。與教會中每位成員同在的基督是活水的泉源，永生自此奔流而出。如果你不盡一切努力將這活水分給眾人，在上帝面前就是有罪的了。——《評閱宣報》1886年10月12日。

深入思考

我的教會迫切需要從上帝那裡得到什麼福分？

永不枯竭的力量之源

耶和華的名是堅固臺；義人奔入便得安穩。

箴言18：10

　　我一直極其懇切地祈求智慧，好讓我得以出版一些證言，要是我不在了，那些資料對喜歡使用它們的人來說，就會成為他們的幫助和力量。我的心充滿感恩和讚美。天國充滿了最豐盛的福氣，這些寶貴的福氣要賜給所有需要的人，只要他們用心靈祈求主，並且有強烈的願望要領受以便和人分享。主耶穌經歷了人類曾經歷的每一個試探。我們讀到祂「知道搭救敬虔的人脫離試探」，因為祂「也曾凡事受過試探，與我們一樣」——祂在祂的人性中受了試探，這樣祂就知道如何搭救被試探的人（彼後2：9；來4：15；2：17、18）。

　　我很感恩；這種長期困擾我的試探、悲哀和憂傷已經過去了。我能看見我的救贖主，我在祂裡面有全新的鼓勵，我可以依靠祂為**永不枯竭的力量之源**。我以煥然一新的勇氣開始從事我的服務，可是並不知道是哪一個會發旺。每個人都必須憑信而行。我們的服務是一種持續的戰鬥，要對抗那些趁我們沒有防備的時候藉著欺騙的偽裝進來攻擊我們的異端邪說。因此天使們在崗位上保護那些警醒、相信、行走和作工的人。

　　要不斷地面對戰鬥。如果沒有處在主的監護之下，我們沒有一刻是安全的。祂曾捨棄自己寶貴的生命，使每一個相信祂為上帝兒子的人，在應付撒但種種異端邪說的壓力時，能逃避世上因情慾而來的敗壞。在回應我們的信心時，祂完全有能力把我們的人性與祂的神性結合。我們要相信自己與上帝的性情有分，並且強化自己的努力，同時我們要宣揚基督在地上的使命是要將平安歸與祂所喜悅的人。我們必須說明與看不見的仇敵爭戰的危險。要穿戴全副的軍裝，因為我們不是與屬肉體屬血氣的爭戰，而是與那些執政的，掌權的，以及天空屬靈氣的惡魔爭戰。這意味著有影響力的人會離棄真道，去聽從引誘人的邪靈。因此我們需要時常處在聖天使的守護之下。——《手稿》156，1907年。

我是否已準備好投入今日的戰鬥呢？我有沒有穿上上帝所賜我的全副軍裝，使我能站立得住？

深入思考

第二個亞當

頭一個人是出於地，乃屬土；第二個人是出於天。

哥林多前書15：47

當救主把祂的平安賜給人時，人心就會與上帝的話完全和諧，因為聖靈與上帝的話是一致的。主在與人一切的交往中都尊榮祂的聖言。《聖經》乃是祂向人啟示自己的旨意和聲音；在祂的聖言之外，祂沒有新的旨意和新的真理要展現給祂的兒女。若你有一個奇妙的經驗，但那經驗卻與上帝聖言明確的指示不一致，那麼你最好懷疑那個經驗；因為它不是從上頭來的。基督的平安來自於認識《聖經》所啟示的耶穌。

幸福若是來自外面的世界而非神聖的泉源，就會隨著不同的環境而改變；但基督的平安卻是一種恆常持久的平安。它不依賴人生的任何境遇，不取決於屬世財物或朋友的數量。基督是活水的泉源，取自祂的幸福和平安永不會斷絕，因為祂是生命的泉源。凡信賴祂的人可以說：「上帝是我們的避難所，是我們的力量，是我們在患難中隨時的幫助。所以，地雖改變，山雖搖動到海心，其中的水雖匉訇翻騰，山雖因海漲而戰抖，我們也不害怕。有一道河，這河的分汊使上帝的城歡喜；這城就是至高者居住的聖所。」（詩 46：1-4）……

我們有理由不住地感謝上帝，因為基督藉著自己完全的順從贏回了亞當因不順從而喪失的天國。亞當犯了罪，亞當一切的兒女都與他的罪及其後果有分。但耶穌擔當了亞當的罪，亞當一切的兒女都可逃到基督，就是**第二個亞當**那裡，便可逃脫犯罪的刑罰。耶穌藉著經受住亞當沒能經得起的考驗而為我們重新獲得了天國，因為祂完全地順從了律法。凡對救贖計畫有正確概念的人，都會看明，他們在違背上帝聖潔的律例時是不能得救的。他們必須停止干犯律法，並且抓住我們因基督的功勞而能得到的上帝應許。——《信心與行為》，原文88、89頁。

又一年即將過去而邁入新年，跟去年年底比起來，我是否準備得更充分來迎見耶穌呢？

深入思考

人類的保證

因為罪的工價乃是死；惟有上帝的恩賜，
在我們的主基督耶穌裡，乃是永生。

羅馬書6：23

上帝的城門大開，成群結隊的天使在高奏凱歌的樂聲中，湧進城門。

那裡有上帝的寶座，寶座周圍有應許的彩虹環繞著。那裡有基路伯和撒拉弗。天軍的領隊，上帝的眾子，以及未曾墮落的諸世界的代表，都聚集在那裡。路錫甫從前曾在天上議會中控告上帝和祂的兒子，並想在未曾犯罪的領域裡建立他的政權。如今這些領域的代表所組成的議會，都在那裡歡迎世界的救贖主。他們都急切地要慶祝祂的勝利，歸榮耀給他們的大君王。

但是基督揮手請他們讓開。時候還沒有到，現在祂還不能接受那榮耀的冠冕和王袍。祂要先進到父面前，指著祂受傷的頭，被刺的肋旁，被毀傷的腳；祂舉起那帶著釘痕的雙手。祂指著祂勝利的標記，祂把那些與祂一同復活的人奉獻給上帝，作為初熟的搖祭。他們代表那些在祂第二次降臨時，從墳墓裡出來的廣大人群。基督走近天父，走近那為一個罪人悔改而歡喜、為一人得救而歌唱的天父。在設立地的根基之前，父與子曾聯合起來訂立盟約：如果人類被撒但所勝，祂們就要救贖人類。那時祂們曾握手訂立莊嚴的誓約，預定基督為**人類的保證**。這個誓約基督已經履行了。當祂在十字架上喊「成了」的時候，祂這話是向天父說的。所立的約已經完全實行了。現在祂宣布：父啊，成了！上帝啊，我已經行了祢的旨意。我已經完成了救贖的大工。如果祢的公義認為滿意的話，「我在哪裡，願你所賜給我的人也同我在那裡。」（約 19：30；17：24）

上帝發出了聲音，宣布公義的要求已得到滿足。撒但被擊敗了。那些在地上辛勞奮鬥、屬基督的人，因愛子得蒙悅納（弗 1：6）。——《歷代願望》，原文833、834頁。

> 上帝接受了主耶穌的犧牲，又使撒但全然潰敗，明白這一真理
> 如何使我每天都能勝而又勝，直等到耶穌再來？

深入思考

何必為衣裳憂慮呢？
你想野地裡的百合花怎麼長起來；
它也不勞苦，也不紡線。

馬太福音 6：28

凡勞苦擔重擔的人可以到我這裡來，
我就使你們得安息。

馬太福音 11：28

若有人要跟從我，
就當捨己，
天天背起他的十字架來跟從我。

路加福音 9：23

我是世界的光。
跟從我的，就不在黑暗裡走，
必要得著生命的光。

約翰福音 8：12

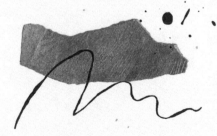

我心裡柔和謙卑，
你們當負我的軛，學我的樣式，
這樣，你們心裡就必得享安息。

馬太福音 11：29

我將這些事告訴你們，是要叫你們在我裡面有平安。
在世上，你們有苦難；但你們可以放心，我已經勝了世界。

約翰福音 16：33

所以，你們要去，
使萬民作我的門徒，奉父、子、聖靈的名給他們施洗。
凡我所吩咐你們的，都教訓他們遵守，
我就常與你們同在，直到世界的末了。
馬太福音 28：19、20

國家圖書館出版品預行編目資料

耶穌：我們唯一能求告的名/懷愛倫(Ellen G. White)作；
張琛譯. -- 初版. -- 臺北市：時兆出版社, 2022.10
面；公分
譯自：Jesus : name above all names.

ISBN 978-626-95109-5-5(平裝)

1.CST: 基督徒 2.CST: 靈修

244.93　　　　　　　　　　111016011

Name above All Names

耶JESUS穌

我們唯一能求告的名

作　　者　懷愛倫
編　　譯　張琛

董 事 長　金堯漢
發 行 人　周英弼
出 版 者　時兆出版社
客服專線　0800–777–798
電　　話　886–2–27726420
傳　　真　886–2–27401448
地　　址　台灣台北市105松山區八德路2段410巷5弄1號2樓
網　　址　http://www.stpa.org
電　　郵　service@stpa.org

責　　編　林思慧
文字校對　侯妙蓉、吳惠蓮、邵信成、李宛青
封面設計　時兆設計中心　馮聖學
美術編輯　時兆設計中心　馮聖學
商業書店　總經銷　聯合發行股份有限公司 TEL：886–2–29178022
基督教書房　TEL：0800–777–798

網路商店　PChome商店街、Pubu電子書城　耶穌：我們唯一能求告的名 🔍

I S B N　978-626-95109-5-5
定　　價　新台幣390元
出版日期　2022年11月　初版1刷
郵政劃撥　00129942
戶　　名　財團法人臺灣基督復臨安息日會

若有缺頁、破損、裝訂錯誤，請寄回本社更換。

🌱 PRINTED WITH SOY INK　本書使用環保大豆油墨印刷